# CELWYDD A CHONCWEST

# Celwydd a Choncwest

*yr Ymerodraeth Brydeinig ar draws y byd*

*Hefin Jones*

## Diolchiadau

*Am yr anrhegion, benthyciadau, awgrymiadau a chymorth arweiniodd, dylanwadodd a gynorthwyodd at greu hwn mae cryn ddiolch i: Tegid Jones, Alun Jones, Llifon Jones, Euros Jones, Bedwyr Jones, Cai Jones, Dewi Jones, Richard Glyn Roberts, Math Wiliam, Iestyn ap Robert, Lucy Dunham, Dylan Williams, Huw Meilyr Williams, Deian ap Rhisiart, Hedd Gwynfor, Mabon ap Gwynfor, Myrddin ap Dafydd, Marged Tudur ac Ani Saunders.*

Argraffiad cyntaf: 2016

(h) Hefin Jones / Gwasg Carreg Gwalch

Cyhoeddir gan Wasg Carreg Gwalch,
12 Iard yr Orsaf, Llanrwst, Conwy, LL26 0EH.
Ffôn: 01492 642031 Ffacs: 01492 641502
e-bost: llyfrau@carreg-gwalch.com
lle ar y we: www.carreg-gwalch.com

Rhif rhyngwladol: 978–1-84527-544-0

Mae'r cyhoeddwr yn cydnabod cefnogaeth ariannol
Cyngor Llyfrau Cymru

Cynllun clawr: Eleri Owen

# Mynegai

# Cyflwyniad

## Torri'r ffenest

Tref gaerog. Masnachwyr tramor yn byw ynddi mewn cartrefi moethus. Pobl leol ar y cyrion mewn tlodi, yn cael yr hawl i ddod i mewn ar adegau arbennig i werthu nwyddau. Ac wedyn yn gorfod gadael. Milwyr yn cadw trefn.

Mi allai'r dref fod yng Nghymru yn y bedwaredd ganrif ar ddeg neu mewn sawl gwlad ar hyd a lled y byd 500 a 600 mlynedd wedi hynny. A'r cyfuniad yr un peth bob tro – masnach a meddiannu tiroedd, grym gwleidyddol a grym arfog.

Ym mhob achos, mae'r manylion ychydig yn wahanol a'r union ffordd y digwyddodd pethau'n amrywio oherwydd hap ac ambell ddamwain. Ond o gamu'n ôl – neu swmio allan yn nherminoleg heddiw – mae'n syfrdanol pa mor debyg ydi'r prosesau sydd ar waith.

Mae yna ddwy elfen arall hanfodol: yn gynta', yr angen i recriwtio rhai o blith y boblogaeth gynhenid i helpu cynnal y drefn ac, yn fwy na dim, i helpu cynnal ei delwedd; yn ail, yr angen i greu propaganda i gyfiawnhau yr hyn sy'n digwydd.

Wrth i amser dreiglo, mae propaganda'n troi'n llyfrau hanes a'r gwaith o lyfnu'n dechrau – clirio'r tir o olion yr hyn oedd yno cynt gan adael dolydd gwyrddion, gwastad. Glanhau'r cofnodion oddi ar y ddisg galed.

Un peth sy'n ddychrynllyd yw pa mor gyflym yr yden ninnau'n cael ein cyflyru, nid yn unig i anghofio ffeithiau a manylion ond i dderbyn golwg ar y byd trwy lygaid rhywun arall. I dderbyn edrych ar y byd trwy ffenest estron.

Ond mae olion hen ddiwylliannau'n aros yn y tir ac oddi tano a'r olion hynny'n brigo i'r wyneb, weithiau, ar haf sych neu wedi storm. Ac mae'r wybodaeth gyfrifiadurol yn aml yn aros hefyd, ond fod angen tyrchu i'w cael-nhw.

Tyrchwr ydi Hefin ac un sy'n torri'r ffenest. Dyna pam yr oedd yna groeso i'w golofnau yn *Golwg*. Mae yna draddodiad anrhydeddus o newyddiadurwyr a cholofnwyr sy'n fodlon herio'r gwirionedd derbyniol – a newyddiaduraeth gonfensiynol - a chwalu fframiau'r lluniau swyddogol.

Llawforwyn ydi'r hanesion manwl yn *Celwydd a Choncwest* i'r pwrpas mwy o ddatgelu'r patrymau difäol a'r partneriaethau dichellgar sydd wedi aflunio hanes y byd – yn yr achos yma, y ffenomenon ryfeddol sy'n cael ei galw'n Ymerodraeth Brydeinig.

Mi wnaiff y gyfrol wylltio. Tydw i – fwy nag y bydd neb arall – ddim yn cytuno efo pob manylyn o bob stori na dehongliad ac, weithiau, mae'n bosib cyfiawnhau gweithredoedd rhai unigolion y mae Hefin yn eu fflangellu. Ond does dim gwadu grym y darlun cyfan.

Mi wnaiff y gyfrol wylltio cynheiliaid y drefn, oherwydd ei bod hi'n atgoffa pobl o wybodaeth sydd wedi ei chuddio ac yn datgelu'r cymhellion y tu cefn i ddigwyddiadau sydd, erbyn heddiw, yn gallu ymddangos yn anorfod.

Yn fwy na dim, mi wnaiff hi wylltio pawb sy'n anghyfarwydd â'r hanes go iawn. Ein gwylltio ni i geisio adnabod y prosesau hyn wrth iddyn nhw barhau i ystumio ein bywydau ni heddiw ac i frwydro yn eu herbyn.

*Dylan Iorwerth*

# Rhagair

Yn *An ABC for Baby Patriots*, llyfr i blant bach yn 1899, roedd y pennill hwn:

*C is for Colonies,*
*Rightly we boast,*
*That of all the great nations,*
*Great Britain has the most.*

Ac i ddyfynu ychydig o eiriau gwell gan y grŵp Datblygu, 'Cymru oedd y coloni cyntaf' mewn ymerodraeth a ddaeth i daenu dros chwarter y byd, fel y broliodd David Lloyd George wrth ddangos y pinc ar ei glôb yn Stryd Downing i Michael Collins ac Arthur Griffith pan geisiai atal rhyddid i'r Gwyddelod yn 1921. –

Wrth ddechrau ysgrifennu'r llyfr, roedd yr hen ymerodraeth honno mewn perygl dybryd o ddiflannu i grombil hanes. Bu 2014 yn flwyddyn argyfyngus iddi. O drwch blewyn – er y codi bwganod gan wleidyddion Prydain a'r cyfryngau, selebs, a'r arweinwyr busnes – bu bron i'r Alban bleidleisio i adael ei chesail am byth. Ond mae penderfyniad trigolion Lloegr a Chymru i adael yr Undeb Ewropeaidd yn 2016 wedi sicrhau y byddai'r Alban yn gadael ar ail refferendwm.

Yn 2014 hefyd, bu deddfu i gryfhau *'Britishness'* drwy'r ysgolion i wneud y genhedlaeth nesaf yn fwy teyrngar. Caiff *'British values enshrined in the Magna Carta'* eu dysgu i blant ym mhob pentref a dinas dros y Deyrnas bloeddiodd y Prif Weinidog David Cameron, gan anghofio fod addysg wedi'i ddatganoli a dangos anwybodaeth nad oedd ei Fagna Carta erioed yn gymwys yn yr Alban o gwbl, gan gadarnhau unwaith eto nad oedd dim gwahaniaeth rhwng Prydain a Lloegr i'w dosbarth rheoli.

Roedd cael gafael ar deitl i'r gyfrol yn dipyn o benbleth. Ai yr Ymerodraeth Brydeinig a oresgynnodd Cymru, Cernyw, Iwerddon a'r Alban? Hyd yn oed pan ddaeth honno i fodolaeth fel endid, prin oedd defnydd ymarferol ei dosbarth rheoli o'r cysyniad ein bod oll ar Ynys y Cedyrn yn bartneriaid yn y fath beth. Ac fel y dywedodd Gwynfor Evans, Prydeindod yw'r grefft o orfodi'r diwylliant Seisnig ar yr Alban, Cymru ac Iwerddon.

Tra bod nifer o'r rhai a weinyddodd yr Ymerodraeth wedi'u geni yn y gwledydd Celtaidd, medrid nodi eu bod un ai'n epil i'r concwerwyr, megis mab Edward I a anwyd yng nghastell Caernarfon, neu wedi'u prynu a'u cyflyru ganddynt. Gellir ei chymharu â'r Ymerodraeth Rufeinig. Dinas yw Rhufain fel Llundain a chan mai tynnu a chadw grym yn y brifddinas ganolog oedd ei natur, gellid bod wedi'i galw'n 'yr Ymerodraeth Lundeinig'.

Defnyddir yr enwau Prydain a Lloegr a Llundain ar fympwy i gynrychioli *Great Britain* drwy'r gyfrol. Ffenomena digon diweddar yw cyfeirio at Brydain yn hytrach na Lloegr gan arweinwyr a chofnodwyr, ac yn yr un modd ffenomena diweddar yw chwifio baner genedlaethol Lloegr, San Siôr, yn eu gemau pêl-droed yn hytrach na'r Jac (Ewro '96 yn Lloegr ei hun gan eu bod yn yr un grŵp a'r Alban i fod yn benodol). Os oedd hynny'n ddigon da gan y meistri, yna gellwch faddau fod Lloegr a Phrydain yn y llyfr hwn yn cael eu defnyddio'n aml ar hap ac yn golygu'r un fath. Er enghraifft, y Prif Weinidog Benjamin Disraeli o'i araith yn 1872:

> *The people of England, and especially the working classes of England, are proud to belong to a great country, and wish to maintain its greatness – that they are proud of belonging to an imperial country.*

Wrth ateb y rhai oedd yn poeni fod yr Ymerodraeth mewn trafferth, dywedodd Churchill:

> *... the vigour and vitality of our race is unimpaired and our determination is to uphold the Empire that we have inherited from our fathers as Englishmen...*

Neu ein David Lloyd George fel cofnodwyd yn The Riddell Diaries 1908–1923:

*When anything has to be done it is Old England that has to do it... in the final result England has to stand the racket. It is time that we again told the world what we have done.*

Dros gan mlynedd yn ddiweddarach gwelwyd yr un agwedd gan Ian Botham, cyn-gapten criced Lloegr wrth sôn yn 2016 am refferendwm yr Undeb Ewropeaidd: *'England is an island... remember that and be very proud to be English'.*

Heddiw prin y byddai eu gwleidyddion yn gwneud 'camgymeriad' o'r fath, gan fod yn rhaid ystyried yr effaith ar bleidleiswyr yr Alban, Cymru a'r Chwe Sir yng Ngogledd Iwerddon. Yn gyfatebol, y dosbarth rheoli a'r fyddin a'u cyfeillion yn y cyfryngau a gyfeirir atynt fel 'y Saeson' yma. Mae nifer o enghreifftiau lle maent wedi defnyddio eu grym ar eu pobl eu hunain, o'r brenhinoedd cyntaf i fasacr Tolpuddle i drychineb Hillsborough i'r rhyfel yn erbyn y glowyr yn yr wythdegau, pan newidiodd y BBC drefn y ffilm a recordiwyd ganddynt er mwyn darlledu'r argraff i'r glowyr ymosod ar yr heddlu yn gyntaf.

Gallai Lloegr ei hun fod wedi cael pennod yn y gyfrol. Nid oedd y goruchafiaeth erioed yn parchu ffiniau, a dim ond detholiad o'r gwledydd sydd wedi ei chael hi sydd yma. Ghana oedd y wlad Affricanaidd gyntaf i adael yr Ymerodraeth Brydeinig yn 1957. Gellid fod wedi sôn am British Petroleum yn cyflogi cyn-aelodau o'r SAS i hyfforddi milwyr preifat yn Colombia i erlid aelodau undebau gweithwyr ac ymgyrchwyr amgylcheddol. Nid y Belgiaid yn unig fu'n gormesu yn y Congo – trodd byddin H. M. Stanley y trigolion yn gaethweision. Mae Fiji newydd bleidleisio yn 2015 i gael gwared â'r Jac o'u baner. Digwyddodd Gwrthryfel y Bussa yn erbyn y Saeson yn Barbados. Bu iddynt ymosod ar drefi'n Peru fwy nag unwaith, y tro cyntaf yn 1579. Yn yr un modd, mae penodau megis Qatar a Sant Cristopher yn cynrychioli patrwm yn y rhan honno o'r byd y byddid wedi'i ailadrodd wrth drafod gwledydd a thaleithiau eraill.

Mae dros 170 o wledydd presennol y ddaear wedi derbyn milwyr a bomiau Lloegr neu Brydain ar eu tir yn ystod eu hanes – allan o 196 o wledydd presennol y byd. Rhai ohonynt yn unig sy'n cael sylw yn y llyfr hwn, ac nid yw maint y penodau o reidrwydd yn adlewyrchu maint y troseddau. Weithiau y straeon gwaethaf yn aml yw'r rhai symlaf.

Dim ond rhai gwledydd sy'n gorfod cywilyddio am ddarnau o'u hanes. Nid yw Almaenwyr yn cael anghofio eu troseddau hwy yn yr Ail Ryfel Byd. Trwy eu haddysg ysgol, mae gwarth y 30au a'r 40au yn cael ei bwysleisio ar blant yr Almaen fel na fyddent fyth, gobeithio, yn gadael i sefyllfa gyffelyb ddigwydd eto. Mewn cymhariaeth, mae system addysg Cymru a Lloegr yn sicrhau nad oes arlliw o gywilydd cyffelyb yn hanes yr Iwniyn Jac. Mae hyn yn naturiol wedyn yn wir am ein cyfryngau Seisnig. Yn nosweithiol, mae'r teledu'n cynnig rhaglen arall ar Hitler, ond prin yw'r rhai sy'n ymwybodol am y miliynau a laddwyd ymhell o faes y gad Ewropeaidd gan Brydain yr un pryd. O'r miloedd o lyfrau a gaiff eu cyhoeddi ar Hitler yn flynyddol, daw 80% o Loegr.

Mae'r pinc ar y glôb bellach yn fychan. Ond faint sydd wedi newid mewn gwirionedd? Gan mai elw a grym oedd pwrpas yr Ymerodraeth, a yw'r rhai sy'n hiraethu am yr hen wychder yn gywir i golli deigryn fel y gwnaeth Chris Patten wrth i'r Jac ddisgyn am byth o Hong Kong yn 1997? Wedi'r cyfan, anghynnil bellach fyddai cwhwfan baner i ddangos i bwy y daw'r ysbail.

Wrth i ymerodraeth Prydain ddymchwel fesul darn drwy'r ugeinfed ganrif, daeth hi'n angenrheidiol i ddosbarth rheoli Lloegr newid i gadw eu goruchafiaeth. Cyflymwyd hyn wedi dinistr yr Ail Ryfel Byd. Wedi cadw draw o Nato a rhyfel Fietnam, fe sylweddolwyd nad oedd modd ymladd goruchafiaeth y brenin newydd, yr Unol Daleithiau, a phenderfynwyd cynnig cefnogaeth ddigamsyniol i'w hymdrechion hwythau er mwyn eistedd wrth ochr y bwrdd am damaid swmpus o'r cig, sy'n parhau i achosi'r un dinistr dramor, ac elw i ddosbarth rheoli Lloegr. Wedi'r cyfan, roedd y syniad o gyfuno'r tiriogaethau Saesneg eu hiaith mewn un ymerodraeth fawr yn un hen iawn.

Heddiw, caiff y meddylfryd ymerodraethol ei weinyddu drwy ymgyrchoedd 'dyngarol' ffug amrywiol i racsu gwledydd a disodli arweinwyr nad ydynt yn plygu glin i gyfalafiaeth 'rhyngwladol' a `globaleiddio`, dau derm sy'n golygu dim mwy na'r hawl i gwmnïau mawr y gwledydd ymerodrol feddiannu adnoddau ym mhob man posibl.

Yr un ffactor cwbl allweddol yw bod y cyhoedd dan yr argraff mai heddwch a thegwch yw'r hyn mae'r arweinwyr yn anelu ato, waeth beth fo'u gweithredoedd. Heb hynny byddai'r system yn dymchwel wrth i'w hygrededd ymysg eu pobl eu hunain chwalu. Dim ond yn ystod yr Ail Ryfel Byd y penderfynwyd yn gyntaf i smalio'n swyddogol mai pwrpas eu byddinoedd oedd amddiffyn yn hytrach nag ymosod, a newidiwyd teitl y Gweinidog Rhyfel i fod yn Weinidog Amddiffyn.

Parhad o'r hen, hen dacteg o feio'r llall i gyfiawnhau'r goresgyn yw hynny. Caiff gwrthwynebwyr eu pardduo a'r anturiaethau milwriaethus eu moli. Yn y llyfr hwn, awn o Gymru'r 5ed ganrif i'r Dwyrain Canol heddiw mewn siwrnai fyd eang o gelwydd, rheibio, rhagrith a dan dinrwydd. Bydd yn gorffen yn Syria, ymgyrch ddiweddaraf yr Ymerodraeth.

Wedi darllen un golofn yn ormod yn *Golwg* bu i un critig – fy mam yn benodol – roi lambást i mi sgwennu am bethau hapusach. Os mai hwn fydd y llyfr mwyaf llawen a ddarllenwch y flwyddyn hon, yna mae'n bosib nad iach peth felly. Ar y llaw arall, mae miliynau yn rhagor o straeon erchyll y medrid fod wedi eu cynnwys o gamdriniaeth y goresgynwyr ym mhob cornel o'r byd. Mae'r rhain wedi'u cadw i nifer gymharol fach er mwyn gwneud y darllen yn haws.

Mi fydd llawer o ddyfyniadau yn Saesneg fel y'u hynganwyd, yn dilyn y rhesymeg a roddwyd yng nghyfrol Richard Glyn Roberts a Simon Brooks, *Pa Beth yr Aethoch Allan i'w Achub?*, sef fod agwedd arbennig yn medru perthyn i'r iaith y'u hynganwyd a byddai'n biti meddalu ysbryd y geiriau.

# Cymru

Heb eu llwyddiant yn goresgyn Cymru, ni fyddai'r Saeson wedi symud ymlaen i feddiannu chwarter y byd. Am ganrifoedd, nid oedd hynny'n anochel. Mae'r stori, ers eu goresgyniad cyntaf, yn un droellog. Gellid dadlau nad yw fyth wedi ei gwblhau'n llwyr. Os gellir nodi un digwyddiad penodol fel dechrau'r Ymerodraeth Brydeinig, yna byddai noson Brad y Cyllyll Hirion yn cystadlu'n frwd am yr anrhydedd hwnnw.

Yn ôl y sôn, cyflogwyd rhyfelwyr Sacsonaidd a ddaeth tros y môr o dir yr Almaen heddiw, ar gyfer ymladd yn erbyn y Pictiaid i'r gogledd yn dilyn cynnig gan y môr-ladron Horst a Hengist i'r brenin Gwrtheyrn. Nid ger Llithfaen, Gwynedd yr oedd yn trigo'r pryd hwnnw ond yn ne-ddwyrain Ynys y Cedyrn, neu *Brittania* fel y'i gelwid gan y Rhufeiniaid. Dihangodd i Nant Gwrtheyrn, lle eithaf i guddio, wedi i'w westeion droi'n ei erbyn ar ôl gorffen â'r Pictiaid. Meddyliodd Horst a Hengist y byddai aros yn ddymunol, a rhoddodd Gwrtheyrn Ynys Taned iddynt, ond dyma benderfynu'n fuan y medrent wneud yn well na hynny. Yng nghanol y mân-frwydro, manteisiodd Hengist ar hoffter Gwrtheyrn o'i ferch Rhonwen, a chynnig ei llaw iddo yn gyfnewid am Gaint gyfan fel lleoliad i'w lwyth.

Yn raddol, daeth mwy a mwy o Sacsoniaid draw. Digwyddodd hyn yn y 5ed a'r 6ed ganrif, gyda'r mewnfudwyr yn ehangu o Gaint i diroedd cymharol wag.

A pham fod yr ardaloedd hyn yn gymharol amddifad o bobl? Un theori yw nad oedd y boblogaeth wedi adfywio ers i'r Rhufeiniaid ladd y Celtiaid yno, yn bennaf pobl yr Icini wedi'r gwrthryfel a arweiniwyd gan Buddug. Tynnwyd y catrodau Rhufeinig o'u taith i goncwera Ynys Môn yn ôl i'r de-ddwyrain i ddial mewn modd didrugarog.

Mae hefyd theori fod llosgfynydd o India wedi ffrwydro yr adeg honno a bod yr aer gwenwynig o hwnnw wedi digwydd disgyn ar dde-ddwyrain Ynys y Cedyrn gan achosi clefydau a wagiodd y diriogaeth hyd yn oed yn fwy. Theori arall yw bod y pla melyn wedi ymledu o'r Môr Canoldir ar hyd llwybrau masnach i Brydain gan effeithio'r Brythoniaid yn unig, gan mai nhw (ac nid y Sacsoniaid) oedd yn masnachu â de Ewrop. Roedd hi'n llawer haws i'r Sacsoniaid frwydro yn erbyn poblogaeth leol lai niferus. Bu smalio fod tiroedd o amgylch y byd yn wag yn dacteg gyson ganddynt dros y mil a hanner o flynyddoedd dilynol wrth iddynt feddiannu mwy a mwy ohono.

Wrth i'r rhyfela rygnu ymlaen, gwelodd Hengist fod angen meddwl yn fwy cyfrwys. Felly smaliodd ei fod am heddwch, gan wahodd 300 o arweinyddion y Cymry, (Cymraeg oedd iaith y llwythau Brythonig hyn yn y 5ed ganrif), i wledda i selio heddwch mor bell i mewn i'r ynys a Chaersallog (*Salisbury*). Nid oeddent yn amau dim pan ofynnwyd iddynt adael eu harfau wrth y drws fel arwydd o ewyllys da, gan nad oedd eu gwahoddwyr yn cario cleddyfau ychwaith. Ond o fewn clogynau'r Sacsoniaid roedd cyllyll hirion, sef y 'sacs' a roddodd eu henw iddynt. Pan oedd y Cymry'n eistedd i aros am eu gwledd, bob yn ail â'r darpar ymosodwyr fe'u trywanwyd pan roddwyd y gair. Dilëwyd haen o arweinwyr y Brythoniaid. Medrir cymharu hyn â digwyddiad modern. Fil a hanner o flynyddoedd yn ddiweddarach gwelwyd ysgrifenwyr, academyddion ac arweinyddion cymdeithas Irac yn cael eu hela'n gudd gan giwedau a gyflogwyd gan yr Eingl-Americaniaid yn yr wythnosau wedi goresgyn y wlad honno er mwyn dileu strwythurau undod cymdeithasol a'r cyfle am wrthryfel.

Dau Gymro a oroesodd y Cyllyll Hirion, sef Eidol a lwyddodd i ddianc yn ôl i'w gartref yng Nghaerloyw wedi ymladd ei ffordd am y drws, a Gwrtheyrn ei hun gan fod y Saeson am ei waedu mewn ffordd arall. Gorfodwyd iddo dalu am ei ryddhau, ac arwyddo mai nhw bellach fyddai berchen y tiroedd a ddaeth yn Essex, Middlesex a Sussex. Llwyddodd y Brenin Arthur i uno'r Brythoniaid a sicrhau deuddeg buddugoliaeth a hanner canrif o heddwch i atal y Sacsoniaid ar ddechrau'r 6ed ganrif ond yna, parhaodd yr ymlediad tua'r gorllewin. Dyrham 577 oedd y frwydr a gollwyd a seliodd y rhwyg rhwng Brythoniaid Cernyw a Chymru. Daeth ymosodiad mawr arall ar y Cymry'n ardal Caer yn 616, a chollwyd y cysylltiad ar draws y tir rhwng Cymru a Brythoniaid Ystrad Clud, Rheged ac Elfed. Gyrrwyd pennaeth Elfed, Ceredig, ymaith yn 617, tra bu i Ystrad Clud, sydd heddiw yn yr Alban, barhau yn Frythonig tan yr 11eg ganrif.

Ar hyd y 6ed a'r 7fed ganrif, gwthiwyd y Brythoniaid fwyfwy i'r gorllewin gan y rhai a ddisgrifiwyd fel 'barbariaid' Eingl a Sacson. Lleihaodd teyrnas Powys yn sylweddol wrth i'r Saeson ymosod ar ffiniau dwyreiniol Cymru – cyfnod y cofir amdano yn hen englynion Canu Heledd a gyfansoddwyd ddwy ganrif yn ddiweddarach. Collwyd llys Pengwern a'r hen Bowys drwy ymosodiadau a glanhau ethnig yn nhermau modern. Dyma orffen hel y Cymry i'w ffin bresennol. Mwynhaodd Myrddin ap Dafydd honiad ei dywysydd taith afon yn Amwythig mai ger eglwys St Chad y safai gynt lys 'Pengwern *as the Romans called it*' a bod waliau'r dref wedi eu hadeiladu i '*keep the Welsh out*'.

Yng nghanol yr 8fed ganrif penderfynodd brenin Mersia, Offa, mai clawdd oedd ei angen. Un sylweddol, chwe throedfedd a ffos, yn dirwyn am 149 milltir o fôr i fôr. Roedd y Cymry am gael yr ochr draw, gyda chosb hyll ar unrhyw Gymro a fentrai i'r dwyrain ohono. Dyna selio ffin Cymru'n gyffredinol tan heddiw, er yr enillwyd cryn dir yn y gogledd-ddwyrain yn yr Oesoedd Canol.

Unwyd Cymru dan Rhodri Mawr i wrthsefyll ymosodiadau'r Llychlynwyr, ond cafodd ei ladd mewn brwydr yn erbyn y Saeson yn 878. Gwelodd brenhinoedd y Deheubarth undod meibion Rhodri Mawr yn y gogledd fel mwy o fygythiad na'r Saeson, a phenderfynu plygu i frenhiniaeth Lloegr a oedd bellach yn datblygu ac ehangu. Ildiodd meibion Rhodri i'r un dynged. Dyna ddechrau gafael Lloegr ar Gymru gyfan. Felly er i Hywel Dda, ŵyr Rhodri Mawr, arwain Seisyllwg, Dyfed, Powys a Gwynedd, roedd yn gwneud hynny fel is-dywysog i Athelstan, brenin Wessex. Beirniadaeth ar benderfyniad Hywel i beidio ymuno â Cheltiaid eraill i ymladd Athelstan ym mrwydr Brunanburh yw sail y gerdd 'Armes Prydein' yn Llyfr Taliesin, sy'n ymbil am undod Celtaidd i wthio'r Saeson 'prin iawn eu bonedd' o'u tiroedd. Yn hytrach, treuliodd amryw o arweinwyr y taleithiau eu hamser yn cynllwynio yn erbyn ei gilydd, ac roedd diffyg undod y Cymry'n ddiarhebol.

O'r anhrefn hwnnw daeth Gruffudd ap Llywelyn i reoli'r rhan fwyaf o'r wlad, gan arwain y Cymry i drechu byddin Mersia yn 1039. Roedd Gruffudd wedi priodi merch Ælfgar, Iarll Mersia, i selio ewyllys da wedi'r fuddugoliaeth, felly roedd heddwch rhyngddynt oedd yn atal Edward y Conffeswr rhag dilyn ei uchelgeision ymerodrol personol. Pan fu farw Ælfgar gyrrodd Edward Harold, Iarll Wessex, i ymosod ar lys Gruffudd yn Rhuddlan yn ddirybudd, gan orfodi Gruffudd i ffoi ar gwch.

Llwyddodd Harold yn y pen draw drwy lwgrwobrwyo rhai o ddynion agos Gruffudd, oedd yn falch o'i fradychu a'i ladd yn 1063. Nid oedd pawb yn rhy anhapus i weld Gruffudd yn ymadael â'r byd gan ei fod wedi cyd-gynllwynio â Saeson i goncro rhannau eraill o Gymru, yn cynnwys y Deheubarth a Gwynedd. Arweiniodd hynny at fwy o frwydro rhwng teyrnasoedd amrywiol Cymru ar drothwy dyfodiad concwerwyr newydd, sef y Normaniaid. Rhoddodd brenin Lloegr, William erbyn hynny, farwniaid Caer, Amwythig a Henffordd i orchfygu a meddiannu Cymru gyfan. Methu fu eu hanes, ond nid heb ymdrech lew a llawer o dywallt gwaed.

Dwyn tir ac adeiladu cestyll oedd tacteg yr Eingl-Normaniaid, ac nid oeddent yn hyderus iawn i deithio'n rhydd heb nifer sylweddol o ddynion o'u cylch. Un a benderfynodd droi eu trol oedd Ifor ap Meurig oedd wedi dioddef colli llawer o'i dir. Yn 1158, aeth i gastell Caerdydd lle trigai Iarll Gloucester, dringo'r waliau, sleifio heibio llwyth o'i filwyr ac i'w ystafell wely, cipio'r uchelwr a'i deulu a'u hebrwng i lawr y wal drachefn. Rhoddodd delerau i'r Normaniaid i ddychwelyd ei dir, fod eu hymosodiadau ar ei lys yn Senghennydd yn stopio, a'u bod yn gadael yr ardal gyfan. Cytunodd y Normaniaid, a rhyddhawyd yr Iarll. Yr 'Ifor Bach' hwnnw sy'n esbonio enw'r clwb yng Nghaerdydd 800 mlynedd wedi'i anturiaethau.

Ymunodd Owain Cyfeiliog, pennaeth Powys Wenwynwyn, Rhys ap Gruffudd pennaeth Ceredigion ac Owain Gwynedd i frwydro yn erbyn byddin brenin Lloegr, Henry II, ddaeth am dro yn 1165. Wedi i hwnnw benderfynu ei heglu hi yn ôl am Loegr wedi wynebu gwrthsafiad gwydn y Cymry ym mrwydr Crogen yn nyffryn Ceiriog a thywydd dychrynllyd ar fynyddoedd y Berwyn, cafodd wared ar ei rwystredigaeth drwy ddallu a sbaddu nifer o feibion tywysogion Cymreig yr oedd yn eu cadw'n wystlon.

Yn 1208, yr union flwyddyn yr oedd ŵyr Owain Gwynedd, Llywelyn ap Iorwerth, neu Llywelyn Fawr, yn ymosod ar Geredigion, roedd brenin Lloegr, John, yn ymosod ar Bowys ac yn meddiannu tiriogaeth Gwenwynwyn. Gellid ystyried fod Llywelyn wedi targedu'r gelyn anghywir yma, ond roedd cytundeb rhyngddo a John yn 1204 wedi gweld Llywelyn yn priodi merch hwnnw, sef Joan, neu Siwan fel y'i henwid gan y Cymry. Arweiniodd hyn at i Lywelyn a channoedd o Gymry Gwynedd yn ei sgil dderbyn gwahoddiad John i ymuno yn ei ymosodiad ar yr Alban yn 1209.

Ond daeth diwedd ar y teulu hapus wedi i John benderfynu fod ei fab-yng-nghyfraith wedi mynd yn rhy fawr i'w sgidiau. Daeth John â byddin drwy'r gogledd-ddwyrain a chyrraedd tiriogaeth Gwynedd gan ddelio gyda'i dylwyth anystywallt yn 1211.

Wrth i John ddangos mai ei nod oedd meddiannu Cymru i gyd, daeth ail gyfle i Lywelyn. Profodd gormes swyddogion John ar weddill y Cymry yn gamgymeriad wrth i'r penaethiaid i gyd uno a derbyn y Llywelyn newydd, mwy hyblyg a gwylaidd, fel arweinydd wedi'r cyfan. Cydnabu'r Pab Innocent III a Brenin Ffrainc mai Llywelyn oedd arweinydd Cymru a chollodd John ei afael ar Gymru tra oedd yntau wrthi'n ceisio goresgyn Ffrainc.

Nid oedd John yn cael ei ffordd ei hun yn Lloegr chwaith. Bygythiad nifer o'r barwniaid i ymuno â Llywelyn oedd achos panig John i greu'r gyfrol hawliau *Magna Carta* – nid eu bod yn barod i gydnabod hynny heddiw.

Er iddo sefydlu senedd genedlaethol yn Aberdyfi, wedi i John farw aeth Llywelyn i dalu teyrnged i frenin newydd Lloegr, Henry III, yng Nghaerwrangon yn 1218. Yn gyfnewid am hynny, cydnabu senedd Lloegr mai Llywelyn oedd arweinydd Cymru. Ni fu sêl bendith brenin Lloegr fawr o werth gan iddynt geisio goresgyn Cymru'n fuan wedyn a chreu dinistr yn 1223, 1228 a 1231. Ymateb Llywelyn oedd taflu'r barwniaid Seisnig o'u cestyll yn Llanelwedd, Cydweli a Chastell-nedd.

Daeth miri o'i ymgais i sicrhau mai Dafydd, ei ail fab fyddai'n ei ddilyn yn hytrach na Gruffudd, ei fab cyntaf, i blesio Siwan mam yr ail yn fwy na dim. Gofynnodd am gydnabyddiaeth brenhiniaeth y Saeson i hynny, a arweiniodd at chwalu undod Cymru wrth i'w feibion ffraeo a'r Saeson fanteisio wedi marwolaeth Llywelyn yn 1240. Treuliodd Gruffudd amser mewn carchar yn Llundain a chyfyngwyd Dafydd i feindio'i fusnes yng Ngwynedd. Prin na fu enghraifft well o fantra'r Saeson *'divide and rule'.* Lladdwyd Gruffudd yn 1244 wrth iddo geisio dianc o Dŵr Llundain.

Claddwyd Llywelyn yn ei hoff abaty, Aberconwy. I goroni'i oruchafiaeth yn 1283, symudodd Edward I fedd Llywelyn Fawr er mwyn adeiladu castell Conwy. Roedd hynny'n fwy o barch nag y dangosodd dynion Oliver Cromwell, a daflodd ei arch i'r afon bron dri chan mlynedd yn ddiweddarach wrth iddynt chwalu Abaty Maenan.

Bu farw Dafydd heb blentyn, ac yn gwbl groes i ddymuniad ei daid darganfyddodd mab Gruffudd, Llywelyn arall eto, ei hun fel y pen bandit. Roedd Henry III erbyn hyn wedi meddiannu'r gogledd-ddwyrain hyd at afon Conwy, gan orfodi tywysogion eraill Cymru i dalu gwrogaeth iddo yntau yn hytrach nag i senedd Aberdyfi a thywysogaeth Gwynedd, a phloncio ei filwyr yn Llanelwedd, Aberteifi a Chaerfyrddin. Aeth pethau o ddrwg i waeth wrth i Henry ddiflasu ar redeg pethau yng Nghymru a rhoi'r cyfrifoldeb am hynny'n 1254 i'w fab Edward. Un brwdfrydig oedd Edward.

Er i Henry III gydnabod Llywelyn ap Gruffudd fel tywysog Cymru yn 1267, methodd Llywelyn â chael Edward i gydnabod Cymru fel gwlad annibynnol. Bu farw Henry yn 1272 felly Edward oedd y bos. Er bod Llywelyn yn talu gwrogaeth iddo fel Brenin Lloegr, nid oedd yn plesio Edward mai ef yn unig a wnâi hynny dros Gymru gyfan. Roedd yn gosod rhyw hierarchaeth ddiangen gan awgrymu nad oedd grym Lloegr yn drwyadl bur. Ei ysfa oedd concwera'r holl sioe – Yr Alban, Cernyw a Chymru – heb orfod dibynnu ar ryw wrogaethau anwadal. Byddai'r ynys gyfan yn berchen iddo ef ac iddo ef yn unig.

Wedi i Gruffudd ap Gwenwynwyn a Dafydd, brawd Llywelyn,

fethu'n eu cynllun i ladd Llywelyn a dianc at Edward, ni ddaeth Llywelyn i ddathlu'r coroni mawr yn Llundain yn 1274, gan atal talu ei deyrngedau a'r gwrogaethau arferol. Ni ddaeth ychwaith i Gaer yn 1275 ar wahoddiad 'ei frenin', oedd yn esgus perffaith i Edward ymosod ar Wynedd. Ar yr un pryd nid oedd tywysogion y de yn or-hapus â goruchafiaeth Llywelyn dros Gymru ac ar hynny teimlodd Edward yn ddigon hyderus yn 1277 i ddod ar hyd arfordir y gogledd o Gaer gyda byddin anferth. Nid oedd Llywelyn na Chymru mewn stad ddelfrydol i'w wrthsefyll. Gorfodwyd Llywelyn, wedi brwydro ffyrnig, i dderbyn telerau oedd yn ei gyfyngu i Wynedd, ac roedd yn rhaid i dywysogion gweddill Cymru dalu gwrogaeth yn uniongyrchol i Edward.

Adeiladodd Edward gestyll yn Aberystwyth, Llanfair-ym-Muallt, Rhuddlan a Fflint i gadarnhau'r sefyllfa. Roedd y rhain yn amgylchynu Gwynedd; nid oedd yn ddigon cadarn eto i adeiladu yn y dalaith honno nes iddo guro'r rhyfel nesaf.

Yn 1281, clywodd Edward am anghydfod tir rhwng Gruffudd ap Gwenwynwyn a Llywelyn, ac esboniodd wrth y ddau mai llys Seisnig fyddai'n penderfynu eu tynged. Ni phlesiodd y gorchymyn hwn nifer yng Nghymru, heb sôn am y darpar-ddiffynyddion. Gwrthododd y ddau fynychu'r llys Seisnig yng Nghaer, gan fynnu fod gan Gymru ei chyfreithiau ei hun ac nad oedd gan gyfraith y Sais ddweud yn y mater. Gyda thrigolion Ceredigion a'r gogledd-ddwyrain wedi cael llond bol ar y milwyr a'r swyddogion Seisnig yn eu blingo, roedd rhywbeth ar droed. Ym Mawrth 1282 penderfynodd Dafydd, yn ddiarwybod i'w frawd Llywelyn yr oedd wedi ceisio ei ladd ynghynt, fynd â'r maen i'r wal ac ymosod ar gastell Edward ym Mhenarlâg. Anogodd hynny wrthymosodiadau drwy Gymru benbaladr, a daeth Llywelyn i arwain rhyfel nad oedd ef ei hun wedi ei chynllunio.

Cafodd byddin y Saeson gweir sylweddol yn Llandeilo, ac un arall wrth geisio croesi'r Fenai wedi glanio eu llongau ar Ynys Môn. Ymateb Edward oedd cynnig telerau heddwch oedd fwy neu lai'n cadw Cymru yn ei ddwylo ef, oedd yn ffordd obeithiol o ddehongli pethau'n dilyn crasfa. Wedi gwrthod hynny, aeth Llywelyn tua'r canolbarth i chwilio am fwy o filwyr y Saeson i'w stido. Wrth ymosod ar gastell Llanfair-ym-Muallt methwyd â threfnu'r Cymry i wrthsefyll yr ymosodiadau Seisnig, ac yn ôl y sôn llwyddodd Sais o'r enw Stephen de Frankton i ladd Llywelyn ger afon Irfon, Cilmeri, ar 11 Rhagfyr, 1282. Mae eraill yn mynnu nad felly lladdwyd Llywelyn, ond yn hytrach drwy frad gan un o'i ddynion agosaf a'i denodd i fan distaw, a bod Stephen wedi cymryd y clod er mwyn creu stori fwy arwrol i'w genedl.

Torrwyd ei ben a'i hebrwng i gastell Rhuddlan lle'r oedd Edward yn dathlu. Daliodd Dafydd a'i ddynion i ymladd, ond fe'u bradychwyd i'r Saeson a gyrrwyd Dafydd i 'sefyll ei brawf' yn Amwythig fis Mehefin 1283. Fe'i llusgwyd y tu ôl meirch, fe'i crogwyd a'i ddiberfeddu'n gyhoeddus; torrwyd ei ben a'i yrru i'w osod ger un ei frawd ar Dŵr Llundain i fawr fonllef y dorf yn eu prifddinas. Collodd y Cymry eu calon ac roedd y rhyfel ar ben a'r genedl i gyd yn nwylo'r Saeson. Adlewyrchwyd maint y propaganda a daenwyd yn ei erbyn yn Lloegr yn nrama Shakespeare, Henry V, wrth i filwr o Sais ofyn yn wawdlyd *'knowest thou Llywelyn?'* Daw'r llinell er ei fod wedi hen farw erbyn oes y brenin yn y ddrama. O hynny ymlaen roedd Cymru yn rhan swyddogol o Loegr tan i 'gytundeb' uno 1707 gyda'r Alban newid enw teyrnas y Saeson i rywbeth oedd yn ymddangos yn fwy cynhwysol, sef Prydain Fawr.

I bwysleisio'r drefn newydd, teithiodd Edward a'i fyddin o amgylch Cymru, yr holl ffordd o Dyddewi yn y de ac i Nefyn yn y gogledd, er bod sôn eu bod wedi bagio ar ôl derbyn dipyn o gweir yn Nanhoron, Llŷn. Ar ben hyn penderfynodd garcharu Gwenllian, merch 6 mis oed Llywelyn, yn lleiandy Sempringham am ei hoes a'i gorfodi i dyngu llw na fyddai'n priodi. Yno y bu farw.

Ond nid oedd gan Edward awydd ymladd y barwniaid ar yr un pryd felly gadawodd hwy i fod yn ne-ddwyrain Cymru. Cadarnhawyd hynny yn ei Ddeddf Rhuddlan 1284 oedd yn 'cyfreithloni' ei feddiant ar Gymru, oni bai am dir y barwniaid Normanaidd. I wneud pethau'n haws, rhoddodd fwy o dir yn y gogledd-ddwyrain i Normaniaid y de oedd wedi bod yn driw iddo. Byddai cyfraith Lloegr yn diddymu cyfreithiau troseddol Hywel

Dda, a byddai popeth yn Saesneg yn unig wrth gwrs, gyda'r rhai o flaen eu gwell nid yn unig yn methu deall ond ddim yn cael cyfieithiad chwaith. Un enghraifft o'r 'cyfiawnder' hwn oedd i Siôn Eos ladd dyn yn ddamweiniol yn 1470, bron ddwy ganrif yn ddiweddarach. Ni fyddai hynny'n arwain at ddienyddiad drwy grogi dan gyfraith Hywel Dda, ond dyna'i dynged dan gyfraith Lloegr.

Cafodd Gwynedd ei hollti'n dair gan Edward: Môn, Caernarfon a Meirionnydd, ac roedd ynad dros ogledd Cymru i drigo yng Nghaernarfon erbyn cwblhau'r castell anferth yr oedd yn ei adeiladu yno. Fel yn Harlech a Chonwy, mae maint y cestyll yn arwydd nid yn unig o'r arian sylweddol oedd Edward yn fodlon ei wario ar gadw grym, ond hefyd yr angen i gyfleu delwedd o rym ymerodrol. Gwyngalchwyd y cestyll i bwysleisio eu presenoldeb trawiadol, ac wrth feddwl heddiw am y cestyll hynny'n wyn llachar gellir dychmygu eu neges effeithiol. Roedd caerau newydd i'w gosod mewn trefi fyddai'n tyfu, a'r trigolion Cymraeg i'w taflu o'u tai i wneud lle i Saeson a fyddai'n tra-arglwyddiaethu. Enghraifft o'r ffordd y gweinyddid pethau oedd bod marchogion Seisnig yng nghastell y Fflint yn derbyn swllt am bob pen Cymro y byddent yn ei gario'n ôl i'r gaer ar ôl cyrch i'r wlad oddi amgylch. Ceir llythyrau gan Saeson trefi'r gogledd yn erfyn am help yn erbyn y Cymry gan nad oedd hi'n saff iddynt adael eu trefi am ganrif a mwy.

Roedd Rhys ap Maredudd yn y Deheubarth wedi derbyn addewid gan Edward I y byddai'n derbyn ffafrau, tir a chestyll fel Dinefwr pe na bai'n cefnogi gwrthryfel Llywelyn, nad oedd, i fod yn deg, wedi trin Rhys na'i linach yn rhy wych. Dehonglodd Edward fod Rhys wedi ei amharchu wrth ymgartrefu yn Ninefwr cyn iddo roi'r caniatâd terfynol iddo, felly arestiwyd Rhys. Fe'i rhyddhawyd ar yr amod fod castell Dinefwr yn aros yn nwylo Edward. Aeth pedair blynedd heibio tan i wylltineb Rhys am y brad, ac ymddygiad haerllug Robert Tipton, capten Edward yn yr ardal, ffrwydro. Wedi i Edward ei orchymyn i'r llys Seisnig yng Nghaerfyrddin, ymateb Rhys oedd ymosod a chipio cestyll Dinefwr, Llanymddyfri a Charreg Cennen. Gydag Edward, fel ei ragflaenwyr, yn ceisio goresgyn Ffrainc gyrrodd ei frawd Edmund i Ddyfed gyda byddin o 25,000 o Saeson i ddysgu gwers i Rhys, a phawb arall oedd ddigon anffodus i drigo ar eu llwybr.

Ond bu cryfder gwrthsafiad Rhys a'i fyddin yn dipyn o syndod iddynt. Er i'r Saeson ei amgylchynu a chipio Castell Newydd Emlyn, llwyddodd Rhys i ddianc a'i ailgipio drachefn. Wedi misoedd o frwydro ffyrnig ar hyd yr ardal, dychwelodd y Saeson i'r dref yn Nhachwedd 1287 a chymryd y castell eto, ond llwyddodd Rhys i ddianc. Cafodd ei fradychu (stori gyfarwydd bellach) gan ddyrnaid o'i ddynion ei hun oedd wedi derbyn cildwrn sylweddol gan y Saeson, a'i ddal yn 1292, gan gael ei gerdded at Edward ar raff yr holl ffordd i Efrog a'i grogi am ddinistrio '*Royal castles*', yn ogystal â '*murder, theft and arson*'. Yn ôl yr arfer carcharwyd ei fab, yng nghastell Norwich y tro hwn, am 50 mlynedd gweddill ei fywyd.

Adeiladodd Edward gastell Biwmares yn 1295 yn dilyn llwyddiant gwrthryfel Madog ap Llywelyn, ac fel yn hanes y gweddill nid oedd Cymry'n cael byw y tu mewn i'r waliau allanol, nac ychwaith yn cael dod i'r dref i werthu, ond caent ddod yno i brynu nwyddau'r Saeson yn y farchnad. Roedd yr arian i lifo un ffordd. Gwaharddwyd Cymry rhag prynu a gwerthu tir. Ceisiodd nifer o dirfeddianwyr Cymreig foesymgrymu i Edward i geisio gwella eu gobeithion, a gwelodd Edward yn dda mewn sawl ardal yng Ngwynedd fod hyn yn gwneud pethau'n haws iddo. Yn sgil y taeogrwydd hwn, gwrthododd uchelwyr newydd Gwynedd gefnogi gwrthryfel Llywelyn Bren yn erbyn Edward II yn 1316, a chwalodd y Saeson Forgannwg. Yn naturiol felly daeth nifer o Gymry i ymladd dros Loegr yr Edwardiaid, nid yn unig yn erbyn yr Albanwyr, ond hefyd yn erbyn Cernyw a Ffrainc, a gwelwyd y rhwyg mawr cyntaf rhwng y Cymry sy'n driw i Loegr a'r rhai oedd am weld parhad y genedl. Wrth weld byddin Lloegr yn ymweld ag ysgolion y prifathrawon hynny yng Nghymru sy'n ddigon mynwesol i'w derbyn y dyddiau hyn, digon tebyg yw pethau wedi 700 mlynedd. Mae'r un patrwm i'w weld ar y cyfryngau – roedd barddoniaeth Iolo Goch ar y pryd yn bonllefu gwroldeb y Cymry wrth iddynt frwydro yn Ffrainc dros Edward a'r Saeson.

Un oedd yn ymladd yn Ffrainc ond o feddylfryd gwahanol i Iolo Goch oedd Owain Lawgoch. Derbyniai yntau froliant am ei ymladd, ond ei fod yn gwneud hynny dros y Ffrancwyr. Yn ogystal ag arwain byddin fach ffyrnig a llwyddiannus o Gymry i ymosod ar gaerau'r Saeson o amgylch Ffrainc, aeth ymlaen i arwain catrodau Ffrengig hyd yn oed, gan ddechrau hwylio am Gymru i ymladd y Saeson yma dan fendith Charles V. Ond ailfeddyliodd brenin Ffrainc a'u gorchymyn i ddychwelyd wedi iddynt wrthdaro â byddin Seisnig ar ynys Guernsey, lle bu Owain Lawgoch yn fuddugol. Dull y Saeson o ddelio ag Owain oedd gyrru llofrudd o'r Alban o'r enw John Lamb, yn smalio ei fod yn genedlaetholwr, i ymuno ag Owain, derbyn ei ymddiriedaeth a'i drywanu yn ei gefn.

Effaith y tirfeddiannu Seisnig yng Nghymru oedd i nifer o'r brodorion ddianc i osgoi trethi ac amodau hurt. Creodd hyn ddiffygion yn y cyflenwad bwyd, a chyflymodd lledaeniad afiechydon a newyn. Chwalodd poblogaeth Cymru yn ystod y 14eg ganrif, gyda'r pla du yn enwedig yn rhemp, a'i effaith yn waeth yn ôl y sôn na chwalfeydd cleddyfau Edward I y ganrif gynt. Er ei fod yn gyffredin drwy orllewin Ewrop, roedd yn taro'n galetach yn yr ardaloedd lle roedd pobl yn ymgynnull i ganolfannau ac mewn gwendid yn barod. Ac wrth i'r rhai oedd yn ddigon ffodus i oroesi'r pla weld nad oedd modd iddynt gynnal eu tiroedd bach na masnachu eu cynnyrch mewn marchnad oedd yn diflannu, meddiannodd y landlordiaid a'r barwniaid eu cartrefi a'u tiroedd.

O'r meddiannu a'r gormes hwn y daeth cefnogaeth i wrthryfel Owain Glyndŵr. Roedd Richard II yn hoff o ffafrio ei gyfeillion oedd yn arglwyddiaethu dros dirfeddianwyr eraill nad oedd yn plesio cymaint. Wrth i un o'r landlordiaid newydd hyn geisio codi rhent teulu Glyndŵr, oedd ei hun yn Arglwydd Glyndyfrdwy (ger Corwen), aeth pethau o chwith i'r Saeson. Datganodd y bobl leol, oedd yn cynnwys nifer o'i deulu, mai Owain Glyndŵr oedd Tywysog Cymru ac aethant ati i sefydlu hynny drwy ddulliau ymarferol. Ymosododd rhyw 270 ohonynt ar gaerau a threfi meddiant yn Rhuddlan, Dinbych, Croesoswallt, Fflint, a Rhuthun. Roedd Richard II newydd gael ei ddisodli gan Henry IV, ac felly hwnnw yrrodd ei fyddin i chwalu'r 'Glendower' yma, pwy bynnag ydoedd. Lledodd y brwydro a meddiannodd Arglwydd Rhuthun, Reginald de Grey, dir Glyndŵr a datgan mai bradwr ydoedd, heb lawn werthfawrogi ddewrder ei symudiad ond yn hyderus y byddai Richard yn trechu'n hawdd.

Gwylltiodd Reginald a Richard niferoedd newydd a chwyddodd cefnogaeth y 'bradwr'. Meddiannodd y Cymry gastell Conwy. Daliwyd Reginald de Grey, chwalwyd milwyr Lloegr a llosgi eu hadeiladau mewn trefi fel Cricieth a Nefyn: gwahoddodd Glyndŵr Albanwyr a Gwyddelod 'bradwrus' i ymuno â'r frwydr yn erbyn y Saeson. Cododd y de mewn gwrthryfel a chollodd y Saeson eu tiroedd yng Ngwent a Morgannwg, unodd Ffrancwyr a Llydäwyr yn yr ymgyrch a hwylio i gefnogi Glyndŵr, cipiwyd cestyll Aberystwyth a Harlech yn gadarnleoedd i'r ymgyrch, a chwalwyd a llosgwyd sawl castell arall.

Gyda'r Cymry'n creu dinistr ar drefedigaethau'r Saeson, gyrrwyd 2,500 rhagor o filwyr dros y ffin i roi taw ar y sefyllfa dan ofal Edmund Mortimer. Daethant i wynebu byddin Glyndŵr ar Fryn Glas ym Mhowys ar 22 Mehefin, 1402. Ond ymysg y 2,500 roedd rhyw gant o Gymry'r gororau oedd wedi cynnig eu sgiliau bwa hir yn rhadlon iawn i Mortimer. Wrth i farchogion y Saeson garlamu i fyny'r bryn at y gwrthryfelwyr, trodd y saethwyr ymddangosiadol fradwrus fel un, a gollwng eu saethau ar y Saeson yn hytrach. Petaent wedi astudio eu hanes efallai byddent wedi darganfod ymddygiad tebyg 88 o flynyddoedd ynghynt cyn brwydr Bannockburn yn yr Alban, lle trodd Cymry Morgannwg yn erbyn byddin y Saeson yn yr un modd yn union. Efallai nad yw'n rhyfedd i'r Saeson fathu'r term '*to Welch*' am fradychu cytundeb. Trodd y frwydr yn llwyr, ac er bod 200 o'r Cymry wedi eu lladd gwelodd y Saeson golli oddeutu 1,000, a daliwyd eu harweinydd Edmund Mortimer. Wedi i Henry wrthod talu am ei ryddhau, pechodd hynny Mortimer gymaint nes iddo ymuno â'r Cymry.

Nid oedd Shakespeare yn ymwybodol o dröedigaeth Mortimer pan ysgrifennodd yn ei ddrama Henry IV:

*Leading the men of Herefordshire to fight,*
*Against the wild and irregular Glendower,*
*Was by the rude hand of that Welshman taken,*
*A thousand of his people butchered.*

Cydnabyddodd Ffrainc mai Glyndŵr oedd arweinydd Cymru, ond yn fwy arwyddocaol i gefnogaeth Henry IV, gwnaeth esgobion eglwysi Bangor a Llanelwy yr un fath. I gefnogi eu cydnabyddiaeth glaniodd 2,500 o filwyr Ffrainc yn Aberdaugleddau i gefnogi'r achos. Defnyddiodd Glyndŵr hwy'n syth a'u hychwanegu at ei 7,500 yntau i feddiannu Hwlffordd gyda deng mil o ddynion. Cymerwyd castell Caerffili oddi wrth y Saeson, gyda'r dechneg syml o greu pyramid o ddynion o flaen y wal hyd nes bod yr un ar y top yn medru neidio drosodd ac agor y giatiau.

Aeth Glyndŵr ati i sefydlu eglwys annibynnol i Gymru, a mynegi'i fwriad i greu dwy brifysgol Gymraeg, un yr un i'r gogledd a'r de. Ar ôl i'r gwrthryfel ddod i ben, byddai pedair canrif a hanner yn mynd heibio cyn inni gael prifysgol – ac erbyn hynny, un Saesneg a gafwyd. Cyfarfu Senedd Cymru ym Machynlleth.

Roedd goruchafiaeth Lloegr dros Gymru yn simsanu. Beth aeth o'i le? Mae awgrym mai gorfodi Henry i ymladd am ei fywyd oedd y cam gwag, wrth i Glyndŵr gynghreirio â'i elynion yn Lloegr – Edmund Mortimer ac Iarll Northumberland. O hynny ymlaen roedd rhaid i Henry drechu neu farw. Aeth ei elynion yn Lloegr i faes y gad ger Amwythig heb gymorth byddin Glyndŵr a cholli'r dydd, gan ei gwneud hi'n haws i Henry ddelio â phob bygythiad unigol yn ei dro. Yn yr oes honno, roedd cefnogaeth Cymry'n effeithio gwleidyddiaeth Lloegr go iawn.

Bu brwydr Pwll Melyn, Brynbuga, yn brofiad hyll i Glyndŵr gyda'i frawd, Tudur, yn cael ei ladd, 300 o garcharorion yn cael eu dienyddio a'r Saeson yn cipio ei fab, Gruffudd, a'i arteithio. Aeth byddin Henry ymlaen o bentref i bentref yn chwalu a lladd. Pylodd y cefnogaeth ymysg llawer o Gymry dylanwadol a benderfynodd ddatgan nad oedd ganddynt broblem o gwbl â theyrnasiaeth hyfryd Henry. O hynny ymlaen aeth pethau o chwith go iawn i Glyndŵr.

Ailfeddiannodd y Saeson holl gestyll y de a chiliodd y Ffrancwyr o'r frwydr yn 1407. Chwalwyd Môn; ail-gipiwyd castell Aberystwyth ac yna wedi blwyddyn o warchae, gastell Harlech gan y Saeson yn 1408. Diflannodd Owain Glyndŵr oddi yno rhywsut heb ei ddal. Arweiniodd buddugoliaeth y Saeson at fwy o ddwyn hynny o diroedd oedd gan y Cymry, yn enwedig y rhai oedd wedi cefnogi Owain. Brwydrodd ymlaen, ar herw, a'r sôn olaf a geir amdano oedd yn arwain ymosodiad yn 1412 ar y ffin ger Croesoswallt. Er ei hela, ni lwyddodd y Saeson i'w ddal. Anwybyddodd Owain addewidion celwyddog o bardwn petai'n ildio, a hyd heddiw nid oes tystiolaeth o'i farwolaeth.

Ail-ddeddfodd y Saeson i gosbi'r Cymry ymhellach. Nid oedd Cymro i berchen ar dir nac i fod mewn swydd weinyddol, boed yn medru Saesneg ai peidio, er nad oedd hynny'n newid llawer – yr unig swyddi cyhoeddus i Gymry gan Edward I ganrif ynghynt oedd recriwtwyr ar gyfer ei fyddin, fel Gruffudd Llwyd o Fôn o 1279 tan 1314. Yn naturiol, aeth llawer o'r boblogaeth i wrthryfela, a dianc o fewn eu gwlad eu hunain rhag y deddfau a'r trethi gan fyw y tu hwnt i gyrraedd cyfreithiau'r Saeson. Am ddegawdau gallai pobl fyw ar herw oddi wrth gyfreithiau'r Saeson yn y fforestydd a'r ogofeydd, a doedd yr arglwyddi oedd wedi meddiannu'r tir ddim yn hidio fawr am hynny yn eu plastai yn Lloegr. Parhaodd gwrthdaro rhwng byddinoedd y Saeson a herwyr rhydd, fel y rhai dan arweiniad Dafydd ap Siencyn yn Nyffryn Conwy, oedd yn ddisgynyddion i'r trigolion oedd wedi dianc o Lanrwst wrth i'r Saeson ddinistrio'r dref yn 1402.

Wedi llosgi eu tai nid oedd y Cymry'n cael byw yn y coed hyd yn oed. Ond roedd nifer fawr yn ceisio dygymod heb fynd ar herw. Am weddill y ganrif roedd ymbil mewn llythyrau gan Gymry i'r awdurdodau eu 'gwneud yn Saeson' – neu '*be made English*' fel roedd rhaid iddynt sgwennu – er mwyn iddynt feddu tir neu gyflog. Ymbiliodd William Gruffudd yn 1439 i fedru '*enjoy all other liberties as other loyal Englishmen*'.

Bron ganrif yn ddiweddarach daeth yr ymbil hwnnw i ben gyda chreu Deddf Uno 1536, oedd fwy neu lai'n diddymu Cymru fel endid ar wahân, felly'n ei gwneud hi'n anoddach gwahaniaethu'n gyfreithiol o ran cenedl unigolyn. Newidiwyd y pwyslais i ormesu iaith a diwylliant a cheisio troi poblogaeth y wlad yn Saeson. Os byddai Cymro'n dilyn y drefn Seisnig, byddai'n cael ei hawliau.

Cyn hynny, yn 1485, daeth posibilrwydd o newid byd i'r Cymry wedi i un o'u plith, ryw fath – Harri Tudur – drechu Richard III a dod yn frenin Lloegr. Ond onibai am benodi nifer o Gymry i weinyddu yn Llundain a diddymu'r gyfraith oedd yn gwahardd Cymro rhag prynu a gwerthu, newidiodd bron ddim ar fywyd y Cymry.

Yr hyn olygai deddf Thomas Cromwell yn 1536 oedd bod tiroedd y Mers yn cael eu trosglwyddo i Goron Lloegr, ac nid oedd llinach y Normaniaid bellach mewn unrhyw siâp i wrthsefyll hynny. Y rhannu yma sefydlodd yr union ffin bresennol rhwng Cymru a Lloegr. Roedd llysoedd Cymru i gadw elfen o annibyniaeth – ond roeddent yn cael eu rhedeg gan Saeson a phob gweinyddiaeth yn Saesneg (onibai am y cofnodion yn Lladin), er nad oedd y rhan helaeth o drigolion yn deall dim. Felly er bod y ddeddf yn nodi fod Cymro bellach yn hafal â Sais, ni fyddai hynny'n ymarferol gywir onibai bod y diffynnydd yn medru'r iaith fain. Daeth terfyn swyddogol ar bob elfen o ddylanwad cyfreithiau Hywel Dda. Mewn rhan arall o'r ddeddf nodid bod pob cofrestr yn defnyddio fersiynau Saesneg o bob enw ac wfft i unrhyw ap Siôn neu Ifan neu Gwilym. *Jones*, *Evans* a *Williams* a dim arall o hynny ymlaen.

Wrth i'r Saeson chwalu ei gilydd yn y ffraeo'n diddiwedd a ffug rhwng Pabyddiaeth a Phrotestaniaeth, enillodd meddianwyr cynllwyngar rym a chyfoeth. Ond ni chafodd hynny lawer o effaith ar y rhan fwyaf o Gymry gan fod y Saeson yn gwrthod caniatâd i gyfieithu'r Beibl i'r Gymraeg. Adroddai'r esgobion am anwareidd-dra eu praidd annuwiol oedd, am ryw reswm, yn gyndyn i ddod i'r eglwys i wrando ar rwdlan gweiddi mewn iaith nad oeddent yn ei deall. Wedi'r gorthrwm ar y Pabyddion, tro'r Protestaniaid oedd hi wrth i Mary esgyn i'r orsedd yn 1553 a bu lladd eang yn Lloegr, ond yng Nghymru dim ond tri merthyr oedd drwy'r wlad, i gyd yn uniaith Saesneg ac wedi'u llofruddio gan Saeson.

Wedi i'r Protestaniaid ddychwelyd i rym, bu pendroni uwch y diffyg hwn a phenderfynwyd y byddai'n syniad traethu wrth drigolion dros y ffin mewn ffordd y gallent ei deall. Doedd y twpsod ddim yn siarad Saesneg felly nid oedd dim amdani ond cael Beibl Cymraeg. Pasiwyd deddf seneddol yn 1563 a chafwyd y Testament Newydd yn 1567 a Beibl cyfan William Morgan yn 1588. Mae'n syniad poblogaidd mai hynny a achubodd y Gymraeg, ac yn sicr cyfrannodd yn hael at roi statws i'r iaith, ond roedd ei sgil-effaith o greu cyfrwng modern i argraffu torfol yn yr iaith yn hollbwysig hefyd. Crewyd seiliau rhyddiaith fodern yn y Gymraeg a chyhoeddwyd nifer fawr o lyfrau yn ei sgil.

Gan danlinellu nad oedd cyfundrefn y Saeson yn dymuno helpu'r iaith o gwbl drwy'r Beibl Gymraeg, dim ond cryfhau eu hunain, cafodd John Penry o Langamarch ei ddifrïo a'i anwybyddu bob tro y galwodd ar San Steffan i addysgu pobl Cymru yn eu hiaith eu hunain. Cafodd ei ddienyddio am deyrnfradwriaeth am ysgrifennu'r *Martin Marprelate Tracts* oedd rywsut yn pechu yn erbyn crefydd y dydd – cyhuddiad cwbl ffug gan nad y fo oedd yr awdur. Daeth y dienyddiad crefyddol cyntaf yng Nghymru dan ganllawiau Elizabeth I yn 1584 gyda chrogi Richard Gwyn, ysgolfeistr yn Llanidloes. Wedi gwrthod mynychu'r eglwys Anglicanaidd a newid ei gartref a'i enw am flynyddoedd cafodd ei ddal yn 1579, gan ddianc eto a byw ar ffo am flwyddyn a hanner. Cymerodd chwe dyn i'w gario mewn cadwyni i'r llys yn 1581. Ysgwydai'i gadwyni i atal neb glywed dim a ddywedai ei gyhuddwyr. Cafodd ddirwy o £280 am ei ddiffyg ymroddiad i'r drefn Anglicanaidd a £140 am '*brawling*', gan ateb 'chwe cheiniog' pan ofynnodd y barnwr yn Saesneg faint y medrai ei dalu. Wedi difrïo'i gyhuddwyr mewn aml i lys aeth o garchar i garchar hyd nes y cafodd ei grogi. Gyda'i grogwr yn sicr ei fod wedi marw, daeth ei waedd 'Iesu, trugarha wrthyf!' wrth iddo gael ei ddiberfeddu yn eithaf syndod i'r dyrfa.

Yn 1634 roedd Charles I eisiau mwy o arian ar gyfer rhyfela. Roedd pob sir i gyfrannu'r dreth newydd yma, ond ni chodwyd ceiniog yn y rhan fwyaf o siroedd Cymru. Roedd yr eithafwr crefyddol hefyd yn mynnu fod Cymru'n gyrru milwyr i ymladd yn erbyn Albanwyr oedd yn gwrthod yr orfodaeth o ryw lawlyfr gweddïo ar bawb, a chafwyd siom yn y niferoedd hynny hefyd.

Roedd dulliau Charles yn ddigon amhoblogaidd i ennyn her o du'r senedd. Bu llawer o ymladd yr '*English Civil War*' ar dir Cymru. Gwelwyd brwydro yn Hwlffordd, Dinbych-y-pysgod, Caerfyrddin, Harlech, Bangor, a Chaerdydd, gyda byddinoedd y ddwy ochr yn 'byw ar y wlad'. Nid oedd Cymru, onibai am y tirfeddianwyr oedd yn San Steffan, yn poeni iot pwy fyddai'n curo. 5% o bobl Cymru oedd yn Biwritaniaid pan fu Oliver Cromwell yn rhedeg y sioe, a methiant fu'i ymgyrch i osod cant a hanner o weinidogion Saesneg i 'addysgu'r bobl' yma. Rhwng 1713 ac 1870, ni phenodwyd unrhyw esgob oedd yn medru siarad Cymraeg drwy Gymru. Ond yr hyn ddigwyddodd wedi i Charles II roi chwip din i Cromwell a'r Piwritaniaid oedd ffafraeth sylweddol i'r tirfeddianwyr hynny oedd wedi profi'n driw i'r teulu brenhinol. O'r herwydd daethant yn dirfeddianwyr mwy effeithiol, gyda Syr Watkin Williams Wyn y cyfoethocaf ohonynt oll. Ef a'i fath oedd yr aelodau seneddol Cymreig yn Llundain. Nid oedd cystadleuaeth na phleidlais wrth gwrs.

Yn Llanddeiniolen, ger Bangor yn 1809, a Mynydd Bach, Ceredigion yn 1812, bu reiats o gryn faint wedi i Lundain ddynodi tir comin i'r tirfeddianwyr mawr. Roedd yn rhaid i'r ffermwr bach brofi ei fod wedi defnyddio'r tir ers 21 mlynedd neu âi i grafangau'r tirfeddiannwr mawr. Dim dogfen, dim tir, a chyda thir comin wrth ei natur yn hepgor yr angen am ddogfennau, roedd yn fiwrocratiaeth daclus. Hyd yn oed os oedd da byw gan y ffermwr, nid oedd unlle iddo eu cadw. Canlyniadau hyn oedd tlodi enbyd i ddeuluoedd y tyddynnod, a hynny yn eu gorfodi i symud i'r trefi diwydiannol i chwilio am waith a llety.

Hyd 1815, roedd byw ar arfordir Cymru â'i berygl ei hun, wrth i Loegr ddefnyddio gangiau herwgipio, y *Press Gang*, i orfodi dynion i weithio ar eu llongau ac ymladd yn eu rhyfeloedd. Eu tuedd oedd pigo ar ddynion ar eu pennau eu hunain ac aeth yr arfer yma ymlaen am ryw ganrif a hanner. Unwaith ceisiwyd cipio pob dyn oedd ar Ynys Enlli wedi eu twyllo gyda gwahoddiad i fynd ar fwrdd llong ryfel. Wedi i rywrai uchel – Arglwydd Glynllifon yn ôl y sôn – bledio achos eu teuluoedd wrth y llywodraeth, dychwelodd y llong a gollwng y dynion yn rhydd.

Gwelwyd reiat fawr ym Merthyr 1831 wrth i'r gweithwyr gael llond bol ar berchnogion y gweithfeydd haearn yn eu gwaedu o bopeth oedd ganddynt. Ymateb Llundain i losgi'r adeilad lle cedwid manylion dyled pob unigolyn ym Merthyr oedd gyrru catrawd y *Scottish Highlanders* i ddelio â'r broblem. Y canlyniad oedd anhrefn treisiol, gyda dros 50 o weithwyr yn cael eu lladd. Yr un a aeth o flaen ei well oedd Dic Penderyn ar gyhuddiad o niweidio milwr a'i ddedfrydu i'w grogi yng ngharchar Caerdydd gan y llys Seisnig.

Daeth mwy o drafferthion i'r Saeson a'u tirfeddianwyr drwy adwaith sylweddol i dollbyrth gormesol ar hyd a lled y ffyrdd. Yn 1839 daeth Merched Beca i falu'r giatiau yn sir Gaerfyrddin a lledodd yr ymosodiadau drwy dde Cymru, gyda'u ffugwisgoedd yn eu cadw'n saff rhag cael eu hadnabod. Gyrrwyd plismyn o Lundain a chatrodau o feirchfilwyr Seisnig i setlo'r trigolion oedd yn llosgi'r wyrcwsau yn ogystal â'r tollbyrth. Er carcharu rhai, a gyrru eraill i Tasmania neu *Van Daemon's Land*, ildiodd Llundain a thynnu'r rhan fwyaf o dollbyrth yn fuan ar ôl hynny.

Roedd ardaloedd diwydiannol Cymru yn wenfflam yn gyffredinol. Gyrrwyd milwyr i Lanidloes yn 1839 – ardal y diwydiant gwlân – a saethwyd deg yn farw yng Nghasnewydd gan y fyddin wedi gorymdaith gan y Siartwyr i wella amodau gwaith. Roedd murlun gwych yng Nghasnewydd yn cofnodi'r digwyddiad tan i gyngor y dref benderfynu ei ddinistrio yn 2012. Cafodd tri eu dedfrydu, yn cynnwys John Frost a dderbyniodd ddwy flynedd o lafur caled ychwanegol am ddifrio'r *Colonial Secretary* John Russell yn y llys. Gorfodwyd glöwyr yr Wyddgrug i ildio i'r meistri drwy yrru milwyr i chwalu streic yno yn 1869 – a lladdwyd pedwar o bobl gyffredin. Lladdwyd dau streiciwr arall gan y fyddin yn Llanelli adeg anghydfod y rheilffyrdd yn 1911.

Erbyn canol y 19eg ganrif nid oedd bywyd y tenant cyffredin yng Nghymru yn gwella dim. Roedd y tirfeddianwyr yn dueddol o benodi unrhyw un nad oedd yn dod o Gymru yn gapteiniaid hel trethi a rhenti disynnwyr o ddrud. Erbyn hynny roedd y bleidlais yn bodoli hefyd, a gan nad oedd yn gudd byddai'r tenantiaid yn cael eu taflu o'u tai os meiddient bleidleisio dros un nad oedd yn ddewis gan eu tirfeddiannwr.

Roedd Samuel Roberts yn un o'r rhain, dyn a brotestiodd yn ddiweddarach yn groch yn erbyn Brad y Llyfrau Gleision, rhyfel Crimea a'r ymerodraeth Seisnig yn gyffredinol. Bu'n rhaid iddo ymfudo i'r Unol Daleithiau yn 1857 wedi iddo gael ei droi allan o'i dŷ gan linach Watkin Williams Wynne.

Yng Ngheredigion bygythiodd y tirfeddiannwr mwyaf ei ddenantiaid i ymuno gydag Eglwys Loegr neu adael. Yn 'etholiad' Meirionnydd 1859, yr aelod seneddol oedd y Tori W. W. E Wynne o Beniarth, a bu iddo gyfweld ei ddenantiaid yn bersonol ar ôl clywed nad oeddent yn llwyr ei garu. Cafodd wybod am eu teyrngarwch ymlaen llaw gan fod yn rhaid i bleidleiswyr gofrestru os oeddent eisiau ymatal rhag pleidleisio. Enghraifft oedd y tri yn Rhiwlas ger y Bala a daflwyd o'u tai wedi i un atal ei bleidlais a dau bleidleisio i'w gystadleuydd. Roedd hi'n 1872 nes i'r bleidlais gudd gyrraedd i roi pen ar y broblem hon. Y canlyniad oedd chwalu'r Toriaid yng Nghymru er budd plaid Seisnig arall, y Rhyddfrydwyr.

Un dewis oedd gadael cyfundrefnau a rheolau'r Saeson, a dyna fu hanes llawer. Roedd rhai â'u bryd ar ddechrau cymunedau Cymraeg yn yr Unol Daleithiau. Prynodd Samuel Roberts 100,000 acer yn Tennessee i geisio sefydlu lle i'r Cymry yno cyn i ryfel cartref yr Unol Daleithiau chwalu ei freuddwyd. Er sefydlu nifer ar ôl hynny, roedd y wladwriaeth honno â pholisi o wrthod cefnogi unrhyw iaith onibai'r Saesneg, felly marw'n araf naturiol wnaent. Mentrodd rhai i Affrica yn 1820, eraill i Brasil yn 1850. Yn 1865 yr hwyliodd y fenter a lwyddodd i gadw ei hunaniaeth Gymraeg fwyaf llwyddiannus pan aeth 150 o bobl dan anogaeth Michael D. Jones i Batagonia. Dyma oedd ei farn am ei wlad ei hun:

*Un o brif niweidiau llywodraeth oresgynol i'w deiliaid yw ei bod yn eu gwaseiddio... mae gwiber goresgyniad wedi chwythu ei gwenwyn gwyrdd ymhob cyfeiriad. Trychineb cenedl a waseiddiwyd yw ei bod yn dirywio maes o law i gyflwr lle mae hi'n dymuno difa'i hetifeddiaeth, ei hiaith a'i nodweddion cenedlaethol. Hynny yw, daw'n barod toc i wneud gwaith y concwerwr drosto – a'i chyfri'n fraint.*

Tri bargyfreithiwr Seisnig oedd yn gyfrifol am adroddiad y Llyfrau Gleision ar addysg yng Nghymru wedi i William Williams, aelod seneddol Coventry, bwyso am yr 'ymchwil'. Dyma enghraifft o'i ddadansoddiadau:

*The Welsh language is a vast drawback to Wales, and a manifold barrier to the moral progress and commercial prosperity of the people. It is not easy to over-estimate its evil effects... The evils of the Welsh language, as I have above stated, is obviously and fearfully great in courts of justice... It distorts the truth, it favours fraud, and abets perjury... This public exhibition of succesful falsehood has a disastrous effects on public morals and regard for truth. The mockery of an English trial of a Welsh criminal by a Welsh jury, addressed by counsel and judge in English, is too gross and shocking to need comment.*

I ddangos unwaith eto nad oedd crefydd wedi dal gafael ar y Cymry, yn wahanol i'r ddelwedd boblogaidd dros y ffin, esboniodd y Llyfrau mai'r bai am annuwioldeb a diffyg gweithgarwch y boblogaeth oedd y Gymraeg. Y capeli oedd y broblem, meddent, gyda 80,000 o blant yn cael eu haddysg drwy gyfrwng yr ysgolion Sul Cymraeg o'u cymharu â 30,000 mewn ysgolion arferol. Anogwyd diddymu '*The language of slavery*' am ei bod yn help i Anghydffurfwyr i ddechrau eu sefydliadau addysg eu hunain yn hytrach na thalu unrhyw sylw nac arian i Eglwys Loegr. Ymysg diffiniadau modern y Cenhedloedd Unedig o hil-laddiad, mae gorfodi addysg ac iaith wahanol ar blant.

Ymddangosodd y *Welsh Not* i gyflymu'r broses, gyda'i gosb ddyddiol i'r olaf a siaradai Gymraeg. Roedd plentyn yn medru gwaredu'r pren o amgylch ei wddf wrth achwyn am un arall oedd wedi yngan Cymraeg wrth ei athro, system oedd yn dweud llawer am ragoriaeth a chlyfrwch y rhai a'i dyfeisiodd. Esboniodd dynes o Lanelli ei effaith ar unigolion gan nodi'n syml *'fe gafodd fy nhad-cu ei wado am siarad Cymraeg yn yr ysgol yng Nghaerfyrddin. Siaradodd e' run gair o Gymraeg byth ar ôl hynny'.* Nid plant Cymru oedd y cyntaf i dderbyn y fath driniaeth, gan fod hynny eisoes ar waith yn Iwerddon ac India. Er y pwysau mawr newydd hwn, ar ben y gorthrwm fu ar siaradwyr yr iaith ers canrifoedd, roedd Cyfrifiad 1901 yn cofnodi fod bron i filiwn, bron hanner trigolion Cymru yn siarad Cymraeg.

Eto, wrth sefydlu prifysgol gyntaf Cymru yn Aberystwyth yn 1872, nid oedd yr Anghydffurfwyr yn cynnig dim yn Gymraeg. Saesneg oedd popeth. Cafodd hyd yn oed y Gymraeg, pan gafodd ei chyflwyno fel pwnc ymhen hir a hwyr, ei dysgu drwy'r Saesneg.

Roedd holl chwarelwyr Penrhyn ger Bethesda'n siaradwyr Cymraeg, yn wahanol i'r perchennog George Sholto Gordon Douglas-Pennant, neu Arglwydd Penrhyn, a rheolwr y chwarel E. A. Young, a grëodd yr anghydfod diwydiannol hwyaf erioed yn hanes y byd. Streiciodd 2,800 mewn undod yn erbyn telerau annheg y meistri, ond gwrthododd yr Arglwydd a'i reolwr ildio, a bu'r chwarel ar gau am dair blynedd cyn i'r streicwyr roi'r ffidil yn y to. Ymfudodd llawer i byllau glo'r de i ennyn cyflog. Yn 1910 gyrrodd Churchill filwyr i wrthwynebu glowyr oedd yn protestio yn Nhonypandy yn erbyn y *Cambrian Combine*, grŵp o gwmnïau mwyngloddio oedd yn cydweithio i ehangu eu helw drwy dalu cyn lleied â phosib a thorri ar ddiogelwch. Roedd un ohonynt, y *Naval Collier Company* wedi agor darn newydd o'r pwll ac yn cwyno fod y gweithwyr yn fwriadol araf. Roedd y gweithwyr yn nodi nad oedd y glo'n hawdd ei dynnu oherwydd haenau carreg, a byddai diogi'n dwp gan ei bod yn cael eu talu fesul tunnell. Ymateb y cwmni oedd cau'r pwll i'r 950 oedd yn gweithio yno, nid y 70 a weithiai'r darn newydd yn unig. Aeth y 12,000 a weithiai yn yr ardal dan oruchwyliaeth y *Cambrian Combine* ar streic i gefnogi eu cydweithwyr. Aeth yr heddlu ati i ymosod ar y protestwyr, gyda straeon amdanynt yn malu eu trefi eu hunain yn cael ei ddefnyddio fel rheswm i gyfiawnhau hynny. Wedi i heddlu Bryste gael eu mewnforio i helpu heddlu Morgannwg yn yr ymladdfa – ond heb fawr o lwyddiant – daeth y fyddin yno i'w trin yn fwy ciaidd fyth.

Yn Llanelli streiciodd y gweithwyr rheilffordd yn erbyn eu hamodau afresymol, felly yn Awst 1911 gyrrodd Winston Churchill 700 o filwyr i'r dref gyda chanlyniadau cyffelyb gan saethu dau yn farw, Leonard Worstell a John John.

Ym myd San Steffan daeth yr olwyn i droi fel bod Cymro glân gloyw yn cyrraedd y prif jobyn. Roedd hyn yn anhygoel i'r Cymry a edmygai Loegr, ar ben y rhai oedd wedi derbyn eu sefyllfa ddarostyngedig ym mywyd y ddynol ryw a'n gorfoleddu ar y fath enwogrwydd i un o'u plith. Erbyn y Rhyfel Byd Cyntaf, roedd David Lloyd George wedi troi o fod yn ymgyrchydd pybyr dros Gymru'n ei ddyddiau cynnar i fod yn was cwbl driw i'r ymerodraeth Seisnig. Aeth drwy'r swyddi *Minister for Munitions, Secretary for War* (ni cheisiwyd smalio mai *'defence'* oedd y dyletswydd bryd hynny), a Phrif Weinidog heb ffrwyno dim ar yr Ymerodraeth, ac roedd brwdfrydedd i ddechrau'r rhyfel yn erbyn yr Almaen aflan yng Nghymru fel Lloegr. Nid felly sefydlwyr papur *Y Wawr* ym Mhrifysgol Aberystwyth, a wrthwynebai'r rhyfel o'r dechrau. Eu tynged hwy, fel aml i wrthwynebydd moesol arall, oedd derbyn llid treisgar eu cyd-Gymry. Erbyn 1917, a'r rhyfel yn dal i rygnu yn ei blaen, y miloedd yn cael eu gorfodi i lenwi bylchau yn y rhengoedd a hwythau'n cael eu colli, roedd llawer wedi dod i ddeall eu safbwynt.

Yn anhapus â'r sefyllfa lle fod pob plaid wleidyddol â gogwydd Brydeinig, sefydlwyd Plaid Cymru ym Mhwllheli yn 1925. Gan wrthwynebu rhyfela ac imperialaeth Lloegr o amgylch y byd, a'r defnydd o dir Cymru i ymarfer ar gyfer hynny, aeth tri gyda chymorth eraill i ysgol fomio Penyberth, ger Pwllheli, ar 8 Medi, 1936 a'i llosgi. Roedd y lleoliad yn sarhad pellach gan fod y ffermdy a ddinistriwyd ar ei gyfer yn bwysig yn hanes llenyddiaeth Cymru fel man geni'r awdur Robert Gwyn. Roedd hyn yn dilyn ymwrthod Prif Weinidog Prydain, Stanley Baldwin, i drafod na derbyn dirprwyaeth a gyflwynai ddeiseb anferth yn gwrthwynebu. Roedd

Dyfnaint a Northumberland wedi llwyddo i atal ysgolion bomio drwy bledio achos achub bywyd gwyllt, ond roedd dadleuon y Cymry'n rhai 'gwleidyddol'. Wedi llosgi'r cytiau aeth y tri i orsaf heddlu Pwllheli i fynnu cyfrifoldeb am eu gweithred. Yn yr achos llys yng Nghaernarfon, methodd y rheithgor â chytuno i'w dedfrydu'n euog, gan fod hawl ganddynt i wneud hynny os oeddent yn ystyried y gyfraith yn anghyfiawn. Trosglwyddwyd yr achos i'r Old Bailey yn Llundain lle nad oedd rheithgor Cymraeg ar gael ac fe'u dedfrydwyd i naw mis o garchar. Erbyn hynny roedd Prifysgol Abertawe wedi diswyddo Saunders Lewis fel eu darlithydd Llenyddiaeth Gymraeg. Gyda'r wlad wedi ei rhannu o blaid ac yn erbyn, daeth torf rhwng 12,000 a 15,000 i Gaernarfon i gyfarfod y tri pan gawsant eu rhyddhau.

Yn 1940 gwireddodd y Swyddfa Ryfel yn Llundain eu penderfyniad y byddai Mynydd Epynt a'i gymoedd amaethyddol yn lle delfrydol ar gyfer ymarfer milwyr. Heb sôn am y ffaith nad oedd unrhyw le yn Lloegr yn amlwg yn addas, roedd edrych ar wastadeddau a bryniau moel gweddill Brycheiniog ychydig filltiroedd i'r de yn ormod o drafferth, mae'n debyg. Gyrrwyd pedwar cant o siaradwyr Cymraeg o'u cartrefi, a'u dymchwel. Aeth ffin tir y Gymraeg ddeg milltir yn fwy i'r gorllewin. Heddiw mae'n parhau i fod yng ngofal y Weinyddiaeth Amddiffyn, y gonestrwydd modern a ddaeth yn lle'r hen enw 'Swyddfa Ryfel'. Ar eu gwefan gwelir:

> *The site consists of approximately 12,000 hectares of land owned by the MOD on the Mynydd Epynt, a wild plateau covered largely by blanket bog and grass... The Epynt Way, a 56 mile (90 km) circular permissive bridleway that follows on, or near to, the boundary of SENTA, was opened in 2004.*

Erbyn 1945 roedd 10% o Gymru gyfan yn dir y Swyddfa Ryfel, a byddai mwy na hynny o dir wedi'i golli oni bai am frwydro Undeb Cymru Fydd yn erbyn ymgeision eraill. Protestiwyd yn llwyddiannus yn erbyn eu cynlluniau i droi ardal Tregaron yn Epynt arall yn 1947 i 1948, 27,000 erw ohono. Cyhoeddodd Llundain y byddai 5000 erw i'w byddin ym Mronaber ger Trawsfynydd a'u tai hwythau i'w chwalu nes i Undeb Cymru Fydd, Plaid Cymru a'r trigolion gau'r lonydd mewn protest sylweddol. Heddiw mae 96.9% o drigolion Bronaber yn siaradwyr Cymraeg.

Yn ogystal â thir y Weinyddiaeth Amddiffyn, mae tiroedd yng Nghymru y mae Elizabeth a'r goron yn berchen arnynt. Fel dywed y *Memorandum of Understanding between the Welsh Government and The Crown Estate* yn 2011:

> *The Rural Estate in Wales comprises some 3,400 acres of agricultural land and 66,500 acres of common land. In addition there are 245,000 acres of mineral only ownership. minerals are an important part of the portfolio; there being several lettings of substantial working quarries, principally in Flintshire and Gwynedd. Deposits of gold and silver – termed Mines Royal – are owned by the Crown Estate wherever they may occur. Commercial production has occured in the past and may do so again in the future.*

Caewyd nifer o linellau rheilffyrdd rhwng trefi Cymru ar awgrym adroddiad Beeching yn 1963. Dyna pam ein bod heddiw yn mynd drwy Loegr er mwyn teithio ar drên o Fangor i Bwllheli neu o Aberystwyth i Gaerfyrddin. Ni chafwyd cyngor Cymro ar y mater.

Daeth cyngor Lerpwl i benderfyniad yn 1955 mai boddi Cwm Tryweryn ger y Bala oedd yr ateb gorau i'w hangen am ddŵr i'w diwydiannau. Cytunodd San Steffan, er nad oedd yr un Aelod Seneddol Cymreig o blaid hynny. Erbyn 1965 roedd yr argae yn barod a'r trigolion wedi eu hel o'u cartrefi, a boddwyd pentref Capel Celyn.

Mae byddin a choron Lloegr yn meddiannu rhannau anferth o Gymru yn ddi-dâl. Cyfraniad trigolion Cymru i gyllideb filwrol byddin Prydain yw £1.9biliwn. Mae pobl Gweriniaeth Iwerddon, gyda bron i ddwy filiwn o bobl yn fwy na Chymru, yn talu ryw

£1.4biliwn yn llai am eu lluoedd arfog annibynnol hwy, sef oddeutu £500m. Nid yw hyn yn cyfri'r £4.7biliwn sef cyfraniad trigolion Cymru yng nghost adnewyddu Trident.

Lledaenwyd y syniad ymysg trigolion amryw o wledydd y byddai'n anobeithiol yn economaidd iddynt geisio gwireddu unrhyw ddyhead am annibyniaeth o freichiau'r Ymerodraeth. Mae Cymru'n dioddef o'r syndrom yma'n fwy na'r un. Unig bwrpas yr Ymerodraeth leddf yw i edrych ar ein holau, wrth gwrs. Rydym yn rhy dlawd i fod yn hunan-gynhaliol. Maent yn llwyddo i nodi ffigyrau GDP fel prawf o hyn, ond yn mynnu rheoli a sugno elw ein hadnoddau naturiol yr un pryd.

Yng nghanol trefniant anelwig gwerth £5biliwn, yn cynnwys adeiladu peipiau i'r fenter, mae'r cwmni preifat Severn Trent o'i bencadlys yn Coventry wrthi'n trosglwyddo miliynau ar filiynau o alwyni o ddŵr Cymru i Anglian Waters. Ni wêl pobl Cymru geiniog o'r arian na'i drethi. Mae Cymru heddiw'n allforio 30% o'r egni mae'n ddarparu. Erbyn 2025 mae adroddiadau'n darogan y bydd Cymru yn cynhyrchu dwywaith mwy o egni nag y mae ei angen ar y wlad. Nid oes rheolaeth Gymreig dros y diwydiant.

Mae pob peint a yfir ym mhob digwyddiad a phob tafarn yng Nghymru, yn yr Eisteddfod, y gemau rygbi, pob penwythnos ym mhob pentref, tref a dinas, yn gweld oddeutu traean yr arian a dalwyd amdano yn mynd i goffrau Llundain. Enghraifft yn unig o lif tollau a threthi.

Dywedir bod Cymru'n byw ar swyddi sector gyhoeddus, sy'n brawf o'n dibynniaeth ar yr Ymerodraeth. Y Deyrnas Unedig yw'r wlad sydd â mwyaf o fusnes porthladd yn Ewrop. Mae Cymru'n delio â 10% o draffig nwyddau porthladd y DU. 8% mae Lloegr yn ei gynnal. Eto, aiff y trethi oll i Lundain. Yn 2009 roedd y sector gynhyrchu'n 15.2% o economi Cymru, neu £6.8biliwn. 10.3% oedd cyfartaledd yn 2016, dyma oedd ffigyrau llywodraeth Prydain eu hunain. Mae'r DU yn mewnforio £396.7biliwn ac yn allforio £277.6biliwn, colled sylweddol. Y ffigyrau am Gymru ei hun fodd bynnag yw fod £12.1biliwn yn allforio a £7biliwn yn mewnforio. Mae oddeutu £5biliwn yn fwy yn dod i mewn nag sy'n gadael. Mae'r trethi ar hyn oll yn mynd yn syth i Lundain, sy`n mynnu drwy ei gwleidyddion a'u cyfryngau mai colled a wna Cymru ar ei phen ei hun a byddai'n amhosibl iddi fynd yn annibynnol. Mae'r *International Monetary Fund* yn gosod Cymru'n 17eg o 50 gwlad Ewrop yn ôl cyfoeth y pen.

Lledaenodd addysg Gymraeg wrth i Lundain adael llonydd i Gyngor Llanelli agor yr ysgol gynradd Gymraeg gyntaf a arianwyd yn gyhoeddus yn 1947, yn dilyni ysgol breifat Gymraeg Ifan ap Owen Edwards yn Aberystwyth yn 1939 a arianwyd gan Urdd Gobaith Cymru. Yr ysgol uwchradd gyntaf Gymraeg oedd Glan Clwyd gan Gyngor Sir Fflint yn 1956.

Gwelodd safiad unig Eileen a Trefor Beasley yn ardal Llanelli yn 1952 yn erbyn biliau uniaith Saesneg y cyngor 8 mlynedd o feddiannu eu heiddo gan fwmbeilïaid yn rheolaidd nes ennill buddugoliaeth yn 1960. Sefydlwyd Cymdeithas yr Iaith newydd yn 1962 wedi darlith Tynged yr Iaith, Saunders Lewis yn mynnu mai trwy ddulliau chwyldro yn unig y byddai llwyddiant i sicrhau dyfodol i'r Gymraeg fel iaith fyw.

Wrth weld twf cenedlaetholdeb Cymreig penderfynodd Prydain fod yr amser yn addas ar gyfer coroni Charles yn Dywysog Cymru, a gwnaed hynny ar 1 Gorffennaf, 1969 yng nghastell Caernarfon. Llwyddodd David Lloyd George yn ei awgrym y byddai coroni Edward yng Nghaernarfon yn 1911 yn rhoi'r syniad i'r Cymry eu bod o bwys, ac felly hefyd y plwysleisiwyd adeg seremoni Charles dan ofal George Thomas, Tonypandy. Yn Lincoln y coronwyd Edward II yn dywysog Cymru yn 1301. Yr hyn na ddangosir yn y lluniau trwmpedol o'r diwrnod yw'r brwydro ar y strydoedd rhwng cannoedd o'r heddlu a'r rhai oedd wedi dod i wrthwynebu. Y bore hwnnw yn Abergele bu farw Alwyn Jones a George Taylor, dau aelod o Fudiad Amddiffyn Cymru, wedi i'r ffrwydron ar gyfer malu'r traciau rheilffordd fyddai wedi cludo Charles o Loegr tua'i goron, chwythu yn eu dwylo. Daeth y rhwygiadau cenedlaethol yn amlycach wrth i 'Carlo' Dafydd Iwan gyrraedd rhif un y siartiau Cymraeg tra oedd yntau ar yr un pryd yn derbyn llid pobl ar y stryd am feiddio difrio 'ein teulu brenhinol'.

Rhwng 1931 ac 1971 bu dirywiad mawr cyson yn siaradwyr y Gymraeg, o dros 909,261 i 542,425 yn ôl y Cyfrifiad. Profodd Prydeindod yr Ail Ryfel Byd, mewnfudo ac allfudo ac addysg Saesneg yn ffactorau, ond o bosib yr un ffactor mawr oedd twf darlledu radio a theledu Saesneg a bwmpiwyd i Gymru, oedd yn tanlinellu'r hen neges mai honno oedd iaith llwyddiant. Pwysodd Cymdeithas yr Iaith drwy'r saithdegau am greu sianeli Cymraeg, ac ildiodd Llundain ymhen hir a hwyr. Gellid dadlau mai dyfodiad Radio Cymru yn 1977 ac S4C yn 1982 a sefydlogodd ffigyrau siaradwyr yr iaith i raddau helaeth.

Daeth refferendwm 1979 ar greu Cynulliad meddal ei bwerau i Gymru. I genedlaetholwyr Cymreig roedd yn amser du y tu hwnt, gydag 80% a phob un sir yn pleidleisio 'Na'. Ar ben hyn daeth datganiad y Ceidwadwyr yn gwyrdroi eu haddewid etholiadol i sefydlu sianel deledu Cymraeg. Arweiniodd hyn Gwynfor Evans i fygwth ymprydio hyd farw gan roi pwysau ar Thatcher i newid ei meddwl. Daethant i'r penderfyniad fod ganddynt ddigon ar eu dwylo yn Iwerddon heb sôn am greu merthyr yng Nghymru hefyd, ond nid heb gryn ddadlau yn 10 Stryd Downing. Heb aberth a dewrder eithriadol Gwynfor, mae'n hynod bosib na fyddai gennym sianel deledu heddiw. Roedd digwyddiadau yn Iwerddon yn dangos nad oedd ganddynt unrhyw ofn gwrthod ildio i ymprydwyr, ac mai penderfyniad tactegol, nid moesol, ydoedd.

Yng nghysgod datganiad y Ceidwadwyr dros S4C fisoedd yn unig wedi canlyniad y refferendwm datganoli, llosgwyd y tŷ haf cyntaf ar Fynydd Nefyn, Llŷn, gan Meibion Glyndŵr. Mae nifer, yn cynnwys aelodau o'r heddlu, wedi awgrymu tystiolaeth fod MI5 Llundain wedi ychwanegu at yr ymosodiadau, ar gyfer dibenion tywyll o godi'r gofyn am adwaith Prydeinig yn bur debyg. Bu ymchwiliadau trwsgl, un ar fore Sul y Blodau 1980 pan arestiwyd 50 o genedlaetholwyr. Fe'u rhyddhawyd i gyd o fewn tridiau. Roedd hi'n amlwg fod ffonau nifer o genedlaetholwyr yn cael eu tapio. Yn 1989 arestiwyd y canwr Bryn Fôn. Os fyddai'n annheg amau fod rhyw heddwas newydd glywed Meibion y Fflam, cân Sobin a'r Smaeliaid, yn nodi fod 'Rhywun yn rhywle'n gwybod' yn golygu

Bryn ei hun, nid annheg fyddai dweud fod rhywun wedi plannu gwifrau mewn wal ger ei dŷ mewn ymgais dila i geisio'i bardduo. Ar yr un diwrnod arestiwyd y digrifwr Dyfed Thomas yn Llundain ar 'amheuaeth o fod â ffrwydron yn ei feddiant'. Fe'i rhyddhawyd, yn amlwg heb ffrwydron yn ei feddiant.

Dioddefodd economi a chymunedau Cymru wrth i Thatcher gau'r gweithfeydd dur a'r pyllau glo yn yr wythdegau. Er nad oedd yn waith iach, nid lles y glowyr oedd ganddi mewn golwg, ac roedd elw o hyd mewn glo er bod y gwir gyfoeth yn llifo allan o Gymru. Dinistrio'r undebau, a gefnogai'r blaid Lafur, oedd ei gêm, a ffeit boblogaidd arall wedi iddi ddangos ei hun i'w chynulleidfa imperialaidd yn ystod Rhyfel y Falklands. 8.5% oedd diweithdra 1979. 16.7% yn 1983. Caewyd pwll olaf Rhondda yn 1986. Mae dirywiad y Cymoedd yn un elfen o nifer sydd wedi gosod Cymru ymysg gwledydd tlotaf Ewrop yn gyson, gan esbonio pam iddi dderbyn arian Ewropeaidd i'r fath raddau.

Cafwyd ail bleidlais dros hunanreolaeth i Gymru yn Refferendwm Medi 1997. Y tro hwn, gyda mwyafrif bychan, 'Ie' oedd penderfyniad Cymru. Yr hyn sy'n ddadlennol yw bod y bleidlais dros Senedd i Gymru wedi cynyddu dros 400% rhwng 1979 a 1997 – cynnydd llawer mwy nag a brofwyd yn yr Alban wrth gwrs. Yn dilyn etholiadau'r Cynulliad yn 1998, cafodd Plaid Cymru ganlyniadau ardderchog – gan ei rhoi mewn safle gryfach nag un yr SNP yn yr Alban ar y pryd.

Rhaid i'r sefydliad yn Whitehall ymgyrchu'n gyson i geisio darbwyllo ei thrigolion mai ei sefyllfa bresennol yw'r orau sy'n bosibl iddi – yn rhan o ymbarél clyd Prydain Fawr. Mae'n froliant i grefft y cyfryngau Saesneg eu bod yn llwyddo i ddarbwyllo trigolion Cymru mai Prydeindod yw'r achubiaeth, nid y broblem. Enghraifft nodedig oedd y cydweithio rhwng y blaid Lafur a'r papur newydd y *Welsh Mirror* wrth geisio gwyrdroi llwyddiant Plaid Cymru yn etholiadau'r Cynulliad yn 1998. Aethpwyd am yr unig gocyn hitio posib, sef yr hen dric o gysylltu cenedlaetholdeb Cymreig gyda hiliaeth, gan fynd ymlaen yn naturiol i bardduo popeth Cymraeg. Cyhoeddodd y *Welsh Mirror* gartŵn o ddyn cegagored yn derbyn rholyn a'r geiriau *Welsh Language* lawr ei wddf. Galwodd eu gohebydd Paul Starling yr Eisteddfod Genedlaethol y *'the festival of fear and hatred'* – dim ond un o ddwsinau o ymosodiadau ganddo ar y Gymraeg a'i siaradwyr. Pan ddywedodd y cynghorydd Seimon Glyn ar y radio fod pensiynwyr yn symud i mewn i Wynedd yn fwrn ar adnoddau cyhoeddus a phrisiau tai ac felly yr iaith, gan nodi gwirioneddau ymchwil ieithyddol, roedd yn fêl ar fysedd ac aeth y peiriant ar waith, gan achosi'r adwaith o sefydlu'r mudiad Cymuned. Yng ngwleidyddiaeth fodern y penawdau, mi weithiodd yn daclus – dymchwelodd y bleidlais i Blaid Cymru yn y Cymoedd yn etholiadau 2003. Rhoddwyd y *Welsh Mirror* yn ei fedd gan fod ei waith wedi'i gwblhau.

Wrth ystyried sefyllfa Cymru a'r Gymraeg heddiw, gellir edrych ar bethau mewn dwy ffordd. Nid yw Cymru'n wlad rydd, ond mae llywodraeth ei hun ganddi. Mae symbolau cenedl annibynnol yn frith, fel yn nhimau cenedlaethol rygbi a phêl-droed y wlad, ond mae ei phoblogaeth yn driw i bleidiau gwleidyddol Seisnig Brydeinig, yn fras ar ystadegau tebyg i'r llinellau ieithyddol. Mae Simon Brooks yn ei gyfrol *Pam Na Fu Cymru* yn cymharu'n effeithiol fethiant yng nghyd-destun gwledydd Ewropeaidd eraill o ran cadw mwyafrif y wlad yn rhan o'i hiaith a'i diwylliant. Gwelwyd y dirywiad yng Nghymru dim ond yn y ganrif a hanner olaf, a hynny mewn mil a hanner o flynyddoedd o wrthsefyll. Ar y llaw arall, fel y gwelir mewn enghreifftiau o farwolaeth (wrth gerdded mynwentydd) iaith, diwylliant a phobl gynhenid mewn tiroedd helaeth o amgylch y byd o dan faner y Jac, gellir dadlau ei bod yn wyrthiol fod iaith cwbl wahanol yn parhau i ffynnu mewn lwmpyn o dir sy'n sownd wrth benelin Lloegr. Gellir dadlau hefyd fod y ffaith ein bod yn sownd wrthi wedi ffrwyno tipyn ar Loegr yn y canrifoedd olaf, gan y byddai cadw'r gwir oddi wrth eu cyhoedd eu hunain yn llawer anoddach. Anodd fyddai dadlau nad yw tynged nifer o genhedloedd pell ac agos wedi bod yn llawer gwaeth.

# *Cernyw*

Wedi llwyddo i oroesi drwy ganrifoedd goresgyniad y Rhufeiniaid, daeth yr adeg pan fu'n rhaid i'r Brythoniaid yn ne-orllewin Ynys y Cedyrn wynebu bygythiad peryclach fyth.

Roedd yr Eingl-Sacsoniaid wedi gwthio'r Brythoniaid fwyfwy i'r gorllewin yn raddol, gyda colli Brwydr Dyrham yn 577 yn dyngedfennol iddynt. Y Sacsoniaid a drechodd a heliwyd trigolion Caerloyw a Chaerfaddon ymhellach i'r gorllewin.

O frwydr i frwydr, ciliodd y Brython ymhellach i'r gorllewin yn raddol. Yn 710 cofnododd yr *Anglo-Saxon Chronicle* frwydr rhwng Ine brenin Wessex a Geraint brenin y Dumnonii. Dumnonia yn fras oedd Gwlad yr Haf, Dyfnaint a Chernyw heddiw. Disgynnodd Dyfnaint i ddwylo'r Eingl-Sacsoniaid wedi hir frwydro, a chydag unlle pellach i fynd, y dŵr yn eu gwahanu oddi wrth Gymru i'r gogledd a Llydaw i'r de nid oedd dewis ond wynebu'r gelyn. Daeth buddugoliaeth i'r Brythoniaid ar yr awr argyfyngus honno oddeutu 721 ym Mrwydr Garth Maelog, ond mae ei hunion leoliad yn ddirgelwch hyd heddiw. Yn nodweddiadol, mi fethodd yr *Anglo-Saxon Chronicle* â chofnodi'r frwydr o gwbl. Dros ganrif yn ddiweddarach, penderfynodd Egbert, brenin Wessex, ymosod o ddifri ar Frythoniaid y de-orllewin yn 814. Cawsant eu cyfyngu i Gernyw wedi iddynt golli brwydr fawr yn 838.

Penderfynodd brenin yr Eingl, Aethalstan, yn 936 osod ffin teyrnas Wessex ar afon Tamar gan feddwl mai doeth fyddai peidio gorfodi'r Celtiaid i frwydro am eu heinioes. I'r gorllewin o honno, câi'r Cernywiaid ryddid answyddogol. Ond wedi i'r Normaniaid feddiannu Lloegr yn 1066, diorseddwyd brenin Cernyw – Cadog – a dyna ddiwedd arnynt fel cenedl annibynnol i bob pwrpas. Eto, cadwyd eu hunaniaeth. Roedd cyfreithiau Lloegr am ganrifoedd yn nodi 'Lloegr a Chernyw' wedi hynny.

Aeth y canrifoedd heibio gyda'r gormes Seisnig ar y lefel arferol o waedu arian o'r tir a thanseilio iaith a diwylliant. Wedi cael llond bol ar y trethi oedd yn godro'r wlad, gorymdeithiodd miloedd o

Gernywiaid yn eu gwylltineb i Lundain yn 1497, ond cyn iddynt gyrraedd, daethant wyneb yn wyneb â byddin y Saeson a chawsant eu chwalu ar Bont Deptford.

Ysgrifennodd Andrew Boorde yn 1542 yn ei *Boke of the Introduction of Knowledge*: '*In Cornwall is two speches, the one is naughty Englysshe, and the other is Cornysshe speche. And there be many men and women the which cannot speake one worde of Englysshe, but all Cornyshe*'.

Felly ar ben y trethi, oedd yn cynnwys treth y pen ar ddefaid, rhywbeth arall na phlesiodd oedd gorfodi'r Beibl Saesneg arnynt yn 1549. Cyn hynny roedd colegau Cernyweg eu hiaith yn Glasneth a Llangaro wedi'u dinistrio gan y Saeson dan y fantell gyfleus gael gwared â symbolau Pabyddiaeth. Roedd yn rhagflas treisgar o ddyfodiad yr *Act of Uniformity* y flwyddyn honno, enghraifft o enw gonest ar un o brosiectau'r Saeson.

Er mwyn gweinyddu'r ddedyf, gyrrwyd William Body a'i giwed i esbonio pethau. Roedd wedi treulio cyfnod helaeth yn Iwerddon yn malu adeiladau a phobl, felly nid oedd yn disgwyl llawer o drafferth yng Nghernyw. Cafodd ail, ac wrth falu a dwyn o Eglwys Helston clywodd y trigolion am y driniaeth yr oedd eu hoffeiriad a'u heglwys yn ei dderbyn, ac esboniwyd pethau i William Body drachefn drwy ei dynnu i'r stryd a'i ladd. Ymateb Llundain oedd crogi'r offeiriad a nifer o ddynion eraill.

Dechreuodd Cernyw wrthryfela. Aeth byddin o ddynion cyffredin i Plymouth a llosgi'r cofnodion yr oedd cyfundrefn Llundain yn eu cadw ar bawb. Dyma'r adeg pan ddechreuodd Llundain ystyried Cernyw o ddifri fel gwlad arall lle byddai angen sylw milwrol sylweddol.

Cofnodwyd anghydfod arall yn 1549 yn Sampford Courtenay yn Nyfnaint. Roedd y llyfr newydd yn gorchymyn i ferched a dynion ddod i mewn ar ochrau gwahanol o'r eglwys, gyda'r cwrdd yn troi'n ffeit wrth i swyddogion a milwyr ddod i orfodi hynny, yn ogystal â gorfodi'r Saesneg arnynt, gan fod y mynychwyr wedi siarsio'r offeiriad i anwybyddu gorchmynion yr wythnos gynt. Aethant wedyn am Gaer-wysg i selio'u protest, gan gasglu nifer o gefnogwyr ar y ffordd. Gwrthododd y dref fynediad iddynt, yn poeni beth fyddai ymateb Llundain yn fwy na'u bod yn anghytuno.

Aethpwyd ag offeiriad eglwys Lannaghevran (tebyg i Lanachefran yn Gymraeg) i Lundain a thorri ei ben cyn ei roi ar Bont Llundain, a dienyddiwyd 28 Cernywiad yng nghastell Launceton. Yna daeth byddin Edward VI a'u chwalu y tu allan i Gaer-wysg, cyn ymosod ar weddill Dyfnaint a Chernyw gydag arddeliad gwallgof. Yn y lladdfa honno, amcangyfrifir bod un o bob pump o'r Cernywiaid wedi'u lladd. Nid oedd ennill brwydrau'n ddigon – yn ogystal â thargedu pawb a phopeth, aeth ati i hongian cyrff y Cernywiaid ar hyd a lled y penrhyn sylweddol yr holl ffordd at Gaerfaddon, gan fod llawer o bobl yn siarad yr iaith frodorol yn byw y tu hwnt i'r ffin o hyd. Yn benodol ymysg y meirw roedd y rhai oedd wedi arwyddo'r ddogfen a'u 8 Amod yn cynnwys '*Rydym ni Gernywiaid (gyda nifer ohonom heb ddeall gair o Saesneg) yn gwrthod yn gyfangwbl y Saesneg newydd hwn*'.

Roedd mil o filwyr Cymreig yn rhan o'r goresgyniad hwn. Ar ben hynny roedd mil arall o'r Almaen wedi'u llogi gan Edward VI. Ar orchymyn William Grey lladdodd y rhain 900 o wystlon Cernywaidd yn yr hyn a elwir gan y Saeson yn Clyst's Heath. Gwylltiodd y Cernywiaid yn gandryll a chasglwyd 2,000 o ddynion, sef morwyr, gweithwyr tun, amaethwyr a physgotwyr, ond yn cario digon o ynnau. Roedd yn frwydr a barodd drwy'r dydd, un drechwyd gan William Grey a'r Saeson, ond a oedd yn synnu o weld y Cernywiaid mor ddi-ildio. Efallai y buasent wedi bod yn fwy parod i wneud hynny pe na bai'r Saeson wedi lladd 900 o'r rhai oedd wedi ildio'r diwrnod blaenorol. Ar ddiwedd y rhyfel, rhyddhaodd y Cernywiaid eu gwystlon Seisnig hwy ger Caer-wysg.

Yna daeth y mil o Gymry dan arweinyddiaeth William Herbert i gefnogi Brenin Lloegr i Gaer-wysg. Aethant ati i reibio'r ardal o gwmpas y ddinas ac i ddwyn digon ar gyfer eu cynnal. Penderfynodd William Grey barhau â'i foesau rhagorol drwy grogi un o'r prif rai oedd wedi gwrthod agor giatiau Caerwysg i fyddin y Saeson, y Tad Robert Welsh.

Pan oedd y Saeson dan yr argraff fod Cernyw wedi colli'r dydd, cawsant eu synnu o glywed fod eu gwrthryfelwyr yn ymgynnull eto yn Sampford Courtenay. Gyrrodd William Grey ei fyddin Seisnig a William Herbert ei fil o Gymry yno i'w trechu. Nid oedd y Cernywiaid am ildio, er mai niferoedd bychan oedd ganddynt mewn cymhariaeth. Broliodd Grey fod 600 wedi eu lladd yn y fan a'r lle a 700 arall wrth fynd o amgylch y dref ar ôl hynny. Nid oedd hyn yn ddigon ychwaith. Ar orchmynion o Lundain aeth eu byddinoedd o amgylch Cernyw a Dyfnaint i ddial blith – draphlith gan roi un wers fawr arall cyn ymadael.

Cam nesaf Llundain oedd dynodi fod tir pawb oedd yn rhan o'r gwrthryfel yn cael ei feddiannu a'i rannu ymysg pobl o'u dewis. Dynodwyd llawer o Gernyw a Dyfnaint i deuluoedd 'derbyniol' a'u disgynyddion hwy sydd berchen y tir o hyd. Cyn i Edward VI fynd â'i *Act of Uniformity* draw, yn ôl haneswyr Cernyw roedd y Gernyweg a'i siaradwyr mewn cyfnod o dwf a ffyniant. Fel dial ychwanegol, gwrthododd Llundain amryw o geisiadau i gyfieithu'r Beibl i'r Gernyweg.

Mae nifer yn nodi'r ganrif a ddilynnodd, o 1550 i 1650, fel y cyfnod pan ddinistriwyd yr iaith. Ysgrifennodd William Scawen yn 1680 ei 16 rheswm am dranc y Gernyweg. Nodwyd fod y Gernyweg wedi marw fel iaith yn y 19eg ganrif, gan honni nad oedd neb o gwbl yn ei siarad erbyn hynny. Mae eraill yn honni mai myth llwyr yw marwolaeth yr iaith, fod y Saeson wedi cymryd hynny'n ganiataol a bod teuluoedd wedi parhau i'w siarad ymysg ei gilydd ac mae sawl unigolyn wedi tystio i hynny. Heddiw mae ymwybyddiaeth a gwerthfawrogiad o'u hiaith a'u hunaniaeth yn gryfach nag y bu ers talwm, gydag oddeutu mil a hanner yn ei siarad heb unrhyw gefnogaeth gan y wladwriaeth. Yn 2010 newidiodd UNESCO statws y Gernyweg o farw i fyw ac ym Mai 2014 cafwyd cydnabyddiaeth swyddogol iddi gan yr Undeb Ewropeaidd.

Yr unig gefnogaeth yr oedd llywodraeth Prydain yn ei gyfrannu ar gyfer y Gernyweg oedd £150,000 y flwyddyn tan i lywodraeth Cameron ddiddymu hyd yn oed y taliad pitw hwnnw yn 2016. Yn yr

un mis yn union, prynwyd cwt pren ar draeth Abersoch am
£153,000.

# Yr Alban

Mae tarddiad hynafol i strategaeth ddiweddar y Saeson o osod arweinwyr yng ngwledydd y Dwyrain Canol i sicrhau ffafriaeth a busnes. Wedi i lwythau'r Eingl oresgyn ac ymsefydlu yng ngogledd-ddwyrain Lloegr yn y 6ed ganrif, sefydlwyd dwy deyrnas, Benicia a Deirna. Wedi uno'r rhain trodd eu golygon at feddiannu mwy o dir tua'r gogledd.

Roedd tri math o bobl yn trigo yno – y Pictiaid, y Gaeliaid, a'r Brythoniaid neu'r Cymry – neu Geltiaid yn ein llygaid ni heddiw. Ymosododd teyrnas newydd yr Eingl gyntaf ar dir y Gododdin yn gynnar yn y 7fed ganrif, gan gymryd Din Eidyn, neu Gaeredin heddiw. Dyma gychwyn dadfeddiannu'r Cymry o ddarnau helaeth o Ynys y Cedyrn, neu Brydain. Sylweddolodd yr Eingl ar ôl hynny mai bygwth a llwgrwobrwyo oedd y ffordd saffaf i ddelio gyda'r Pictiaid, gan orseddu brenhinoedd oedd yn dilyn eu gorchmynion a'u buddiannau hwy – pypedau yn nhermau heddiw. Yn raddol, llwyddwyd i berswadio arweinwyr y Gaeliaid i dalu gwrogaeth iddynt hefyd – gan roi ffafrau a nwyddau iddynt i gadw eu hawl ar eu tir eu hunain.

Tybir mai oddeutu'r flwyddyn 671 y cafodd y Pictiaid lond bol ar y trefniant bach yma a diorseddu Drest, is-frenin cyffelyb i'r Eingl. Gwylltiodd brenin yr Eingl, Ecgfrith, ar golli ei bwped ac aeth â byddin i'r gogledd gan chwalu byddin o Bictiaid. Cyn hynny nid oedd gan y Pictiaid undod gwleidyddol, dim ond llwythau gwahanol yn cydweithio heb gydreoli. Newidiwyd pethau gan y weithred syfrdanol hon ac unodd y llwythau. Wedi i Bridei, arweinydd cyntaf y Pictiaid unedig, wrthod plygu i Ecgfrith mi arweiniodd hwnnw ei fyddin eto am y gogledd yn 685. Yn hytrach na symud i'w wynebu, aeth y Pictiaid y ffordd arall ymhellach i'r gogledd i dir anghyfarwydd i'r Eingl, ac fe chwalwyd Ecgfrith a'i fyddin wrth geisio'u herlid drwy'r corsydd a'r mawnogydd.

Daeth her arall i wynebu'r Pictiaid a'r Gaeliaid a'r hyn oedd yn weddill o'r Cymry. Daeth y Llychlynwyr o Norwy ac nid oedd llawer o ddiddordeb ganddynt hwythau ychwaith mewn cymhathu. Roedd ganddynt lawer mwy o ddiddordeb mewn dwyn aur ac arian a lladd mynachod a lleianod. Cliriwyd pobloedd cynhenid llawer o ynysoedd yr Alban o'u tai. Cafodd merched Orkney a Shetland lonydd cymharol ar gyfer eu defnyddio i fagu teuluoedd. Hyd heddiw nid yw llawer o'u trigolion yn ystyried eu hunain yn Albanwyr. Dyma'r esboniad dros y bleidlais gymharol isel oedd yno dros annibyniaeth yn refferendwm 2014.

Daeth y Llychlynwyr felly'n bedwaredd cenedl o fewn yr Alban, a doedd dim llawer o Gymraeg na Gaeleg rhyngddynt a'r gweddill am ganrifoedd. I'r de erbyn hyn teyrnasai Aethelstan, brenin yr Eingl yn Angleland. Roedd Aethelstan yn edmygydd mawr o'r Rhufeiniaid ganrifoedd ynghynt, ac mae'n gymorth i esbonio pam y dymunai yntau hefyd oresgyn yr ynys i gyd. Aeth am yr Alban, oedd bellach yn un endid dan Constantine, Pict o dras ond oedd wedi magu'r Aeleg fel diwylliant a iaith. Gyrrodd byddin Angleland yr Albanwyr fwyfwy i'r gogledd, i swatio yng nghaer Dunottar ger Aberdeen. Ildiodd Constantine ar yr amod y byddai'n cael cadw ei arweiniad dan fendith Aethelstan – hwnnw fyddai'r bos ac is-fos fyddai yntau.

Derbyniodd Aethelstan. Ond wedi iddo fynd am adref gwelodd Constantine ei fod wedi colli'i barch ymysg ei bobl ei hun braidd, nad oedd ag awydd i blygu i'r Eingl powld. Ac o'r ddau ddewis, ildio'i goron neu godi dau fys ar Aethelstan, dewisodd yr olaf. Arweiniodd hyn at frwydr anferth yn y flwyddyn 937. Cymaint oedd y casineb tuag at yr Eingl a'u goresgyniad fel yr aeth Constantine i gymodi â'r Llychlynwyr, oedd hefyd yn sylweddoli'r perygl o'r de. Cawsant hwythau gefnogaeth y Llychlynwyr oedd wedi ymsefydlu yn Nulyn a hwyliodd miloedd draw am ffeit.

Wedi llawer o fynd a dod, mae lleoliad y frwydr dyngedfennol yng nghanol y ddegfed ganrif yn cael ei gosod mewn man a elwid yn Brunanburh. Mae rhai'n mynnu ei fod ger Lerpwl, eraill yn ffafrio rhan mwy dwyreiniol o Loegr ac eraill, de'r Alban. Ar un ochr, degau o filoedd o'r Eingl a Sacsoniaid unedig, ac ar yr ochr arall, degau o filoedd o'r Pictiaid, Gaeliaid, Llychlynwyr a Chymry. Roedd tynged yr ynys yn y fantol.

Yn dechnegol, collwyd y dydd gan y Celtiaid a'r Scandinafiaid, ond nid oedd llawer o'r Eingl-Sacsoniaid ar ôl ychwaith yn ôl y croniclwyr a soniodd am frwydro tan iddi nosi, a miloedd ar filoedd o gyrff yn gorwedd hyd y gorwelion. Nid oedd chwant na gallu i goncwera ymhellach gan Aethelstan, ac aeth yn ôl adref. Galwyd y gyflafan yn 'y Frwydr Fawr' ar lawr gwlad am ganrifoedd. Mae'n ddifyr nad yw'n fwy enwog yn hanes y Saeson heddiw, gyda llawer mwy o bwyslais yn cael ei roi ar frwydr llawer llai yn 1066 yn Hastings ganrif yn ddiweddarach.

Gorddweud fyddai galw'r cyfnod nesaf yn heddychlon, ond mae popeth yn gymharol. Yna, diddymodd Henry II gytundeb brwydr 1138, oedd wedi dychwelyd tir i'r Albanwyr. 'Gwahoddodd' brenin yr Alban, Malcolm IV, i Gaer yn 1157 i esbonio fod Cumberland, Northumberland a Westmoreland bellach yn eiddo i Loegr. Yn y ddinas honno, nid oedd llawer o ddewis gan Malcolm ond cytuno, ond bu farw yn 1165 a daeth ei frawd bach mwy gwyllt, William y Llew, yn frenin. Nid aeth i ryfel ar ei union, dim ond gyrru negeseuon di-ri i Henry i fynnu'r tir yn ôl, nes gyrru'r Sais yn benwan. Erbyn 1174, roedd y Llew wedi cael llond bol ar ofyn a chymerodd y taleithiau i'w feddiant. Ond aeth pethau o chwith a daliwyd William a'i orfodi i arwyddo ei fod yntau a'r Alban yn talu gwrogaeth i frenin Lloegr am byth o hynny ymlaen. Cytundeb Falaise oedd hwn, y datganiad cyntaf o ddiffyg annibyniaeth swyddogol i'r Alban. Aeth y Saeson ati i feddiannu cestyll Caeredin, Roxburgh a Berwick i selio'r sefyllfa.

Roedd Richard I, olynydd Henry, mewn dyfroedd ariannol dyfnion gan fod ei ymrwymiad i'r trydydd crwsâd ym Mhalesteina yn profi'n ddrud iawn. Felly gofynnodd am 10,000 marc gan William i'w gyfnewid am dorri Cytundeb Falaise ac ailosod yr Alban yn rhydd o goron Lloegr, ac felly y bu. Ond ni lwyddodd hynny i atal brenhinoedd Lloegr rhag datgan mai nhw oedd yn berchen ar yr Alban yn y dyfodol wrth gwrs.

Roedd mab William, Alexander II, yn fwy temprus na'i dad hyd yn oed, ac roedd yntau'n cael llond bol ar weld uchelwyr yr Alban yn moesymgrymu i frenin Lloegr, a hwnnw heb hawl yn y byd ar y tir. Roedd hefyd yn flin o hyd dros y taleithiau coll, felly pan aeth barwniaid Lloegr a'r brenin John i ffraeo, gwelodd Alexander ei gyfle. Roedd y barwniaid wrth eu boddau o dderbyn ei gefnogaeth yn y gwffas anochel pan ddôi John yn ôl. Ar ddiwedd y Magna Carta, y ddogfen hawliau enwog a gyflwynwyd i John ei harwyddo, mae'r addewid i '*To do right by Alexander, King of the Scots*'. Wedi arwyddo, aeth John ati i anwybyddu'r ddogfen yn llwyr, ac yn ystod Rhyfel Cartref Lloegr, cipiodd Carlisle a Newcastle. Dihangodd nifer o farwniaid Lloegr am dir saffach yr Alban wrth i John chwalu gogledd Lloegr ac ailgipio Carlisle.

Wedi i'r Ffrancwyr benderfynu helpu'r barwniaid a'r Albanwyr i gael gwared ar y brenin oedd yn eu poenydio, newidiodd pethau unwaith yn rhagor. Ailgipiodd Alexander Carlisle, yna symud ei fyddin yr holl ffordd i Dover i gyfarfod â'r Ffrancwyr. Byddai pethau ar ben ar John a byddai'r taleithiau coll yn dychwelyd i'r Alban rydd.

Beth aeth o'i le? Yn anhygoel, bu farw John. Gyda'u gelyn mawr wedi mynd, gwelodd y barwniaid yn dda i frolio'r brenin newydd naw oed, Henry III, oedd yn haws i'w ddylanwadu arno na'i dad, gan uno'r Saeson a hel y Ffrancwyr oddi yno. Agwedd debyg gafwyd o du'r Albanwyr. Bradychwyd Alexander, ac arwyddodd Henry III y Magna Carta gydag un newid bach, sef y frawddeg olaf.

Derbyniwyd nad oedd y tiroedd am gael eu dychwelyd, ac i sicrhau na fyddai'r Alban yn ceisio eu hailfeddiannu, seliwyd ffin bresennol yr Alban yng Nghytundeb Efrog yn 1237. Ar y llaw arall roedd hefyd yn cadarnhau'r Alban fel teyrnas annibynnol.

Un person na chymerodd sylw o hynny oedd Edward I. Wedi llwyddo i oresgyn Cymru, trodd ei olygon tua'r gogledd. Cofnodir fod yr Alban yn wlad lewyrchus a hapus yn niwedd y 13eg ganrif. Roedd hynny ar fin newid. Daeth cyfle Edward wedi i Alexander farw yn 1286. Gwahoddwyd ef i gynghori ar sefydlogi'r Alban, gan fod y frenhines newydd 3 oed yn gorfod delio â nifer o uchelwyr nad oedd, ac nid am y tro olaf, yn methu gweld ymhellach na'u cyfle eu hunain i ennill grym a thir. Ateb Edward oedd y byddai'r frenhines Margaret yn priodi ei fab bychan yntau, Edward of *Caernarvon*, ac fe seliwyd hynny yng Nghytundeb Bingham, oedd yn cadarnhau'n annisgwyl fod yr Alban yn 'annibynnol a rhydd rhag gwrogaeth i deyrnas Lloegr'.

Ond roedd Edward yn dipyn o gyfreithiwr ac wedi'r briodas, esboniodd, byddai y rheol bwysicach yn dod i rym, sef mai eiddo pob dyn oedd ei wraig – felly ei fab fyddai'n berchen ar yr Alban. Roedd yn ddigon hyderus i ddatgan hyn cyn y briodas. Ond bu farw Margaret yn 6 oed. Ni fyddai priodas.

Cyn iddo orfod cynllwynio ei symudiad nesaf daeth cyfle arall. Gyda'r llinach frenhinol ar ben, aeth yr uchelwyr ati i ffraeo unwaith eto pwy fyddai'r brenin newydd. Penderfynodd y ffyliaid ofyn i Edward gynnal trafodaethau i setlo'r mater a galwyd cynulliad ar 6 Mai, 1290 yng nghastell Norham. Roedd un broblem gyda hynny, sef fod y castell yn Lloegr ac yn torri cymal Cytundeb Bingham na ddylai dyfodol yr Alban fyth gael ei setlo yn y fan honno. Arweiniodd hynny at anghydfod pellach ymysg yr Albanwyr ac wrth ofyn i Edward ddod i'r Alban yn hytrach, daeth ei ateb hyfryd na fyddai nid yn unig yn symud modfedd ac y byddai'n rhaid iddynt ddod i Norham, ond yn ogystal byddai'n rhaid iddynt oll dalu gwrogaeth iddo.

Rhwygodd hyn yr uchelwyr yn llwyr, ond mewn gobaith i ennyn ei ffafr ac esgyn yn is-frenin ar yr Alban dan adain Edward fe aethant fesul un flith-draphlith i dalu gwrogaeth. Y buddugol oedd John Balliol, a gafodd ei is-goroni gan Edward yn 1292. O hynny ymlaen, plesiodd Edward ei hun yn dyfeisio ffyrdd newydd o godi cywilydd ar Balliol, oedd angen ei gefnogaeth gan ei fod wedi gwylltio pawb yn yr Alban.

Gwthiodd Edward ei lwc wrth fynnu fod yr Alban yn cyfrannu arian a dynion i ryfela yn erbyn y Ffrancwyr eto. Ymateb yr uchelwyr oedd creu pwyllgor o 12 heb John Balliol a mynd at y Ffrancwyr i gytuno i helpu ei gilydd yn erbyn unrhyw ymosodiad gan y Saeson – Cytundeb Paris neu'r '*Auld Alliance*', fel y'i gelwid yn yr Alban. Aeth rhai misoedd heibio cyn i'r newyddion gyrraedd clustiau brenin Lloegr, ac unwaith eto aeth Edward yn orffwyll. Ymosododd ar Ffrainc yn ôl ei fwriad. Roedd felly wedi paratoi a disgwyl am yr ymateb yn y gogledd pan ymosododd yr Albanwyr ar ei gastell yn Carlisle. Gyrrodd fyddin o ryw 30,000 i wrthymosod ar yr Alban. Berwick oedd y dref fawr gyntaf a ddaeth i'w sylw. Er i'r dref ildio'n syth, profodd hynny'n ofer iddynt o safbwynt eu diogelwch wrth i Edward orchymyn bod y trigolion i'w lladd, dros 12,000 ohonynt. Am ddeuddydd aeth y gwaith rhagddo, tan i eglwysi anfon negeseuon yn mynegi eu hanfodlonrwydd chwyrn. Erbyn i Edward benderfynu nad oedd yn beth doeth iddo bechu'n erbyn yr esgobion, cyfrifwyd bod rhyw 7,500 o'r boblogaeth wedi eu lladd.

Nid oedd yr uchelwyr wedi disgwyl y fath ymateb dan din. Roeddent yn disgwyl brwydr, ond nid dialedd dibwrpas o'r fath ar bobl nad oedd ganddynt ddim i'w wneud â'r rhyfel. Dim ond y dechrau oedd Berwick. Does dim dwywaith fod technegau tebyg wedi eu defnyddio ar Gymru dros ddegawd ynghynt gan Edward a'i fyddin, ond nad oedd neb wedi eu gadael ar ôl i'w cofnodi. Aeth byddin Edward i fyny trwy'r Alban ac ailadrodd gweithred ysgeler Berwick mewn sawl man nes cyfarfod byddin yr uchelwyr, a'i dinistrio. Ni ddaeth Ffrainc i helpu. I fod yn deg, roeddent hwythau'n brysur ar y pryd.

Gyda Balliol ei hun wedi gorfod cydnabod Cytundeb Paris, penderfynodd ymbilio ac ymddiheuro wrth Edward drwy lythyr a diddymu'r cytundeb, cyn teithio at Edward a mynd ar ei liniau o'i flaen. Cafodd ei garcharu. Fel y gwnaeth Edward yng Nghymru, aeth am daith o amgylch yr Alban i ddangos ei fod o ddifrif. Wrth fynd adref aeth â thrysorau gorau'r Alban gydag o, gan gynnwys Carreg Scone, y garreg fawr hanesyddol y gorseddwyd penaethiaid yr Alban arni. Aeth ag unrhyw uchelwyr y llwyddodd i'w dal i'w carcharu yn Lloegr. Gosododd Edward ei filwyr drwy'r wlad i 'hel trethi' (dwyn), sgwario a bwlio cyffredinol a hefyd casglodd lofnodion pob tirfeddiannwr bach a mawr i gadarnhau mai ef oedd y perchennog a bod yn rhaid iddynt dalu rhent am y tir.

Roedd un tirfeddiannwr cymharol wedi 'methu' arwyddo. Malcolm Wallace oedd ei enw, ond ei frawd bach a fyddai'n dod yn fwy enwog wedi i'r Sais William Hesilrig, sheriff Lanark, benderfynu un diwrnod lofruddio'r ddynes anghywir, yn ffyddiog na fyddai neb yn medru ei gosbi. Ei gŵr oedd William Wallace, a'r sheriff oedd y Sais cyntaf i ddisgyn i'w gleddyf. Gyda chymaint wedi dioddef o driniaeth tebyg, neidiodd y trigolion i ochri â William Wallace wrth i filwyr geisio gweithredu 'cyfiawnder' ar y rebel hwn. Dechreuodd y gwrthryfel, a hynny dan arweiniad dyn hynod o flin a phenderfynol, yn hytrach nag uchelwyr oedd â thuedd i gynllunio at eu dyfodol eu hunain ar y cyd ag unrhyw ymgyrch i waredu'r wlad o'i choncwerwyr. Nid oedd hwn am blygu o flaen Edward pan oedd hi'n briodol ddoeth iddo wneud hynny.

Hebddo, ond wedi eu calonogi gan y gwrthryfela, aeth tri o'r uchelwyr mwyaf i wrthymosod, ond gan fethu'n drychinebus, ac wedi i'r ddau arall gael eu dal, mi blygodd Robert Bruce yntau o flaen Edward. Er hynny, ni lonyddodd y wlad – gwelwyd gwrthryfel llwyddiannus dan arweiniad dyn cyffredin arall, Andrew Murray, ymhell i'r gogledd yn ardal Inverness (roedd Lanark William Wallace i'r de o Glasgow), ac roedd y Saeson ar ffo.

Yn brysur yn Ffrainc, roedd Edward er hynny yn sicr na fyddai hyn yn broblem fawr. Rhoddodd y cyfrifoldeb i'w gadfridogion. Ymunodd James y Stiward, un o'r ddau uchelwr a gipiwyd ynghynt gan Edward, a'i ddynion gyda'r Saeson i ymladd ei gyd-Albanwyr er mwyn ennill ei ryddid. Prin fod enghraifft gwell o fradwr. Yn anffodus, ym myddin y Saeson roedd miloedd o Gymry oedd yn dilyn gorchmynion Edward wedi i'w gwlad hwythau gael ei goresgyn. Dylai'r fath fyddin broffesiynol fod wedi chwalu'r amaturiad yma.

Roedd William Wallace, Andrew Murray a'r miloedd a'u dilynai o wirfodd – nid dan fygythiad nac am y geiniog – yn aros amdanynt yn Stirling. Mae'n bosib nad oedd cymhellion James y Stiward yn llwyr hunanol – aeth dros yr afon ei hun i geisio telerau â Wallace a Murray. Eu hateb oedd '*dweud wrth dy gadfridog nad ydym wedi dod i drafod telerau heddwch, ond i'w hel oddi yma*'. Wrth i'r Saeson, y Cymry, a'r bradwyr ymgynnull yr ochr arall i'r afon roedd pethau yn edrych yn hyll gan eu bod yn llawer mwy profiadol a chyda ceffylau ac arfau llawer gwell. Un o'r cyntaf i groesi oedd y cadfridog Hugh Cressingham, oedd yn hawdd ei adnabod oherwydd ei fol swmpus. Roedd yn enwog am ormesu'r Albanwyr a gloddesta ar eu cynnyrch. Ond gwelodd yr amaturiaid gyfle wrth i farchogion y Saeson groesi'r bont gul gyda chiw o filwyr traed ar eu hôl. Pan oedd hanner eu byddin yn methu â chroesi a'r rhai oedd wedi croesi'n methu dychwelyd, ymosododd y gwrthryfelwyr ar y Saeson gan eu drysu'n lân a'u chwalu.

Roedd yr ail gadfridog, Warrene Iarll Surrey, ar ei ochr ei hun o'r bont yn edrych ar y gyflafan, a phan welodd nad oedd gobaith llosgodd y bont gan adael ei gydwladwyr i'w ffawd a'i heglu hi am adref. Darganfyddodd fod James y Stiward wedi newid ochr gan ddwyn eu cyflenwadau a chwalu canolfannau'r Saeson yn ne'r wlad. Mae'n bosib mai hyn oedd ei gynllun o'r dechrau, ond mae'n bosib hefyd ei fod wedi bradychu'r Saeson wrth weld eu bod yn colli.

Dathlwyd y fuddugoliaeth anhygoel i'r eithaf er bod llawer o Albanwyr wedi'u colli yn y frwydr, yn eu plith Andrew Murray a fu farw o'i anafiadau wythnosau'n ddiweddarach. Dyrchafodd y wlad William Wallace fel arwr ac fe'i penodwyd yn Warchodwr yr Alban, yn groes i'r graen i'r uchelwyr oedd yn gweld eu statws hwythau'n dirywio. Cydnabyddodd teyrnasau eraill Ewrop yr Alban yn wlad annibynnol. Gwylltiodd Edward yn gandryll, yn methu â choelio ei fod yn gorfod dychwelyd i drechu'r Albanwyr ei hun unwaith eto.

Yn hytrach na disgwyl am luoedd Lloegr yn yr Alban, a dioddef y niwed a fyddai'n dod i'r trueniaid ar eu llwybr, penderfynodd yr Albanwyr symud y ffeit anochel i'r hen diroedd a goresgyn Northumberland a Cumbria. Daeth Edward adref o Ffrainc a mynd â'i fyddin am y gogledd yng Ngorffennaf 1298, yn cynnwys y saethwyr bwa hir talentog o Gymru wrth gwrs. Nid am y tro cyntaf na'r tro olaf, roedd straeon y Saeson i'w cynulleidfa eu hunain am y diafol didrugaredd barbaraidd wedi gweithio ac roedd y Cymry di-glem a'r Saeson yn ysu am waed William Wallace. Aeth yr Albanwyr yn ôl am Berwick wedi chwalu cestyll y Saeson yng ngogledd Lloegr, gan wneud pethau'n llawer anoddach i Edward i fwydo'i fyddin. Aeth yr undod hapus o chwith, y wal ieithyddol yn drech, a bu i'r Saeson a'r Cymry ymladd â'i gilydd. Gadawodd nifer o Gymry cyn gweld eu gelyn.

Gyda'r newyddion fod eu gelynion yn llwgu, aeth yr Albanwyr i'r gogledd er mwyn gorfodi'r Saeson i gerdded ymhellach. Ac yntau ar fin rhoi'r ffidil yn y to ger Caeredin, adroddodd ysbïwr wrth Edward fod byddin William Wallace ugain milltir i ffwrdd. Adfywiodd y teyrn drwyddo a gorfodi ei filwyr blin am Falkirk. Erbyn iddynt gyrraedd roedd hi'n nosi, felly cafwyd noson dda o gwsg cyn i'r haul godi i ddechrau ar y gyflafan.

Gyda thoriad y dydd, dechreuodd y frwydr gyda'r Saeson yn rhoi cynnig ar nifer o ymosodiadau, ond yr Albanwyr yn amddiffyn yn eithaf llwyddiannus. Wrth i'r frwydr fynd rhagddi, daeth datblygiad syfrdanol. Trodd marchogion yr uchelwyr i ffwrdd o'r gad a mynd am adref heb ddechrau brwydro hyd yn oed. Y ddwy theori yw fod yr uchelwyr hynny wedi cachgïo a gadael, neu'n fwy tebygol eu bod wedi'u llwgrwobryo gan Edward ymlaen llaw. Wedi hynny cafodd y Saeson y gorau ar bethau, ac yn raddol chwalwyd yr Albanwyr. Carped o saethau'r bwa hir, arf y Cymry, fu'n ddiwedd ar fywydau'r nifer helaethaf ohonynt.

Roedd Wallace ymysg y rhai a oroesodd, ond roedd wedi'i ddadrithio'n llwyr. Aeth i Ffrainc i geisio ailgynnau'r cytundeb ond profodd hynny'n ofer gan fod Phillip IV yn brysur yn ceisio ehangu ei ymerodraeth ei hun ar y Cyfandir. Gyda'r uchelwyr yn dychwelyd at eu hen driciau o feddwl am eu crwyn eu hunain, roedd y cyfuniad o addewidion a bygythiadau Edward yn ddiwedd ar y gwrthryfel. Castell Stirling yn 1304 oedd yr olaf i ddisgyn i ddwylo'r Saeson, gyda help *Warwolf* – catapwlt oedd mor anferth, fe'i cariwyd yn ddarnau ar 27 cart, gyda'r bobl y tu mewn y castell yn gwylio'r Saeson yn ei adeiladu. Er hynny, cael eu llwgu oedd achos yr ildio. Roedd Robert Bruce, fel nifer o arglwyddi ac arglwyddesi oedd wedi teithio o Loegr ar wahoddiad Edward i wylio'r sbri ar seddi wedi eu codi'n arbennig, wrth ochr Edward yn gwylio'r cyfan.

Cyn belled yn ôl â 1189 roedd y brenin Richard wedi gwerthu'r Alban yn ôl i'r Albanwyr er mwyn codi arian i'w grwsâd. Byddai affliw o ots am hynny fel arfer gan y Saeson, onibai fod y cytundeb yn nodi fod esgobion yr Alban yn atebol i'r Pab yn unig, ac roedd hwnnw ar ddiwedd y 13eg ganrif yn rhy bwerus i'w bechu gan frenin Lloegr hyd yn oed. Aeth Edward ati i ddarbwyllo'r Pab fod y Saeson yno cyn yr Albanwyr ac yn ddisgynyddion i Brutus y Rhufeiniwr ei hun, y dyn cyntaf erioed i droedio'r tir ac mai dyna pam mai *'Britain'* oedd enw'r lle. Mae nifer o Saeson heddiw lawn cystal haneswyr. Yn 2016 roedd y *Daily Mail* wedi pwdu'n lân â 'thwpdra' grŵp gwrth-hiliaeth oedd yn nodi fod pobl dduon gyda'r Rhufeiniaid ym Mhrydain ymhell cyn dyfodiad y Saeson i'r ynysoedd hyn.

Teithiodd nifer o eglwyswyr yr Alban at y Pab yn 1301 a'i ddarbwyllo drachefn nad oedd Edward yn llawn llathen. Ond bu farw'r Pab hwnnw yn 1303, felly gobeithiai Edward fod y broblem honno ar ben. Yn ddiarwybod iddo yntau, pan oedd Robert Bruce yng ngwisg y bradwr yn smalio'i gefnogi yn Stirling yn 1304, roedd wedi dianc am awren neu ddwy i gyfarfod ag esgobion i lawr y lôn i fynnu mai ef oedd y gwir frenin ac nid y John Balliol yr oedd Edward am ei orseddu. Nid oedd yr un esgob yn yr Alban yn driw i Edward, ac roedd nifer wedi codi cleddyf yn ei erbyn. Lluniwyd dogfen oedd yn selio annibyniaeth eglwys yr Alban ac yn selio Bruce fel brenin y wlad, a'i guddio tan yr amser priodol wrth i hwnnw ddychwelyd at Edward i weld ei gydwladwyr yn cael eu panu yng nghastell Stirling.

Wedi cael eu trechu, roedd yr uchelwyr yn cael cadw eu tiroedd – a'u pennau – ar un amod: sef eu bod yn cyflwyno'r dyn oedd wedi achosi'r fath drafferth. Wedi i Wallace ddychwelyd i'w wlad, gwelodd ei bod hi'n beryglus iddo droedio'n rhy ddi-hid ymysg rhai o'i gyn-gyfeillion, ond fe'i bradychwyd ar 3 Awst, 1305 gan John Mentieth.

Cludwyd Wallace gan y Saeson i San Steffan, Llundain, lle cafwyd treial mawreddog i ateb cyhuddiadau Edward o fod yn fradwr, yn llofrudd ac yn falwr eiddo. Fe'i arteithiwyd yn gyhoeddus, ei hongian hyd farw a'i arbed er diben ei arteithio ymhellach cyn torri ei ben i'w osod ar bigyn ar bont Llundain. Torrwyd ei gorff yn ddarnau i arbed y posibilrwydd y byddai bedd ar gyfer ysbrydoli'i gefnogwyr.

Roedd Edward bellach yn gwbl sicr fod yr Alban wedi hen orffen fel endid, a than yr argraff y byddai ei hysbryd wedi torri ar ôl hynny. I'r gwrthwyneb. Gwylltiwyd y wlad yn waeth, oedd yn ddelfrydol i Robert Bruce a'i gynlluniau yn erbyn brenin Lloegr dan fendith yr esgobion. Am 18 mis, smaliodd blygu i Edward, gan adeiladu seiliau gwrthryfel arall. Yna, mewn gweithred anhygoel, dangosodd fod ei uchelgais bersonol yn drech nag undod ei wlad drwy lofruddio'r uchelwr John Comyn, oedd yn nodi ei hawl yntau i fod yn frenin ond yn fodlon derbyn iawndal, a hynny yn ystod llys o dan enw Edward oedd yn methu bod yn bresennol oherwydd salwch. Wedi'r llofruddiaeth diddymodd Bruce y llys, a chyflwyno her uniongyrchol i Edward.

Y cynllun pwyllog gwreiddiol oedd y byddai yntau a'r eglwys yn gweithredu wedi i Edward farw. Ond er i Bruce ddangos ei gardiau, roedd yn ddigon bodlon ymuno â'r her hon i'r Saeson. Er pechu nifer fawr o'i gyduchelwyr (a nifer o esgobion gan ei fod wedi lladd Comyn mewn abaty), llwyddodd i feddiannu cestyll drwy'r wlad. Aeth i Glasgow a gwelodd yr esgob Wishart mai ei lanhau o'i droseddau a'i gamweddau oedd y symudiad priodol, a datgan mewn araith fawr ddyfodiad Robert, Brenin yr Alban.

Gan boeni fod dilynwyr Comyn am ddial, aeth Bruce ati i selio'r wlad iddo'i hun a chwalu ei dir a'i bobl, symudiad ffiaidd yn ogystal â thwp gan i Edward weld cyfle i benodi brawd yng nghyfraith Comyn fel ei gapten yn yr Alban. Derbyniodd Iarll Penfro groeso wrth ailgipio'r tir gyda byddin Seisnig ac aeth pethau o chwith yn eithaf sydyn i Bruce y brenin newydd. Trefnwyd brwydr gall mewn cae, ond fe aeth ar ffo wedi ymosodiad annisgwyl a llechwraidd gan y Saeson y noson cynt a laddodd filoedd o'i ddynion.

Ceisiodd achub merched ei deulu a threfnu eu hwylio i Norwy, ond fe'u daliwyd. Adwaith Edward wedi derbyn ei wraig Elisabeth a'u merch Marjorie oedd eu carcharu. Bu iddo garcharu ei chwaer Mary ac Isabella, y dduges a roddodd goron ar Bruce, mewn cewyll yn hongian ar dyrau cestyll Roxburgh a Berwick yn yr awyr agored am flynyddoedd i bawb eu gweld. Roedd wedi dedfrydu Marjorie oedd yn 12 oed i'r un dynged ond fe'i darbwyllwyd gan rhywun y byddai hynny'n gam rhy bell, fel petai cewyllu'r ddwy arall yn hollol resymol.

Ffodd Bruce i ben draw'r tir a hwylio ymaith gan guddio o ynys i ynys tra bu'r Saeson yn dienyddio a llofruddio ar raddfa hurt drwy'r Alban. Treuliodd fisoedd mewn ogofâu yn derbyn newyddion torcalonnus am ei deulu a'i gyfeillion, ond cafodd lond bol ar y felan a chodi hyder gan ddychwelyd i'r tir mawr a threfnu gyda'i frodyr i ailgydio yn y wlad. Ymosododd ei frodyr ar Galloway a cholli'r dydd, ac fe'u dienyddiwyd wedi eu dal. Er hyn, aeth Bruce ymlaen â'i ymgyrch, gyda Gaeliaid o'r ynysoedd yn fyddin gudd iddo, yn taro'n sydyn a diflannu. Cafodd Iarll Penfro ddigon ar hyn a chynnig brwydr agored iddynt. Derbyniodd Bruce, ond wrth gofio brad y cynnig tebyg a gafodd gynt, mi aeth ati y noson flaenorol i dyllu ffosydd cudd a'u llenwi gyda phigau. Trechwyd byddin o 3,000 gan 600 o Gaeliaid.

Ysgydwyd yr Alban gan y fuddugoliaeth anhygoel a daeth ail wynt wedi blynyddoedd o driniaeth erchyll dan Edward, oedd bellach yn gorchymyn yn glaf o'i wely. Roedd hwnnw'n lloerig, ac wrth i'r newyddion fod y wlad i'r gogledd yn atseinio i chwedl Myrddin fod y Cymry a'r Albanwyr am uno i ailgipio Ynys y Cedyrn i'r Celtiaid pan fyddai brenin barus yn marw, cododd o'i wely. Yn Lloegr, roedd dau bregethwr wedi crybwyll mai Bruce oedd Arthur yn atgyfodi, a'u cosb oedd colli eu pennau. Penderfynodd fod ei gapteiniaid yn dda i ddim ac aeth i'r Alban i ddelio â'r sefyllfa'n ei hun. Gyda'i wylltineb yn drech na'i iechyd, cymerodd y siwrnai fisoedd, ac wrth iddo gyrraedd yr afon ar y ffin, bu farw ar 7 Gorffennaf, 1307.

Ei fab, Edward *of Caernarvon* oedd y brenin bellach ac er ei fod yntau am weld yr Alban yn plygu, roedd ganddo un llygad ar y banc, oherwydd roedd y rhyfeloedd dirifedi yno yng Nghymru ac yn Ffrainc yn rhai drudion tu hwnt. Roedd wedi addo i'w dad gwallgof y byddai'n cario ei esgyrn a'i galon, pe bai'n marw, o amgylch yr Alban wrth estyn curfa iddi. Teithiodd i ymuno â'r fyddin a chorff ei dad gan grwydro o amgylch de'r Alban am ychydig a dychwelyd i Lundain i ori ar strategaeth fwy cynnil.

Gadawodd hyn y Saeson yn y cestyll yn hynod simsan, ac fesul caer a chastell styfnig fe'u heliwyd oddi yno. Roedd brenin newydd

Lloegr yn ymddangos fel petai wedi colli diddordeb yn eu cefnogi. Yr olaf oedd Stirling, lle gwylltiodd Bruce gyda'i frawd am iddo dderbyn telerau garsiwn y castell y byddai'n gadael erbyn 24 Mehefin, 1314 pe na bai byddin wedi dod i'w hachub. Problem hyn oedd y byddai'r Edward II llai byrbwyll yn medru trefnu ymosodiad anferth cyn y cyrch ac felly y bu, wrth i fyddin sylweddol o Saeson ymddangos ar 23 Mehefin. Ond roedd Bruce wedi darogan yr union beth ac wedi paratoi'r tir a'r tactegau'n drylwyr o flaen llaw i roi cweir unwaith ac am byth i'r goresgynwyr. Dyma frwydr Bannockburn, lle'r oedd dwywaith yn fwy o Saeson ond roedd yr Albanwyr wedi paratoi i'r eithaf.

Ymysg byddin Edward, roedd 5,000 o Gymry – llawer wedi'u gorfodi i ymuno â'r llu gan eu tywysogion taeog ac ni fu'r daith yn heddychlon rhwng dynion traed Lloegr a hwythau a dweud y lleiaf. Ataliodd mil o ddynion bwa'r Cymry rhag saethu pan orchmynnodd eu cadfridog, gan saethu marchogion Lloegr fel oeddent yn cyrraedd y gad. Boed hynny'n gynllun o'r dechrau, yn ganlyniad i ffraeo gyda'r Saeson ar y ffordd, neu drwy sylwi ar y pryd eu bod ar yr ochr anghywir, yn ôl y sôn cafodd y Cymry lonydd gan yr Albanwyr yn eu tro. Arwydd cadarn o wirionedd y stori yw'r ffaith i'r Albanwyr gynnig cynghreirio gyda'r Cymry y flwyddyn ganlynol wrth i Llywelyn Bren wrthryfela ym Morgannwg. Roedd 500 o'r bwawyr gwrthryfelgar yn ddynion Morgannwg.

Mae un digwyddiad enwog am Bruce yn torri o'r rhengoedd ar gefn ebol, a bod gelyn o farchog wedi penderfynu ceisio anfarwoldeb drwy garlamu ar ei geffyl mawr i ladd brenin yr Albanwyr. Cododd y Sais ei waywffon anferth ac arhosodd Bruce yn llonydd, cyn osgoi'r waywffon a phlannu ei fwyell ym mhen Henry Bohun hefo'r fath wylltineb fel petai holl ddioddefaint y degawdau yn ei fraich, nes aeth y fwyell drwy'r helmed hyd at yr ên, y goes yn dod i ffwrdd yn ei ddwylo. Daeth y nos, ac yn ystod honno, trotiodd bradwr o Albanwr o rengoedd y Saeson i newid ochr, gan nodi fod ysbryd byddin Edward yn ddifrifol o isel, ac y byddai ymosodiad cynnar yn debyg o lwyddo.

Daeth miloedd o Albanwyr allan o'r coed a chwarddodd Edward II eu bod yn ymbil am faddeuant wrth eu gweld yn mynd ar eu gliniau. Cywirodd bradwr o Albanwr ef, heb chwerthin, mai gofyn am faddeuant Duw am yr hyn oeddent ar fin ei wneud yr oeddent. Yn y tir gwlyb roedd y marchogion Seisnig yn stryffaglu a'r Albanwyr yn ysgafndroed ac aeth pethau o chwith i'r goresgynwyr. Gwrthododd Saeson castell Stirling agor eu giatiau i Edward II ac aeth ar wib am adref.

Profodd y gwystlon pendefigaidd a ddaliwyd yn ddefnyddiol, a chynigodd Bruce y câi Edward II hwy yn ôl pe bai'n rhyddhau'r Albanwyr, yn cynnwys ei ferch a'i chwaer a'i wraig, ond wedi wyth mlynedd o gaethiwed roedd ysbryd Elisabeth wedi torri ac ni newidiodd ei rhyddid hynny.

Gwrthododd Lloegr gydnabod yr Alban fel endid annibynnol o hyd, felly aeth Bruce ati i gadarnhau ei safle drwy gipio Berwick unwaith eto oddi wrth y milwyr Seisnig yn 1318. Prin fod yr un dref yn y byd wedi cyfnewid gwledydd mor aml. Aeth Edward ati i ddefnyddio'r dafod yn hytrach na'r fraich wrth i'r Pab alw am grwsâd arall eto fyth i ymosod ar Fwslemiaid y Dwyrain Canol. Portreadodd Lloegr fel gwlad dan warchae gyda'r Albanwyr gorffwyll yn eu bygwth byth a beunydd, a bod yr holl ryfela dros y degadwau wedi'i ddechrau ganddyn nhw. Coeliodd Ioan XXII hynny, heb bendroni sut mai'r Albanwyr oedd bob amser ar fai ac eto bod y brwydro wastad ar dir yr Alban, ac esgymunodd Bruce a'i holl esgobion. Gorchmynnodd y twpsyn Pab i esgobion Lloegr i gyd gynnal tair pregeth y diwrnod yn diawlio Robert Bruce.

Unwaith eto roedd angen cywiro celwydd y Saeson. Cymerodd tan Ebrill 1320 i esgobion yr Alban yrru marchog ato gyda thri llythyr – un ganddynt hwy, un gan Bruce, ac un gan 51 uchelwr – oll yn nodi mai rwdlian roedd Edward II, gan frolio Bruce am eu hachub rhag gormes y Saeson, ond yn pwysleisio y byddai'r Alban yn ei ddiorseddu'n syth pe bai'n plygu glin i frenin Lloegr. Ni fyddai'r Alban fyth yn ildio hyd yn oed pe na safai ond cant ohonynt yn fyw, a byddai'n dda i'r Pab 'orchymyn Edward II i adael llonydd i'r Albanwyr druan sy'n byw mewn tir lle nad oes unrhyw lecyn y tu hwnt iddo.'

Ymatebodd Edward II drwy drefnu cynhadledd yng ngogledd Lloegr ym Mawrth 1321. Daeth yn amlwg mai sioe ydoedd wrth i'r Saeson agor drwy esbonio mai eu heiddo nhw oedd yr Alban. Atebodd yr Albanwyr drwy ddyfynu Datganiad Arbroath, swmp y tri llythyr, a methu â dal rhag nodi fod Edward II yn annilys fel brenin Lloegr heb sôn am yr Alban, gan ei fod o linach goresgyniad y Normaniaid yn 1066. Bu mwy o gyfarfodydd dibwrpas i smalio eu parodrwydd i gymodi er diben y Pab. Yr unig ffordd y daeth y lol i ben oedd i Isabella, gwraig Edward II, gael llond bol arno a'i ddiorseddu. Ei fab 14 oed, Edward III oedd y brenin yn 1327.

Manteisiodd Bruce gan ymosod ar gestyll y ffin a gosod ei hun yn Berwick, gan esbonio wrth Edward III mai cytuno i gydnabod annibyniaeth yr Alban ac i briodas rhwng ei fab a chwaer fach Bruce oedd yr unig beth y medrai ei wneud i'w atal rhag ymosod ar Loegr. Ym Mawrth 1328 daeth datganiad o Lundain yn cynnwys:

> *We will and concede for us and all our heirs and successors... that the kingdom of Scotland shall remain forever separate in all aspects form the kingdom of England, in its entirety, free and in peace, without any kind of subjection, servitude, claim or demand...*

Dros flwyddyn ar ôl hynny, arwyddwyd y cytundeb mewn seremoni yng Nghaeredin. Er iddi ymddangos sawl tro mai hunanoldeb oedd yn ysbrydoli Bruce wrth ennill grym fel brenin, roedd y cytundeb hwn fel petai'n atalnod ar ei fywyd yn dilyn brwydrau niferus yn erbyn y Saeson, a thywallt gwaed Albanwyr diniwed, yn ogystal â gweld ei deulu'n marw a dioddef. Datganodd ei gywilydd am hynny ar ei wely angau. Ond roedd wedi sicrhau bod yr Alban yn wlad annibynnol. Bu farw Robert Bruce yn 55 oed, ddeufis wedi arwyddo Cytundeb Caeredin-Northampton.

Parhaodd y cytundeb hanesyddol hwn am gyhyd â phedair mlynedd. Wrth i Edward III dyfu penderfynodd y byddai'n hoffi rheoli'r Alban wedi'r cyfan. Roedd yn pwdu o hyd wrth gofio ei fod wedi gorfod disgrifio brenin yr Alban fel '*our dear friend and ally*'.

Rhai balch oedd eu brenhinoedd. A chydag Edward Balliol, mab y cyn-ddarpar-frenin pwped, yn mwydro o gwmpas San Steffan gwelodd ei gyfle ar blât. Gyrrodd hwnnw i'r Alban i gynnull uchelwyr anfoddog, ac yn 1332 glaniodd byddin o Saeson a dilynwyr Balliol ar longau yn Fife.

Aeth byddin mab Robert Bruce i gyfarfod byddin Balliol a gwneud llanast ohoni, gyda miloedd ohonynt yn cael eu lladd. Cyrhaeddodd Edward Balliol Scone, lle rhoddodd rhywun goron ar ei ben.

Cyn i'r Albanwyr fedru ystyried pa un yr oeddent yn ei ffafrio, dangosodd Balliol ei bwrpas a'i gynlluniau drwy ddatgan ar ei liniau mai Edward brenin Lloegr oedd ei frenin gan addo ar lafar, roi Berwick a de'r Alban i gyd yn anrheg i'w feistr. Roedd un amod, wrth gwrs – byddai'n rhaid i Edward III ddod i hawlio Berwick ei hun, sef yr union beth oedd Edward III wedi gorchymyn iddo ei ddweud. Ac felly yng Ngorffennaf 1333 bu brwydr anferth arall rhwng byddin y Saeson a'r Albanwyr, a'r tro hwn y Saeson oedd drechaf, gan ladd cannoedd o uchelwyr a marchogion a miloedd o filwyr troed yr Alban. Dihangodd brenin yr Alban a'i wraig, chwaer fach Edward III cofir, i Ffrainc a rhoddodd Edward III ei din ar orsedd yr Alban.

Yr hyn nad ystyriodd oedd fod yr Alban bellach wedi profi fod bywyd yn llawer gwell heb fod y Saeson yno yn gweinyddu, felly nid aeth pethau'n esmwyth i Edward ac yntau'n methu denu neb i gydweithredu. Cafodd esgus i adael wrth i ryfel arall ei ddenu yn 1337, yr hynny'n esgor ar y Rhyfel Can Mlynedd yn Ffrainc. Roedd mor brysur nes iddo golli pob diddordeb yn yr Alban nes i frenin Ffrainc golli brwydr fawr ac erfyn ar yr hen gyfeillion, yr Albanwyr, i ymosod ar y Saeson i dynnu'r pwysau oddi arno. Dyna wnaethant, gan achosi i'r Saeson ddychwelyd i dde'r Alban. Hynny fu'r sefyllfa am ddegawdau, gyda'r annifyrrwch yn cyrraedd penllanw yn 1385 wrth i'r Saeson gyrraedd Caeredin a'i llosgi i'r llawr.

Bu ffrae arall ymysg yr Albanwyr gan gynnig cyfle arall i'r Saeson. Oherwydd fod brawd uchelgeisiol Robert III wedi lladd ei nai, mab y brenin, gyrrodd Robert ei fab arall, James, i ddianc o'r

Alban ar long. Ond daliwyd y llong gan fôrladron Seisnig, ac roedd y bachgen 12 oed yn anrheg gwerthfawr iawn i frenin Lloegr ar y pryd, Henry IV. Roedd hi'n amlwg beth fyddai strategaeth hwnnw pan ddaeth newyddion fod y brenin Robert wedi marw ac felly mai James oedd brenin yr Alban. Dywedodd wrth yr Albanwyr y byddai'n rhaid iddynt roi'r Alban iddo ef os oeddent eisiau gweld eu brenin eto. Gan eu bod hwythau wedi sylwi nad oedd bywyd heb frenin yn drychineb, dywedwyd wrth Henry IV lle i fynd, a golygodd hynny 18 mlynedd o gaethiwed i James.

Wrth i'r blynyddoedd fynd heibio, cafodd rhyw fath o ryddid yn y palas pan gafodd ei symud yno o Dŵr Llundain. Daeth i fyw bywyd y Saeson brenhinol yn y cestyll a'r llysoedd. Aeth hyd yn oed i Ffrainc i ymladd gyda Henry, gan orchymyn cannoedd o Albanwyr oedd yn cynorthwyo tref Melun i wrthsefyll gwarchae 20,000 o Saeson i 'ildio i'w brenin'. Gwrthododd yr Albanwyr yn blwmp y brenin honedig, gan barhau i ymladd nes i'r dref ildio wrth iddi gael ei llwgu. Dienyddiodd Henry nhw i gyd am 'fradychu eu brenin'.

Wedi dychwelyd o Ffrainc, penderfynodd y Saeson geisio sicrhau na fyddai'r Albanwyr yn ymosod arnynt a hwythau'n dlawd a gwan wedi gwario eu cyfoeth dros y sianel. Gwelsant gyfle i wneud ychydig o arian hefyd. Dyma gynnig James yn ôl i'r Albanwyr am £40,000. Er mawr syndod, derbyn hynny wnaeth yr Alban ac aeth James yno i 'reoli'. Wedi iddo wario llwyth ar blasdai crand, darganfuwyd ei fod hefyd wedi gwario'r £40,000 oedd i dalu'r Saeson amdano ar aur a cherrig neis i addurno ei blasdai. Esboniwyd wrtho y byddai'n rhaid darganfod yr arian rywsut, a gwelodd yr ateb yng nghyfoeth eraill fel Alexander MacDonald, pennaeth y Gaeliaid, yr oedd newydd ei wobrwyo wrth orseddu. Gwahoddodd Alexander i Inverness, gan ei garcharu yn y fan a'r lle gyda 50 o'i bobl, yn cynnwys ei fam.

Roedd Gaeliaid yr ynysoedd yn hynod flin am hyn, a hwyliodd eu llongau am y tir mawr am waed y brenin. Ymunodd yr Ucheldirwyr i waredu'r Alban o'r ffŵl diegwyddor oedd wedi meddiannu eu gorsedd. Wrth weld ei ffrindiau'n lleihau, a'i fyddin yn derbyn cweir a hanner gan y Gaeliaid, penderfynodd James ar y cam doeth o ryddhau Alexander a dychwelyd ei arian a'i diroedd. Bodlonodd hyn y Gaeliaid a chafodd James lonydd. Hynny yw, tan 1436, pan benderfynodd y brwdfrydig James ymosod ar yr unig gestyll oedd yn parhau yn nwylo'r Saeson, Berwick a Roxburgh a gwneud llanast o bethau wrth fethu â'u cymryd a gorfod dianc rhag byddin y Saeson. Roedd yr uchelwyr bellach wedi cael llond bol ac wrth ddarganfod ei fod yn cysgu'n Perth un noson, daeth criw ohonynt yno a'i ladd, cyn cael eu dal a'u crogi.

Profodd mab hwnnw, James II, yn frenin o'r un anian â'i dad, gan ymladd â'r MacDonaldiaid a lladd pennaeth y Douglasiaid i'r de a chymryd ei dir. Cynigodd Edward IV i'r claniaid blin y medrai eu helpu i ddisodli'r mab, James III, ar yr amod arferol, sef y byddent yn plygu iddo yntau a Lloegr. Gymaint oedd eu casineb at y Jamesiaid nes iddynt gytuno, er fod y claniaid yn llawer llai Seisnig eu harferion na'r Jamesiaid yn dilyn magwraeth y cyntaf ohonynt. Ac wrth gwrs, cawsant eu bradychu'n syth gan y Sais.

Aeth y Gaeliaid i ryfela â'i gilydd wrth i Edward, yn ansyfrdanol, fradychu'r ffŵl Douglas gan orfodi MacDonald i ildio o flaen James III a ailfeddiannodd ei diroedd. Rhwygodd y rhai oedd yn gwrthod ildio yn erbyn y rhai oedd yn cytuno a'u pennaeth nad oedd dewis. Roedd camau cynllwyngar y Saeson yn rhwygo'r Alban unwaith eto. Aeth degau o filoedd benben ac mewn un brwydr anferth, chwalwyd stad y Gaeliaid fel pobl niferus ac unedig. Roedd yn enghraifft gynnar o'r math o ryfeloedd cartref trychinebus a fyddai yn India ac Iwerddon a sawl gwlad arall a achoswyd yn gyfangwbl gan fygwth, ffidlan a geiriau'r Saeson.

Daeth diwedd James III wrth iddo geisio uno teyrnasau Lloegr a'r Alban drwy gynnig ei fab 1 oed fel gŵr i ferch Edward IV. Roedd yr uchelwyr yn benwan gan nad oeddent ag unrhyw ddiddordeb mewn cymodi â'r Saeson.

Wedi i Edward fynnu mewn wyth mlynedd fod y darpar briodfab 9 oed, James IV, yn dod i Lundain i fod 'dan ei ofal', gwrthododd ei dad yn bendant gan achosi i'w frawd diegwyddor Alexander redeg i Lundain i gynllwynio ag Edward, a bu i'r ddau orymdeithio byddin fawr o Saeson tua'r gogledd. Gorymdeithiodd

James III fyddin i'w cyfarfod, ond cafodd yr uchelwyr lond bol ar y gemau a'i ddiorseddu. I goroni'r dryswch, pwy a'i ryddhaodd o garchar Caeredin gyda dynion arfog ond ei frawd Alexander! Ond bu farw James III mewn brwydr 6 mlynedd wedi hynny yn erbyn ei fab oedd â chefnogaeth y Saeson yn 1488.

Un o brif amcanion y brenin newydd oedd gwaredu'r holl wlad o'r iaith Aeleg. Ei Scots Saesneg fyddai unig iaith llenyddiaeth print, cyfreithiau a gweinyddiaeth, a dyma enghraifft arall eto o sut y gall mympwy brenhinol effeithio'n ddirfawr ar y wlad a'i phobl gyffredin am byth.

Gwelodd Henry VII, neu Harri Tudur, hi'n ddoeth i gymodi â'r mab James IV gan briodi ei ferch i'w fab, a seliodd Gytundeb Heddwch Bythol 1502, un a brofodd mor ddibwrpas a bythol â'r 'cytundeb heddwch' 173 mlynedd ynghynt. Nid oedd y dathliadau mawreddog at ddant nifer o'r tywysogion Seisnig, a welai'n y gloddesta'n y palas crand gydnabyddiaeth o'r Alban fel gwlad ac endid cyfartal i Loegr.

Seisnigeiddwyd Caeredin ymhellach, ac aeth yr Aeleg yn iaith fwyfwy dieithr, er bod yr un a'i neilltuodd, James IV, yn medru ei siarad yn iawn. Bu Harri VII farw yn 1509 a phenderfynodd ei fab, yr VIII, ymosod ar Ffrainc. Roedd yn rhaid i James IV ystyried pa gytundeb oedd bwysicaf, yr un oedd ganrifoedd oed gyda'r Ffrancwyr i uno'n erbyn pob bygythiad o du'r Saeson, neu'r un newydd yn dilyn y briodas. Wedi llythyrau gan y brenin Louis XII a'i wraig yn erfyn am help, paratodd ei fyddin i ymosod ar Loegr.

Cododd y fyddin fwyaf erioed i groesi o'r Alban i Loegr, yn cario'r arfau gorau yn ogystal â llongau'n hwylio lawr yr arfordir. Ond roedd yr holl heddwch yn golygu nad oedd profiad ganddo o ymladd a rheoli byddin. Iarll Surrey, yn 70 oed a phrofiadol mewn brwydrau ers degawdau, a'i hwynebai. Methodd James IV yn llwyr er fod ei niferoedd yn rhagori. Bu i'w ddewrder byrbwyll gostio ei fywyd yntau yn ogystal â degau o filoedd o ddynion, cannoedd o farchogion, pedwar ar ddeg arglwydd o'r senedd, naw iarll, dau esgob, prif arddwr castell Stirling a'i fab. Roedd yr Alban mewn sioc a gwewyr – hynny yw, y rhan honno oedd wedi datgysylltu ei hun oddi wrth y Gaeliaid.

Wedi marwolaeth Margaret Tudor, gwelodd Harri nad oedd unrhyw gwlwm teuluol yn ei atal bellach rhag meddiannu'r Alban, ac fe gychwynnodd byddin Lloegr unwaith eto amdani. Ymatebodd byddin yr Alban yn sydyn i symud maes y gad i Loegr, a cholli eto'n rhacs ym mrwydr Solway yn 1492. Bu farw James V wythnosau ar ôl hynny, gan adael baban newyddanedig, Mary, fel brenhines yr Alban. Penderfynodd Harri VIII mai ei gam nesaf fyddai sicrhau ei bod hithau'n priodi ei fab, fyddai'n taflu'r Alban i'w ddwylo. Gwelodd ei gyfle wrth i Iarll Arran, oedd yn enwog am ochri â Harri a'r Saeson ar bob cyfrif, gael ei benodi'n warchodwr i'r baban mewn symudiad amheus arall. Arwyddodd hwnnw gytundeb oedd yn selio'r briodas. Nid oedd hynny wrth fodd ei gydwladwyr a dweud y lleiaf a diddymodd senedd yr Alban y cytundeb o few misoedd ac ailselio'r hen berthynas â Ffrainc. Aeth Harri'n lloerig ac ymosod ar yr Alban ym Mai 1544, gyda degau o filoedd o filwyr yn llosgi Caeredin a de'r wlad, ac yn treisio a llofruddio. Un o bwrpasau'r goresgyn oedd i ddwyn Mary a'i chludo i Lundain. Gan adleisio'r cywilydd ganrifoedd ynghynt, tra oedd eu pobl yn marw aeth yr uchelwyr i Loegr i blygu glin mewn ymgais i gadw'r hyn oedd ganddynt ac ennill mwy o eiddo wrth i Albanwyr eraill golli'u bywydau.

Er hyn, bu farw Harri VIII yn 1547 wedi methu â dal Mary. Parhawyd yr helfa amdani, a daeth byddin arall dan faner Edward VI a chwalu byddin o Albanwyr a safai yn ei ffordd ger Caeredin, a sefydlu caerau Seisnig eto yn ne'r wlad. Roeddent yn ymddangos yn benderfynol braidd, felly penderfynodd yr Albanwyr mai Ffrainc oedd yr ateb, ac fe hwyliwyd Mary dramor yn 1547. Dair blynedd yn ddiweddarach, darfu pres y Saeson a rhoddwyd y gorau i'r chwilio a gadawsant eu caerau. Penderfynwyd mai darpar ŵr y ferch fach fyddai mab brenin Ffrainc ond wedi iddo yntau farw'n ifanc, yn ogystal â'r brenin wrth iddo ddisgyn oddi ar ei geffyl, canfu Mary nad oedd y frenhines, mam ei gŵr, eisiau dim i'w wneud â hi ac nad oedd croeso i'r Mary ifanc bellach ym mhalas Ffrainc. Dychwelodd i wlad a ymddangosai'n fwy diogel, ond roedd problem arall yn ffrwtian.

Roedd yr Eglwys Gatholig, oedd wedi defnyddio'i grym er mwyn elwa a meddiannu am ganrifoedd, yn wynebu gwrthryfel. Digon teg efallai, ond yr hyn oedd y gwrthwynebwyr yn ei arddel oedd cyfreithiau megis torri dwylo plant oedd yn taro'u rhieni, boddi merched a thorri pennau dynion anffyddlon, llosgi 'gwrachod' a godinebwyr, dienyddio Pabyddion ac yn y blaen. Dyma'r 'Diwygiad Protestanaidd', a'i brif arddelwr oedd y Sais John Knox.

Gyda brenhines newydd Lloegr wedi penderfynu gwyrdroi Protestaniaeth y wlad drwy losgi Protestaniaid, dihangodd John Knox i'r Alban a llwyddo i bregethu gwrthryfel yno yn erbyn Pabyddiaeth, gan losgi eglwysi a lladd esgobion. Elfen arall o'i feddylfryd oedd ei fod yn casáu merched ac yn gwrthod eu hawl i arwain unrhyw ddyn. Roedd Mary mewn peryg eto. Ddiwrnodau wedi iddi gyrraedd cafodd gyfarfod â John Knox, a esboniodd iddi nad oedd ganddi hawl i reoli. Wythnosau wedi hynny llwyddodd i'w chornelu gyda chiwed yn ei chapel bach personol, ond bu i'r esgob James, sylweddol ei faint a'i gleddyf, eu gyrru ymaith ar ei ben ei hun.

Roedd arferion eu cyndeidiau brenhinol o briodi teuluoedd brenhinol eraill at ddiben gwleidyddol wedi cymhlethu pethau'n arw, gydag amryw o benaethiaid gwlad neu deyrnas â 'hawl' llinachol i arwain eu cymdogion o'r herwydd. Roedd gan Mary hawl ar goron Lloegr hefyd gan mai Harri Tudur oedd ei thaid. Byddai'r goron honno'n rhoi terfyn ar y broblem o ymosodiadau'r Saeson, a dyna ei chynllun. Gan anwybyddu nifer o gynigion o bob teyrnas yn Ewrop yn ogystal â'i gwlad ei hun, penderfynodd briodi un arall o ddisgynyddion Harri VII, y Sais Arglwydd Darnley, a bwdodd wrth i Mary dynnu ei haddewid o'i wneud yn frenin yn ôl. Ymunodd gyda chiwed oedd am ladd ei ymgynghorwr David Rizzio, Eidalwr, a dychryn Mary o'i phalas wrth weithredu hynny'n feddw a'i drywanu o'i blaen.

Wedi dianc rhagddo ac yn disgwyl ei blentyn, roedd Mary'n ofalus i wahodd Darnley i'r enedigaeth i gastell Dunbar er mwyn i bawb ddeall pwy oedd tad y plentyn. Cynhaliodd Mary barti mawr i ddathlu'r dyfodiad, gan wahodd nifer o Saeson blaenllaw, a adawodd yn hynod flin wedi tridiau o glywed am yr 'Arthur' bach newydd. Roedd Elizabeth I ar fin rhoi'r ffidil yn y to ar esgor ar blentyn ei hun a datgan mai James (enw iawn plentyn Mary) fyddai'r brenin nesaf pan lofruddiwyd Darnley. Gyda chyhuddiadau fod Mary'n rhan o'r cynllwyn (er iddi faddau iddo) gan nad oedd wedi dyfod i'r bedydd, ailfeddyliodd nes fyddai'r mater wedi'i setlo. Ac fe gafodd – carcharwyd Mary wedi cynllwyn gan y Protestaniaid i sicrhau fod cyhoedd Caeredin yn ei beio am y llofruddiaeth er mwyn meddiannu grym drwy feithrin James eu hunain. Wedi gorfodi Mary i arwyddo, coronwyd y babi'n frenin mewn seremoni ddistaw.

Dihangodd Mary o fewn y flwyddyn, cododd byddin o'i phlaid ac unwaith eto wynebodd miloedd o Albanwyr ei gilydd am laddfa arall. Ei hanner brawd Moray oedd yn arwain y lleill ym mrwydr 1568 yn Langside, pentref ger Glasgow, a hwnnw gyda niferoedd llai a enillodd. Wedi ei dadrithio'n llwyr, dihangodd Mary i Loegr o bob man a chyflwyno'i hun i Elizabeth I, a benderfynodd ei charcharu am 19 mlynedd. Os oes prawf erioed nad oedd pob brenin neu frenhines wedi'u geni â llwy aur yn eu ceg, Mary druan oedd honno.

Dechreuwyd ar raglen Brotestanaidd eithafol John Knox dan enw y Presbyteriaid Calfinaidd, oedd yn honni mai nhw oedd y bobl roedd Duw ei hun wedi ei ddewis i oruchafu. O fewn y degawdau a'r canrifoedd nesaf, daeth gwledydd eraill pell ac agos i ddeall arwyddocâd hynny dan arweinyddiaeth Lloegr a baner Prydeindod. I ddangos eu purdeb, carcharwyd y brenin ifanc, James, ganddynt yn 1581 am y drosedd o fod yn gyfeillgar â'i ddewyrth Ffrengig. Pam? Pabydd oedd ei ddewyrth.

Daeth diwedd ar garchar Mary ar 8 Chwefror, 1587. Dihangodd James a chodi byddin i danseilio'r Presbyteriaid gwallgof oedd wedi'i fradychu. Yna cysylltodd Pabyddion Lloegr ag ef i geisio hel Elizabeth oddi ar yr orsedd a gosod Mary yn frenhines. Smyglwyd llythyr i Mary yn ei thŵr, ond canfuwyd ei hateb i Babington – Pabydd a smaliai fod yn Brotestant er mwyn ei iechyd – cyn ei gyrraedd ac fe'i trosglwyddwyd i Elizabeth. Dedfrydodd honno Mary i golli ei phen.

Pan fu farw Elizabeth yn 1603 heb blant, y nesaf yn llinach y goron oedd James, ac roedd yn gwybod hynny. Yn driw i draddodiad, bu grwgnach sylweddol yn Lloegr yn erbyn coroni'r Albanwr y daroganwyd mai ef oedd 'Arthur'. Ond dyna fynnai eu system. Gwahoddwyd James VI yr Alban i feddiannu gorsedd Lloegr ar unwaith a chyda brys. Efe fyddai eu James cyntaf. Roedd wrth ei fodd, mewn sefyllfa i weddnewid 300 mlynedd o ormes gan Loegr ar ei wlad. Penderfynodd anwybyddu'r apêl i frysio a chymryd ei amser yn teithio tua Llundain yn hamddenol, yn oedi yma ac acw i fwynhau ei deyrnas newydd, ac i ddangos nad oedd am gael ei wthio o gwmpas.

Siomwyd y Pabyddion wrth i James weld mai gadael i bethau fod oedd yr agwedd briodol ar y pryd. Y diffyg hwn achosodd i'r Pabydd Guido Fawkes benderfynu ceisio ei chwythu yntau a'r senedd yn 1605. Yr hyn benderfynodd James ei wneud oedd sicrhau na fyddai'r Alban eto'n dioddef o dan ymosodiadau Lloegr a chreu undeb parhaol rhwng y ddwy wlad. Cynddeiriogodd hyn Loegr yn ogystal â'r Alban. Roedd y Saeson yn methu derbyn y syniad y byddai'r Alban fach yn medru hawlio i fod yn wlad ar yr un lefel â Lloegr, tra oedd yr Albanwyr yn gweld canrifoedd o wrthsefyll yn cael eu ddiddymu gydag un ddeddf. Cwyn arall gan yr Albanwyr oedd os mai brenin dwy wlad oedd James, pam gebyst mai yn Llundain yn unig yr oedd yn eistedd? Wedi i Senedd Lloegr wrthod y syniad yn llwyr, lluniodd James faner i esbonio ei fod o ddifrif – croesau a lliwiau Lloegr a'r Alban ar ben ei gilydd. Ni dderbyniwyd y faner am ddwy ganrif.

Ailgydiodd yn ei brosiect o geisio seisnigeiddio'r Alban yn llwyr drwy osod y tir ar Lewis ac ynysoedd eraill i drefedigaethwyr iaith fain – prosiect a fethodd dro ar ôl tro wrth i'r trigolion Gaeleg wrthwynebu. Yn hytrach na chael ei ddigaloni, aeth i gynyddu cynllun ei ragflaenydd Elizabeth o wneud yr un fath yng ngogledd Iwerddon, a sicrhau mai'r Protestaniaid fyddai'n meddiannu'r lle drwy daflu'r bobl gynhenid oddi ar eu tiroedd.

Ar lawr gwlad yn Lloegr a'r Alban, roedd y ddau enwad yn casáu ei gilydd, a llosgi crefyddol yn mynd rhagddo ar raddfa helaeth.

Rhoddodd goruchafiaeth y Presbyteriaid yr hyder iddynt gredu nad oedd neb na ddilynnai Y Gair yn haeddu byw. Daeth cyfundrefnau Pabyddol Ewrop i benderfynu yn eu doethineb hwythau fod hwn yn syniad da iddynt hwythau hefyd, gan arwain at losgi miliynau cwbl ddiniwed drwy'r Cyfandir.

Wedi marw James, daeth un arall o ofnau'r Albanwyr yn wir, sef y byddai'r brenin newydd fyddai wedi'i fagu'n Llundain yn llawer mwy o Sais nag Albanwr. Profodd Charles I y ddamcaniaeth drwy orchymyn fod pob Beibl yn yr Alban i fod mewn Saesneg ffurfiol, ac nid mewn orgraff Scots. Yn ôl y sôn, Jenny Geddes oedd y gyntaf i ddechrau pledu'r parchedig wrth i'r Saesneg main ddechrau atseinio o amgylch eglwys Sant Giles, ac aeth pethau'n flêr y tu mewn i dai amrywiol Duw mewn eglwysi a chapeli drwy'r wlad. Wrth wrthod cydnabod eu protestiadau, adweithiodd Albanwyr i greu cyfansoddiad oedd yn diddymu grym llwyr unrhyw frenin. Ar bron unrhyw adeg arall byddai cyfansoddiad i drosglwyddo grym wedi bod yn syniad i'w groesawu, ond y broblem oedd mai'r Presbyteriaid oedd yn llenwi'r bwlch. Roedd pobl yn arwyddo a chydsynio dan fygythiad yn hytrach nag egwyddor. Er hyn, diddymwyd enw'r brenin Charles oddi ar bob dogfen a deddf drwy'r Alban a'u disodli â chyfreithiau llwydaidd, llwm, diwyro newydd. Er i Charles yrru byddin yno, sefydlwyd senedd yn yr Alban yn 1640. Ceisiodd Charles yrru byddin arall yno ond bu'r un mor aneffeithiol. Gwaeth, mewn gwirionedd, gan fod yr Albanwyr wedi penderfynu croesi i Loegr wedi eu buddugoliaeth er mwyn codi dau fys ychwanegol. Bu'n rhaid i Charles eu talu er mwyn eu hannog i ddychwelyd a chadw ffin Lloegr fel yr oedd.

Dyma'r adeg pan ddaeth yr anghydfodau'n Lloegr ynglŷn â'r frenhiniaeth i achosi mwy o wae i Charles, gan arwain at esgyniad Oliver Cromwell a Rhyfel Cartref Lloegr.

Trefnodd Cromwell oresgyniad arall o'r Alban, gan yrru 11,000 o filwyr yno i esbonio pethau. Bu hynny'n gamsyniad – amgylchynwyd byddin Cromwell gan 20,000 o filwyr a chawsant eu chwalu.

Cododd yr ail Charles fyddin yn 1651 i oresgyn Lloegr, a'u martshio dros y ffin i herio Cromwell. Collodd frwydr Worcester, lle y bu i filoedd o Albanwyr farw tra oedd yntau'n dianc, a seliodd Cromwell ei oruchafiaeth drwy'r gwledydd oll. Meddiannodd yr Alban gyda chaerau a milwyr Seisnig, gan godi £10,000 y mis ar y wlad am y fraint o gael ei goresgyn. Ond wedi i Cromwell farw'n 1658, penderfynodd y Saeson ailorseddu brenin, a Charles II oedd hwnnw, a gariai'r teitl am yr Alban hefyd. Dychwelodd y Saeson dros y ffin ac aeth yr Alban ati i anghofio eu Piwritaniaeth a dathlu am ddyddiau drwy'r wlad. Roedd hynny yn hynod addas gan i'r brenin newydd ddod yn enwog am ei hoffter o bartïon.

Daeth mab hwnnw, James VII i'r Alban, yr ail i Loegr, yn frenin wedi i Charles II farw ond bu'n rhaid iddo ei g'leuo hi wedi i William Oren lanio'n Lloegr i'w ddisodli, ac ailgynnau'r gyfundrefn Brotestanaidd. Nid oedd yr Albanwyr yn cydsynio, a nid oedd yr Oren yn dangos dim hid onibai am eu gwaedu drwy drethi. Cynllwyniodd ei Ysgrifennydd Gwladol yn yr Alban, John Dalrymple, i geisio creu rhyfel yn erbyn yr Albanwyr a setlo'r broblem. Yn syml, mynnodd fod pob arweinydd a phennaeth i arwyddo eu teyrngarwch i William erbyn 1 Ionawr, 1692. Roedd yn hyderus y byddai nifer yn gwrthod a chododd fyddin yn barod i'r gyflafan a fyddai'n dilyn.

Mewn ateb a ddaeth ar ddiwedd 1691, dywedodd wrthynt am arwyddo i arbed trafferth. Felly y bu. Ond roedd un pennaeth, Alistair MacDonald, Pennaeth Clan Iain Abrach o Gaeliaid Glencoe, wedi cyrraedd Fort William o ganol y mynyddoedd ddiwedd Rhagfyr, a chael ar ddeall nad oedd y capten yno'n ddigon pwysig i dderbyn ei lw. Roedd angen sheriff brenhinol. Felly aeth drwy storm i Invernay, lle cyrhaeddodd ar 2 Ionawr ond nid oedd y sheriff yno. Ymhen tridiau daeth y sheriff yn ôl a derbyn llw'r MacDonaldiaid yn rhy hwyr felly.

Roedd John Dalrymple wrth ei fodd, a gyrrodd gatrawd i Glencoe. Cawsant eu bwydo a'u lletya gan y clan, yn ôl eu traddodiad wrth groesawu dieithriaid, ond mewn deuddydd daeth y gorchymyn gan William Oren i ladd pawb yno. Fel roeddent ar ddechrau arni, roedd rhywrai craff wedi gweiddi ar bawb i redeg, felly 37 o bobl y llwyddodd y milwyr i'w difa – y rhai hynaf a'r ieuengaf gan fwyaf. Aeth y newyddion am y gwarth o amgylch y wlad a diddymodd y penaethiaid eu llw o ffyddlondeb. Gwrthryfelodd pobl yr Ucheldiroedd a thaflwyd milwyr Lloegr oddi yno'n gyfangwbl, er mawr syndod i Dalrymple a'i gynlluniau.

Roedd William yn frenin ar Loegr a'r Alban yn dechnegol, ond roedd yn cymryd camau i gryfhau masnach Lloegr ar draul yr Alban. Roedd yn wlad lythrennog tu hwnt – roedd digonedd o lyfrau yno, ond dim digon o fwyd ac roedd William yn falch o'i chadw felly. Aeth ei ddilynydd, Anne, gam bach ymhellach a gwahardd unrhyw dir yn Lloegr oedd yn berchen i Albanwr rhag cael ei drosglwyddo i'w blant. Roedd Deddf Alltudion 1704 hefyd yn gwahardd Albanwyr rhag gwerthu nwyddau yn Lloegr. Nid oedd unrhyw waharddiad y ffordd arall wrth gwrs.

Ymgais ariannol oedd hon i ddarbwyllo'r Albanwyr i hepgor eu gwlad eu hunain ac ymuno dan gyfundrefn Lloegr. Dechreuodd Anne grybwyll undeb, gan ddenu'r Alban gyda darlun o undod hafal a buddiannau i'w rhannu. Yr hyn a wynebai'r Albanwyr oedd diwedd ar eu hunanreolaeth a Lloegr yn eu llyncu. Yr hyn fyddai'n esmwytho pethau fyddai enw arall ar gyfer y deyrnas, i guddio realiti y llyncu. Yn 1705, daeth senedd yr Alban i'r casgliad fod yn rhaid ystyried hyn o ddifrif gan fod y tlodi'n gwaethygu. Nid senedd y bobl oedd yn eistedd yng Nghaeredin fwy nag yn Llundain, ond biwrocratiaid a thirfeddianwyr dethol oedd yn dderbyniol gan y brenin. Roedd yn beiriant hunanfuddiol, a'r cyhoedd yn isel iawn ar ei agenda, ac ers i'r frenhiniaeth droi'n gwbl i warchod buddiannau Lloegr, roedd yn senedd llipa, ofnus, a'r unig lwybr a welai oedd plygu i'r anochel.

Daeth drafft o'r cynllun uno yn 1707, ac edrychai'n deg a chytbwys gan fod hanner ei arwyddwyr yn Albanwyr. Ond roeddent oll wedi'u dewis yn bersonol gan y frenhines Anne. Roedd hyn wedi i'r Saeson, ar eu pennau eu hunain, saernïo pwy fyddai'r brenin nesaf ar Loegr (gyda Chymru a Chernyw yn rhan o hynny heb fod angen dweud), yr Alban ac Iwerddon gan fod ei brawd bach yn Babydd ac ni fyddai hynny'n dderbyniol. Daeth y drafft i Gaeredin, i'r rhai oedd yn gymharol daeog, yn cynnig na fyddai senedd yno'n bodoli bellach ond y byddai rhai ohonynt yn meddu sedd yn San Steffan dan yr endid newydd, Prydain Fawr. Er syndod, roeddent am gael cadw eu systemau addysg a chyfraith. Byddai marchnadoedd Lloegr yn agor i'r Albanwyr, gydag addewid o'r marchnadoedd hyn i seneddwyr penodol ac i wneud yn saff, mi fyddai celc o arian yn dyfod i'w ffyrdd ar ben hynny.

Er protestiadau rhai fel Andrew Fletcher – a waeddai mai'r unig beth roedd Lloegr wedi'i wneud oedd eu trethu'n ddu las er mwyn talu am ryfela â'u cyfeillion, megis Ffrainc – pleidleisiodd senedd Caeredin i'w ddiddymu ei hun ar 16 Ionawr, 1707. Areithiodd John Dalrymple, trefnydd y llofruddio yn yr Ucheldiroedd, o blaid diddymu'r senedd gyda'r neges syml mai diwedd y gân oedd y geiniog. Gwrthdystiodd pobl ar hyd a lled yr Alban, a throdd hynny'n reiats yn y trefi.

Gyrrwyd neges i Ffrainc i esbonio y byddai'r brenin nesaf, James arall, yn cael ei groesawu yn yr Alban. Dechreuwyd ar fordaith, ond aeth y darpar-frenin yn wael, a daeth storm anferth fel oeddent ar y môr, fel oedd yn arfer pan fyddai'r Ffrancwyr yn dewis hwylio i helpu'r Celtiaid. Pan oeddent ar fin glanio'n y Firth of Forth, deallwyd fod llongau rhyfel Lloegr yn dynn ar eu holau, ac fe'i gleuwyd hi am y gogledd. Aeth y capten a'i longau'r holl ffordd o amgylch Prydain, yn hytrach na glanio, a mynd â'r darpar-frenin gwael ond lloerig yn ôl i Ffrainc, er fod byddin anferth yn disgwyl i'w goroni. Digalonnodd y gwrthryfelwyr yn llwyr wedi i'r union ddyn, drwy eu rheolau brenhinol eu hunain, a fyddai'n dymchwel dadl y Saeson dros oruchafiaeth, hwylio o'u gafael.

Ym Medi 1715 cododd Iarll Mar (neu '*Bobbing John*' gan ei fod yn newid ei ochr mor aml) faner James yn Braemar fel arwydd o wrthryfel. Yr hyn yr oedd nifer wedi nodi oedd ei gefnogaeth frwd i'r Saeson wedi'r 'uno' tan iddynt ddiddymu ei swydd fel Ysgrifennydd Gwladol yr Alban, ac i George brenin Lloegr droi ei gefn arno yn Llundain ym Mehefin 1715. Yna daeth ei gri am 'ryddid'. Galwyd cefnogwyr James y Jacobeiaid, a dyma'r cyntaf o'r gwrthyfeloedd hynny. Daeth 10,000 i faes y gad, er syndod i'r Saeson. Hanner maint hynny oedd byddin y Saeson a'r Albanwyr taeog, ond roedd Mar yn gwrthod ildio arweinyddiaeth y brwydro, a methodd â threchu mewn brwydr ger Stirling, eto, gan fagio yn ôl am Perth. Roedd y Saeson wedyn yn medru gyrru mwy o filwyr yn ogystal â gweithio ar lwgrwobrwyo rhai o'r cefnogwyr pwysig. Bellach, roedd James ei hun ar ei ffordd o Ffrainc i'r Alban, a rhwng hynny a bod llong anferth yn llawn aur wedi'i gyrru gan frenin Sbaen i ariannu'r gwrthyfel, roedd pethau'n argoeli'n dda. Wrth gwrs, cododd storm eto a chwalu'r llong yn St Andrews, tref oedd yn ochri â byddin brenin Lloegr. Erbyn i James gyrraedd, roedd y gwrthryfel ar chwâl. Wedi ceisio erfyn ar Ffrainc am help, rhoddodd James a Mary y ffidil yn y to a hwylio i'r wlad honno ar 26 Rhagfyr, 1715. Mae'n adeg addas i osod carreg filltir. Digwyddodd hyn ryw 300 mlynedd yn ol, a 400 mlynedd wedi i Robert Bruce geisio cymorth tebyg gan y Ffrancwyr.

Mewn ymateb, daeth Llundain a'r 'Ddeddf Diarfogi' i rym, lle roedd yn rhaid i bawb roi eu harfau i'r llysoedd. Daeth yr Ucheldirwyr a'r Gaeliaid â hen arfau rhydlyd i'w cyflwyno, llawer wedi'u prynu'n arbennig o'r Cyfandir i'r pwrpas, tra dangosodd y rhai oedd yn driw i Loegr eu teyrngarwch drwy ufuddhau a throsglwyddo popeth. Ymateb arall oedd adeiladu caerau milwrol newydd a heolydd yn yr Ucheldiroedd. Nid oedd ysbryd yr Albanwyr wedi'i ddiffodd, ac roeddent yn barod am gyfle eto. Gyda Sbaen eisiau defnyddio'r Alban er mwyn achosi problem arall i Loegr, glaniodd nifer yno yn 1719 i gydweithio â'r Gaeliaid, ond roedd y Saeson yn barod amdanynt, a chwalodd llongau rhyfel Lloegr gastell Eiliean Donal lle trigai nifer ohonynt, cyn eu trechu mewn brwydr yn Glenshiel.

Un symudiad eithriadol o amhoblogaidd, fodd bynnag, oedd codi treth sylweddol ar haidd, oedd yn gynhwysyn hanfodol i wisgi a chwrw ac achosodd hynny reiats sylweddol – yn arwydd arall o ddiffyg dealltwriaeth Llundain o'r trigolion.

Roedd yr Alban yn ymbellhau fwyfwy oddi wrth y syniad o frenhiniaeth. Wrth i Loegr anwybyddu gweinyddiaeth y wlad, er ei bod yn derbyn hen ddigon o drethi, roedd prifysgolion y wlad yn ffynnu ac yn hau syniadau a theorïau athronyddol a sosialaidd ymysg y bobl, ac aeth y syniad o frenin unbeniaethol yn hen ffasiwn ac amhoblogaidd.

Dyma un rheswm pam y methodd yr ail wrthryfel Jacobeaidd yn 1745. Roedd llawer bellach yn methu cefnogi brenin, lle bynnag yr eisteddai. Ond wrth i Loegr ddatgan rhyfel eto ar Sbaen yn 1739 roedd yr Ewropeaid yn llygadu'r Alban fel llwybr at wendid eu gelynion. Aeth Ffrainc a Sbaen at James, a phwyntiodd hwnnw yn syth at ei fab Charles a mynd yn ôl i'w gadair. Gyda Charles ar fwrdd un ohonynt, yn hwylio i'w 'wlad' am y tro cyntaf erioed, cychwynnodd llynges o longau o Ffrainc am yr Alban yn 1744. Bu'n fethiant ysgubol am ddau reswm. Roedd y Saeson wedi hen ddeall y gêm ac yn barod amdanynt, ond hyd yn oed cyn i'w llongau fedru eu cyfarfod am ffeit daeth storm anferth, arall, a chwalu'r fflyd Ffrengig yn rhacs.

Goroesodd llong Charles i roi cynnig arall arni. Ond daeth ar draws llongau rhyfel Seisnig a throdd y brif long yn ôl am Ffrainc wedi derbyn ergydion lu. Ond ymlaen yr aeth Charles ar ei long llai a llwyddo i gyrraedd ynys Eriskay yn yr Alban.

Heb fawr o hwyl, aeth ymlaen i Skye. Doedd dim diddordeb gan benaethiaid y MacLeod a'r MacDonald ar yr ynys, dau glan oedd am ganrifoedd wedi hen arfer ag ymladd y Saeson. Roedd yr oes wedi newid oedd eu hesboniad, safbwynt a gafodd ei brofi'n hynod o anghywir mewn degawdau i ddod. Wfft, medd Charles, a hwyliodd ymlaen i'r tir mawr.

Roedd y MacDonaldiaid yno – a sawl clan arall – yn llawer mwy gwresog. Pennaeth y Cameron a sefydlodd y niferoedd angenrheidiol er mwyn dechrau'r gwrthryfel. Er y caerau cymharol newydd, nid oedd Saeson o unrhyw nifer ynddynt gan eu bod yn Ffrainc, a chyda newyn wedi taro'r Ucheldiroedd yn ddiweddar a'r Saeson heb wneud affliw o ddim i helpu, roedd gwrthryfel ar droed. Roedd Charles yn gaddo y byddai'n datgan Alban annibynnol am byth, ac aed amdani.

Fel arfer, rhwygwyd yr Alban eto. Codwyd y faner, a daeth 2,500 i sefyll oddi tani – nifer siomedig ond roedd potensial iddo dyfu, ac wrth iddynt fynd am y de roedd addewidion Charles o gymorth o Ffrainc yn helpu i chwyddo'r rhengoedd.

Yn rhyfeddol, syrthiodd Caeredin yn rhwydd i ddwylo'r gwrthryfelwyr brwd, a hynny heb help y Ffrancwyr. Cafodd Charles fwynhau edrych ar luniau ei gyndeidiau yn y castell. Ond roedd milwyr y Saeson wedi dianc o'r dref er mwyn ailymgynnull a chredent fod ganddynt y niferoedd a fyddai'n sicrhau buddugoliaeth. Heb ddisgwyl i'r gwrthryfelwyr adael Caeredin, cafodd 4,000 o filwyr dan y cadfridog John Cope eu synnu a'u chwalu mewn ymosodiad cyflym gan yr Ucheldirwyr. Syfrdanodd hyn y Saeson a rhaid oedd symud y fyddin o Ffrainc. Cyffrôdd Charles yn ormodol a mentro ymlaen am Loegr i'w gyfarfod, gan adael diogelwch yr Alban i gynllwyniau'r rhai nad oedd yn cytuno â'i chwyldro. Wedi troi'n ôl yn Derby yn dilyn cweir gan fyddin o Saeson llawer mwy niferus, dychwelodd i wlad oedd yn anwadal iawn ei theyrngarwch, ac wedi cyrraedd Falkirk sylwodd fod y Saeson ar eu cynffonnau. Penderfynodd Charles a'r Gaeliaid ymroi eto i ymladd, ac er mawr syndod i'r cadfridog Seisnig, Henry Hawley, dinistriwyd ei fyddin, gyda'r rhai prin oedd ar ôl yn fyw yn rhedeg i ffwrdd yn y niwl.

Wedi sylwi nad oedd Caeredin bellach yn nwylo eu cyfeillion, ciliodd y fyddin rebel yr holl ffordd i Inverness. Roedd y Jacobeiaid yn ne'r Alban wedi gaddo cymorth, yn yr un modd â'u cyfeillion yn Lloegr, ond doedd dim hanes ohonynt. Cawsant eu hymlid gan y Saeson,yn fyddin fodern ei harfau, yn 9,000 o nifer, dan arweiniad profiadol Iarll Cumberland, yn cyfarfod â 5,000 Albanwr yn Culloden ar 16 Ebrill, 1746. Cleddyfau a gynnau hen ffasiwn yn erbyn byddin broffesiynol oedd y frwydr honno, ac er dewrder a ffyddlondeb yr Ucheldirwyr blinedig a llwglyd, bu hon yn lladdfa fawr o blaid y goron yn Llundain. Dihangodd Charles mewn llong i Ffrainc ym Medi 1746.

Wedi trechu'r rhyfelwyr, ymsefydlodd y Sais ei fyddin drwy'r Ucheldiroedd, gan ddial ar y boblogaeth yn gyffredinol drwy losgi, dwyn a lladd – er mai dim ond ychydig filoedd o ddynion oedd wedi cymryd rhan yn y gwrthryfel. Gwaharddwyd Gaeleg fel iaith lafar; gwaharddwyd gwisgo'r brethyn tartan a chario arfau. Aethpwyd ati i ddynodi'r tir i Arglwyddi Seisnig. Yn enw undod a 'democratiaeth', dim ond un o bob dau gant a hanner dyn yn yr Ucheldiroedd (oddeutu pum can person felly) a gâi bleidleisio ar gyfer dewis aelodau seneddol i San Steffan yn 1775. A San Steffan a benododd y polisïau ar gyfer yr Alban.

I hwyluso gwaith y llywodraeth, cyflogwyd ychydig o'r brodorion fel milwyr. Dyma oedd dechrau'r *Highland Regiment*. Ddegawdau ar ôl hynny, wrth ymladd yn Rwsia, roedd y Prif Weinidog William Pitt yn falch o nodi eu bod yn ymladdwyr dda, gan nodi bonws ychwanegol: *'it will be no great mischief if they fall'*.

Ar ddechrau'r 19fed ganrif dechreuwyd ar glirio'r Ucheldiroedd o'u pobl er mwyn defnyddio'r tir, yn honedig i fagu defaid. Yr esgus oedd fod ei angen ar gyfer y diwydiant gwlân yn Lloegr. *'Improvements'* oedd y term ddefnyddiwyd ar gyfer y defnydd newydd o'r tir.

Yn Sutherland yn unig, cliriwyd 15,000 o bobl drwy losgi eu cartrefi, gan orffen y gwaith yn 1820. Y dull y tro hwnnw oedd fod y cwnstablaid a'r stiward – a milwyr ar aml i dro – yn cyrraedd ac yn rhoi hanner awr o rybudd iddynt glirio eu tai. Mewn un achos, plediodd hen ddynes i gael mwy o amser i'w chymdogion ei helpu gan fod ei dodrefn yn rhy drwm. Gwrthododd y stiward, Sellar, felly stryffagliodd Mrs Henny i lusgo'r cypyrddau a'r dreselydd ei hun, ond methodd ddod â'i gwely allan o'r tŷ. Pan roddodd y cwnstabliaid ei chartref ar dân, chwythodd y gwynt y fflamau a'r gwreichion i gyfeiriad ei drodrefn ac aethant i gyd yn wenfflam, gan nad oedd wedi medru eu cario'n ddigon pell. Roedd tŷ arall yn cynnwys gwreigan oedd wedi byw'n ddigon iach i gyrraedd trothwy ei chant oed, ond yn teimlo'n giami. Diystyriwyd ymbil ei merch i arbed y tŷ nes y byddai'n gwella, ond nid oedd hi am symud i neb, hyd yn oed petai'n iach. Rhoddwyd y tyddyn ar dân, ac roedd y blancedi amdani'n fflamau wrthi i'w chymdogion ei thynnu oddi yno. Bu farw mewn pum niwrnod.

Ar ôl Sutherland, aethpwyd ati'n sir Ross. Gwelodd un

trefedigaethwr y byddai'r pentref yn lle da iddo ef a'i ddefaid, felly rhoddwyd nodyn i bawb i adael eu tai. Ymhen oriau roedd milwyr wedi cyrraedd i gwblhau'r gwaith, a chyda nifer o'r dynion ymhell yn y caeau, roedd y merched yn eu gwrthwynebu'n y frwydr. Saethodd y milwyr tuag atynt a bu farw un merch ifanc o deulu Mathieson. Gyda'r dynion yn dychwelyd, aeth y merched am y milwyr gyda chryn arddeliad, a bu raid iddynt ei heglu hi oddi yno, gyda nifer yn cael eu dal a'u colbio. Cafodd cerbyd y sheriff ei ddinistrio.

Ond, yn amlach na pheidio, ni fu unrhyw ymladd yn ôl. Roedd y rhan fwyaf yn derbyn eu tynged wrth wynebu'r dewis o ymladd yn erbyn grymoedd mwy pwerus a rhoi eu teuluoedd i gyd mewn perygl. Dywedwyd hefyd fod eu natur hawddgar, mwyn yn cyfrannu at y diffyg ymladd. Ar ben hynny, yn aml iawn nid oedd dynion yn bresennol, gan eu bod yn gweithio'n dymhorol mewn ardaloedd pell.

Rhan o'r cynllun oedd llosgi'r cnydau a bwyd yr anifeiliaid cyn y tai, fel nad oedd gan y bobl fodd o gynnal eu da byw, felly byddai'r anifeiliaid hefyd yn marw dros y misoedd dilynol.

Mae digon o dystiolaeth fod y pregethwyr a'u heglwysi'n cydweithio â'r gwleidyddion, ac yn ceisio eu gorau glas i esbonio wrth eu praidd ar y Sul fod y trallodion a wynebent yn farn Duw, a'u bod yn amlwg wedi haeddu'r driniaeth. Eu hunig ddewis felly oedd derbyn eu ffawd yn ddistaw. Cwynodd un o'r pregethwyr dwl hyn yn ddiweddarach mai saith tenant newydd a'u cŵn oedd ei gynulleidfa yn hytrach na llond capel, a bod y cŵn wedi udo'n afreolus pan ganwyd emyn.

Dros y degawdau, symudodd pobl i fyw yn y coed neu ger y môr wrth i'r llosgi fynd rhagddo fesul ardal, pentref a sir. Câi dogfennau eu harwyddo yn Lloegr i wobrwyo'r landlordiaid hynny fyddai'n sicrhau mai defaid ac nid pobl oedd yn byw ar yr Ucheldiroedd. Tacteg arall oedd bygwth llosgi eu tai unrhyw un pell neu agos a fyddai'n rhoi lloches i'r rhai a daflwyd o'u tai.

Aeth cannoedd o filoedd i'w beddau neu ar gychod i unrhyw le heb fath o gynllun, gan ddiboblogi'r wlad o'r Gaeliaid. Ar ynys Muck yn 1831, dair blynedd wedi i'r cliriadau ddechrau yno, roedd poblogaeth o 1,035. Erbyn 1881 roedd 89 ar yr ynys. Cynllun Llundain oedd cael 8,000 dafad ac un bugail fel cyfartaledd poblogaeth.

Ysgrifennodd Donald Ross am yr hyn a welodd ar ynys Skye yn 1854. Roedd hen nain 96 oed, Flora Matheson, wedi'i gosod ar soffa y tu allan i'w bwthyn gan dri o blant y teulu ar ddiwrnod eithriadol o braf, y cnydau yn felyn, y gwartheg yn gorwedd yn fodlon a'r cychod yn llonydd ar y loch a 'fedrai dim gymharu â phrydferthwch yr olygfa'. Y pedwar yna oedd adref, pan glywyd cyfarth. Rhedodd dau o'r plant i edrych beth oedd achos y sŵn. Daethant yn ôl wedi dychryn, yn esbonio fod cwnstabliaid yn taflu'r cymdogion o'u tai. Mewn munudau daeth y cwnstabliaid, taflu popeth o'r bwthyn a bolltio'r drws, gan amddifadu'r pedwar o'u cartref. Dychwelodd ei mab ymhen misoedd, a'i ddarganfod yn y cwt mewn stad truenus gydag un o'r plant. Bu'r lleill farw o fewn wythnosau i'r troi allan.

Stori Elisabeth Gillies wedyn, dynes 60 oed. Bu'r tyddyn yn ei theulu ers cyn cof, er ei bod yn talu rhent i 'berchennog y tir'. Yna dywedwyd wrthi ei bod yn mynd i Ganada. 'Be wna i yng Nghanada?' oedd ei chwestiwn. Daeth yr heddlu, ond eisteddodd Elisabeth ar lawr o flaen ei thân a gwrthod symud. Cymerodd oriau i dri chwnstabl ei llusgo allan, a hithau'n cydio ym mhopeth o fewn ei gafael. Wedi cael eu gwynt yn ôl atynt, aeth y cwnstabliaid yn ôl i mewn i falu popeth: y gwely, cadeiriau, stolion, byrddau, olwyn droi, crochenwaith, cyn dymchwel y tŷ i'r llawr a symud ymlaen at y nesaf.

Nid mater o lwc yw hi bod poblogaeth Lloegr heddiw ddeg gwaith yn fwy na phoblogaeth yr Alban. Wedi'r cliriadau dinistriwyd yr Aeleg fel iaith i boblogaeth sylweddol, ond fe ddaliodd ei gafael, a heddiw mae dros 60,000 o siaradwyr ganddi, gyda llawer mwy yn ei dysgu a'i hargraff weledol yn amlycach nag y bu. Miliwn a hanner oedd poblogaeth yr Alban gyfan yn ôl cyfrifiad 1801. Ac wedi gweinyddu'r polisi yn yr Ucheldiroedd, dioddefodd tiroedd de'r Alban yr un driniaeth gan ddiboblogi'r wlad ymhellach.

Yn ogystal â sathru ar iaith y Gaeliaid, roedd y Saeson yn

gwahardd y cilt, gan geisio diddymu'r gwahaniaeth diwylliannol hwnnw yn ogystal. Cymaint oedd y diffyg dealltwriaeth cyffredinol yng Nghaeredin pan ymwelodd George IV â'r ddinas yn 1822, fel y medrodd dau grwc fanteisio ar y diddordeb newydd hwnnw ym mhopeth Albanaidd drwy gyflwyno 'detholiad o dartan unigryw pob clan'. Roedd wrth ei fodd, ac nid y fo oedd yr unig un. Aeth yr uchelwyr ati i archebu eu ciltiaid oedd yn cydfynd ag enwau eu teuluoedd mewn byd ar wahân i'r Ucheldiroedd, lle roedd y dilledyn yn cael ei wahardd o hyd. Lol llwyr oedd y lliwiau. Nid oedd y claniaid erioed wedi eu harddel gan fod pob unigolyn wedi dewis ei liw ei hun yn wreiddiol. Fe wnaeth y ddau 'frawd a wyrion' Charles II, y *'Bonnie Prince Charlie'* eu ffortiwn, ac mae'r myth yn parhau hyd heddiw.

Yn negawdau olaf y 19ed ganrif, gwelodd yr Alban ffoaduriaid o Iwerddon yn dianc rhag eu newyn hwythau pan oedd y Saeson yn gwaedu'r wlad o'i bwyd. Roedd yr un pla wedi taro cnydau'r Ucheldiroedd a'r ynysoedd yn yr 1840au, ac roedd hynny'n cael ei weld fel cymorth at y clirio.

Roedd trefi a dinasoedd yn tyfu oherwydd y Chwyldro Diwydiannol, a doedd dim yn sicrhau ffyniant y diwydiant dur fel rhyfel, gyda'r arglwyddi a chapteiniaid diwydiant yn elwa'n dda o ysbail yr Ymerodraeth Brydeinig. Pan ddaeth her go iawn ar ffurf yr Almaen yn rhyfeloedd 1914 ac 1939 roedd gwaith sylweddol yn y diwydiannau, a'r dynion nad oedd yn medru cyflawni hynny'n cael eu gorfodi i fynd i ymladd. Mewn cyfnodau o 'heddwch', roedd defnyddioldeb diwydiannau'r Alban yn diflannu – y gwaith yn pallu a'r ddealltwriaeth mai perthynas unochrog oedd y Deyrnas Unedig yn amlygu ei hun fwyfwy. Dioddefai ardaloedd diwydiannol yr Alban (a Chymru) yn waeth o dan bob dirwasgiad economaidd.

Cafwyd digwyddiad a fyddai'n arwydd o'r awydd am hunanreolaeth ar ddiwrnod Nadolig 1950. Defnyddiodd pedwar Albanwr ifanc yr ŵyl i fynd yr holl ffordd i Lundain a dwyn, neu ailddychwelyd yn hytrach, Garreg Scone i'r Alban o Abaty Westminster 700 mlynedd wedi i Edward ei bachu. Aeth papurau Lloegr yn benwan ac roedd lluniau'r pedwar ymhob man, yn enwedig y plotiwr Ian Hamilton. Ond roedd ymateb yr Alban mor orfoleddus fel y penderfynwyd y tro hwnnw gan elfennau callach o'r sefydliad mai doeth fyddai peidio â'u troi'n ferthyron.

Yn 1967 cyfansoddodd Roy Williamson o'r grŵp *The Corries* gân o'r enw '*The Flower of Scotland*'. Aeth chwarter canrif heibio tan i Loegr adael i'r Alban ei harddel fel eu hanthem genedlaethol. '*God Save the Queen*' oedd i'w glywed cyn eu gemau rhyngwladol drwy'r wythdegau ac i'r nawdegau. Yn y chwedegau roedd y mudiadau a alwodd am hunanreolaeth neu annibyniaeth yn cryfhau, a gan mai eu haelodau hwy oedd yn cael eu hethol yno roedd Llafur yn dueddol o gymryd ychydig mwy o sylw o hyn na'r Toriaid. Ond dangoswyd eu hagwedd go iawn gan Willie Ross, yr Ysgrifennydd Gwladol. Pan soniodd ei brif weinidog, Harold Wilson, am greu senedd ddatganoledig, fe ffrwydrodd '*What use is a parliament when they've got me?*'.

Ond roedd y pennau hirion yn deall na fyddai'r Alban yn fodlon gyda llywodraethau Llafur achlysurol, yn ôl mympwy pleidleisiau'r Saeson a rheolaeth y Torïaid. Roedd yr anniddigrwydd wedi gorfodi'r blaid Lafur i addo y byddai refferendwm yn cael ei gynnal i ddynodi rhai pwerau i ddwylo'r Albanwyr eu hunain.

Yn 1979, cynhaliwyd refferendwm ar ddatganoli i'r Alban. Ond bu rhwyg wrth i nifer o genedlaetholwyr wrthod ei gefnogi gan ei weld fel diwedd ar unrhyw freuddwyd am annibyniaeth lawn. Er hyn, roedd y gefnogaeth yn gref. Ar y foment olaf, wrth weld fod y bleidlais am fod yn eu herbyn, ychwanegodd San Steffan gymal y byddai'n rhaid i nid yn unig fwyafrif bleidleisio 'Ie' ond y byddai'n rhaid i 40% o'r holl etholwyr fwrw pleidlais i'r perwyl. Roedd hynny'n golygu y byddai'n rhaid cael o leiaf 80% o'r pleidleiswyr cymwys i bleidleisio cyn y gallai'r etholiad gael ei hennill. Byddai'r ffigwr hynny'n eithriadol ar gyfer unrhyw etholiad. Enillwyd y bleidlais o 52% i 48% dros ddatganoli, ond ni fedrwyd cyrraedd yr 80% – 63.6% a bleidleisiodd, ac felly dim hunanreolaeth i'r Albanwyr.

Bu digwyddiad hynod o amheus yn 1985. Darganfuwyd yr aelod a chyn-isgadeirydd SNP Willie McRea ar fin marw wrth olwyn ei gar. Amheus y tu hwnt oedd y ddedfryd o hunanladdiad drwy saethu ei hun yn ei frest, gan fod y car wedi bod mewn gwrthdrawiad ac roedd tomen o bapurau wedi'u darnio'n fân 20 llath o'r car. Roedd nyrs yn Aberdeen, lle aethpwyd ag ef ac yntau o hyd yn fyw o fewn trwch blewyn, yn mynnu wrth yr *Aberdeen Press and Journal* fod dau dwll bwled yn ei ben. Daeth honiadau wedyn fod Willie McRae wedi casglu gwybodaeth drylwyr ar aelodau seneddol a phwysigyddion gwleidyddol, brenhinol a chyfryngol oedd yn cam-drin plant. Tan y datguddiadau diweddar, roedd hyn yn cael ei drin fel theori consbirasi llwyr. Roedd wedi ymuno â'r Indian National Congress pan oedd yn ifanc, gan ymgyrchu am annibyniaeth India. Roedd hefyd yn gysylltiedig â'r mudiad gwrthryfelgar Siol nan Gaidheal a'r Scottish National Liberation Army ac yn ddraenen yn ystlys y llywodraeth yn ei ymgyrchu gwrth-niwclear. Cyn iddo farw, torrodd rhywun i mewn a dwyn o'i fwthyn. Tystiai ei gyfaill, Mary Johnstone, ei fod wedi dweud wrthi '*Mi fethon ddarganfod yr hyn oedden nhw eisiau*'.

Â'r Alban yn dioddef dan bolisïau'r Toriaid, penderfynodd Margaret fynychu rownd derfynol Cwpan Pêl-droed yr Alban yn 1988 wedi araith yn esbonio i'r wlad '*we are all responsible for our own actions*'. Y timau oedd Dundee Utd a Celtic ac roedd cefnogwyr y ddau dîm wedi paratoi cardiau coch i'w chwifio arni rownd y stadiwm mewn bonllef o fwio. Gwrthododd hyd yn oed yr unig Sais oedd yn chwarae, Mick McCarthy, ysgwyd llaw â hi, ac yntau'n dod o gymuned lofaol. I ymestyn ei phoblogrwydd, penderfynodd greu'r Alban yn labordy arbrawf Treth y Pen.

Yn 1996, rhoddodd Lloegr Garreg Tynged Scone yn ôl i'r Alban, gyda'r Toriaid yn ceisio adennill rhyw fath o enw da cyn yr etholiad cyffredinol, er nad oedd yr un sedd Dori yn y wlad p'run bynnag. Ni weithiodd, a daeth Llafur i rym gan addo refferendwm yn eu maniffesto. Fisoedd wedyn yn 1997 pleidleisiodd 74% tros ddatganoli i'r Alban. Mae synnwyr yn dweud na fyddai Cymru, a'i phleidlais mor agos, wedi pleidleisio'r un ffordd yr wythnos ganlynol pe na bai'r Alban wedi datgan barn mor gref. Fel yr oedd hi fil o flynyddoedd ynghynt, roedd yn rhaid cael sêl bendith coron

Lloegr i'w hunanreolaeth, gyda'r frenhines yn agor eu senedd yn Holyrood yn 1999.

Cafodd yr SNP lwyddiannau etholiadol yn negawd cyntaf y ganrif hon pan welodd yr Albanwyr nad oeddent bellach angen tarian y blaid Lafur i'w hamddiffyn rhag Torïaeth Llundain ac maent erbyn hyn yn rheoli'r senedd yn yr Alban ers sawl tymor. Arweiniodd eu llwyddiant cyffelyb yn yr etholiadau ar gyfer Llundain â galwadau am refferendwm dros annibyniaeth. Cytunodd y Torïaid i hynny, yn sicr y byddai'r Alban yn pleidleisio 'Na', ac y byddai'n taro hyder a hygrededd yr SNP yn galed.

Wedi colli'r bleidlais o drwch blewyn, arwyddodd dros 100,000 o Albanwyr ddeiseb Change.org yn nodi fod angen ail etholiad oherwydd llygredd a diffyg trefn yn refferendwm Medi 2014. Nododd pôl piniwn fod 34% o'r farn fod twyll wedi digwydd.

Ymysg y dystiolaeth a gynigiwyd roedd:
- camerâu neuadd Dundee yn recordio pobl yn ffidlan o fwrdd i fwrdd wedi i larwm tân orfodi pawb allan o'r adeilad
- bagiau'n llawn pleidleisiau 'ie' wed'u taflu i fagiau sbwriel a'u gadael ar bafinau
- diffyg cysondeb mewn papurau pleidleisio, gyda nifer wedi'u rhifo a nifer heb rifau o gwbl
- seliau bocsys wedi'u torri cyn cyrraedd neuaddau cyfri
- pleidleiswyr yn cyrraedd a'u pleidlais wedi'i bwrw gan rywun arall (derbyniodd heddlu Glasgow ddeg cwyn)
- 789,024 pleidlais bost, y raddfa fwyaf mewn unrhyw etholiad yn y Deyrnas Unedig
- arweinydd y Ceidwadwyr, Ruth Davidson, yn sôn am fod yn bresennol mewn agoriadau samplo o'r pleidleisiau post, sy'n anghyfreithlon
- y pleidleisiau post hynny yn mynd drwy Loegr i gael eu 'sganio', proses nad esboniwyd yn dderbyniol
- un person yn cario'r bocsys i sawl lle, yn groes i'r rheol fod yn rhaid cael dau

- swyddogion wedi'u ffilmio'n ymddangos fel petaent yn ticio papurau balot yn y cyfrif
- ffraeo rhwng swyddogion cyfrif gyda rhai'n ymadael
- pleidleisiau 'ie' i'w gweld ar fyrddau lle oedd y llwythi 'na' yn cael eu rhoi.

Cafodd hynny ei anwybyddu yn ei grynswth gan gyfryngau Lloegr. Yn refferendymau'r Crimea i adael Wcrain ac ymuno â Rwsia roedd 135 arolygwyr o 23 gwlad yn goruchwylio, a phawb yn fodlon. Mewn etholiad arlywyddol a gynhaliwyd yn Syria yn 2014, roedd arolygwyr o 30 o wledydd, oll yn adrodd ei bod yn gwbl glir a theg. Yn refferendwm yr Alban, bu'n rhaid i'r arolygwyr o'r unig ddwy wlad oedd yn bresennol dalu eu costau eu hunain i gyrraedd yno, a chafwyd adroddiadau hynod o anffafriol ganddynt, yn cynnwys rhai o'r pwyntiau uchod.

Ar noson y canlyniadau, daeth y fyddin ddiweddaraf i fyny o Loegr – bysiau o hwliganiaid pêl-droed a chefnogwyr EDL, BNP a Combat 18 – i ymuno â hwliganiaid Glasgow Rangers i ymosod ar gefnogwyr annibyniaeth ar y strydoedd, fel petai hynny am effeithio'r canlyniad wedi i'r bleidlais gau. Difyr fyddai'r ymateb petaent wedi colli. Talodd newyddion Lloegr rywfaint o sylw i'r ymladd, gan fod yn ofalus i beidio â thaflu'r bai ar un ochr gan mai sefydliad di-duedd yw'r BBC.

Ar 24 Tachwedd, 2015 amlygwyd y rhwyg wrth i bob aelod seneddol yn yr Alban, namyn y tri unigolyn o'r pleidiau Seisnig, bleidleisio i atal adnewyddu'r taflegryn niwclear Trident tra pleidleisiodd pob un o Loegr i'w gadw. Cryfhau mae'r gefnogaeth am ail refferendwm yn arbennig ar ôl i'r Deyrnas Unedig bleidleisio dros adael yr Undeb Ewropeaidd, gyda'r Alban yn gadarn dros gadw'r undod hwnnw. Pleidleisiodd pob un sir yn yr Alban i aros yn Ewrop, gyda chyfanswm o 68% o blaid. Tybed beth fydd symudiadau nesaf Llundain i atal yr Alban rhag gadael ei chrafangau?

# *Iwerddon*

*The Irish have no sense of humour, and that is why they make us laugh so much.*

David Lloyd George
(*Crawford Papers, Whitehall Diaries III*)

Y cymhariaethau amlwg wrth gloriannu hanes, tynged a sefyllfa bresennol Cymru yw'n cymdogion sy'n ffinio â Lloegr a thros y dŵr yn Iwerddon. Gellid honni fod y dŵr hwnnw wedi galluogi'r arweinwyr yn Llundain i guddio'r gwir yn haws rhag eu pobl eu hunain ar hyd y canrifoedd, a'u galluogi i drin y Gwyddelod yn waeth os rhywbeth.

Daeth mab Henry II yn Dywysog Iwerddon er nad oedd wedi troedio'r wlad, mwy na'i dad a'i coronodd. Y rheswm yr aeth Henry yno yn y diwedd yn 1171 oedd i ddysgu gwers i un o'i ddynion ei hun, Iarll Penfro, oedd wedi dod i'r ynys i roi cymorth i frenin Leinster, Diarmait Mac Murchada, ac yn mwynhau ei hun yno'n gwbl annibynnol ar ei frenin. Hawliodd Henry yr holl ynys, gan ddatgan y byddai'r Normaniaid oedd wedi cefnogi antur Penfro yn gweinyddu'r wlad a hel y trethi dyledus.

Ond sylw bach a roddodd llawer o'r arglwyddi i hyn yn eu stadau yn Lloegr. 400 mlynedd wedi dyfodiad Henry II, nid oedd sawl ardal yn trafferthu talu'r rhenti roedd yr arglwyddi yma'n ceisio eu hawlio am aros ar 'eu tir', ac yn aml roedd yn rhaid gyrru byddin fach i'w hel neu ni fyddai ceiniog yn dod i bocedi'r 'perchnogion'.

O'r rhai a ymsefydlodd, trodd nifer yn Wyddelod pybyr o genhedlaeth i genhedlaeth gan ddod yn rhan o'u cymuned. Nid oedd hon yn goncwest lwyddiannus o gwbl. Cymerwyd camau i weddnewid y sefyllfa'n 1366, gyda'r *Statute of Kilkenny* oedd yn deddfu nad oedd y tirfeddianwyr i ymwneud dim â'r brodorion ar lefel gyfartal, nac i chwarae eu hofferynnau, nac i wisgo eu dillad, ac yn sicr nid oeddent i siarad eu hiaith. Nid oedd yn ddeddf rhwydd i'w gorfodi. Crebachodd rheolaeth y Saeson fwy neu lai i Ddulyn a'r cylch o'i chwmpas, a alwyd yn '*The Pale*'.

Ond daeth ail wynt yn y 16eg ganrif. Yn 1518 roedd yr awdurdodau Seisnig yn Galway wedi datgan *'neither O' nor Mac shall strut and swagger through the streets of the city'* gan ddeddfu nad oedd enwau Gwyddelig i'w caniatáu o hynny ymlaen. Yn 1534, gyda'i hoff Iarll Kildare yn gwrthod dilyn ei orchmynion, cafodd Harri VIII lond bol a datgan mai Coron Lloegr oedd berchen Iwerddon gyfan, ac y byddai'n ailddynodi'r tir i bobl nad oedd mor anufudd. Hwn oedd y cymhelliad i'r trigolion arddel cyfenw Seisnig gan y byddai'n haws twyllo'r rhai oedd yn dwyn tir fod rhywun o dras Seisnig yno yn y lle cyntaf.

Roedd yn rhaid poblogi'r wlad â mwy o Saeson, meddai Llundain, ac adeiladwyd Newry i'r perwyl hwnnw o geisio cadw'r Celtiaid dan draed. Wedi llythyr gan *Sir* Nicholas Malby yn cwyno am y *'murders of good subjects on the borders'* (nid y bobl roeddent yn eu disodli wrth geisio poblogi'r *'borders'* hynny, wrth gwrs), gyrrodd Llundain Iarll Essex i sir Monaghan i greu trefedigaeth, ond prin oedd y brwdfrydedd a'i dilynodd. Yn 1572, rhoddodd Elizabeth I dir yn Armagh i'r capten Thomas Chadderton ar yr amod y byddai'n ei boblogi â Saeson, ond methodd â denu'r un enaid byw yno mewn saith mlynedd, felly cymerodd y frenhines 'ei thir' yn ôl a'i daflu ymaith.

Roedd cannoedd o ferched, plant a henoed wedi mynd i Ynys Rathlin yn 1575 i ddianc rhag ymosodiadau posib. Yno yn ogystal, ac am resymau tebyg, roedd Gaeliaid y MacDonnells o'r Alban. Daeth yr arwr Seisnig, Francis Drake, â byddin ar longau dan gyfarwyddyd Iarll Essex a phenderfynu llofruddio pawb ar yr ynys – dros 400 o bobl diamddiffyn, yn ogystal â 200 o warchodwyr oedd wedi ildio.

Cyhoeddodd y bardd Seisnig Edmund Spenser, oedd yn byw yn Iwerddon, ei gyfrol *A View of the Present State of Irelande* i esbonio yn 1596 beth oedd angen ei wneud i'r wlad. I ddechrau arni, meddai, roedd angen newid eu cyfraith, gan nad oeddent yn dienyddio fel cosb, er enghraifft. Ond yn bennaf, roedd angen diddymu'r Wyddeleg fel iaith fyw. Dyna oedd yn eu hatal rhag dod yn Saeson, gan fod *'the speach being Irish, the hart must needes be*

*Irishe*. Gan nad oeddent ar fwriad i stopio siarad eu hiaith, y ffordd orau o wneud hyn oedd diddymu'r bobl drwy chwalu'r tir, eu cnydau a'u cartrefi.

> *Out of every corner of the wood and glens they came creeping forth upon their hands, for their legs could not bear them; they looked Anatomies [of] death, they spake like ghosts, crying out of their graves; they did eat of the carrions, happy where they could find them, yea... and if they found a plot of water-cresses or shamrocks, there they flocked as to a feast... in a short space there were none almost left, and a most populous and plentyfull country suddenly left void of man or beast: yet sure in all that war, there perished not many by the sword, but all by the extremity of famine.*

Dyma oedd 'llwyddiant' yr hyn roedd wedi'i dystio wrth i fyddin Lloegr chwalu Munster rhwng 1579 ac 1583. Canlyniad yr ymgyrch honno oedd bod Saeson anturus wedi disodli llawer o'r trigolion, gydag o leiaf 30,000 ohonynt yn farw. Roedd yn erfyn ar i fyddin Lloegr ddod i wneud yr un fath drwy Iwerddon. Os nad oedd y frenhines Elizabeth I yn bwriadu ceisio cyflawni'r fath beth ynghynt, bu'n ysgogiad i'w cham nesaf. Yn flin nad oedd gogledd yr ynys yn plygu nac yn ildio, penderfynodd Elizabeth fod rhaid datrys y 'broblem' unwaith ac am byth. Roedd Ulster wedi profi'n 'ystyfnig' erioed – y rhan lleiaf Seisnig o Iwerddon ac wedi gwrthsefyll eu hymosodiadau dro ar ôl tro. Nhw oedd yr enghraifft gryfaf o'r bobl oedd '*beyond the Pale*', sef pob man yn Iwerddon y tu hwnt i ffiniau'r drefedigaeth Saesneg 'waraidd' yn Nulyn. Byddai gwneud yr un fath yn Ulster yn gwaredu'r dalaith o'r brodorion a'u diwylliant a'u hiaith am byth, ac yn torri crib Geltaidd Iwerddon gyfan.

Yn gyntaf, gorchmynnodd i'r Arglwydd Mountjoy yrru ei fyddin o Ddulyn i bendraw gogleddol Iwerddon. Llwyddodd i gyrraedd y mynyddoedd yn ne sir Armagh ond methodd fynd ymhellach wrth i lwyth a dilynwyr yr O'Neills ymddwyn yn anghwrtais. A phan oedd ei filwyr yn cyrraedd yn ôl i Ddulyn ar gefn ceffylau ond heb eu pennau, roedd hi'n amlwg nad oedd y gogledd ar fin ildio (400 mlynedd yn ddiweddarach De Armagh oedd yr ardal lleiaf serchus ei chroeso i fyddin y Saeson). Pwdodd Elizabeth yn llwyr fod yr holl wario ar *'these dangerous altercations in Ireland'* yn mynd i nunlle. *'We receive naught else but news of fresh losses and calamities'*, cwynodd. Wynebai ddau ddewis, un ai rhoi'r ffidil yn y to neu fynd amdani go iawn. Gwnaeth benderfyniad pellgyrhaeddol gan ei gyfiawnhau â'r geiriau *'We will not suffer our subjects any longer to be oppressed by these vile rebels'*.

Yn hytrach na chroesi'r tir, byddai'n glanio miloedd ar longau ar y glannau gogleddol: milwyr i ddechrau, gyda threfedigaethwyr yn dilyn. Os na fyddai digon o Saeson yn gwirfoddoli, yna byddai carcharorion yn gwneud y tro ac yn well i'r pwrs. Yr unig rai oedd yn fodlon symud oedd degau o filoedd o deyrngarwyr ufudd Protestanaidd Presbyteraidd o'r Alban, gan fod eu gwlad bellach yn gwrthod cydsynio â'u Piwritaniaeth bybyr.

Felly tra oedd y gwrthryfelwyr Gwyddelig yn cadw eu llygaid tua'r de, glaniodd y milwyr ac aethant ati i reibio'r tir a chlirio'r bobl o wlad Antrim. Os nad oeddent yn ffoi, roeddent yn cael eu lladd. Ar eu hôl daeth y trefedigaethwyr o'r llongau a meddiannu'r tai gwag. 300 mlynedd yn ddiweddarach, disgynyddion y rhain oedd y bobl y byddai David Lloyd George yn eu defnyddio er mwyn rhwygo Iwerddon a chadw hynny a fedrid ohoni yn nwylo Prydain.

Parhaodd y broses am flynyddoedd. Yn hytrach na brwydro'n erbyn llwyth O'Neill, gwelodd y Saeson hi'n gall i gytundebu yn 1603 y câi'r bobl aros ar eu tir, chwarae teg iddynt, ond wrth wneud hynny roeddent yn pechu yn erbyn nifer o'r milwyr a'r trefedigaethwyr Seisnig oedd wedi bod yn brwydro ers amser. Yn 1607, dihangodd Aodh Mór Ó Néill a Rudhraighe Ó Domhnaill (neu Hugh O'Neill a Rory O'Donnell) ar long i Ffrainc, gyda'r cytundeb yn golygu dim i'r rhai oedd yn eu hamgylchynu. Yn 1608 goresgynwyd Derry, gan newid ei henw i Londonderry yn 1610. Bachwyd tiriogaethau Tyrone, Donegal, Armagh, Fermanagh, Cavan a Derry i goron Lloegr, ac aethpwyd ati o'r newydd, gydag arddeliad, i hwylio trefedigaethwyr newydd o Loegr i feddiannu tai'r trigolion. Ynghlwm wrth y prosiect llywodraethol hwn, roedd buddsoddiad gan gwmnïau ariannol Llundain, *public-private initiative* cynnar. Sefydlwyd swyddfa yng nghanol Derry, sydd hyd heddiw â'r arwydd *'The Honorable the Irish Society'* ar ei ddrws, i oruchwylio nad oedd y tirfeddianwyr newydd yn 85% o'r sir yn gadael i Wyddelod aros arno. Roedd miloedd o'r Alban a Lloegr yn dod drosodd i lenwi'r rôl honno. Dynodwyd y tir salaf ar lethrau'r mynddoedd fel yr unig fannau lle câi'r brodorion fyw, nad oedd ond yn 10% o'r sir gyfan. Rhoddwyd 5% o'r tir i filwyr oedd yn dymuno ymddeol. Er ei bod yn ymddangos yn daclus ar bapur, roedd hi'n waith caled gweinyddu'r drefn hon.

O hynny ymlaen datblygodd y meddylfryd trefedigaethol ymhellach. Gan sylweddoli'n iawn eu bod yn byw yn nhai pobl oedd rhywle o gwmpas o hyd, roedd angen portreadu'r cyn-drigolion a'u hiaith yn israddol, farbaraidd, oedd yn haeddu popeth oedd wedi dod i'w rhan. Nhw, y trefedigaethwyr, oedd mewn peryg – felly roedd yn rhaid sicrhau fod yr arfau gorau ganddynt.

Ni chafodd gweddill Iwerddon lonydd yn hir. Daeth Oliver Cromwell draw yn 1649. Ei darged oedd ei elynion Pabyddol oedd wedi dianc o Loegr i'r ynys, ond cymerodd y cyfle i arwain ei fyddin ar hyd a lled y wlad. Adroddodd am ei gyfarwyddyd i'w filwyr yn Drogheda: *'I forbade them to spare any that were in arms in the town'.* Yn ôl ei air ef, felly, gallwn gymryd fod pob merch, plentyn a pharchedig yn cario arf. Yna aeth i Wexford a gwneud yr un fath yno. Wedi iddo adael Iwerddon, roedd 11 miliwn acer wedi'i dynodi i drefedigaethwyr newydd anturus, sef ei filwyr. 20 miliwn acer yw Iwerddon gyfan. Er hynny, gadawyd y Gwyddelod brodorol ar y tir fel tenantiaid a thrwy hynny cadwyd elfen gref o hunaniaeth Wyddelig. Pan ffodd y Pabydd James i Iwerddon, aeth Wiliam Oren ar ei ôl, ac wedi Brwydr y Boyne deddfwyd mai'r Saesneg fyddai iaith swyddogol pob gweinyddiaeth.

Yn fuan yn y 18fed ganrif, sylwodd rhai o'r Protestaniaid nad oedd llywodraeth ganolog Lloegr yn hidio fawr mwy amdanynt na'r Pabyddion israddol. Ysgrifennodd yr Esgob Boulter: *'the worst of this affair is that it unites Protestants and Papists and if that reconciliation takes place farewell to English influence in Ireland'.* Roedd y neges yn glir – heddwch a thegwch oedd gelynion yr Ymerodraeth. Roedd Elizabeth ganrif ynghynt wedi derbyn yr un cyngor gan ei chwrt: *'Let us connive at their disorder, for a weak and disordered people never can attempt to detach themselves from the Crown of England'.*

Yn 1790, sefydlwyd mudiad y Gwyddelod Unedig, oedd hefyd yn cynnwys Protestaniaid oedd yn gweld nad oedd y gormes a'r twyllo yn bosib ei gyfiawnhau. Ymgyrchwyd am bleidlais i bawb, nid i'r ychydig dirfeddianwyr yn unig.

Gyda Protestaniaid a'r Pabyddion yn uno i alw am hawliau cyfartal, cynyddodd y pryder yn Llundain. Yn 1792 gyrrodd yr arglwydd Westmoreland lythyr at brif weinidog Lloegr, William Pitt, yn esbonio'r sefyllfa wrtho. Roedd yn cynnwys:

*It is the general belief that their disproportion of numbers mus eventuall give the Catholics the upper hand... to the possession of the state and the property which has been obtained through conquest* [concwest y Gwyddelod gan y Saeson hynny yw]*... our only duty to look to how England can govern Ireland, that is how England can govern a country containing one-half as many inhabitants as herself... I hold the task not to be easy but the present frame of Irish governmennt is particularly well calculated for our purpose... a Protestant garrison in possession of the land, magistracy, and power of the country; holding that power under the tenure of British power and supremacy, and ready at every instant to cruch the rising of the conquered...*

Ymateb Pitt i'r ymgyrchu heddychlon oedd gyrru'r fyddin o amgylch Iwerddon i wneud eu gwaith arferol, gan ddinistrio trefi ac arteithio pobl i fradychu enwau'r rhai oedd yn aelodau o'r Gwyddelod Unedig. Dyma un cofnod:

*Nid oedd unrhyw seremoni i bigo'r truan, y cyntaf a ddaliwyd oedd yn ei chael hi... yn cael eu chwipio hyd fod darnau o gnawd yn disgyn. Roedd rhai'n gwrthsefyll hyd angau, ond roedd eraill yn methu. Roedd un yn ddigon i selio tynged pob aelod o'r Gwyddelod Unedig yn y dref.*

Gyda'r fath garcharu a dienyddio gorffwyll, sylweddolodd y Gwyddelod nad oedd diben ceisio gwella pethau drwy resymu. Gwrthryfelodd y bobl gyffredin. Aeth Wolfe Tone, arweinydd Protestanaidd y mudiad, i Ffrainc i geisio arfau a chymorth i boblogaeth ddiamddiffyn. Dros y canrifoedd mae Protestaniaid unigol wedi gwrthryfela'n erbyn y meddylfryd ymerodraethol sydd i fod yn sail i'w hunaniaeth.

Cafwyd cefnogaeth y Ffrancwyr, ond cawsant eu lwc arferol gyda'r tywydd. Roedd 35 o longau'n llawn milwyr wedi angori ger y glannau yn barod i ymladd byddin Lloegr, pan drodd y gwynt yn groes gan beri iddyn nhw fethu â glanio'n sir Corc ac angori wrth ei glannau. Felly y bu am wythnos, nes i'r gwynt droi'n storm a'u rhwygo oddi ar eu hangorau a'u chwythu ymhellach nes iddynt roi'r ffidil yn y to.

Cododd hyn fraw ar Loegr ac aethant ati i sicrhau fod eu llongau hwythau'n amgylchynu Iwerddon. Daeth diwedd ar y gwrthryfel wrth i'w llongau ymosod ar longau Ffrainc, gyda Wolfe Tone ar fwrdd un ohonynt. Fe'i daliwyd a'i gludo i Ddulyn ar gyfer ffars o achos llys, ond lladdodd Wolfe Tone ei hun yn ei gell gan nadu'r pleser hwnnw iddynt. Roedd yr arweinwyr eraill wedi derbyn yr un ffawd erbyn hynny, ac Iwerddon wedi dioddef yn arw dan law milwyr Lloegr.

Yn 1800, seliodd y Saeson y drefn drwy gyfraith gwlad gyda Deddf Uno oedd yn cadarnhau fod Lloegr ac Iwerddon yn un deyrnas o 1801 ymlaen. Yn 1808 penderfynodd Lloegr ddathlu'r undod drwy adeiladu cofgolofn i'r Cadfridog Nelson yn Nulyn, dinistriwr llwyddiannus llongau Napoleon.

Bwydwyd y rhwygiadau'n fwriadol, gyda'r Orangemen teyrngarol yn cael eu hannog i fynychu ffeiriau gwledig yn giwedau i greu helynt. Nid oedd yr heddlu i'w gweld yr un mor frwd wrth weinyddu'r gyfraith oedd yn gwahardd cario arf yn eu hachos hwy.

Dywedodd y barnwr Fletcher:

*Mae llofruddiaethau'n deillio o'r achlysuron, ac er fod rhai'n anochel yn cyrraedd y llys, mae dylanwad y sefydliadau yn arwain at reithgorau'n gwrthod gwneud eu dyletswydd... y sefydliadau Oren yw'r cyswllt sy'n creu'r sefyllfaoedd sur ac annifyr hyn, a datganiaf fy marn pendant y bydd rhaid diarfogi'r sefydliadau hyn a'u cau cyn y bydd y gogledd yn gweld heddwch.*

Yn 1830 sefydlwyd system addysg newydd oedd, wrth gwrs, yn gwahardd yr Wyddeleg. Roedd y plant yn derbyn darn o bren – rhagflaenydd y *Welsh Not* – rownd eu gyddfau, ond gydag un gwahaniaeth. Roedd y rhieni'n cael eu hannog i roi marc ar y pren bob tro y byddai'r plentyn yn siarad gair o Wyddeleg adref. Yn anhygoel, roedd rhai rhieni'n marcio'r pren, gyda phob marc yn un waldiad ychwanegol yn yr ysgol y diwrnod canlynol. Câi'r plant ddysgu eu bod oll yn '*happy English children*'. '*A Celt will be as rare on the banks of the Shannon as a Red Indian on the shores of Manhattan*,' gobeithiai'r *Times*.

Ond y Llwgu Mawr a danseiliodd yr Wyddeleg ar lawr gwlad. Cyn y newyn, cyflwynwyd adroddiad yn San Steffan yn awgrymu y dylid 'glanhau' tiroedd y landlordiaid a thaflu llawer o'r tenantiaid ohonynt. Roedd gormod o bobl yn bwyta gormod o gynnyrch y medrid ei werthu. Roedd angen troi rhyw filiwn allan i'r ffyrdd a'r caeau gyda'r unig ddewis o adael y wlad, neu'r wyrcws, neu'r bedd wrth gwrs. Byddai rhoi ychydig o arian iddynt fynd ar long yn hytrach na'u hymladd yn costio llai yn y pen draw, meddai'r adroddiad. Ond daeth natur i helpu Llundain cyn y byddai angen gwneud hynny. Roedd y rhan helaethaf o'r boblogaeth yn gorfod byw'n weision yn eu bythynnod, yn tyfu llysiau i'w hallforio gan y tirfeddiannwr. Tatws oedd y prif gnwd ac roedd llawer o'r tenantiaid yn byw drwy fwyta'r hyn a dyfent. Ond yn 1845 daeth haint i ddifetha'r tatws cyn iddynt aeddfedu. Y stori boblogaidd yn Lloegr yw mai dyma'r unig beth oedd y Gwyddelod yn ei fwyta, ac mai hynny oedd achos y newyn. Y gwir yw mai hynny oedd eu cynhaliaeth, yn fwy na'i fod yn unig ddeiet. Oherwydd nad oedd ganddynt ddim i'w drosglwyddo i'r tirfeddiannwr, roeddent yn cael eu taflu allan o'u tai. Effeithiodd hyn ar eraill oedd yn rhan o'r cylch economaidd a daeth tlodi difrifol i'r wlad, yn ogystal â haint. Roedd digon o fwyd arall yn y wlad ond nid oedd ei thrigolion yn medru talu amdano, a châi'r cynnyrch ei allforio i Loegr, gyda milwyr yn hwylio'n ôl i'r ynys ar y llongau gweigion.

Ailadroddodd Charles Trevelyan ei fantra '*The Irish must look after themselves*'. Roedd hyn tra oedd yn cadw stoc anferth o ŷd dan ofal milwyr mewn warysau yn Iwerddon. Diben hynny oedd ei ryddhau ar y farchnad pan oedd ei bris yn ddigon uchel. Yn ystod ei wythnos gyntaf wrth ei ddesg yn 1846, roedd Trevelyan wedi gwrthod llong o gorn India oedd ar ei ffordd i Iwerddon gyda'r neges '*The cargo of the Sorciére is not wanted; her owners must dispose of it as they see fit.*

Wedi disgyblu rhai swyddogion oedd wedi agor rhai storfeydd ar y slei i ddosbarthu ŷd am 'danseilio pris y farchnad', o dan bwysau gadawodd Trevelyan i'r storfeydd gael eu hagor, ond bod yr ŷd i'w werthu am bris uwch eto, rhag ofn i dirfeddianwyr dethol fod ar eu colled.

Ond roedd gweddill Ewrop ac America yn gwylio, ac i leddfu'r gwarth datganodd Llundain y byddai £8 miliwn yn cael ei roi i leddfu'r newyn – ei hanner i'w dalu'n ôl gan mai `benthyciad` i Iwerddon ydoedd (er mai Llundain oedd yn rheoli Iwerddon), ac roedd y cyfan i fynd i bocedi'r tirfeddianwyr a'r masnachwyr Seisnig oedd yn rheoli'r bwyd. Felly roedd y rhai oedd wedi creu'r broblem yn cael eu talu i'w datrys. Roedd yr arian nid yn unig yn gwbl annigonol ac yn cael ei gamweinyddu, ond hefyd yn biso dryw yn y môr o'i gymharu â'r elw a wnâi'r llywodraeth yn Llundain ar draul Iwerddon. Mewn cymhariaeth, ddegawd ynghynt roedd Llundain wedi talu £20 miliwn fel iawndal i berchnogion caethweision wedi i hynny gael ei anghyfreithloni. Pasiwyd deddf ceginau cawl yn nechrau 1847, ond araf iawn y sefydlwyd y gwasanaeth oherwydd cymaint o fiwrocrtiaeth a gwaharddiadau. Eto, erbyn Gorffennaf 1847 roedd tair miliwn yn dibynnu arnynt.

Roedd y *Times of London* yn condemnio'r fath wariant:

*For our part we regard the potato blight as a blessing. When the
Celts once cease to be potatophagi, they must become
carnivorous... With this will come steadiness, regularity and
perserverance; unless, indeed, the growth of these qualities be
impeded by the blindness of Irish patriotism... or the random
recklessness of government benevolence.*

Fisoedd ar ôl agor y ceginau cyntaf, dadleuodd Trevelyan nad oedd
angen y gwasanaeth a chawsant eu cau erbyn diwedd Medi 1847.
Roedd dogfen ei ysgrifennydd yn nodi: *There is much reason to
believe that the object of the Relief Act is greatly perverted and that
it is frequently applied solely as a means of adding to the comforts of
the lower classes.*

Tystiodd gohebydd papur newydd yn Corc ym Mawrth 1847:
'*Daw torfeydd newynog o'r wlad a meddiannu drws rhyw neuadd lle
gosodant ychydig o wair i orwedd, ac aros yno nes y byddent farw*'.
Roedd offeiriad wedi nodi '*i bob cyfeiriad, pasiai angladdau ei
gilydd ar y ffordd... mae pob dosbarth yn dioddef o'r drychineb hon*'.

Ar yr union flwyddyn, daeth adroddiad am Loegr gan y
Canghellor Sir Charles Wood:

*The English people .. are steadily growing more luxurious in their
style of living..of butter and cheese they had devoured double...
They had as much beef and bacon as they could eat, and bread a
discretion, and beer!*

Dyma'r cynnyrch a adawodd Corc ar 14 Tachwedd, 1848 yn anterth
y newyn, wedi i'r llwythi gyrraedd yr harbwr dan warchodaeth
milwyr Lloegr. Un diwrnod mewn un harbwr:

*147 cratiad o facwn
255 casgen o borc
5 casgen o ham*

*1,996 sach a 950 casgen o ŷd*
*300 sach o flawd*
*239 o ddefaid*
*300 o wartheg*
*9,398 pecyn o fenyn*
*542 o focseidiau wyau*
*149 casgen o fwydydd amrywiol*

Chwe mis yn ddiweddarach, ym Mai 1849, datganodd yr Arglwydd John Russell yn Nhŷ'r Cyffredin yn Llundain: *I do not think any effort of this House would be capable of preventing the dreadful scenes of suffering and death that are now occuring in Ireland.*

Yr unig ddihangfa oedd ceisio gadael y wlad ar longau. O'r rhai oedd yn llwyddo i beidio suddo, roedd oddeutu chwarter o'r teithwyr arnynt yn marw cyn cyrraedd tir. Roedd cyfrifiad 1841, yr un honedig cyflawn cyntaf, wedi rhifo poblogaeth Iwerddon fel 8.2 miliwn. Heddiw ei phoblogaeth yw 6.4 miliwn. Poblogaeth Lloegr yn 1841 oedd 13 miliwn ac erbyn heddiw mae'n 53 miliwn. Amcangyfrifir bod dwy filiwn o Wyddelod wedi llwgu i farwolaeth erbyn 1849 a dwy filiwn arall wedi ymfudo erbyn 1849.

Yn 1867, ceisiwyd codi mewn gwrthryfel, oedd yn deillio o anobaith yn fwy na brwdfrydedd ac fe chwalwyd y Gwyddelod. Nid oedd ganddynt ynnau hyd yn oed. Dilynnodd hyn flynyddoedd o daflu'r tenantiaid oedd wedi llwyddo i oroesi'r newyn o'u tai, ac ymfudodd rhwng miliwn a hanner a dwy filiwn arall. *'Ireland is boiling over and the scum flows across the Atlantic'* nododd y *Saturday Review*, a hyn flynyddoedd wedi diwedd swyddogol y newyn. Yn 1870, methodd y cnydau drachefn gan olygu mwy o ddigartrefedd wrth i'r tirfeddianwyr yn Lloegr orchymyn eu swyddogion i'w taflu o'u tai am fethu talu'r rhent.

Daeth mudiadau oedd yn ymgyrchu i ddychwelyd y tir i feddiant Gwyddelod yn llawer cryfach, gyda rhai tirfeddianwyr o Iwerddon a etholwyd i Lundain ymysg yr ymgyrchwyr. Un o'r rhain oedd Charles Stewart Parnell. Anogai Parnell y bobl i wrthsefyll y landlordiaid fel un, a galwai'n ddi-baid am hunanreolaeth i

Iwerddon. Pechodd yn erbyn San Steffan, gydag un gohebydd yn nodi: *Mr Parnell... combines in his person all the unlovable qualities of an Irish member... something must be done about him.*

Cafodd Parnell ei erlyn gan lywodraeth Ryddfrydol Gladstone am greu *'ill-will amongst Her Majesty's Subjects'.* Ond wrth gynnal yr achos yn Nulyn, methwyd â sicrhau rheithgor teyrngar, a chyhoeddodd y blaenor *'we are unanimous that we cannot agree'.* Gadawyd Parnell yn rhydd, ond ymateb eithriadol Gladstone oedd hepgor Habeas Corpus, yr hawl am dreial gyda rheithgor, a'i garcharu yn Kilmainham. Daeth yn arwr cenedlaethol. O fewn yr wythnos, datganodd Castell Dulyn bod ei fudiad, y Gynghrair Dir, yn anghyfreithlon.

*... The Irish Land League or whatsoever other name it may be called, is an unlawful and criminal association... and we do hereby call on all loyal and well-affected subjects of the Crown to aid us in upholding and maintaining the authority of the law and the supremacy of the Queen in this, her realm in Ireland.*

Arweiniodd hyn at ddigwyddiadau fel yr un yn Belmullet lle saethodd milwyr Prydain i'r dorf, cyn rhuthro arnynt gyda'u bidogau. Gyda bron i hanner miliwn yn aelodau o'r Gynghrair, roedd yn rhyfel yn erbyn y cyhoedd. Wrth i America weiddi yn erbyn yr annhegwch, gorfodwyd Gladstone i ymddangos fel ei fod yn cymodi. Arwyddodd gytundeb gyda Parnell wrth ei ryddhau – cytundeb Kilmainham – gan addo rhyw fath o gymorth ar gyfer tenantiaid fyddai'n methu talu rhent os byddai Parnell yn meddalu'r galw am ailfeddiannu'r tir. Brad! gwaeddodd y Torïaid. Bu un enghraifft gïaidd o orymateb yr awdurdodau yn Ballina pan ddaeth band cerddorol o blant i berfformio ar y stryd fel rhan o'r dathliad fod Parnell wedi ei ryddhau. Penderfynodd yr heddlu ymosod arnynt, a chafodd Patrick Melody, 12 oed, ei drywanu i farwolaeth.

Yn 1882 lladdwyd Lord Frederick Cavendish, y *Chief Secretary for Ireland*, ger Parc Phoenix yn Nulyn gan fudiad newydd o'r enw yr Irish Invincibles. Galwodd y *Times* ar eu darllenwyr i ddial ar y

Gwyddelod oedd wedi gorfod mudo i Loegr drwy eu lladd hwythau. Wrth i Edward, 'Tywysog Cymru', deithio Iwerddon yn 1885, roedd baneri o dref i dref yn datgan '*We will have no Prince but Charlie*' (Parnell).

Arferwyd gorchymyn dinasoedd yr Ymerodraeth i adeiladu cerflun o'r frenhines Victoria. Roedd yr un a ymddangosodd yn Nulyn mor hyll, amheuwyd nad oedd calon y dylunwyr 100% y tu ôl i'r prosiect. Gelwir y cerflun dros y ffordd i Leinster House yn 'Ddial Iwerddon'. Er hynny, bu dathlu wrth y miloedd ar strydoedd Dulyn pan ddaeth hi yno am dro yn 1900. Roedd y ddinas ers degawdau'n eiddo i'r wasg Seisnig ac roedd miloedd o'i gwerin wedi ymuno â'r fyddin Brydeinig er mwyn cael bywoliaeth.

Bu canlyniad etholiad Prydeinig 1910 yn agos rhwng y Ceidwadwyr a'r Rhyddfrydwyr gan greu'r sefyllfa ddifyr lle roedd plaid angen cefnogaeth yr aelodau Gwyddelig er mwyn dod i rym. Dechreuwyd eu denu gydag addewidion o drafod hunanreolaeth, a hynny'n bennaf gan y Rhyddfrydwyr. Dechreuodd nifer o'r Torïaid oedd yn methu dioddef y fath syniad daenu'r hen stori ymysg teyrngarwyr yn y gogledd fod gwerinaethwyr am feddiannu grym yn Nulyn a thorri eu cysylltiad â'u mamwlad a gorfodi Pabyddiaeth arnynt i gyd. Roedd Randolph Churchill, tad Winston, wedi mynd i Belfast i wneud yn union yr un fath yn 1886 i greu helynt i'w wrthwynebwyr Rhyddfrydol gyda'r geiriau '*Now is the time to show whether all these ceremonies and forms which are practised in your Orange lodges are really living symbols or idle and meaningless shibboleths*'. Dyma'r dacteg o 'chwarae'r cerdyn Oren'. Yn 1912, hwyliodd 70 aelod Ceidwadol i ymgyrchu yn Belfast a'r cyffiniau.

Gorymdeithiodd 100,000 o deyrngarwyr drwy Belfast heibio'r '*Union Jack* mwyaf erioed' i wrthwynebu'r ddeddf arfaethedig, cyn sefydlu'r Ulster Volunteer Force – yr UVF – gydag arfau'n llifo i'r rhengoedd gan gyfeillion cyfoethog yn Lloegr. Fel ymateb i'r bygythiad, sefydlwyd yr Irish Volunteers, gyda'r nod anarferol ychwanegol o amddiffyn deddf Llundain, sef hunanreolaeth hynod o feddal, a fyddai â llai o bwerau na'n Cynulliad ni yng Nghymru heddiw, pe bai'n dod i rym.

Pennaeth yr UVF oedd cadfridog Seisnig o'r enw George Richardson oedd newydd orffen ymladd yn India. Roedd yn arwydd pellach fod swyddogion yr hen Ymerodraeth yn barod i wrthryfela'n erbyn San Steffan, ac o'r herwydd simsanodd y Rhyddfrydwyr er bod y ddeddf wedi'i phasio. Roedd hefyd yn amlwg fod y fyddin Brydeinig yn ei chrynswth yn gwbl wrthwynebus i bob arlliw o hunanreolaeth i Iwerddon. Byddai'n embaras mawr pe bai'r UVF yn penderfynu gwrthryfela'n erbyn llywodraeth Llundain. Daeth y broses o hunanreolaeth i stop wrth i'r Rhyfel Byd Cyntaf ddechrau. Er mwyn dangos ewyllys da, datganodd yr Irish Volunteers y byddent yn ymuno â'r fyddin Brydeinig i'w helpu'n y rhyfel gan y byddai'n amhosib i Lundain wedi hynny wrthod diolch iddynt drwy ganiatáu hunanreolaeth mewn theori. Ond bu i 13,000 ohonynt adael a gwrthod ymladd dros Loegr. O blith y rhain y daeth y bobl oedd i sicrhau annibyniaeth i'r rhan fwyaf o Iwerddon.

Erbyn 1916 daeth yn amlwg nad oedd Llundain am gyflwyno hunanreolaeth yn ôl ei haddewid a chynlluniwyd gwrthryfel. Mae'n bosibl na fyddai Iwerddon yn annibynnol heddiw pe na bai adwaith y Saeson wedi bod mor eithafol. Roedd 4,000 o'u milwyr mewn safleoedd amrywiol yn Nulyn. Ar ddiwrnod y gwrthryfel, rhoddodd arweinydd yr Irish Volunteers, Eoin MacNeill, gyhoeddiad yn y papur Sul ac anfonodd negeseuon ledled Iwerddon yn gohirio'r digwyddiad. Er hynny, gwnaeth 1,600 o ddynion a merched safiad yn Nulyn y diwrnod canlynol.

Wedi meddiannu'r Swyddfa Bost, daeth Padraig Pearse i'r stryd a chyhoeddi Gweriniaeth Iwerddon ger bron tyrfa fechan syn. Ymateb y Saeson oedd hwylio miloedd o filwyr ychwanegol i Ddulyn. Roedd llawer o drigolion Dulyn yn anymwybodol o'r digwyddiadau yng nghanol y dref, ac yn synnu o weld y fath gatrodau niferus yn cyrraedd ac yn synnu mwy fyth wrth iddynt dderbyn eu bwledi a'u sheliau.

Cyhuddir Gwrthryfel y Pasg gan rai o fod yn 'fethiant milwrol'. Mae hyn yn camddeall ystyr y gair 'methiant'. Roedd yr arweinwyr i gyd yn deall eu bod am golli'r frwydr gyntaf. Roedd y 1,600 yn gyfuniad o'r delfrydol a'r realistig, yn gwybod na fyddai byddin

Prydain yn swil o falu'r her hon gyda phopeth oedd yn ei gallu. Tom Clarke oedd un: ffarweliodd am y tro olaf gyda'i wraig yn sicr na fyddai'n dychwelyd. Roedd Padraig Pearse wedi datgan ers blynyddoedd na fyddai Iwerddon yn rhydd heb aberth gwaed. Roedd James Connolly'n gwrthwynebu gwrthryfela, ond nid oedd am sefyll o'r neilltu pan gyflwynwyd y cynllun. Roeddent yn deall mai marw yno, neu gael eu dienyddio wedi hynny, fyddai eu tynged. Eto, yn rhai o'r sgarmesoedd lladdwyd mwy o filwyr Prydain na'r gwrthwynebwyr. Roedd angen hwylio llongau rhyfel i fyny'r Liffey a bomio canol y ddinas i'r wrthryfel beidio â throi'n fethiant milwrol i'r ymerodraeth fwyaf a welodd y byd erioed.

Derbyniodd y gwrthryfelwyr lid llawer o drigolion Dulyn, dan ddylanwad propaganda'r papurau, ac am roi esgus i'r Saeson ymateb drwy chwalu'r ddinas yn racs. Roedd eraill wedi peryglu, a cholli, eu bywydau wrth ddod â bwyd i'r gwrthryfelwyr yn y Swyddfa Bost a mannau eraill. Wrth adael Dulyn yn llongau'r Saeson, roedd clustiau'r gwrthyfelwyr yn atseinio gan regfeydd pobl oedd â meibion a gwŷr yn ymladd dros Brydain yn Ffrainc. Ond roedd llawer hefyd yn wincio a chodi llaw.

Ymddygodd byddin Lloegr yn eu dull arferol o ddangos i'r trigolion ffolineb unrhyw wrthryfel. Ymysg y bobl gyffredin oedd wedi'u llofruddio roedd y sgwennwr a'r heddychwr Sheehy Skeffington. Roeddent wedi mynd i bob tŷ ar stryd North King a saethu pob dyn ynddynt. Os oedd y ddinas yn rhanedig cynt, nid ydoedd wedi gweithred nesaf y Saeson. Dienyddwyd pedwar ar ddeg o'r arweinwyr ym muarth carchar Kilhainham gan greu merthyron. Cofnododd y bardd W. B. Yeats y teimlad newydd ymysg y boblogaeth yn ei gerdd 'Easter, 1916', a'i ddwy frawddeg olaf *'All changed, changed utterly. A terrible beauty is born'*.

Symudiad nesaf y Saeson oedd penderfynu y byddent yn carcharu'r 'Fenians' i gyd mewn un lle a dewiswyd y gwersyll milwrol yn Fron-goch, ger y Bala. Carcharwyd 77 o ferched ym maracs Richmond yn Nulyn, gyda 1,800 o ddynion yn cael eu cludo i ffwrdd ar longau. Yn Fron-goch, un enw a ddaeth i'r amlwg oedd Miceal O'Coilean, neu Michael Collins yn ôl ei enw bedydd.

Defnyddiodd y sillafiad Gwyddeleg o hynny ymlaen, am fod ei ymwybyddiaeth o'r Gymraeg yn Fron-goch wedi'i ysbrydoli. Ef oedd arweinydd y gwersyll a dechreuodd drefnu'i rwydwaith hel gwybodaeth a gweithredu.

Defnyddiodd y carcharorion yr amser i astudio nifer o bynciau gan gynnwys yr Wyddeleg, y Gymraeg a thechnegau milwrol a threfnu'r fyddin a fyddent ar ôl dychwelyd adref. Roedd teimladau Iwerddon tuag at Lundain cynddrwg nes i'r awdurdodau benderfynu rhyddhau'r carcharorion.

Daethant yn ôl sŵn bonllefau miloedd ar filoedd yn eu croesawu ar strydoedd Dulyn, i wlad wahanol iawn i'r un a adawsant. Roedd y fyddin Brydeinig yn gwneud fel y mynnai wrth y gwaith o 'sefydlogi' Iwerddon, gydag un cadfridog yn hoff o dreulio'r oriau rhwng ei frecwast a'i ginio'n cael ei yrru i'r wlad i anelu ei wn o bell a saethu pobl oedd yn gweithio yn y caeau. Yn 1918 cafwyd etholiad cyffredinol, a dychwelodd Iwerddon 73 aelod Sinn Féin allan o gyfanswm o 105 (gyda'r gogledd Unoliaethol yn pleidleisio dros y lleill). Cyn hyn roedd Eamon de Valera wedi ennill is-etholiad Dwyrain Clare yn 1917, eu sedd gyntaf erioed. Nid oedd unrhyw fwriad gan y rhain i deithio i Lundain, ac ar 21 Ionawr, 1919 aethant i Ddulyn i gynulliad cyntaf Senedd Iwerddon, y Dáil Eirann.

Ymateb Llundain (dan arweiniad David Lloyd George, y cyn-genedlaetholwr Cymreig) oedd gyrru'r *Black and Tans* o amgylch Iwerddon gan roi'r hawl iddynt ladd unrhyw un oedd yn cael ei amau o 'gefnogi'r gwrthryfel'. Deddfodd llywodraeth Lloyd George mai'r gosb i Wyddelod am '*harbouring rebels*' oedd marwolaeth. Rhoddwyd hawl i filwyr ffrwydro tŷ unrhyw un oedd â 'chyswllt' â rebel. Daeth yn rhyfel yn erbyn yr holl boblogaeth, fel dangosodd yr arfer o ddinistrio ffatrioedd llaeth cydweithredol yn Iwerddon wledig. Llosgwyd pentref Balbriggan yn ne Iwerddon, a nifer o rai eraill, yn llwyr. Llosgwyd catref teuluol Michael Collins gan daflu wyth o blant a dwy fam o'r fferm fach.

Gyda gangiau'r gwasanaethau cudd a'r ysbïwyr yn dienyddio cenedlaetholwyr yn Nulyn, daeth eu tro hwythau ac ar fore Sul 21 Tachwedd, 1920 saethwyd 14 ohonynt yn eu tai a'u gwestai gan ddynion Collins. Ymateb y fyddin Brydeinig oedd dewis ymosod ar gêm bêl-droed Wyddelig ym Mharc Croke a saethu i mewn i'r dorf wedi i un chwaraewr dderbyn eu bwled gyntaf. Lladdwyd deuddeg yn dilyn y tanio di-baid.

Fel oedd y *Black and Tans* a'r heddlu yn lladd o amgylch Iwerddon, argraffwyd y frawddeg hon: '*The only thing that the Irish have done consistenly well is murder. Murder is the national pastime of the Irish*' yn y cylchgrawn wythnosol y *Saturday Review* ar 28 Mai, 1921.

Ymladdodd catrodau lleol o'r IRA yn galed dan arweiniad ysbrydoledig gwŷr fel Tom Barry. Cynigiwyd £10,000 i bwy bynnag fyddai'n bradychu Michael Collins a chyda heddlu a byddin Prydain i gyd ar ei ôl, ei ddull o deithio oedd beicio o amgylch y ddinas ar ben ei hun yn hollol agored, yn sicr na fyddai'r rhai oedd yn ei adnabod yn ei fradychu, a na fyddai'r *Brits* yn ystyried y posibiliad o'r pen bandit yn gwneud y fath beth. Y pris yma ar ei ben a ddechreuodd annifyrru rhai oedd yn teimlo fod eu rhan hwy yn cael ei ddibrisio. Un o'r rhain oedd Eamon De Valera, arweinydd Sinn Féin. Y cenfigen hwn, yn ôl dadansoddiad nifer, oedd wrth wraidd ei benderfyniad i yrru Collins fel prif drafodwr y Gwyddelod yn erbyn Lloyd George a'i gabinet yn Llundain. Roedd hyn wedi i Lloyd George yrru neges, er mawr syndod i'r Gwyddelod, yn cytuno i drafod y sefyllfa'n ddi-amod. Roedd Collins yn erfyn arno i beidio â'i anfon i'r trafodaethau tyngedfennol, nad dyma oedd ei gryfder, ond De Valera oedd yr arweinydd.

Gwnaeth Lloyd George yn glir y byddai'r rhaid i'r Gwyddelod dderbyn ei delerau neu fe fyddai holl rym y fyddin Brydeinig yn disgyn ar Iwerddon. Ac o ystyried y dinistr a'r llofruddio a wnaed gan y fyddin honno yno yn barod, nid oedd yn addewid bleserus.

Y telerau hynny oedd datganoli – nid annibyniaeth – gan gadw Iwerddon yn rhan o'r Gymanwlad Brydeinig, ond byddai'r Chwe Sir yn y gogledd yn aros yn rhan o'r Deyrnas Unedig. Roedd y siroedd hynny – Antrim, Armagh, Derry, Down, Fermanagh, Tyrone – wedi'u dethol yn ofalus i greu mwyafrif Unoliaethol gyda'i gilydd fel bod 'democratiaeth' yn meddiannu'r tir mwyaf posib. Dyna pam nad yw Ulster i gyd yn y wladwriaeth a elwir yn 'Gogledd Iwerddon'. Byddai cynnwys gweddill ei siroedd, Donegal, Cavan a Monaghan yn troi'r Prydeinwyr yn lleiafrif. Am flynyddoedd, roedd Collins a'r arweinwyr eraill wedi erfyn ar Brotestaniaid y gogledd i roi heibio eu hofnau hanesyddol ac i ymuno i greu'r wlad newydd.

Gwyddai Michael Collins ac Arthur Griffith nad oedd yr IRA mewn sefyllfa i frwydro lawer yn hwy (yn ddiarwybod i Lloyd George a Churchill, neu ni fyddent wedi trafod o gwbl) a bu'n rhaid iddynt dderbyn telerau Llundain. Cyn arwyddo, rhoddodd Lloyd George y pwysau hwn arnynt:

*Here are the alternative letters which I have prepared, one enclosing the articles of agreement reached by his majesty's government and yourselves, and the other saying that Sinn Fein representatives refuse the oath of allegiance and refuse to come within the Empire. If I send this letter, it is war – and war within three days. Which letter am I to send? Whichever letter you choose travels by special train to Holyhead, and by destroyer to Belfast... we must have your answer by ten tonight. You can have until then but no longer to decide whether you will give peace or war to your country.*

Wedi oriau o feddwl a dadlau ac ystyried y colledion pellach, aethant yn ôl i 10 Stryd Downing i arwyddo. Am 2.30 a.m. yn dilyn dadlau am y geiriad, arwyddwyd y ddogfen.

Nid gwlad annibynnol oedd Iwerddon wedi hynny, ond 'Gwladwriaeth Rydd', yn rhan o'r Ymerodraeth Brydeinig gyda'i gwleidyddion yn gorfod tyngu llw o ffyddlondeb i goron Llundain. At ben hynny, roedd Collins wedi derbyn 10,000 reiffl yn anrheg gan Lundain i warchod y llywodraeth newydd (er ei fod wedi gwrthod y cynnig o bresenoldeb gan fyddin Lloegr). Cwynodd annibynwyr Gwyddelig bod hynny'n diddymu popeth roeddent wedi ymladd drosto. Dadl y lleill oedd 'tyngwn y llw er mwyn cael ci wared'.

Yn y senedd, y Dail, gwrthododd De Valera a nifer o aelodau

eraill y cytundeb, ac wedi colli'r bleidlais codasant a gadael. Nid oedd yn bosib cyfaddawdu. Wedi iddynt feddiannu Sgwâr y Pedwar Llys yn Nulyn, dechreuodd rhyfel cartref.

Bu'r cytundeb yn arwydd i deyrngarwyr Prydeinig y gogledd i geisio hel y Gwyddelod o'u hardaloedd i 'buro' eu gwladwriaeth fach newydd. Bu'r heddlu a'r milwyr yn help garw. Taflwyd bomiau i iard ysgolion tra oedd plant yn chwarae. Saethwyd a churwyd gweithwyr Pabyddol. Llosgwyd tai, llofruddiwyd pobl a bu i filoedd ffoi oddi yno. Yn haf 1922 yn Belfast yn unig, lladdwyd 232 – i gyd yn Wyddelod, o'u cymharu â llond dwrn o Brydeinwyr. Golygodd ffin newydd David Lloyd George 75 mlynedd arall o dywallt gwaed sylweddol.

Yng ngweddill y wlad, rhygnodd y rhyfel cartref ymlaen. Lladdwyd Cathal Brugha. Bu farw Arthur Griffith, ei drawiad yn 50 oed yn bur debyg yn deillio o'r drallod. Saethwyd Harry Bolan, cynorthwywr agosaf a chyfaill Michael Collins drwy'r rhyfel yn erbyn Lloegr.

Roedd Corc yn gadarn yn erbyn y cytundeb ac yn y sir honno y saethwyd Michael Collins a'i ladd wrth iddo ddod yno i drafod heddwch yn syth ar ôl marwolaeth Arthur Griffith.

Achosodd hyn fwy o dywallt gwaed rhwng cyn-gyfeillion. Prin yw'r adegau mae Lloegr yn gadael unrhyw wlad heb fod hynny yn digwydd. Ildiodd gwrthwynebwyr y cytundeb yn 1923, a daeth Eamon De Valera i sefydlu Fianna Fail yn 1926, a chael ei ethol ond yna cael ei daflu allan am wrthod tyngu'r llw ac enillodd ei blaid etholiad 1932. Yn 1937 datganodd gyfansoddiad newydd i Iwerddon yn hawlio'r wlad i gyd, gan ymwrthod â sofraniaeth Prydain, a daeth yn weriniaeth gyflawn yn 1948.

Yn 1966, dathlwyd hanner canmlwyddiant Gwᵢthryfel y Pasg pan ffrwydrodd rhywrai golofn Nelson yn Nulyn, ond ar yr un adeg roedd pregethwr swnllyd yng ngogledd y wlad yn codi bwganod am Gatholigion yn gormesu. Roedd y pregethwr hwn, Ian Paisley, yn un oedd yn gallu corddi'r dorf yn effeithiol. Ymosododd cannoedd o deyrngarwyr ar ardal y Falls yng ngorllewin y ddinas, gan dynnu baner oren, gwyn a gwyrdd o ben to un adeilad, a malu a tharo fel yr aent.

Datblygodd hyn gasineb newydd. Wedi blynyddoedd o ddistawrwydd ac ymgyrch aflwyddiannus yn y pumdegau, nid oedd yr IRA yn bodoli fel unrhyw rym sylweddol, ac roedd y Chwe Sir wedi setlo i batrwm o dlodi a diffyg democratiaeth ar sail hiliaeth.

Penderfynodd un teyrngarwr, Gusty Spence, nad oedd hyn yn ddigon a saethodd Wyddel mewn tafarn yng nghanol Belfast yn 1966. Hawliodd y llofruddiaeth dros yr *Ulster Volunteer Force* ac ysbrydolodd eraill i wneud yr un fath. Hyn oedd y wreichionen a daniodd y trafferthion yno. Saethwyd y plisman RUC cyntaf gan deyrngarwyr.

Daeth mudiad newydd y Northern Ireland Civil Rights Association i drefnu gorymdeithiau yn 1968 a chafodd ei atal yn dreisgar gan yr heddlu a theyrngarwyr Prydeinig. Daeth myfyrwyr i ymuno yn y galw am hawliau cyfartal, a chyd-drefnu gorymdaith hir o Belfast i Derry yn Ionawr oer 1969. Eu prif slogan chwyldroadol oedd 'Un dyn – un bleidlais', fel ym mhob gwlad arall o'u cwmpas. Ar hyd y ffordd roedd ciwedau o deyrngarwyr arfog yn ymosod arnynt. Nid yn unig roedd yr heddlu'n gadael i hyn ddigwydd o flaen eu llygaid, roedd rhai yn eu lifrai yn sefyll ymysg y ciwedau cyn iddynt ymosod. Ni arestiwyd yr un teyrngarwr, ond arestiwyd 80 o'r gorymdeithwyr. Bu ymosodiad mawr arnynt ar bont Burntollet, 7 milltir o Derry. Roedd y rhai oedd yn medru codi yn cario ymlaen – yr holl ffordd i Derry. Ond yr hyn a'u harhosai yno oedd cweir arall.

Gyda'r rhan fwyaf o drigolion Derry yn Wyddelod nid yn Brydeinwyr, aeth y trigolion i gynorthwyo'r gorymdeithwyr, a bu'r ymateb yn ffyrnig. Trawodd yr RUC, heddlu'r Royal Ulster Constabulary a'u catrodau rhan-amser treisgar o'r enw y B-Specials, yn ôl drwy ymosod ar y stadau tai a thorri i mewn i'r cartrefi. Aeth hyn ymlaen am ddyddiau, ac fe'i galwyd yn Frwydr y Bogside, er nad yn y fan honno'n unig y bu'r ymosodiadau.

Gyrrodd Llundain y fyddin i'r Chwe Sir, er nad oedd yr un o'i chadfridogion (heb sôn am y milwyr cyffredin) yn deall dim am y sefyllfa na'r hanes. Y bwriad oedd iddi warchod y boblogaeth Wyddelig rhag ymosodiadau nosweithiol gan giweidiau mawr o deyrngarwyr Prydeinig oedd hefyd yn rhoi strydoedd cyfan ar dân. Wedi dwy noson o hyn yn Derry anfonwyd y *'Prince of Wales' Own Regiment of Yorkshire'* dros y dŵr – er mai'r *B-Specials* oedd yn arwain yr ymosodiadau. Roeddent wedi erlid protestwyr o ganol Derry i'w stadau tai, gan ladd chwech o drigolion a rhoi 300 o dai ar dân.

Mewn ymgais i atal teyrngarwyr rhag gadael Ffordd Shankill am yr ardaloedd Gwyddelig y saethodd byddin Prydain eu bwledi cyntaf, a hynny wrth ymateb i fwledi atynt hwy gan eu cydwladwyr Prydeinig. Yn Belfast roedd y Gwyddelod wedi croesawu byddin Prydain, gyda'r trigolion yn dod â phaneidiau a bwyd allan i'r rhain oedd yn eu hachub rhag y ciweidiau teyrngarol Prydeinig.

Ond sylweddolodd y fyddin yn fuan mai'r ymosodwyr oedd y rhai a ymfalchïai yn eu baner coch, gwyn a glas a phenderfynwyd newid y tactegau. Gyda gwleidyddion ymfflamychol yn Belfast a Llundain ar waith, gorchmynwyd y fyddin i falurio tai yn ardaloedd Pabyddol Belfast i 'chwilio am arfau', gan adael rhwydd hynt i'r teyrngarwyr yn eu hardaloedd eu hunain. Canlyniad hyn oedd malu a cholbio ar raddfa fawr, a gyrru'r boblogaeth Wyddelig at yr IRA i'w hamddiffyn.

Aeth y fyddin i ardal Ballymurphy yn Belfast am dros dridiau yn 1971 er mwyn 'ymladd yr IRA'. Lladdwyd un ar ddeg, i gyd yn bobl gyffredin, yn cynnwys merched ac offeiriad. Nid eithriad oedd hyn. Gwaharddodd y llywodraeth orymdaith arall gan y mudiadau hawliau sifil yn Derry yn Ionawr 1972. Roedd hyn yn wahanol iawn i'r driniaeth a dderbyniai gorymdeithiau yr Orange Order oedd yn cael rhwydd hynt a chymorth yr heddlu i glochdar ac aflonyddu ar yr ardaloedd Gwyddelig. Cynhaliwyd yr orymdaith a lladdwyd 14 gan fwledi y fyddin Brydeinig, eu hanner yn eu harddegau. Hwn oedd yr enwog, 'Bloody Sunday'. Achosodd hyn i'r IRA dderbyn miloedd o aelodau newydd wrth i lawer sylweddoli fod blynyddoedd o weithredu heddychlon yn dod â'r un ymateb boed o Belfast neu Lundain. Ynghyn roedd graffiti yn edliw i'r mudiad am fethu amddiffyn y gymun Wyddelig ( – *I Ran Away*) yn y

Chwe Sir, ond nid oedd y niferoedd na'r strwythur gan y mudiad i fedru gwneud hynny yn effeithiol. Wedi'r Sul Gwaedlyd, nid oedd hynny'n gymaint o broblem.

Yn 1972, daeth y cadfridog Frank Kitson i ofalu am redeg y fyddin Brydeinig yn y Chwe Sir. Yr hyn oedd yn ychwanegu at hanes tywyll Kitson yn Kenya a Cyprus oedd y ffaith iddo amlinellu ei strategaethau brwnt drwy ysgrifennu llyfr o'r enw *Gangs and Counter-Gangs* am ei lwyddiant yn cyflogi ciweidiau lleol i weithredu troseddau yn erbyn y cyhoedd gan eu beio ar y rhai oedd yn gwrthryfela'n erbyn Prydain. Yn fuan roedd ciweidiau teyrngarol – un ai'n cael eu cynorthwyo neu'n cael eu rhedeg gan aelodau o'r fyddin – yn llofruddio Gwyddelod cyffredin ar fympwy. Y rhesymeg y tu ôl i hyn, yn union fel roedd ei lyfr yn nodi, oedd y gobaith y byddai'r bobl yn troi'n erbyn yr IRA am fethu â'u hamddiffyn, ac y byddai ceisio gwneud hynny'n eu cadw'n brysur yn hytrach na'u bod yn ymladd y fyddin. Gwelwyd strategaethau tebyg dros dri degawd yn ddiweddarach yn Irac.

Enghraifft arall gynnar o'r strategaethau brwnt oedd bomio McGurk's Bar yn Belffast gan yr UVF. Yr IRA a feiwyd gan yr heddlu, gan smalio fod eu bom wedi ffrwydro mewn car y tu allan yn ddamweiniol tra oedd eu haelodau'n yfed y tu mewn. Fisoedd wedyn daeth adroddiad fforensic i ddwylo newyddiadurwyr gan ddatgelu'r celwydd. Yn Rhagfyr 1972 ffrwydrodd dau fom yn Nulyn, gyda'r bwriad o feio'r IRA eto. Yna darganfu ditectifs Iwerddon fod MI6 yn y cynllun, yn benodol yr asiant Fred Holroyd.

Recriwtiwyd Kenneth a Keith Littlejohn, dau frawd o Loegr oedd yn gweithio mewn tafarnau yn Nulyn, i wasanaethau cudd Prydain. Roedd y swyddogion MI6, John Wyman a Fred Holroyd, yn saff o'u pethau efo'r rhain gan eu bod yn casáu'r IRA a chawsant y gwaith o wneud ymosodiadau arfog ar fanciau Iwerddon fyddai'n cael eu beio ar yr IRA ac yn eu pardduo. Wedi dwyn £67,000, y swm mwyaf erioed a ddygwyd yn Iwerddon ar y pryd, o'i banc Allied Irish yn Nulyn, penderfynodd y ddau ffoi yn ôl i L    Codw  l amheua th yr heddlu yn syth, ac fe'u harestiwyd yn Ll    r a'u clud  yn ôl i Ddulyn i wynebu achos llys. Gwrthododl    yr    y gorchymyn i drosglwyddo eu cyfarwyddwyr Wyman a Holroyd i roi tystiolaeth, er fod y brodyr Littlejohn wedi'u henwi a'u bradychu. Carchar am 15 a 22 mlynedd oedd eu dedfrydau.

Yn y gogledd, oedd dan reolaeth Prydain, roedd ffyrdd o amgylch y gwelliannau oedd yn rhoi'r bleidlais i bawb, a ddaeth yn dilyn condemniad rhyngwladol o'r math o wrth-ddemocratiaeth oedd yno. Sicrhawyd fod gan y lleiafrif Gwyddelig gyn lleied o ddylanwad â phosib. Yn Derry, rhannwyd y wardiau i siapiau hollol hurt i gynnwys poblogaeth gyfan o Wyddelod a mwyafrifau bychain iawn o Brydeinwyr. Roedd y wardiau â mwyafrif mawr o Babyddion hefyd yn cynnwys llawer mwy o boblogaeth. Fel hyn, roedd y nifer lleiaf posib o gynghorwyr Gwyddelig yn cael eu hethol gan ymddangos fel petai'n dref hollol ddemocrataidd. Hyd yn oed wedyn, dim ond perchennog tŷ neu denant swyddogol oedd yn cael pleidleisio yn y dref.

Yn Lloegr, roedd y bobl yn cael eu cyflyru gan y gwleidyddion a'r cyfryngau i feio'r IRA am bopeth, gyda'r teledu a'r papurau'n sylfaen i hiliaeth agored yn erbyn Gwyddelod cyffredin. Roedd llawer yn gweithio yno i gwmnïau adeiladu, er enghraifft, gan fod yr economi adref yn wael. Arwydd cyffredin yn ffenestri dinasoedd Lloegr ymysg landlordiaid oedd '*No Dogs, No Blacks, No Irish*'. Roedd mynychu tafarndai Lloegr yn weithred beryglus i Wyddel.

Aeth pethau'n waeth wedi bom a ffrwydrwyd mewn tafarn yn Birmingham, tafarn a ddefnyddiwyd gan filwyr. Fel mewn digwyddiad cyffelyb yn Guildford, aeth yr heddlu ati i arestio'r Gwyddelod agosaf at law, eu colbio, bygwth eu teuluoedd, ffugio tystiolaeth. Y rhain oedd y rhai a alwyd yn 6 Birmingham a 4 Guilford. Aeth blynyddoedd lawer heibio nes i ymgyrch ddiflino lwyddo i'w rhyddhau a cadarnhau mai camdystiolaeth a ddygwyd yn eu herbyn gan yr heddlu. Gyrrodd y Swyddfa Gartref dan orchymyn David Blunkett yn llywodraeth Tony Blair anfoneb o £50,000 am fwyd a llety'r carchar am dros 16 mlynedd i un ohonynt, Paul Hill, ddegawd wedi ei ryddhau.

Penderfynwyd carcharu'r cenedlaetholwyr Gwyddelig amlwg heb achos llys mewn gwersyll-garchardai ar ddechrau'r saithdegau

– enghraifft arall o'r targedu dethol. Treuliodd llawer flynyddoedd dan glo

Bu helynt yn y carchardai hynny, wedi i Brydain ddiosg eu statws o fod yn garcharorion gwleidyddol, gan fynnu mai troseddwyr cyffredin oeddent. Roedd hyn yn fwy na symbol, gan ei fod yn arwain at atal dosbarthiadau gan y carcharorion a chyfyngu ar lawer o weithredodd. Ers 1975, roedd cardiau Nadolig oedd wedi'u sgwennu'n yr Wyddeleg yn cael eu cadw rhag cyrraedd y carcharorion. Ateb y Northern Ireland Office oedd, '*contrary to what you say, Christmas greeting cards were admitted to the prison, and only those which bore offensive slogans or were written in a language other than English were excluded*'. Mewn dogfen fewnol roedd y geiriau '*prisoners who are able to speak English should write their letters in English*'.

Gwrthododd nifer wisgo dillad y carchar. Ymatebodd y carchardai drwy gamdrin y carcharorion yn waeth. Cadwyd hwy yn eu celloedd am fisoedd, a hynny heb wres yn y gaeaf. Os oedd unrhyw un yn cael ei ddal yn ceisio rhyw fath o gysylltu ag eraill, byddai'n cael cweir. Roeddent yn dysgu Gwyddeleg drwy wrando ar athro yn gweiddi o'i gell pan oedd y swyddogion ar eu cinio neu wedi mynd adref am y nos. Smyglwyd deunydd darllen a sgwennu iddynt. Dysgodd cannoedd yr Wyddeleg yn y carchardai er bod y gwersi wedi cael eu gwahardd yn swyddogol. Erbyn 1978, yr Wyddeleg oedd iaith gyntaf y carcharorion. Un o'r rhain oedd Bobby Sands, fu yng ngharchar y Maze am 14 mlynedd am gael ei ddal yn cario gwn. Ymprydiodd hyd at farw yn 1981, y cyntaf o ddeg i wneud hynny o fewn chwe mis. Roedd wedi ennill is-etholiad Fermanagh a De Tyrone yn ystod y 66 diwrnod felly roedd yn Aelod Seneddol San Steffan. Elfen anhybys o'i stori yw bod miliynau wedi protestio ar y stryd oedd o amgylch y byd wedi ei farwolaeth, degau a channoedd o filoedd er enghraifft ym Milan, Paris, Munich, Efrog Newydd a Tehran lle newidiwyd enw'r stryd lle safai llysgenhadaeth Prydain o Winston Churchill Boulevard i Stryd Bobby Sands. Ymateb y Prydeinwyr oedd cau'r fynedfa a chnocio wal i stryd arall er mwyn newid eu cyfeiriad. Pwysodd Jack Straw ar Iran i ailnewid yr enw tra oedd yn Ysgrifennydd Tramor i lywodraeth Blair.

Collodd dau garcharor, Eoghan Mac Cormaic a John Pickering, achos llys yn 1989 yn herio'r drefn oedd yn gwahardd siarad Gwyddeleg mewn ymweliadau, llythyrau Gwyddeleg, deunydd darllen Gwyddeleg, chwarae gemau Gaeleg a defnyddio fersiynau Gwyddeleg o enwau.

Cryn syndod yn 1983 oedd i filwr Prydeinig gael ei ddedfrydu am lofruddiaeth – y cyntaf i wynebu cyhuddiad o'r fath yng ngogledd Iwerddon er bod tystiolaeth ddirifedi o droseddau o'r fath. Roedd yn help i ddenu sylw Lloegr mai *roadie* y grŵp pop Seisnig Bananarama oedd yr un laddwyd, a nid trigolion megis merch 12 oed yn dychwelyd ar ei phen ei hun o'r siop gyda pheint o lefrith neu fachgen 8 oed a ddaeth i edrych ar danc neu bobl yn cerdded i ffwrdd ac yn cael eu saethu'n eu cefnau. Penderfynwyd bod dwy flynedd o'i ddedfryd oes yn hen ddigon o gosb iddo a chafodd ddychwelyd i'w gatrawd ar ôl hynny.

I ddangos pa mor bwysig oedd y sefyllfa yng ngolwg Margaret Thatcher, nododd Geoffrey Howe – un o'i chabinet – fod Jim Prior wedi ei benodi'n Ysgrifennydd Gogledd Iwerddon er mwyn '*get him out of her hair*'. Daeth pethau'n agosach ati yn 1984 wrth i'r IRA ffrwydro'r gwesty yn Brighton lle roedd cynhadledd y Torïaid. Parhaodd yn wyneb galed, ond y tu ôl i'r llenni roedd y pwysau rhyngwladol ar ben y dychryn yn ei gorfodi i geisio elfen o gymodi.

Trafodwyd syniadau megis corff fyddai'n trafod materion y medrid cydweithio arnynt dros y ffin, hanner o Dail Dulyn a hanner yn Brydeinwyr cyfundrefn Belffast. Awgrym arall oedd trafod y posibilrwydd o senedd gyda system gyfrannol yn hytrach na bod un blaid gyda'r llaw uchaf. Derbyniwyd cyfansoddiad newydd gan Weriniaeth Iwerddon yn nodi na fyddent yn hawlio Iwerddon gyfan onibai fod poblogaeth y Chwe Sir yn dymuno hynny'n ddemocrataidd. Ond gwrthododd Thatcher unrhyw syniad fod Dulyn yn cael unrhyw ddweud ym materion Chwe Sir Ulster ar ei ben.

Areithiodd Ian Paisley yn danbaid pan oedd awgrym o hynny: *British we are. British we shall remain. Now Mrs Thatcher says that the Republic must have a say in our province. We say never, never, never, never, never!'.* Pregethodd yn orfoleddus yn ei gapel ar ei Dduw *'Deal with the Prime Minister of our country... Oh God, take vengeance upon this wicked, treacherous, lying woman: take vengeance upon her and grant that we shall see a demonstration of your power!'* Aeth i Stormont i brotesio, lle bygythiodd heddlu'r RUC, Protestaniaid fel yntau, oedd yn ei hebrwng allan *'don't come crying to me the next time your houses are attacked. You'll reap what you sow'.*

Ymfflamychwyd y teyrngarwyr i gynyddu eu hymosodiadau ar Babyddion cyffredin. Parhaodd yr IRA i ymosod ar y lluoedd arfog oedd yn cyfrannu'n gudd a cynnal a chadw'r sefyllfa ac yn hela'r IRA ar yr un pryd. Yn yr awyrgylch hon bu cyfres o ddigwyddiadau sy'n ffenestr ar dri degawd o frwydro. Yn gyntaf, llwyddodd yr SAS i ddarganfod 3 aelod o'r IRA yn Gibraltar. Yn hytrach na'u harestio, fe'u saethwyd, gan ledaenu'r awgrym eu bod wedi tynnu gynnau mewn *'shootout'* fel adroddodd newyddion y BBC, neu *'fierce gun battle'* fel dywedodd ITN.

Roedd pob tyst yn mynnu nad oeddent wedi estyn gwn o gwbl, a bod dwylo dau i fyny pan y'u saethwyd wedi i'r cyntaf gael ei saethu'n ddirybudd ac yn ei gefn. Roedd Carmen Proetta'n gwbl glir o'r hyn ddigwyddodd, ac roedd papurau Lloegr yn gwbl glir sut fath o berson oedd Carmen. *'The Tart of the Gib'* oedd pennawd y *Sun*. Nid yn unig oedd hi'n 'anti-British' ond roedd hi hefyd yn hoff iawn o lyncu a delio cyffuriau yn ôl y 'newyddiadurwyr'. Gorfu i'r *Sunday Times* dan Andrew Neil, cyflwynydd y *Daily Politics* ar y BBC y dyddiau hyn, dalu dros hanner y £300,000 o iawndal a dalwyd iddi gan bapurau Lloegr wedi iddi benderfynu mynd â'r cwbwl lot i'r llys am eu celwyddau.

Byddai'r llywodraeth yn mynnu nad rhaglen Thames Television, datgelwyr y manylion yn eu rhaglen, *Death on the Rock*, oedd y rheswm iddynt golli eu cytundeb darlledu ITV. Eto, roedd hynny'n dipyn o gyd-ddigwyddiad. Daeth i'r amlwg hefyd fod Geoffrey Howe wedi ffonio'r BBC i ddweud wrthynt am beidio â darlledu cyfweliadau gyda'r tystion ar eu rhaglen *Spotlight*.

Ymosodwyd ar angladd y tri gan derfysgwr teyrngarol, Michael Stone, a laddodd dri pherson arall ac anafu 60 drwy daflu bomiau llaw a saethu i'w canol. Dihangodd wrth neidio i gefn fan heddlu, oedd yn ôl rhai wedi ei lleoli'n hynod o gyfleus. Rhybuddiwyd y fyddin Brydeinig i beidio â dod yn agos i angladdau'r rhai laddwyd yn yr ymosodiad hwnnw gan y byddai hynny'n siŵr o godi helynt. Gan nad oes neb yn dweud wrth Brydain beth i'w wneud, llwyddodd dau aelod o'r fyddin mewn dillad plaen i gael eu dal mewn car oedd wedi gyrru yn syth i mewn i'r angladd. Er i eraill geisio eu hatal, amgylchynnodd degau y car yn sicr ei fod yn ymosodiad arall. Seliodd y milwyr eu ffawd wrth estyn am eu gynnau. Aeth y *Sun*, fel bron pobl papur Seisnig arall, yn benwan.

Roedd y gyfres hon o ddigwyddiadau yn feicrocosm o effaith presenoldeb Prydain dros y canrifoedd. Roedd digwyddiad arall y medrid ei ychwanegu atynt. Fel rhan o'r rhyfel dywyll, roedd *Special Branch* yr RUC, Byddin Prydain ac MI6 i gyd yn ceisio denu a chynnal ysbïwyr. Un o'r amryw o ffyrdd o wneud hyn oedd bygwth carchar hir am droseddau gwir neu gau, a bygwth eu teuluoedd, cynnig arian yn enwedig os oeddent mewn dyled, ac yn aml cyfuniad o'r tri. Roedd yr wybodaeth roeddent yn ei roi yn aml yn golygu marwolaeth aelodau eraill, oedd yn newid o'r Gwyddelod diniwed oedd yn dioddef gan fod y rhain o leiaf â rhyw gyfle i amddiffyn eu hunain. Ond roedd yr IRA yn delio'n ddidrugaredd â ysbïwyr yn eu mudiad gan fod eu gweithredoedd yn arwain at farwolaethau eu gwirfoddolwyr. Techneg arall dan din oedd bod ysbïwyr go iawn yn trefnu i blannu gwybodaeth ffug er mwyn pardduo aelod cyffredin fel ysbïwr.

Roedd un aelod seneddol Prydeinig yn 1989 yn taranu yn erbyn cyfreithwyr llwyddiannus oedd yn achlysurol yn atal y traddodiad Prydeinig o garcharu gweriniaethwyr waeth pa mor simsan y dystiolaeth. Roedd ei lwyddiannau'n pardduo'r heddlu a'r llysoedd, meddai Douglas Hogg yn San Steffan, gan esbonio eu bod yn *'unduly sympathetic to the cause of the IRA'.* Ddiwrnodau wedyn aeth dynion i dŷ'r cyfreithiwr Pat Finucane a'i saethu o flaen ei deulu. Ef oedd cyfreithiwr teuluoedd tri Gibraltar. Mewn digwyddiad cyffelyb ffrwydrwyd car cyfreithwraig arall, Rosemary Nelson, wrth iddi ei danio tu allan i'w thŷ. Roedd cyhuddiadau fod yr heddlu wedi cyfeirio traffig yn od iawn o gwmpas y strydoedd cyfagos y bore hwnnw. Ar ddiwrnod ei hangladd, penderfynodd yr *Orange Order* lleol orymdeithio gyda'u band rownd a rownd y gylchfan ger ei thŷ i '*celebrate St Patrick's Day*', diwrnod nawddsant Iwerddon.

Nid oedd terfyn i'w weld ar y sefyllfa rhwng hiliaeth cyffredin swyddogion y wladwriaeth a'r parafilwyr teyrngarol, gwrthryfel sylweddol yr IRA, a'r Torïaid yn gwbl ddisymud wrth geisio ateb gwleidyddol i'r problemau. Un o'r ffactorau oedd wedi denu cefnogaeth yr Americanwyr at ymgais Tony Blair i ddod yn brif weinidog oedd ei addewid y byddai'n datrys y 'trafferthion' yn y Chwe Sir. Ac i fod yn deg, dyna ddigwyddodd i raddau helaeth, pan grewyd cyfundrefn gyfrannol yn Stormont oedd felly am gynnwys gweiriniaethwyr yn ogystal ac unoliaethwyr.

Yn Ardoyne, Belfast, yn hydref 2001 ymosododd teyrngarwyr ar blant cynradd oedd yn cerdded i'w hysgol drwy eu stryd, ac yna ar y rhieni oedd yn gorfod eu hebrwng. Eu trosedd oedd bod ysgol Babyddol Holy Cross i enethod ar ben arall y stryd Brydeinig a dim ond rhai pobl sydd â rhyddid y *Queen's Highway*. Roedd torf o deyrngarwyr yn gweiddi ac yn eu pledu hyd yn oed pan oedd y camerâu teledu yno'n cofnodi'r stori. Roedd angen yr heddlu yno bob bore a phrynhawn. Wedi un ar ddeg wythnos o hyn yn ddyddiol, llwyddodd y 'trafodaethau', fel petai modd cyfaddawdu o'r diwedd pan fydd dynion yn ymosod ar enethod cynradd oedd yn ceisio cyrraedd eu hysgol.

Yn 2010 roedd mwy o wario ar yr iaith honedig *Ulster Scots*, sydd yn ddim mwy nag ychydig prin o sillfiadau gwahanol o eiriau Saesneg, nag a fu ar yr Wyddeleg yn y Chwe Sir. Oriau ar ôl i arwyddion *Ulster Scots* gael eu codi roedd y trigolion teyrngarol yn eu malu gan feddwl mai Gwyddeleg oedd yr iaith arnynt.

# Ffrainc

Yn bur fuan wedi sefydlu teyrnas Lloegr, bu llygadu tiroedd Ffrainc. Ond yna penderfynodd y Normaniaid groesi'r culfor y ffordd arall a goresgyn teyrnas y Saeson, gyda'u harweinydd, Gwilym Goncwerwr (a hannai o Lychlyn) yn trechu Harold yn 1066. Gan fod y Normaniaid hefyd yn ymladd y Ffrancwyr a'r Llydawyr, dychwelodd eu golygon dros y dŵr. Bu William farw, yn ymladd yn Ffrainc wrth geisio goresgyn rhagor o diroedd yn y wlad honno.

Parhaodd y Normaniaid (oedd bellach wedi lladd neu gymhathu dosbarth uchelwrol y Saeson) i ymosod yn gyson ar Ffrainc am ddegawdau dan arweiniad William Rufus ac yna Harri I. Gan danlinellu ffars y brwydro, ei frawd oedd yn arwain Normandie, sef tir arall yr oedd Harri'n ceisio ei ddwyn yn 1105.

Cymerodd hyd 1120 iddo gyflawni ei gamp, a thrwy hynny agorodd lwybr i'r Saeson geisio meddiannu mwy o diroedd ar y Cyfandir. Daeth ei olynydd Harri II yn frenin ar lawer iawn o diroedd Ffrainc yn dilyn rhyfela maith. Yn 1204 roedd y brenin John yn colli rhyfeloedd yn Ffrainc ac yn gwylltio pawb adref wrth fynnu mwy a mwy o drethi i dalu am yr antur. Ond wedi i Harri arall, y 3ydd, golli brwydr yn 1242, golygodd yr anfri fod yn rhaid mynd amdani go iawn i goncro. Dyma wraidd y 'Rhyfel 100 Mlynedd' fel y'i gelwir gan y Saeson, oedd yn cynnwys sawl ymgyrch a barhaodd am lawer mwy na chan mlynedd hyd at frwydr Agincourt yn 1415 pan arweiniodd Harri V ei fyddin, oedd yn cynnwys miloedd o fwa saethwyr o Gymru, i fuddugoliaeth. Yn Ffrainc yr ymladdwyd y rhyfel hirfaith hon ar ei hyd.

Daeth un person rhyfeddol i'r adwy, yn ymgofforiad o ysbryd y Ffrancwyr, sef Jeanne o Arc. Wedi i'r Saeson geisio meddiannu Orleans, cawsant syndod o weld gwrthymosodiad yn cael ei arwain gan ferch ifanc danbaid. Dychwelodd y Saeson i'w caerau cyfagos ond daeth y Ffrancwyr ar eu hôl a'u hymlid. Yn ôl straeon y ferch 16 mlwydd oed, roedd ysbrydion hen seintiau yn ymddangos iddi ers tair blynedd yn ei hannog yn ddi-baid i arwain gwrthryfel yn erbyn y Saeson. Roedd hynny'n dechrau darbwyllo'r Ffrancwyr mai hon oedd eu gwaredwr. Daeth y brenin a'i arglwyddi i gredu ynddi wrth iddi ddarogan canlyniadau brwydrau pell nad oeddent hyd yn oed yn gwybod am eu bodolaeth. Roedd ei dylanwad yn troi'r rhod o blaid Ffrainc, ond fe'i daliwyd mewn brwydr yn 1429, a'i charcharu am fisoedd cyn cael ei chyhuddo o deyrnfradwriaeth yn ôl cyfraith Lloegr, a'i dedfrydu i'w llosgi yn 19 oed.

Aeth yr ymladd ymlaen tan 1453 pan roddodd y Saeson y ffidil yn y to wedi colli yn Castillon. Aeth tri chant a hanner o flynyddoedd heibio rhwng i Henry I oresgyn Normandie ac i'w linach golli'r rhyfel ac ymadael. Yn ystod eu goresgyniad cyfeillgar o'r ddinas yn Ewro 16, yn wahanol i'r hyn a ddigwyddodd yn Marseille ar ymweliad y Saeson â'r fan honno, gwelodd ffans Cymru blac yn Bordeaux yn nodi mai dinas Seisnig oedd hi am 300 mlynedd.

Hir pob ymaros, ac yn 1513 aeth Harri VIII ati unwaith eto i ymsefydlu ar diroedd Ffrengig wedi brwydro llwyddiannus. Ddeng mlynedd yn ddiweddarach, daeth â byddin anferth draw dros y Sianel i ennill mwy o dir a phenderfynu stopio 50 milltir o Baris. Ugain mlynedd yn ddiweddarach, yn 1544, rhoddodd ymdrech fawr arall ar goncwera'r holl wlad, ond ni lwyddodd i ddymchwel mwy na dinas Bolougne. Daeth ei ferch Mary i gario'r traddodiad ymlaen a gan ei bod wedi priodi brenin Sbaen, Phillip II, daeth y Sbaenwyr i'w helpu.

Cafodd Ffrainc orffwys ryw ychydig pan oedd Elizabeth I ar ei gorsedd gan mai'r Sbaenwyr eithafol eu crefydd roedd hi'n eu casáu. Ond daeth ei holynydd, James I, i'r fei a gorchymyn ymdrech arall ar oresgyn Ffrainc gan ennill ffafr yr arglwyddi i hel y milwyr a thalu trethi i noddi ymosodiad yn 1627.

Yn 1658, roedd y Saeson wedi dod â'u brwydr rhwng Oliver Cromwell a James II hefyd i dir Ffrainc. Dri degawd wedi hynny penderfynwyd ymosod ar Ffrainc eto fyth, am naw mlynedd o 1688 tan 1697. Aethant drosodd sawl gwaith am ffeit, am gyfnodau byr a sbeliau meithach, gan fynd amdani go iawn yn erbyn Napoleon oedd wedi dymchwel brenhiniaeth Ffrainc ac yn hwb mawr i weriniaethwyr Lloegr, heb sôn am Gymru, yr Alban ac Iwerddon, oedd am weld eu brenhiniaeth hwythau'n dymchwel yn yr un modd. Yn anffodus roedd Napoleon yn seicopath bach o'r un anian ymerodrol ac yn poeni dim os oedd brenin neu beidio ar y tiroedd oedd yn dod o dan ei fawd. Ei gwymp oedd ei hyder i herio pawb ac fe'i trechwyd gan y Saeson dan Dug Wellington wedi i'w fyddin geisio mynd yr holl ffordd i Moscow. Aeth Wellington ymlaen i ddangos pwy oedd y bos drwy fartsio i mewn i Baris yng Ngorffennaf 1815.

Daeth enghraifft o'r berthynas rhwng y ddwy wlad mewn erthygl yn *La France* oedd yn cloriannu ymgyrch y Saeson i geisio achub eu cadfridog Gordon gor-frwdfrydig yn Swdan:

*Yr unig reswm mae Lloegr, nad yw erioed wedi achub unrhyw wareiddiad heb sôn am Kartoum, wedi mynd ar ei hantur ddrud yw i achub un o'r hil aruchel hon sy'n ystyried ei hun uwchlaw gweddill y ddynol ryw.*

Profodd lleoliad Swdan yn ddiawledig o anffodus wrth iddi fod yn dir rhyfela rhwng Prydain a'r Almaen yn 1914–18 ac eto fyth yn 1939–45. Gellid dweud bod y rhyfeloedd byd hynny wedi rhoi terfyn ar yr ymladd rhwng Ffrainc a Lloegr. Mae Ffrainc hithau wedi gyrru ei miloedd i drefedigaethu'r byd, a bu ymladd mawr rhwng yr ymerodraethau yng ngogledd America dros amser maith. Mae 'pa ddinas sydd â'r ail nifer mwyaf o siaradwyr Ffrangeg' yn gwestiwn cwis poblogaidd. Yr ateb yw Montreal yng Nghanada.

Mae'n bur debyg i'r lladd a'r goresgyn gan fyddin Hitler effeithio ar frwdfrydedd Ffrainc yn ei hanturiaethau ymerodrol ei hunan. Nid ei fod wedi eu hatal yn llwyr chwaith. Pan fu cydweithio'n ymarferol er lles eu himperialaeth, dyna wnaethpwyd, megis yn yr ymosodiad gyda Phrydain ac Israel ar yr Aifft yn 1956. Daeth tro ar fyd wrth i'w cywilydd yno ac yn Algeria arwain y wlad i holi os oedd yr holl drafferth yn llesol i unrhyw un.

Cymaint oedd pwdfa yr Unol Daleithiau at Ffrainc am iddi wrthod cefnogi goresgyniad Irac yn 2003 fel y diflannodd *French*

*Fries* oddi ar fwydlenni yno, ac yn eu lle ymddangosodd y *Freedom Fries*. Ond wedi blynyddoedd o gallio, daeth yr oes fodern â gwleidyddion fyddai'n ymuno â'r imperialaeth fodern gydag arddeliad. Mae Jaques Chirac a Roland Dumas, llywodraethwyr blaenllaw'r degawdau olaf oedd yn gwrthod cefnogi anturiaethau America a Phrydain yn Irac a mannau eraill, wedi condemnio cyfeiriad newydd eu gwlad. Dan Nicolai Sarkozy ac yna'r sosialydd honedig François Hollande, mae Ffrainc wedi selio'r partneriaethau NATO gyda'u hymosodiad agored ar Libya a'u dicheldra cudd yn Syria wrth gydweithio â Phrydain. Heddiw mae awyrennau Ffrainc yn hedfan dros Gymru ochr yn ochr a rhai'r hen elyn mewn ymarferion i fomio'r gwledydd na fedr wrthsefyll eu 'hachubiaeth'.

# Sbaen

Mae'r dywediad '*y ddau gyn waethed â'i gilydd*' yn gweddu i'r dim i hanes Lloegr a Sbaen am y canrifoedd pan ymladdodd y ddwy wlad am eu hymerodraethau ar foroedd ac ar dir.

Rhyngddynt, rheibiodd Sbaen a Lloegr gyfandir America gyfan o gyfoeth naturiol a dynol. Wedi dwyn a dinistrio, gwastraffwyd yr elw anferth ar fyddinoedd a llongau rhyfel i'w chwalu yn erbyn ei gilydd. Am ganrifoedd bu rhyfela rhwng Sbaen a Lloegr ar seiliau honedig teuluoedd brenhinol a rhwygiadau honedig ar sail eu math o Gristnogaeth, ond yn bennaf oherwydd y gystadleuaeth rhyngddynt i feddiannu ysbail ac ehangu eu hymerodraethau. Roedd yn haws cyfiawnhau'r rhyfela drwy eidioleg ffug na'r gwir reswm.

Penodwyd y Cymro Harri Morgan gan Loegr i feddiannu ysbail llongau'r Sbaenwyr. Ei gyflog oedd yr hyn roedd yn medru ei ddwyn oddi arnynt. Aeth ar ei liwt ei hun i ysbeilio o amgylch Haiti, Barbados, Panama a Jamaica dan fendith y Sais, gan ddod yn llywodraethwr ar yr ynys olaf. Yn ogystal, meddiannodd drefi Maracaibo a Gibraltar yn Venezuela.

Ond beth am yr hanner ynys fach honno o'r un enw ar waelod Sbaen, sy'n chwifio Jac yr Undeb mor frwd heddiw? Sut y daeth Gibraltar Sbaen i feddiant Ein Mawrhydi? Wrth i Siarl II, Brenin Sbaen, farw'n ddiepil yn 1685, penderfynodd roi Sbaen i gyd yn ei ewyllys i ŵyr brenin Ffrainc Louis XIX, sef Phillipe de Bourbon, 16 oed. Doedd y Saeson ddim yn rhy hapus o weld y Ffrancwyr a'r Sbaenwyr yn closio'n y fath fodd, felly law yn llaw â'r Iseldirwyr rhoddwyd gorchymyn i Sbaen ddewis Siarl, Archddug Awstria yn etifedd neu wynebu trafferth gan smalio mynnu fod yr ewyllys yn un ffug. Datganwyd rhyfel yn erbyn Sbaen yn 1702.

Wedi ceisio goresgyn Barcelona a methu, dihangodd llongau'r Saeson i lawr yr arfordir a phenderfynu setlo ar darged llawer haws sef tref fach Gibraltar. Mynnodd Sir George Rooke ar 1 Awst, 1704 fod y dref yn ildio, a'r ateb a gafodd gan y llywodraethwr Diego de

Salinas oedd iddo i fynd i ganu. Wedi deuddydd o fomio, ildio wnaeth Diego a chodwyd baner San Siôr ar y castell, i gydfynd â'r malu a'r dwyn arferol oedd yn digwydd islaw. Ar 7 Awst, gadawodd 4,000 o'r trigolion y dref yn yr un haid. Ceisiodd y Sbaenwyr ei hailgipio'n aml nes i'r rhyfel ddod i ben yn 1713, gyda'r ddwy ochr yn gweld yr holl beth yn mynd yn rhy ddrud. Rywsut cafodd y Saeson Sbaen i arwyddo fod 'the full and entire propriety of the town and castle of Gibraltar... for ever, without any exception or impediment whatsoever' yn eiddo i Loegr. 2.6 milltir sgwâr yw maint Gibraltar. Mewn cymhariaeth, mae Ynys Môn yn 276 milltir sgwâr.

Yn swyddogol, roedd Prydain yn ddiduedd yn Rhyfel Cartref Sbaen. Roedd bod yn ddiduedd yn ddigon o drosedd ynddi ei hun o ystyried fod Franco wedi dymchwel llywodraeth etholedig Sbaen, ond mewn gwirionedd roedd yn gweithio y tu ôl y llenni i helpu Ffranco. Prydain oedd prif fewnforiwr adnoddau a nwyddau Sbaen pan gollodd y Ffasgwyr yr etholiad yn 1936, a gallai llywodraeth arall ledaenu syniadau gwael gwrth-entrepreuneraidd a sosialaeth.

Y Cymro Cecil Bebb wnaeth hedfan Franco o'i guddfan yn Ynysoedd y Caneri i Moroco lle disgwyliai byddin iddo ddechrau'r ymosodiad ar Sbaen. Cafodd Cecil ei urddo gan Franco yn 1938 am ei waith yn cynorthwyo dinistr y Basgwyr a'r Catalanwyr a'r Sbaenwyr gwrth-ffasgaidd. Mae bron yn sicr mai gweithio i MI5 yr oedd Bebb wrth iddo hedfan ei awyren.

Dangosodd Prydain ei hochr yn agored wrth wahardd pobl rhag teithio i Sbaen i ymladd i amddiffyn y llywodraeth etholedig, y Gweriniaethwyr Sosialaidd. Allan o 177 Cymro a ymladdodd yn erbyn Franco (gall y gwir nifer fod yn llawer mwy) ar gofrestrau'r Gweriniaethwyr, roedd 116 yn löwr. Roedd y chwarelwyr felly yn darged i'r llywodraeth yn hyn o beth, ac roedd unrhyw un ohonynt a geisiai hwylio drwy'r porthladdoedd i Ffrainc neu Sbaen yn cael eu harestio. Ar ben hyn roedd llongau rhyfel Prydain yn goruchwylio'r moroedd o amgylch Sbaen i geisio atal arfau ac ymladdwyr rhag cyrraedd y Frigâd Ryngwladol yn Sbaen.

Wedi i awyrennau Hitler fomio tref Guernica aeth nifer o Gymry ati i godi arian ar eu liwt eu hunain i hwylio plant a'u cartrefu mewn ardaloedd yn ne Cymru a Hen Golwyn. Ceisiodd llywodraeth Prydain atal y plant rhag cyrraedd, ond wrth wynebu condemniad o bob tu gadawyd i long o wlad y Basg lanio ar yr amod nad oedd dim disgwyl i Brydain fel gwlad wario ceiniog ar helpu'r plant hynny. Nid oedd angen eu harian ar y Cymry.

# *Gogledd America*

Wrth glywed am gytundeb Sbaen a Phortiwgal yn 1494 i rannu cyfandir America rhyngddynt, protestiodd Lloegr gan honni mai'r tywysog Madog wnaeth ddarganfod y cyfandir gyntaf a hynny yn y 12fed ganrif. Trodd chwedl yn hanes, mwyaf sydyn. Ond aeth cryn amser heibio nes iddynt benderfynu gwneud rhywbeth am y peth.

New England, Newfoundland a Virginia, fel awgryma eu henwau, oedd yr ardaloedd cynharaf ar gyfandir America i fwynhau mentergarwch trefnus swyddogol y Sais. Cofnododd un anturiaethwr, Edward S. Morgan, y byddai'r Saeson arloesol i gyd wedi marw onibai i'r 'Indiaid' edrych ar eu hôl a sicrhau eu bod yn bwyta'n iawn. Ond cyn hynny, yn 1576, roedd Martin Frobisher wedi glanio ar yr hyn a elwir heddiw yn Ynys Baffin yng Nghanada gan herwgipio un o'r brodorion a ddaeth i'w cyfarch er mwyn ei arddangos ar ôl mynd adref i Loegr. Bu hwnnw farw ar y fordaith, felly pan ddychwelodd, herwgipiodd dri arall ar ôl i'w ddynion ddinistrio pentref. Wrth arddangos yr anifail egsotig gerbron y Llundeinwyr, mi gwynodd un person fod y dyn diarth yn '*Anglophobic*'. Roedd y doctor oedd i fod i'w oruchwylio yn wylofain pan fu'r olaf ohonynt hwythau farw: '*I was bitterly grieved and saddened, not so much by the death of the man himself but because the great hope of seeing him which our most gracious Queen had entertained had now slipped through her fingers*'.

Yn 1585, daeth y Sais Richard Grenville â saith llong a glanio'n Virginia. Roedd y brodorion yn groesawgar, yn gyfeillgar ac yn hael, fel y cofnodwyd yn nyddiaduron ac adroddiadau'r anturiaethwyr. Aeth cwpan arian ar goll. Beiwyd y golled ar un o'r brodorion, felly i wneud yn iawn am y drychineb honno ysbeiliodd Richard a'i ddynion bopeth a fedrent cyn llosgi'r holl le a dianc. Rhagflaenodd batrwm a fyddai'n parhau am dros 300 mlynedd ac a waredodd gyfandir cyfan o'i boblogaeth.

Wedi ymweliadau amrywiol dros y degawdau gan filwyr Lloegr dan gadfridogion fel Thomas Hariot a Francis Drake, cyflwynwyd heintiau a laddodd lwythau o bobl yn ogystal â'r lladd arferol ar lafnau'u cleddyfau. Sefydlwyd y drefedigaeth swyddogol Seisnig gyntaf yn 1607 a'i galw'n Jamestown, yn y dalaith a gafodd ei galw'n Virginia. Cadwyd at yr arfer o alw'r brodorion yn 'Indiaid' yn dilyn camsyniad cyntaf Columbus mai yn India y glaniodd. Gwaeth y pregethwyr Cristnogol eu gwaith i gefnogi'r fenter drwy bardduo'r brodorion, gydag un yn disgrifio'r cyfandir yn 1609 fel *'a land wrongly usurped by wild beasts and unruly creatures'*, er na throediodd mo'r lle ei hun erioed. Logo cwmni Seisnig y Massachussets Bay Company oedd yn trefnu'r cludiant o nwyddau a bwydydd yn ôl i Loegr, oedd y geiriau *'Come and Help Us'* dros lun o'r hyn y byddent yn ei alw'n 'Indiad Coch'.

Gwyliodd y brodorion lleol niferoedd y dynion gwyn yn lluosogi a'u hadeiladau yn cynyddu a chynyddu, gan adael llonydd iddynt wneud hynny a'u cynorthwyo'n aml. Yn 1610 aeth cyflenwadau'r anturiaethwyr yn brin ac roedd perygl iddynt lwgu. Rhannodd y brodorion eu storfeydd bwyd, ond roedd arweinwyr y Saeson yn ceisio gwahardd unrhyw gyfeillgarwch a chymysgu gyda nhw. Rhedodd rhai i ffwrdd i ymuno â'r brodorion, oedd yn fodlon rhannu eu bwyd a'u llety heb ddisgwyl dim yn ôl. Wedi iddynt ddysgu sut i dyfu'r llysiau lleol yn well, ac wedi i fwy o longau gyrraedd gyda chymorth, roedd llywodraethwyr Jamestown yn flin fod rhai wedi ymadael at y brodorion ac nad oeddent yn dangos dim ddiddordeb i ddychwelyd. Gyrrwyd negeseuwyr at y brodorion i fynnu eu bod yn dychwelyd y bobl wyn ar unwaith. Atebodd arweinydd y Powhatan y caent wneud fel y mynnent, nad oedd ei bobl am yrru neb i ffwrdd ac nad oedd yr un yn cael eu cadw yn erbyn eu hewyllys.

Gwelwyd hyn fel *'a prowde and disdaynefull answer'* ac nid oedd yn dderbyniol. Felly hwyliodd milwyr Seisnig i'r pentref agosaf i fyny'r arfordir a'i losgi, gan ladd nifer, cipio penaethes y pentref a thaflu ei phlant o'i blaen i'r môr cyn eu saethu (i arbed y gwaith o lanhau'r llong mae'n debyg), ac yna trywanu'r benaethes i farwolaeth ar y tir. Cofnodwyd hyn yn eu geiriau eu hunain fel *'shoteing owtt their braynes in the water'*.

Esboniodd y Capten John Smith mai lladd y brodorion i gyd oedd y peth cywir i'w wneud gan eu bod yn *'craftie'* ac *'ingenious'* ond ar yr un pryd yn *'savage'* ac yn addoli'r diafol. Dyna'r union gyngor a disgrifiad a roddodd am y Gwyddelod pan oedd yn Iwerddon hefyd yn digwydd bod. Nododd hefyd fod y brodorion yn dangos agosatrwydd mawr at eu plant ac felly roedd eu dwyn yn dacteg effeithiol, a dyna'r peth cyntaf a wnâi wrth fynd i mewn i unrhyw bentref o 'Indiaid'.

Yn 1620, sefydlwyd trefedigaeth Seisnig a Phiwritanaidd Plymouth, yn ôl eu harfer o beidio â thrafferthu ag enwau newydd na defnyddio enwau'r trigolion. Yng ngolwg yr Americanwyr presennol, y 100 person ddaeth ar long y *Mayflower* o Loegr oedd dechreuad eu cenedl.

Roedd y *Virginia Company* yn clochdar am eu cynlluniau i wareiddio'r brodorion drwy gyflwyno Cristnogaeth a Saesneg er mwyn lleddfu pryderon eu darpar drefedigaethwyr. Ond pan ddaeth yr amser priodol i gymryd tir oddi ar y brodorion, doedd eu Saesneg na'u crefydd newydd yn cyfri dim. Erbyn 1622, cyhoeddwyd taflen i'r trefedigaethwyr yn nodi *'The way of conquering them is more easy than civilising them by fair means for they are a rude, barbarous and naked people, scattered in small communities'* cyn manylu'n ddigon hyll ar yr hyn y byddai eu cŵn yn ei gyflawni.

Pregethwyd yn 1625 mai ewyllys Duw oedd yr holl fenter: *'God in his wisdom having enriched the savage countries, that those riches be attractive'*, meddai'r pregethwr Simon Purchas yn ei eglwys yn Lloegr er mwyn annog ei wrandawyr i ymfudo. Y neges oedd 'ewch draw i achub y tir rhag y gwehilion'.

Ac er mwyn defnyddio'r tir anferth newydd yma i'w eithaf roedd yn rhaid wrth fwy o ddwylo. Anogwyd Lloegr gan ei chapteiniaid i ehangu ei chyfoeth dros yr Iwerydd drwy yrru yno hynny a fedrent o bobl na fyddai'n rhaid eu talu – sef caethweision.

Nid oedd y carcharorion hynny, yn droseddwyr mân a mawr neu'n wystlon gwleidyddol rebelaidd o Gymru, Iwerddon, Cernyw a'r Alban, yn ddigon. Ac yn ôl rheolau'r farchnad rydd, pan fydd angen, bydd cyflenwad. Felly daeth capteiniaid llongau a milwyr yn hynod gyfoethog drwy'r fentergarwch o ddwyn pobl o Affrica a'u gwerthu'n America i'r tirfeddianwyr. Fe'u carcharwyd ar longau o dan amgylchiadau erchyll, eu cludo am ddau i dri mis wedi'u gwasgu i fylchau mor fach â throedfedd o uchder. Parhaodd y dwyn pobl – miliynau ohonynt – o Affrica i ogledd America, am bron i 200 mlynedd, gyda'r llong gyntaf yn glanio yn 1619 ac 1 o bob 5 yn marw ar y llongau cyn cyrraedd. Gwaharddwyd y mewnforio yn 1808, a hynny oherwydd rhesymau economaidd, sef bod gweithlu yno bellach oedd angen cyflog, ond parhaodd y prynu a gwerthu'r caethweision oedd yno'n barod.

Daeth problem arall yn sgil y fath niferoedd. Sut y gellid atal y caethweision rhag cyd-gynllwynio yn erbyn eu meistri? Daeth tro ar fyd i'r caethweision gwyn. Roeddent hwythau wedi arfer derbyn triniaeth ofnadwy, ond newidiodd eu byd dan y strategaeth fwriadol o roi hawliau a statws iddynt, fel bod rhwyg naturiol yn datblygu a hynny ar sail lliw croen. Daeth hyn wedi nifer o ymosodiadau ar y meistri pan fu cydweithio rhwng caethweision du a gwyn. Gwelwyd mai gwell fyddai gorfodi ymrannu cymdeithasol, a rhoddwyd y gorau i golbio a dienyddio'r caethweision gwyn am y pethau lleiaf. Yn 1738, cyfaddefwyd y polisi hirdymor yma gan William Lyttlejohn, a ddaeth wedi hynny yn llywodraethwr De Carolina: '*It has always been a policy of this government to create an aversion in them to Negroes*'.

Am yr un rheswm roedd yn rhaid sicrhau nad oedd y brodorion, yr 'Indiaid Coch', a'r caethweision yn ymgyfeillachu, gan y gallai arwain at gydweithio. Deddfwyd nad oedd yr ychydig dduon hynny oedd yn rhydd i fod i deithio i dir y brodorion, a gwnaed amod mewn cytundebau heddwch bod y brodorion yn gorfod hel unrhyw berson du o'u pentrefi, boed rheiny'n rhydd neu'n gaethweision wedi dianc.

Nid y duon oedd yr unig rai i'w henwi yn y cytundebau. Gwelir yn rhai o ffilmiau mwy modern Hollywood ddynion gwyn yn dewis byw ymysg y brodorion ac yn eu hamddiffyn rhag ddichelldra byddinoedd gwyn Lloegr neu'r Unol Daleithau. Mae'r rhain ar dir cadarn yn hanesyddol. Fel y dywedodd y Ffrancwr Hector Crevecoeur, a fu'n byw yno am ugain mlynedd yn y 18fed ganrif, roedd miloedd o bobl wyn yn dewis byw ymysg y llwythau brodorol ac yn gwrthod gadael. Nid oedd unrhyw sôn am frodor yn byw ymysg y gwynion. Yn union fel yn y blynyddoedd cyntaf, roedd croeso i ffoadur neu deithiwr ymysg cymunedau'r brodorion.

Gan sylwi fod y brodorion yn disgyn yn rhwydd i'r afiechydon Ewropeaidd, mentrodd y cadfridog Jeffrey Amherst ar strategaeth o smalio ymgyfeillio neu gymodi a rhoi blancedi fel anrhegion iddynt. Heintiwyd y blancedi â'r frech wen. Lledaenodd yr haint drwy'r boblogaeth. Ailadroddwyd y dacteg hon mewn ardaloedd eraill, oedd yn ffordd saffach a rhatach o'u lladd na thrwy ymladd, ac yn llai amlwg na'r ymgyrchoedd amrwd o losgi cnydau a saethu'r byffalo i gyd.

Bu miliynau o'r brodorion farw oherwydd afiechydion, rhai'n fwriadol a rhai'n anfwriadol. O'r cychwyn cyntaf, bob tro y deuai'r Saeson – a'r Sbaenwyr yn y de – i ymweld â'r trigolion roeddent yn gadael afiechydon dieithr yn eu mysg ac roedd yr heintiau'n lledaenu'n ddi-baid. Roedd rhai'n hoff o weld hyn fel arwydd fod yr Ewropeaid yn anifail cryfach. Roedd y pregethwyr ar y pryd yn nodi'n falch fod hyn yn arwydd sicr o ddial Duw ar yr anffyddwyr anwaraidd.

Wrth gwrs, roedd difrïo o'r math yma'n allweddol i gyfiawnhau'r goresgyn, ac yn anwybyddu'r gwir plaen fod bywyd cyffredinol y brodorion yn llawer iachach na'r un yr oedd y concwerwyr wedi'i adael. Ar y pryd roedd Ewrop yn lle eithaf aflan i fyw ynddo, ac nid oedd ymolchi yn arfer gan yr ymfudwyr.

Yn yr Ewrop a adawyd o'u hôl, roedd erlid crefyddol, dienyddio torfol, cipio a lladd plant a llosgi merched a labelwyd yn 'wrachod' yn rhan o'r gwareiddiad a gâi ei gyflwyno yn awr i'r byd newydd. Gyda'r Piwritaniaid yn nwyrain y cyfandir 'newydd' yn lladd a llosgi'r trigolion am fethu cyd-fynd â'u dehongliad o'r Beibl, gwelwyd y Sbaenwyr Catholig yn gwneud yr union yr un fath i frodorion Califfornia yn y gorllewin.

Yn yr hyn sydd heddiw'n New England yn unig, trigai pobloedd y Pequot, Nipmuk, Masachuset, Niantig, Nauset, Mohegan, Mahican, Naraganset, Wapinger a'r Wampaoang. Dim ond y rhai mwyaf o'r llwythau brodorol oedd y rheiny. Yn hollol wahanol i'r darlun a geir yn ffilmiau John Wayne a'i debyg, sef bod cyfandir cyfan o 'Indiaid' gwyllt yn gwneud dim ond hela a bwyta'u prae yn eu pebyll di-ddim, roedd amrywiaeth a chyfoeth sylweddol i gymdeithasau a chenhedloedd ar hyd gogledd America. Roedd systemau dosbarthu dŵr wedi'u hadeiladu oedd yn syfrdanu'r newydd-ddyfodiaid –roeddent yn llawer mwy a gwell na dim a welwyd yn Ewrop. Roedd yno dyfu a thrin pob math o gnydau, roedd yno ddinasoedd ac adeiladau mawreddog oedd yn adleisio diwylliannau soffistigedig yr Inca, y Maya a'r Aztec.

Roedd y Sbaenwyr yn llawer parotach na'r Saeson i gofnodi bod rhwydwaith o drefi wedi eu cysylltu â chanolbwynt sylweddol, wedi'u hamgylchynu â digonedd o gnydau amaethyddol a gwinllanoedd ac yn llawn cyfoeth, lawn cystal ag unrhyw beth welwyd ganddynt yn Mecsico a Periw. Ddau gan mlynedd wedi'r adroddiadau, bu ymrafael rhwng y Saeson a'r Sbaenwyr am yr hyn sydd heddiw'n cael ei alw'n Florida, gyda'r ddwy ochr yn cyfrannu at ddifa diwylliant rhyfeddol y brodorion. Dyma rai o enwau'r amryfal bobloedd a ddiflannodd yno: y Hasinai, Natchez, Apalachee, Seminole, Bidai, Atakapa, Tunica, Woccon, Catawaba, Waccamaw, Chickasaw, Tuskegee, Cusabo, Chocktaw, Houma, Tohome, Pensacola a'r Yamasee.

Yn Texas yn unig, cofnododd y Ffrancwr La Salle 52 o wahanol genhedloedd o frodorion yn 1682, pob un yn cynnwys degau o filoedd o bobl, a hynny ar ôl i'r ardal ddioddef ymosodiadau didostur y Sbaenwyr. Yn 1828, aeth Ffrancwr arall i wneud yr un fath a chyfrif mai dim ond 4 cenedl o ychydig gannoedd oedd yn weddill. Ailadroddwyd y patrwm hwn ar hyd a lled gogledd America.

Mae un stori gymharol ddiweddar yn adlewyrchu'r agwedd at y cyn-drigolion. Yn Oklahoma yn yr 1930au meddiannodd ffermwr dir lle safai Spiro, a'i rwydwaith o goridorau ac ystafelloedd anferth, gan ei wagio o dunelli o drysorau o berlau ac aur a phob math mewn cannoedd o ferfâu a chymryd misoedd lawer i'w gwerthu ar ochr y ffordd. Wedi ei wagio, prynodd gelc anferth o ddeinameit a chwythu'r holl strwythur i ebargofiant. Er mwyn cyd-fynd â'r ddelwedd Holywoodaidd o'r Indiaid 'gwyllt', mae'n bwysig nad oes unrhyw olion yn awgrymu bod ganddynt strwythur gwleidyddol a chymdeithasol cymhleth. Ond mewn ardaloedd ar hyd a lled y cyfandir, roedd seneddau i gynnal gweinyddiaeth mewn adeiladau mawr a channoedd o seddau. Yn Illinois heddiw cadwyd olion adeilad anferth oedd yn ddeg llawr i fyny, gyda lloriau ychwanegol o dan yr wyneb, yng nghanol casgliad o adfeilion sydd yr un maint â San Fransisco.

Yn 1703 ysgrifennodd milwr Seisnig fod ei gydwybod yn glir wedi siarad â gweinidog o'r efengyl gan fod hwnnw wedi esbonio '*sometimes the scripture declareth that women and children must perish with their parents*'. Yn gyson a bron yn ddi-ffael, roedd swyddogion Cristnogaeth yn defnyddio eu llyfr i gefnogi a chyfiawnhau'r coloneiddio a'r hil-laddiad. Roedd eu llywodraeth yn ogystal â'u heglwys yn ofalus i esbonio fod Duw ar eu hochr. Ac nid yn erbyn y brodorion yn unig yr oeddent yn rhyfela. Amsterdam Newydd oedd enw Efrog Newydd nes i'r Saeson ei chipio yn 1664 wedi ymladd hir. Yn natganiad y cytundeb heddwch â'r Iseldiroedd a ildiodd y drefedigaeth i'r Saeson yn 1674, nodwyd fod Duw ei hun yn dweud '*England, thou art my first-born, my delight amongst nations*'.

Mewn cyfarfod yn 1754 rhwng coloneiddwyr ac arweinwyr pobl yr Iroquois, cododd un o'r brodorion a phwyntio at un o'r dynion gwyn a gwrthwynebu ei bresenoldeb gan ddweud:

*Diawl yw hwn sy'n dwyn ein tir. Mae'n meddwi dynion cyn stwffio arian i'w pocedi a'u gwthio i arwyddo papur, heb wybod eu bod yn rhoi ein gwlad i ffwrdd.*

Yn aml nid oedd angen alcohol. Roedd geiriau mor rhesymol, ac roedd y syniad a'r weithred o roi inc ar bapur mor ddieithr ac mor ddi-ddim yng ngolwg y brodorion, fel eu bod yn arwyddo unrhyw gytundebau ar anogaeth ac addewidion celwyddog eu ffug-gyfeillion.

A dyna falch oedd y coloneiddwyr o gael cydnabyddiaeth 'gyfreithiol' mai eu tir hwy ydoedd bellach. Wrth wrthod gadael eu cartrefi, roedd y brodorion yn torri'r gyfraith honno, ac felly eu bai nhw oedd pob canlyniad, pob hil-laddiad fyddai'n digwydd.

Erbyn 1755 daeth her i oruchafiaeth y Saeson oddi wrth y Ffrancwyr oedd wedi ymsefydlu yn y gogledd. Roedd rhyw fath o heddwch ar y pryd, er bod brwydrau achlysurol ar hap wedi bod rhwng byddinoedd y Saeson a'r Ffrancwyr ers dros 80 mlynedd. Yn 'gyfreithiol', Lloegr oedd berchen y tir gan eu bod wedi ei goncro yn rhyfel *Queen Anne* yn 1710, ond roedd rhyw ddieithriaid yn mynnu byw yno o hyd. Penderfynodd y Saeson wahodd dirprwyaeth o Acadia, cenedl o ddisgynyddion y setlwyr cyntaf Ffrengig, i drefedigaeth Halifax am 'drafodaethau', sef eu gorchymyn i dyngu llw o deyrngarwch i frenin Lloegr. Gwrthododd y rheiny, ac nid ar egwyddor yn unig – byddai Ffrainc yn troi'n eu herbyn pe byddent yn arwyddo'r fath beth, ac roeddent yn cyd-fyw yn berffaith iawn gyda'r brodorion hefyd diolch yn fawr, heb angen nac awydd i ymladd yn eu herbyn. Aeth y llywodraethwr, y *Brigadier-General* Charles Lawrence yn syth at waith, gan orchymyn y cadfridog Robert Monckton i garcharu'r Acadiaid yn nhref Chignecto ac i'r cadfridog James Wilmslow ddal y rhai'n nhref Minas. Aethpwyd â phoblogaeth y ddwy ardal ar longau a'u hwylio i rywle-rywle, heb affliw o bwys am gadw teuluoedd gyda'i gilydd, a bu farw llawer ohonynt cyn cyrraedd pen eu taith.

Derbyniodd gweddill yr Acadiaid gymorth brodorion y Mi'kmaq a'u llochesodd rhag y Saeson. Penderfynodd y brodorion wrthymosod wrth i'r Saeson fynd rhagddi i ddinistrio a llosgi tai'r Acadiaid, fel ym mhentref Chipoudy, pan laddodd y Mi'kmaq a'r Acadiaid 42 o'r dinistrwyr. Ymatebodd Lawrence drwy greu Gorchymyn Ymadael ar bob un o'r Acadiad o'u tir eang o ganol Nova Scotia at gyrion Quebec. Mae'n werth nodi nad oedd hyn yn brofiad newydd – roedd yr ymosodiad cyntaf arnynt mor bell yn ôl â 1613, lle llosgodd milwyr Lloegr eu tref newydd Port-Royal.

Cuddiodd miloedd gyda'r Mi'kmaq, a cheisiodd eraill arbed eu tai a'u hunain drwy dyngu llw i Goron Lloegr, ond ni weithiodd hynny chwaith, ac i lawr â'u tai a hwythau ynddynt. Yna aeth y Saeson ati i ymosod gydag arddeliad ar y Mi'kmaq, gan gynnig arian am eu sgalpiau er mwyn i'w trefedigaethwyr anturus hefyd fwrw i'r gwaith. Cynigiwyd tâl uwch am sgalpiau'r dynion ac arian llai am rai'r merched a'r plant.

Brawychwyd y Saeson bod cynifer o Ffrancwyr wedi ymsefydlu yn y gogledd a draw am y gorllewin, yr holl ffordd i lawr i Fecsico. Gwelent fygythiad yn y ffaith eu bod mor gyfeillgar gyda'r brodorion. Doedd dim amdani ond rhyfel.

Ond roedd problem. Nid oedd yr amodau gwaith yn plesio'r milwyr a'r morwyr yn llynges Lloegr. O'r 70,000 a gyflogwyd rhwng 1756 a 1759, bu farw 12,700 o anfadwch, gydag o leiaf 13,000 arall yn dianc. Mewn cymhariaeth, ychydig gannoedd a gollwyd drwy ymladd. Yr ateb oedd Press Gang, sef dwyn dynion a'u gorfodi i ymuno â'r fyddin. Er bod hyn yn digwydd hefyd yng ngwledydd Prydain, roedd hi'n fwy cyfleus gwneud y cipio ym mhorthladdoedd America ei hun. Cafodd 3,000 o ddynion yn Efrog Newydd eu presgangio. Dyma fu ffawd nifer o goloneiddwyr yr addawyd dyfodol llewyrchus iddynt yn y cyfandir newydd. Ar ben hynny, roedd ffoaduriaid yno nad oedd yn hidio taten am *King and Country*, yn cynnwys cannoedd o filoedd o Wyddelod, Albanwyr a Chymry oedd wedi methu byw dan landlordiaid Seisnig. Canlyniad y cyfan oedd bod dyddiau dylanwad coron Lloegr yn dechrau machlud yn America.

Er, disgynnodd Quebec i ddwylo'r Saeson yn 1759, wedi gwarchae hen ffasiwn. Wrth ddathlu llwyddiant arall, roedd Llundain yn araf i sylwi fod y seiliau yn gwegian. Oherwydd nifer o ddeddfau i godi arian i goffrau Siôr III, fel y dreth stamp ar bob dogfen gyfreithiol a godwyd yn 1765, roedd y rhai a ystyrid yn '*loyal British subjects*' yn troi'n llai a llai ffyddlon. Roedd Siôr a'r senedd yn gwbl llym yn wyneb protestiadau, gan fynnu mai Lloegr, a Lloegr yn unig, fyddai'n penderfynu ar gyfreithiau ei thiriogaethau. Ymateb eu trefedigaethau dros yr Iwerydd oedd gosod embargo ar nwyddau o Brydain.

Cefnogodd brodorion yr Iroquois ddatganiadau y gyngres a sefydlwyd ymysg gwynion y cyfandir fod angen rhyddhad o reolaeth Lloegr. Ymateb y gyngres honno oedd gorchymyn i'r brodorion 'gadw allan o ffrae deuluol'.

Roedd y trethi ar Boston yn enwedig, lle trigai nifer o Wyddelod a orfodwyd o'u gwlad, yn amhoblogaidd. Wedi i Lundain ddiddymu'r ddeddf stamp, cryfhawyd braich y protestwyr. Roedd y casglwyr trethi yn methu casglu'r arian 'dyledus' gan nad oedd neb yn cydymffurfio. Felly rhaid oedd gweithredu, ac yn 1770 gosodwyd catrawd o'r fyddin Brydeinig ger Boston i 'gadw'r heddwch', ac i sicrhau fod yr arian yn llifo i ble y dylai.

Nid oedd Frederick North, Prif Weinidog Lloegr, yn adnabyddus am drafod gydag unrhyw un a fygythiai elw neu rym Prydain. Felly roedd yn rhaid disgyblu Boston fel bod pawb yno yn dod at eu coed.

Ni chafodd y polisi o saethu'r rhai anufudd yr effaith a ddymunwyd. Arwydd o annibyniaeth y coloneiddwyr oedd iddynt fynd â chwe milwr Prydeinig i'r llys am saethu'r dorf yn yr hyn alwyd yn *The Boston Massacre*. Rhyddhawyd y chwech gan wylltio'r dref yn waeth, ac mae'n werth nodi disgrifiad eu cyfreithiwr John Adams o'r dorf a wynebai'r milwyr: '*a motley rabble of saucy boys, negroes, and molattoes, Irish teagues and outlandish jack tarrs*'. Trigolion hanner du a hanner gwyn oedd y 'molattoes', a 'jack tarrs' oedd y term ar forwyr anystywallt.

Yn 1773, bu Boston unwaith eto'n ddraenen yn ystlys yr Ymerodraeth. Trodd llid y trigolion ar longau'r Saeson gan dywallt cargo o de i'r môr – digwyddiad a symbylodd y rhyfel am annibyniaeth, yn dilyn deddf oedd yn rhoi monopoli ar werthu te i'r *East India Company* Seisnig.

Wedi i Lundain wahardd gynnau a phowdr rhag cael eu hallforio i America, gwelodd cefnogwyr annibyniaeth hynny fel arwydd i sicrhau stoc drwy eu dwyn o gaerau'r Saeson, a chipio'r caerau yn ogystal. Roedd pethau'n mynd o chwith i'r Ymerodraeth.

Ceisiodd Deddf Quebec 1774 roi terfyn ar y dadlau a'r gwrthdaro rhwng y setlwyr Seisnig a'r Ffrancwyr am wahanol diroedd (roedd y brodorion yn amherthnasol, wrth gwrs), a hynny a sefydlodd ffin Canada. O hynny ymlaen roedd yn goloni gwahanol i'w llywodraethu drwy gytundeb y setlwyr Ffrengig, dan ambarel ymerodraeth Prydain. Cafodd Canada ymreolaeth yn 1867, ond arhosodd yn rhan o'r Gymanwlad.

Roedd yr ysfa i dorri oddi wrth orchmynion a chyfreithiau Lloegr yn nhaleithiau America yn cynyddu. 'Torïaid' oedd y term dilornus yn 1776 ar y rhai oedd yn driw i Brydain. Ymbiliodd llywodraethwr Efrog Newydd, James Robertson, i'r plant anystywallt ddeall mai drwy undod y byddai llewyrch yn parhau, gan gadw eu hiaith, sef y Saesneg, fel sylfaen cydweithredu, cyd-ymddiried a chymwynas. Wedi hynny, cyflwynwyd manars, cyfreithiau, masnach, crefydd, arferion, a gwaed fel y rhesymau pam mai mewn undod Prydeinig yr oedd nerth. Ond y flwyddyn honno daeth datganiad oddi wrth yr 13 drefedigaeth Seisnig eu bod yn ymadael â rheolaeth Lloegr.

Roedd ymateb y Saeson yn eithaf hawdd i'w ragweld. Llosgwyd neuaddau Coleg Princeton a'r llyfrgell fawr yno gan y Saeson i ddial fod un o'i sylfaenwyr, John Witherspoon, wedi dianc rhag eu llid o Ucheldiroedd yr Alban. Dangoswyd yn glir i'r coloneiddwyr nad oedd eu lles yn uchel ar agenda'r milwyr Seisnig, a bu hynny'n hwb mawr i'r gwrthryfel.

Wrth weld fod ei byddin yn stryffaglio, penderfynodd Llundain addo rhyddid i'r caethweision du fyddai'n ymladd ar eu hochr, ac fe ymunodd miloedd â'r Saeson, cyn profi'r brad ansyfrdanol o gael eu gwerthu am yr eildro yn Efrog Newydd gan eu cadfridogion ar ôl i'w defnyddioldeb ddod i ben. Defnyddiwyd a thwyllwyd y brodorion yn yr un modd.

Ni ddaeth y rhyddid newydd o grafangau Lloegr â gwell byd i'r brodorion. O hynny ymlaen aeth y 'wlad newydd' ati i feddiannu gweddill y cyfandir ddarn wrth ddarn. Bu'n rhaid i'r brodorion gilio fwyfwy i'r gorllewin ac yn y diwedd nid oedd mwy o orllewin ar ôl.

Amcangyfrifir bod poblogaeth y brodorion yng ngogledd America cyn dyfodiad y Saeson oddeutu 9-12,000,000, ond cydnabyddir fod hwn yn isafswm os rhywbeth. Mae'r hanesydd

Russel Thornton yn ôl ei ymchwil yn 1987 yn honni bod y boblogaeth yn 1492 yn 18,000,000.

Roedd y brodorion wastad yn cael eu hannog i alw arlywydd yr Unol Daleithiau fel y 'tad' oedd yn eu gwarchod. Dyma eiriau brodor o'r enw Neidr Fraith, oedd dros ei gant oed, yn 1830: 'Frodyr, rwyf wedi gwrando ar nifer o areithiau gan ein "Tad Mawr Gwyn". Pan ddaeth ar draws y dŵr roedd yn ddyn bach, ei goesau'n brifo wedi eistedd yn ei gwch cyhyd. Wedi iddo gynhesu ei hun o flaen ein tân a derbyn ein bwyd aeth yn fwy... Roedd yn dotio cymaint at ei blant coch fel y rhybuddiodd ni, "Ewch ymhellach rhag ofn i mi eich sathru".'

Er i ragor o ryfela ddigwydd rhwng Lloegr ac America yn 1812 ac 1815, buont yn gynghreiriaid mewn dau ryfel byd yn yr 20fed ganrif. Er y statws annibynnol, roedd nifer – yn enwedig y dosbarth ariannog – yn gweld y cysylltiad yn annatod. Yn 1814, nododd y *New York Times*: '*We are part, and a great part, of the Greater Britain which seems so plainly destined to dominate this planet*'.

Ond mynegwyd barn wrth-ymerodraethol yn America o dro i dro, megis yn y *Chicago Tribune* yn Ebrill 1945:'*The British game never varies. What she has, she will hold. What other nations obtain Britain will share*'. Eto, efelychu hen bŵer canolog yr Ymerodraeth wnaeth diwydianwyr a gwleidyddion yr Unol Daleithiau pan welsant eu cyfle yng ngwendid Lloegr wedi'r Ail Ryfel Byd.

Y prif ddigwyddiad a setlodd y ddadl pwy oedd y prif fwli ar iard y byd oedd y rhyfel fer yn erbyn yr Aifft yn 1956, pan oedd Lloegr a Ffrainc am berchnogi canal Suez. Gwelodd yr Americaniaid eu cyfle i danseilio cyn-oruchafiaeth y Saeson yn y Dwyrain Canol a bygwth Llundain yn agored i roi'r gorau i'w rhyfel ar unwaith. Gwelodd y Saeson fod eu hamser o lywio cwrs gwledydd tramor ar ei phen ei hun ar ben. Sylweddolwyd fod rhywun mwy na nhw wedi penderfynu taflu ei bwysau, ac mai'r llwybr hawsaf bellach oedd cefnogi eu cefndryd Saesneg dros yr Iwerydd a cheisio am ran o ba bynnag gacen oedd ar gael. Ers hynny maent yn swatio dan faner yr Unol Daleithiau ac yn gweiddi o glydwch honno, onibai am achlysuron eithriadol fel Rhyfel y Malfinas.

# *Jamaica*

Daeth ymosodiad cyntaf y Saeson ar Jamaica yn 1596, ond y Sbaenwyr oedd eu targed gan eu bod nhw wedi cyrraedd yno gyntaf. Wedi malu a methu, daethant yn ôl i falu a methu eto yn 1635, cyn llwyddo i yrru'r Sbaenwyr i ffwrdd yn 1655. Erbyn hynny roedd y brodorion, miliynau ohonynt, fwy neu lai wedi diflannu dan law'r Sbaenwyr, ac aeth y Saeson ati i ddod â caethweision o Affrica i weithio'r tir er mwyn eu helw.

Mae'n werth crybwyll stori un Cymro gwallgof yn yr hanes. Wedi iddo fradychu ei griw ei hun a'u gadael yn dathlu'n feddw ar ôl rheibio Panama, gan hwylio ei long a'i llwythi o aur ar ben ei hun, glaniodd Harri Morgan yn Jamaica 1671. Roedd y Saeson wedi mwynhau bod ei ladrata ar draul llongau Sbaen wedi gwanhau coffrau eu gelyn yn sylweddol. I'r dim, siort ora. Aethant ati i wneud Harri'n lywodraethwr ar yr ynys.

Roedd cyndaid David Cameron, y cadfridog Sir James Duff, yn berchen ar 202 caethwas pan ddiddymwyd yr arfer, ac am hynny cafodd £4,101 o iawndal (sy'n cyfateb i £3 miliwn heddiw). Doedd hynny yn ddim o'i gymharu â'r £83,530 a gafodd tad y cyn-Brif Weinidog William Gladstone (£65 miliwn heddiw). '*It's time to move on*' a '*I don't think reparations are the way forward*' oedd atebion ansyfrdanol David Cameron i ymgais gan lywodraeth Jamaica i ennyn iawndal am y canrifoedd o gaethwasiaeth.

Saeson oedd fwyaf euog yn y farchnad hon, ond roedd Ewropeaid eraill wrthi yn ogystal. Trawsgludwyd o leiaf 12 miliwn o bobl Affrica dros y cefnfor i weithio yng nghyfandir America a chofrestrwyd bod 2 filiwn a hanner wedi marw ar y ffordd. Isafswm yw hynny felly. Roedd y Saeson eu hunain yn trawsgludo 40,000 y flwyddyn yn negawdau olaf y 18ed ganrif, ac aed â llawer i Jamaica i'r planhigfeydd siwgr. Roedd y Saeson yn Affrica yn gwneud eu ffortiwn yn dal a gwerthu pobl, a'r Saeson yn Jamaica yn gwneud ffortiwn o elwa ar y siwgr yr oedd y bobl hynny'n eu cynaeafu dan orfodaeth a heb gyflog. Roedd un o bob deg yn marw yn Jamaica o newyn – y bwyd a roddwyd yn aml yn hollol annigonol gan fod hynny'n costio. Roedd bwyta'r siwgr yn arwain at gosbau difrifol. Cafodd mwy eu lladd oherwydd cosbau nag oherwydd newyn.

Roedd digon o gyflenwad o gaethweision, wrth gwrs, a doedd dim angen bod yn ofalus ohonynt. Camddyfalodd capten y llong *Zong* faint o ddŵr oedd ei angen ar gyfer ei fordaith. Wrth weld fod ei gargo'n marw o syched, roedd yn rhaid gweithredu ar unwaith. Nid oedd unrhyw dâl yswiriant i'w gael am y rhai fyddai'n marw'n naturiol, ond roedd iawndal am y rhai fyddai'n marw o anffawd neu'n lladd eu hunain. Felly taflodd 132 i'r môr. Yr unig reswm y gwnaed y stori'n gyhoeddus oedd fod yr yswirwyr wedi mynd â'r achos i'r llys, ond rywsut neu'i gilydd dyfarnwyd eu bod yn gorfod talu'r capten.

Capten arall oedd John Newton, oedd yn hoff o ddefnyddio teclyn arteithio bodiau ar ei gargo. Yr un John Newton a gyfansoddodd yr emyn '*Amazing Grace*'.

Roedd dianc yn aml yn derbyn y gosb eithaf, fel rhybudd i eraill. Wedi dal un, adroddodd y rhai a'i llosgodd yn ofalus o'i draed i fyny nad oedd y dioddefyn wedi agor ei geg na gwneud unrhyw sŵn wrth i'w goesau losgi'n araf i ddim, dim ond edrych arnynt gyda dirmyg.

Nodwyd yn aml mai caethwasiaeth oedd '*the foundation of our commerce, the support of our colonies, the life of our navigation, and first cause of our industry and riches*'. Cyfoethogodd llawer o'r dosbarth uwch yn Lloegr y tu hwnt ar draul y farchnad hon.

Triniwyd y caethweision yn ddychrynllyd er mwyn ceisio eu cadw yn eu lle. Mor llwyddiannus oedd y drefn yn Jamaica fel bod 200,000 caethwas du i 20,000 o drefedigaethwyr gwyn, y mwyafrif ohonynt o Loegr. Gwaherddid eu hieithoedd i atal unrhyw siarad a allai arwain at gydweithio. Roedd eu diwrnod i'w dreulio mewn distawrwydd.

Bu un gwrthryfel yn Jamaica yn 1865, ddau gan mlynedd wedi i'r Affricanwyr cyntaf lanio yno, a daeth i sylw Llundain wedi i nifer o'r gormeswyr gwyn gael eu lladd. Roedd caethwasiaeth wedi'i anghyfreithloni ers 1833. Esboniodd y *Times of London* y sefyllfa:

*... the sable mob... revelled in blood... for days they indulged in a drunken dream of negro mast and white slavery. It was Africa, hithero dormant, that had broken out in their natures.*

Y cyfandir anwaraidd wnaeth dargedu'r gwynion gwâr felly. Cafodd y Llywodraethwr Edward Eyre rwydd hynt i grogi a chwipio cannoedd o'r duon, ond gyda'r ddadl dros gaethwasiaeth wedi'i hen ennill, bu'n rhaid i'r prif weinidog Gladstone ei ddiddymu o'i swydd. Bu ffraeo'n sylweddol, gyda'r bardd Tennyson yn un o'r rhai wnaeth ddamnio Gladstone drwy edliw wrtho '*we are too tender to our savages. Niggers are tigers.*'

Prin y gwnaeth diwedd caethwasiaeth weld newid ym mywydau'r rhan fwyaf o'r bobl dduon. Roedd eu cyflogau'n isel ac yn cael ei dalu'n ôl mewn rhent am gwt gwael a bwyd. Caent eu trin yn ddigon tebyg, ac roedd pob undeb neu ymgais am hawliau yn anghyfreithlon.

Wedi cael llond bol ar yr oruchafiaeth economaidd oedd yn gweld cyfoeth yn gadael Jamaica o hyd, yn ogystal â hiliaeth agored megis gwrthod mynediad i'r duon i fariau a bwytai, cynhaliodd Jamaica refferendwm annibyniaeth yn 1961. Yn dilyn y canlyniad ysgubol, ond yn bennaf oherwydd bygythiad America i sicrhau eu bod yn ufuddhau i'r egwyddorion y cytunwyd arnynt wedi'r Ail Ryfel Byd, rhoddodd y Saeson y ffidil yn y to.

Cafodd Jamaica ei hannibyniaeth yn 1962 ar yr amod bod y wlad yn rhan o'r Gymanwlad o hyd.

# Sant Cristopher

Yn y Caribî hefyd mae ynys Sant Cristopher, neu St Kitts fel y mynn y Saeson ei galw. Yno mae olion anheddau sy'n deillio'n ôl i o leiaf 500 mlynedd cyn Crist.

Daeth terfyn ar y math yna o beth yn 1623 wrth i'r Saeson cyntaf lanio. Rywsut neu'i gilydd, roedd y Sbaenwyr wedi gadael llonydd i'r trigolion am unwaith, ac wedi gadael heb lawer o ffwdan ar ôl 'darganfod' yr ynys. Gan frolio'r lleoliad denwyd Thomas Warner i sefydlu'r drefedigaeth Seisnig gyntaf yn y Caribî yno. Adeiladodd gaer gan ddweud wrth y trigolion nad lle i gadw milwyr ydoedd ond lle i gadw ieir. Daeth mwy o Saeson draw, ac yn 1625 daeth Ffrancwyr ar ei draws. Yn hytrach na hel eu cystadleuwyr ymerodrol oddi yno, cawsant eu croesawu gan Warner er mwyn iddynt gynorthwyo ei gynllwyn. Yn 1626, bradychwyd y brodorion gan Warner. Un noson, rhoddwyd anrhegion o alcohol i'r trigolion cyfagos iddynt gysgu'n ddigon trwm i beidio â chlywed ei filwyr yn mynd i'w pentref i'w lladd yn eu gwlâu. Dyna oedd dechrau lladd miloedd o'r brodorion, pobl y Kalinago. Mi esboniodd ei weithred drwy ddweud ei fod wedi clywed fod y trigolion yn cynllunio i'w ladd yntau, felly fe ymosododd gyntaf. Roedd hynny'n ddigon rhesymol adref yn Lloegr iddo gadw ei enw da. Wrth annog Llundeinwyr i ymsefydlu ar yr ynys, un o'r rhinweddau yr oedd wedi'u rhestru oedd fod y brodorion mor gyfeillgar.

Wedi eu cythruddo, daeth trigolion yr ynysoedd cyfagos yno i ymladd, er eu bod yn gwybod y byddent yn erbyn gynnau. Cawsant eu lladd fesul cannoedd o'i gymharu ag 16 Sais. Gadawyd yr ynys i'r Saeson dyfu siwgr arni. Er mwyn gwneud hynny, roedd angen caethweision. Pryderwyd, wrth i'r busnes fynd rhagddo'n rhagorol, fod poblogaeth y caethweision du yn llawer rhy niferus i gyfanswm y meistri gwyn. Er sicrhau fod y dychryn yn sylweddol wrth gosbi'n hallt am y pethau lleiaf, erfynwyd ar Lundain i yrru celc o gaethweision gwyn fyddai'n llai tebygol o uno mewn gwrthryfel.

Dyna a wnaed, a phwy oedd yn haws i'w gyrru na'r Albanwyr, y

Cymry a'r Gwyddelod anffyddlon hynny oedd yn llenwi'r carchardai. Daeth yr adeg lle oedd unrhyw rebeliaeth yn golygu trip ar long. Gwnaeth y Torïaid jôc am y peth yn San Steffan yn 2015, pan oedd presenoldeb niferus yr Albanwyr anheyrngar yn sarnio eu senedd gan bitïo na fuasent yn medru eu gyrru'r eildro i St Kitts, i fonllefau ra-ra'r rhai oedd yn gwybod eu hanes. Ac mi fyddai'r Torïaid yn ymwybodol o'r hanes penodol hwn gan mai cyndeidiau llawer o'u haelodau seneddol oedd yr union rai a gludodd, ac a reolodd ac a elwodd ar y caethweision.

Daeth adroddiadau o'r ynys yn brolio'r Albanwyr a'r Cymry fel gweithwyr, ond fod y Gwyddelod yn llawer mwy anufudd ac yn poeni llai am y cosbau a ddilynai hynny. Yn 1673 cyrhaeddodd nodyn ar long yn gyfnewid am gaethweision: '*Scotchmen and Welshmen we esteem the best servants and the Irish the worst, many of them good for nothing but mischief.* Flwyddyn yn ddiweddarach, ddwy ynys i ffwrdd ar Monserrat, gwelodd y caethweision Gwyddelig longau'r Ffrancwyr yn osio i lanio i ymosod ar y Saeson. Ar amrantiad, trodd y Gwyddelod ar eu goruchwylwyr er mwyn cynorthwyo'r ymosodwyr. *Disloyal* yw disgrifiad Lawrence James o'r Gwyddelod hyn yn ei gyfrol *The Rise and Fall of the British Empire.* Erbyn 1677 roedd rheolwyr Sant Cristopher yn erfyn am gael prynu carcharorion Seisnig am £1.55 yr un ac yn fodlon talu am eu cludo yno yn hytrach na derbyn Gwyddelod am ddim.

Cafodd Sant Cristopher ei hannibyniaeth yn 1983, ond mae'n parhau'n aelod o'r Gymanwlad Brydeinig, a Saesneg yw ei hunig iaith.

# *Ciwba*

Er nad oes dim olion ohonynt yno heddiw, aeth y Saeson ati i oresgyn Ciwba fwy nag unwaith.

Cafodd yr ynys sylw gan Francis Drake, oedd yn brysur yn ymladd y Sbaenwyr ar y pryd, ond bu'r yr ymosodiad cyntaf arni yn 1662 wrth i'r cadfridog a'r môr-leidr Christopher Lyngs ymosod ar Santiago de Cuba a dwyn a dinistrio.

Yn 1741 y bu'r antur nesaf, pan welwyd 4,000 o filwyr dan ofal y Cadfridog Edward Vernon yn glanio ym Mae Guantanamo (lle mae'r Americanwyr heddiw'n cadw Asiaid ar hap ac yn ddigyhuddiad), gan ei ailenwi'n hyderus yn Cumberland Bay. Ni pharodd yr enw'n hir wrth iddynt ymadael dan warchae'r trigolion ac yn dioddef o ryw anfadwch. Dyfal donc, a saith mlynedd yn ddiweddarach rhoddwyd ymgais arall ar gipio tref y Sbaenwyr, Santiago de Cuba, gyda'r Rear Admiral John Knowles yn ymosod ar yr harbwr, ond gan ddenu gynnau'r Sbaenwyr a derbyn ychydig o chwalfa wrth golli cannoedd i'r môr.

Gadawyd dau ddegawd tan yr ymgais nesaf yn 1762 pan aethpwyd am Hafana ei hun. Llwyddwyd i hwylio 11,000 o filwyr yno y tro hwn ond roedd yr amddiffyn yn ffyrnig eto. Anfonwyd 3,000 o filwyr ychwanegol. Erbyn iddynt lwyddo, dim ond 3,000 milwr oedd ar ôl. Ac ar ôl y fath ymdrech, gadawodd y Saeson Ciwba yn 1763, yn ei gyfnewid am Florida mewn cytundeb heddwch â'r Sbaenwyr.

Yn 1963 gydag economi Prydain yn dioddef, aed mor isel â gwerthu 450 bws Leyland i Ciwba. Yr adeg honno nid oedd y 'berthynas arbennig' â'r Unol Daleithiau mor arbennig â hynny gan fod yr Americanwyr ar y pryd yn ceisio gosod embargo ar Ciwba. Bu hen ffraeo'n Llundain, ond dyna'r gyfathrach olaf fwy neu lai rhwng Ciwba a Phrydain. Nid oes gan Brydain ddiddordeb mewn masnachu heb oruchafu. Roedd llywodraeth Tony Blair yn hynod frwd i ddilyn yr Unol Daleithiau, gan fygu unrhyw fusnes â'r wlad.

# Guyana

Cymharol wan oedd ymdrechion y Saeson i feddiannu De America gan eu bod yn hwyr i'r parti o'u cymharu â'u cymdogion Ewropeaidd. Yn 1665 meddiannwyd trefedigaethau'r Iseldirwyr, yn Guyana bellach, gan fod Lloegr yn rhyfela yn eu herbyn ar y pryd. Y gwledydd ar arfordir gogleddol cyfandir De America oedd y rhai hawsaf i'w rheibio o'r Caribî. Ymosododd y Ffrancwyr arnynt yn eu tro, cyn i'r Iseldirwyr eu dadfeddiannu. Taflwyd y Ffrancwyr a'r Iseldirwyr oddi ar y tri choloni yn derfynol yn ystod y rhyfel rhwng Lloegr a Napoleon a datganwyd eu bod yn rhan swyddogol o'r Ymerodraeth Brydeinig yn 1814, cyn iddynt gael eu huno yn 1831 i ffurfio British Guiana.

Flwyddyn wedi i'r Unol Daleithiau hel y Sbaenwyr o'r ardal a datgan y Monroe Doctrine, anghytunodd George Canning, ysgrifennydd tramor Prydain, yn 1824: *'Spanish America is free, and if we do not mismanage our matters sadly, she is English'.*

Cafwyd anghydfod ynglŷn â ffiniau yn 1840 pan brotestiodd Feneswela fod Lloegr yn hawlio cannoedd o filltiroedd dros afon Essequibo. Canfuwyd aur yn y tir dadleuol ar ddiwedd y 1850au a glaniodd Saeson yno a sefydlu'r *British Guiana Mining Company*. Anwybyddwyd protestiadau rheolaidd y Fenesweliaid yn llwyr yn Llundain. Arweiniodd hynny iddynt ofyn i'r Unol Daleithiau am gymorth i ddod â'r Saeson at y bwrdd trafod. Cafwyd tribiwnlys cwbl deg o ddau Sais, dau Americanwr ac un Rwsiad i farnu fod 94% o'r tir trafferthus yn eiddo i'r Saeson yn 1899.

Ar ddiwedd yr Ail Ryfel Byd, gweithredodd y trigolion ar eiriau mawr y cynghreiriaid o amddiffyn democratiaeth a gwledydd bychain ac yn y blaen a dechrau trefnu eu hetholiadau eu hunain.

Nid oedd polisïau'r *People's Progressive Party* (Saesneg oedd iaith y wlad erbyn hynny) yn hynod chwyldroadol, ond er bod yr arweinydd Dr Cheddi Jagan yn annog cwmnïau tramor i fuddsoddi'n chwareli y wlad, roedd yn siarad gormod am rannu'r buddiannau yn ogystal â thrafod syniadau peryglus fel lleihau dylanwad yr eglwysi ar addysg drwy sefydlu addysg gyhoeddus, rhoi hawliau i denantiaid a sefydlu undebau llafur.

Ailadroddodd newyddion Lloegr fantra llywodraeth Churchill fod eu coloni druan mewn perygl oddi wrth y comiwnyddion gorffwyll, gan ofalu hepgor y ffaith anghyfleus fod y bobl eu hunain wedi pleidleisio am y fath orthrwm. Felly ni fu protestio wrth i Loegr hwylio eu llongau i Guyana er mwyn i'w milwyr ddisodli'r llywodraeth etholedig. '*Her Majesty's Government are not prepared to tolerate the setting up of Communist states in the British Commonwealth*,' esboniodd y *Colonial Secretary*, Oliver Lyttlejohn, yn San Steffan ar 23 Hydref, 1953.

Cyd-gynllwyniwyd law yn llaw â'r Unol Daleithiau i gladdu democratiaeth yn y wlad. Er hyn, cynhaliwyd etholiad arall yn 1957 a threchodd Cheddi Jagan eto, ac i arbed y peryg bod y gwir am eu dichelldra bedair mlynedd ynghynt gael ei ddatgelu, gwahoddodd Prydain y CIA i ddelio â'r mater ar eu pennau eu hunain. Roedd y CIA wedi gweithio o'r blaen ar dir Prydain, ond nid ar eu gwahoddiad ac yn sicr nid er mwyn eu cynorthwyo. Roedd hwn yn gam arall tuag at weithredu cynllun newydd Prydain mai closio at y boi mawr newydd yn y dosbarth oedd eu hunig obaith o gario ymlaen â'u bwlio. Methodd y CIA â'i ddisodli a chafodd ei ethol drachefn yn 1961. Roedd Guiana Brydeinig yn un o'r llefydd roedd Prydain dlawd erbyn hynny yn ei weld fel gwlad a oedd yn fwy o gost na'i gwerth i'w chadw, ond ar anogaeth yr Americaniaid gwrthodwyd annibyniaeth llawn i'r wlad.

Roedd Prydain wedi newid y rheolau ar gyfer etholiadau 1964. Nid oedd y parti mwyaf yn cael rheoli'n ddiamod – roedd yn rhaid ennill dros 50% o'r bleidlais. Drwy hynny, llwyddwyd i hel Cheddi Jagan o rym drwy'r ffyrdd arferol tywyll o ariannu propaganda a phrotestiadau ffug, a dymchwel sefydliadau mewnol er mwyn troi hyder y bobl yn ei erbyn. Y diwrnod cyn yr etholiad, cyhoeddodd y CIA lythyr honedig gan wraig Jagan yn y papurau a reolwyd gan Saeson y wlad, yn dweud na fyddai ots os byddai'i gŵr yn colli'r etholiad gan y byddai'r Undeb Sofietaidd yn siŵr o ruthro i mewn i'w ailosod mewn grym. Erbyn i'r papur brintio'r ymddiheriad bach ar ôl ei phrotestiadau, roedd yr etholiad wedi'i gynnal. Er hyn, curodd 24 o 53 o'r seddi ond gosododd Ymreolwr Prydain y dyn oedd yn ail mewn grym, gan honni fod pawb arall mewn clymblaid yn ei erbyn. Gwrthododd Jagan ymddiswyddo, a llifodd byddin Prydain i mewn i'r brifddinas Georgetown i fygwth beth fyddai'n digwydd pe na bai'n parchu ewyllys y meistri.

Ddwy flynedd yn ddiweddarach roedd Prydain yn fodlon fod Jagan wedi diflannu, a dyna pryd newidiodd British Guiana ei henw yn Gyuana. Fel rhan o'r cynllwyn i'w atal rhag dychwelyd, diddymwyd democratiaeth a 'dewisodd' y wlad fod yn Weriniaeth y tu mewn i'r British Commonwealth of Nations. Tlododd y wlad yn arw, fel y dangosodd pob rhestr dyngarol dros y degawdau, gyda'i chyfoeth yn cael ei fachu'n syth gan y cwmnïau rhyngwladol. Roedd hi'n 1992 cyn y cynhaliwyd yr etholiadau rhydd nesaf yno, ac enillodd y Dr Cheddi Jagan eto, bron 30 mlynedd wedi'i ddisodli.

# Belize

Y Sbaenwyr, gydag ymdrech lew gan y Portiwgeaid hefyd, oedd coloneiddwyr de America, ond mae Belize yn un darn a drowyd yn Lloegr fechan am gyfnod hir iawn. Gwnaed y goresgyniad yn swyddogol yn 1862, gan alw'r tir yn British Honduras nes iddo ennill ei annibyniaeth yn 1981, sy'n syndod o hwyr o ystyried cyn lleied o sôn sydd wedi bod am y coloni yma o'i gymharu â Gibraltar neu Hong Kong, er enghraifft.

Yn ôl y sôn, glaniodd y Saeson cyntaf yno yn 1638, a hynny drwy hap a damwain wrth i'w llong falu o dan eu traed. Gwelsant ei fod yn llecyn cyfleus ar gyfer hwylio i ymosod ar y Sbaenwyr pan oedd eu llongau hwythau'n llawn. Datblygodd hynny i nifer o'r coloni gymryd y tir drwy drais a thorri ac allforio coed, oedd yn ddewis saffach fel yr aeth amser heibio. Roedd rhai yn frwd i beidio datblygu'r tensiwn gyda'r Sbaenwyr (oedd hefyd yn hawlio'r tir) a throi hynny'n rhyfel agored mawr rhwng y ddwy ymerodraeth gan chwalu'r elw a wnaethpwyd wrth reibio America. Cadwyd y berthynas yn un o anghydfodau bach hyll ac ymosodiadau ar y môr tan 1754. Rhwygwyd pwerau Ewrop i gefnogi un ochr neu'r llall wedi i Loegr ymosod ar golonïau'r Ffrancwyr. Enillodd y Saeson eu hawliau allforio yn Belize ar ddu a gwyn gan orfodi Sbaen i arwyddo hynny wedi'r Rhyfel Saith Mlynedd. Ailymosododd Sbaen ar y Saeson yn Belize yn 1779 ac yn 1798, ond yn aflwyddiannus.

Y collwyr yn yr anghydfod oedd pobl y Maya, oedd hefyd yn dioddef i'r gogledd dan law'r Sbaenwyr yn yr hyn sydd heddiw'n Mecsico. Erbyn 1855, seliwyd y realiti yn swyddogol wrth i gyfraith Lloegr wahardd y Maya rhag perchnogi unrhyw dir. Yn 1866, cafodd y brodor Maya Marcos Canul lond bol ac arwain grŵp i ymosod ar iard goed wrth ymyl afon Bravo, gan ei meddiannu a gofyn i'r Saeson dalu rhent iddynt. Daeth sioc i'r ymerodraeth wrth i gatrawd a yrrwyd i ddatrys hyn gael eu maeddu gan y Maya. Ateb y Saeson oedd gyrru 300 o filwyr i fryniau Yalbac a dinistrio pob pentref di-amddiffyn y daethant ar eu traws. Ni weithiodd y dacteg hyfryd honno ychwaith, ac mi feddiannodd Canul a'i ddynion nifer o ardaloedd eraill dros y misoedd canlynol, gan gipio tref allweddol Corozal yn 1870.

Ddwy flynedd yn ddiweddarach, penderfynodd Canul – gyda dim ond 150 o ddynion – ymosod ar farics y Saeson, Orange Walk. Bu farw Canul o'i anafiadau yn y frwydr. Collodd y Maya eu hysbryd ac ailfeddiannodd y Saeson yr holl sioe.

Yn 1948, ymgasglodd y Fyddin Brydeinig yno i ddangos i Guatemala pwy oedd y bòs gan i'r wlad honno ddangos cefnogaeth i drigolion Belize yn eu hymdrechion i ennill rhyddid. Ailadroddwyd hynny yn 1958 ac 1975. Yn 1981 rhoddodd y Saeson y gorau iddi a gadael, flwyddyn cyn i Margaret Thatcher yrru ei llynges i'r Malfinas i amddiffyn eu hunig dir ar ôl yn y cyfandir.

# Yr Ariannin

Wrth edrych ar fap y byd am y tro cyntaf byddai'n gamp dyfalu i ba wlad mae ynysoedd y Malfinas – y Falklands i'r Saeson – yn perthyn. Nid yw hyd yn oed eu honiad mai nhw oedd yno gyntaf yn dal dŵr.

Roedd y Sbaenwyr yn eu galw yn Ynysoedd Sebaldes ers 1600 a dyna'u galwyd gan Gapten Cook yn 1770. Os oedd yr ynysoedd yn gwbl wag, y Ffrancwyr setlodd yno gyntaf, a hynny yn 1764. Yn 1765 plonciodd Capten John Byron y Jac yr ochr arall i'r ynysoedd pell a'u hawlio yn enw Lloegr. Yn 1766 hwyliodd John McBride y trefedigaethwyr cyntaf o Saeson i setlo ar un ynys, a'i galw'n Ynys Saunders. Cymaint yw arwynebedd yr ynysoedd nes ei bod hi'n ddwy flynedd cyn i'r Ffrancwyr a'r Saeson wybod am bresenoldeb y naill a'r llall.

Clywodd y Sbaenwyr am hyn wedyn, a gan eu bod wedi hawlio De America i gyd yn eu dull ymerodrol hwythau, aethant ati i esbonio pethau drwy anfon 1,400 o ddynion mewn pum llong yno yn 1770. Ildiodd y Saeson yn syth. Adroddwyd fod Llundain wedi ildio gan mai Sbaen oedd eu perchen, a'u bod yn llawer rhy brysur yn ceisio atal genedigaeth yr Unol Daleithiau i ryfela yno hefyd. Gadawodd y Saeson yn 1774 ond nid heb adael plac yn datgan mai *'the sole right and property'* eu brenin Siôr III oedd y lle. Roeddent yn dychwelyd ar fympwy i droi clust y Sbaenwyr nes iddynt hwythau gael llond bol yn 1780 a dinistrio eu harbwr Seisnig yn Port Egmont.

Ciciwyd Sbaen o Dde America mewn modd digon tebyg i'r hyn a ddigwyddodd i Loegr yng ngogledd y cyfandir, gan adael y Malfinas hefyd yn 1811, ond gan gofio gadael eu plac eu hunain yn eu hawlio. Aeth yr Archentwyr annibynnol i'r ynys yn ogystal a gadael rhwydd hynt i bwy bynnag y dymunai ei throedio, fel y Ffrancwr Luis Vernet a gychwynnodd drefedigaeth yno. Daeth y Saeson yn ôl i feddiannu'r ynysoedd ym mis Rhagfyr 1832.

Yn ystod un o'r anghydfodau di-ri gyda Sbaen, penderfynodd y

Llynghesydd, Syr Home Higgs Popham a Major General William Beresford yrru eu llongau rhyfel i ymosod ar Buenos Aires yn 1806. Llwyddwyd i feddiannu'r ddinas am 46 diwrnod, cyn sylweddoli fod pob haen o'r brodorion, nid y Sbaenwyr yn unig, yn wrthwynebus iddynt. Rhoddodd y Saeson gynnig arall arni yn 1807 a methu eto. Eu dialedd oedd meddiannu darn o dir ar y cyd â'u hen elynion, y Ffrancwyr, ac atal llif y Rio de la Plata. Aethant ymlaen i Uruguay a meddiannu dinas Montevideo nes i'r Sbaenwyr eu hel oddi yno. Cafodd y Sbaenwyr eu hunain eu hel oddi yno gan y brodorion yn 1811.

Yn yr Ariannin annibynnol, penderfynodd Prydain feddiannu Buenos Aires yn 1845 a buont yno am bedair mlynedd yn ffraeo hefo'r trigolion heb fynd i unlle. Penderfynwyd aros yn y Malfinas, ond dim ond 2,000 o bobl oedd yn eu Falklands i gyd erbyn 1892. Mae'r ynysoedd yn fwy na hanner maint Cymru, eto nid oedd lle i neb arall yno.

Yn y chwalfa economaidd a achoswyd yn bennaf gan ei pholisïau, gwelodd Margaret Thatcher y byddai rhyfel boblogaidd yn rhoi grym iddi am dymor arall.

Mae si fod Thatcher wedi siarad gyda Galtieri gan awgrymu'n amwys fod ei diddordeb yn y Malfinas yn pylu. Yr hyn sy'n gwbl sicr yw fod unben yr Ariannin wedi datgan droeon mai eu heiddo hwy oedd y Malfinas. Yn 1982 hwyliodd llong ryfel Prydain o'r Malfinas, yn arwydd pellach i Galtieri fod Prydain wedi colli diddordeb mewn cadw'r ynysoedd. Bu'n ddigon o ffŵl i ddisgyn i'r trap. Gorchmynnodd Galtieri lynges yr Ariannin i fynd i gipio'r ynysoedd.

Roedd Thatcher yn sydyn â'i datganiad:

*The Falkland Islands and their dependencies must remain British... The people of the Falkland Islands, like the people of the United Kingdom, are an island race... This way of life is British: Their allegiance is to the Crown.*

Roedd hefyd yn nodi hawl y trigolion i ddewis – hawl yr oedd yn gwrthod i drigolion Diego Garcia a oedd eisiau dychwelyd i'w hynys hwythau wedi i Brydain eu taflu oddi yno er mwyn ei rhoi i fyddin yr Unol Daleithiau.

Digon llugoer oedd cefnogeth yr Unol Daleithiau i fenter eu cefndryd. Y rheswm am hynny oedd fod yr unben Galtieri yn un o'u myfyrwyr nhw. Fel yr unbenwyr eraill yn Ne America, roedd wedi derbyn ei addysg ar orthrymu'i bobl yn y School of the Americas yn Georgia, yr Unol Daleithiau, canolfan lle roedd darpar ddymchwelwyr llywodraethau'n cael eu hyfforddi ar dechnegau byddinoedd cudd, tanseilio mudiadau democrataidd ac undebau llafur, dienyddio ac arteithio, ac ymosod ar ardaloedd cyfan. Yr unig ganlyniad da i'r rhyfel oedd fod Galtieri wedi gorfod gadael. Nid fod unbenwyr adain dde lloerig yn wrthun i lywodraeth Thatcher wrth gwrs, fel y dangosodd ei chyfeillgarwch ag un arall o fyfyrwyr yr Unol Daleithiau, Pinochet yn Chile.

Cyn hynny roedd Prydain wedi bod yn gyfeillgar iawn â Galtieri. Datgelwyd fod yr Ariannin wedi prynu llwyth o arfau gan gwmnïau Prydeinig yn y blynyddoedd cyn y rhyfel – taflegrau o Loegr a ddaeth â'r awyren Brydeinig gyntaf i lawr yn y rhyfel. Wrth ddod i rym yn 1979, roedd Thatcher wedi dymchwel rhaglen gan undebau Prydeinig oedd yn helpu ffoaduriaid o'r Ariannin i ddianc rhag dioddefaint carcharau Galtieri.

Roedd siaradwyr Cymraeg yn saethu at ei gilydd yn ystod y rhyfel, gan fod Patagoniaid wedi eu consgriptio ym myddin yr Ariannin. Wrth i'r rhyfel fynd rhagddi roedd Peru yn gweithio ar gytundeb heddwch, a'r Ariannin wedi tynnu'n ôl rai o'i hamodau nad oedd Thatcher yn hoffi ac yn barod i arwyddo. Ar yr union ddiwrnod pan oedd hynny i ddigwydd, penderfynodd Prydain orchymyn bomio a suddo llong y Belgrano, oedd yn hwylio am yr Ariannin, nid am y Malfinas, ar y pryd. Collwyd 1,200 o fywydau consgriptiaid ifanc yr Ariannin. Roedd y cytundeb arfaethedig ar chwâl, a Thatcher wedi ennill mwy o amser i ddangos i'w chyhoedd pa mor grêt oedd hi. 'Gotcha!' gorfoleddodd tudalen flaen y *Sun*, heb grybwyll dim am unrhyw gytundeb fwy na'r un papur arall onibai am y *Mirror*, oedd yn bapur newydd go iawn yr adeg honno.

'*Rejoice!*' gorchmynnodd Thatcher wedi'r suddo. Arwydd o lwyddiant yr ymgyrch gyfryngol oedd bod ciwed fawr o bennau moel wedi mynd i swyddfa'r fyddin yng nghanolbarth Lloegr a mynnu gynnau a llong i'w cario draw i setlo'r 'Argies'. Wedi esbonio y byddai'n rhaid iddynt dderbyn hyfforddiant cyn gwneud hynny, aethant ati i falu ffenestri'r swyddfa. Ymhelaethodd Thatcher: '*We rejoice that Britain has rekindled that spirit which has fired her for generations past.*

Enillwyd y rhyfel, ac enillodd Thatcher yr etholiad cyffredinol yn 1983. Pan sefydlwyd y Franks Committee yn wyneb condemniad ar y rhyfel, y darganfyddiad ansyfrdanol a wnaeth oedd nad oedd y Prif Weinidog wedi gwneud dim o'i le. Roedd ganddi bob hawl i yrru'r wlad i ryfel heb orfod trafferthu gofyn i'r senedd.

Heddiw mae Cymry Patagonia'n wynebu trafferthion cynyddol wrth geisio ymweld â Chymru, gyda rhai wedi eu troi'n ôl wedi cyrraedd yr holl ffordd i Lundain er bod eu papurau'n gwbl mewn trefn, ac eraill yn cael eu hatal rhag cyrraedd i weithio neu astudio gan nad ydynt yn medru profi fod eu Saesneg yn ddigon da.

# *Hawaii*

Baner pa wlad a welir o hyd ar yr ynysoedd hyn yng nghanol y Môr Tawel? Prydain wrth gwrs, er eu bod yn swyddogol yn rhan o Unol Daleithiau'r America erbyn hyn.

Yn 1778 glaniodd Capten James Cook ar ynysoedd Hawaii a'u henwi'n Sandwich Islands. Bu farw yno'n 1779. Roedd wedi 'darganfod' Hawaii dros Loegr er bod olion anheddau oddeutu mil a hanner o flynyddoedd oed, a degau o filoedd yn byw yno, yn cynnwys Ewropeaid eraill. Wrth adael am drip arall, mynnodd Cook fod y brodorion yn llenwi ei long gyda bwyd. Pan alwodd heibio drachefn i ail-lenwi ei long nid oedd y brodorion yn fodlon o gwbl gan eu bod nhw angen bwyta hefyd. Aeth hyder Cook mai cic neu ddau oedd y brodorion eu hangen o chwith go iawn. Pigwyd ar un nes i hwnnw wylltio a'i drywanu ag arf a roddwyd iddo gan y Saeson yn ystod eu hymweliad blaenorol, a dyna fu tynged y dyn a ehangodd gymaint ar ymerodraeth y Sais.

Yn 1789 daeth y Sais Simon Metcalffe i'r ynysoedd a'i weithred gyntaf oedd waldio'r pennaeth Kameʻeiamoku gyda rhaff wedi i hwnnw gyrraedd ei long a pheidio â moesymgrymu'n ddigonol. Miglodd wedyn i'r ynys nesaf cyn i bobl y pennaeth ddychwelyd. Ar Maui, llwyddodd i golli cwch, a chan feio'r trigolion aeth i bentref Olowalu gan eu gwahodd yn glên tuag at ei long. Wrth iddynt gyrraedd yn eu canŵau niferus, saethodd hwy i gyd gyda chanonau y llong gan ladd oddeutu cant ac anafu cannoedd.

Gadawodd Simon, ac yn gwbl ddiarwybod o bresenoldeb ac ymweliad ei dad, pwy laniodd yno mewn llong arall ond ei fab, Thomas Metcalffe, a bu i ddiffyg parch y mab hefyd arwain at adwaith sydyn gan y rhai oedd wedi dioddef gorthrwm ei dad. Fe'i lladdwyd ef a'i griw.

Symudiad nesaf Simon oedd cynorthwyo Kamehameha, pennaeth llwyth arall oedd wedi penderfynu mai ef ddylai fod yn bennaeth yr holl ynysoedd. Cafodd Kamehameha ddigon o ynnau a dynion i'w gynorthwyo yn y dasg. Gadawodd Simon am Tsieina gan adael rhai o'i ddynion yno i ymsefydlu ar y telerau a orfodwyd ar Kamehameha am gymorth allweddol y Saeson a laddodd filoedd o'r trigolion. Bu farw mwy fyth ohonynt oherwydd yr afiechydon a gariwyd yno gan y Saeson.

Felly y daeth Lloegr i reoli'r marchnata gan sicrhau fod Kamehameha a'i linach yn parhau mewn grym. Ar 15 Chwefror, 1794 daeth Hawaii yn rhan swyddogol o'r Ymerodraeth Brydeinig. Roedd Hawaii yn prynu gwerth £40,000 o nwyddau y flwyddyn gan Loegr yn 1840 (degau o filiynau heddiw), a dyna gip bychan ar holl ddiben cael ymerodraeth. Eglurodd y gweinidog Rufus Anderson, oedd yn gweinyddu Cristnogaeth yno yn yr 1860au, mai bendith oedd y ffaith i 90% o'r boblogaeth frodorol ddiflannu dan law y Saeson a bod hynny'n 'debyg i waredu'r corff o ddarnau wedi eu heintio'.

Bron iddi fynd yn rhyfel yn 1859 wedi i Unol Daleithiwr saethu mochyn mewn gardd oedd yn berchen i Sais. Datblygodd y ffrae fach yma ac yn y diwedd glaniodd milwyr yr Unol Daleithiau ar yr ynysoedd fel roedd llongau Prydain yn angori yno i ymroi i'r anghydfod. Y tro hwnnw, diplomyddiaeth rhwng Llundain a Washington a enillodd y dydd. Gellid dychmygu'r brodorion yn gwylio hyn oll gydag edmygedd. Penderfynwyd mai Unol Daleithiau'r America fyddai perchnogion Hawaii o hynny ymlaen, gyda'r Saeson yn cael cadw eu cwmnïau proffidiol yno fel diolch. Ac yn cael cadw Jac yr Undeb ar ei baner hefyd.

Yn 1872 gadawodd y Royal Marines yr ynysoedd, a gadael yr Unol Daleithiau yno i drin y brodorion fel baw ar eu pennau eu hunain. Rhoddodd yr Unol Daleithiau y gorau i'w smalio'n 1893 a disodlwyd llinach Kamehameha fel arweinwyr yr ynysoedd. Daeth Hawaii yn uniongyrchol dan orchymyn Washington, gyda'r arian yn llifo i Loegr o hyd a'r faner bwysig yn cadw ei lle.

# Awstralia

Pwrpas taith gyntaf y capten James Cook, yn ôl gorchymyn Siôr III, oedd i osod baner Prydain ar unrhyw dir hawdd ei gymryd oedd yn dal unrhyw beth a allai fod o werth. Y polisi cyhoeddus oedd datgan nad oedd neb yn byw yno, felly'r Sais fyddai'r cyntaf i'w ganfod. A dyna sut y labelwyd Awstralia gyfan yn *terra nullus* – tir neb – gan y capten yn 1768. O hynny ymlaen nhw oedd berchen y cyfandir anferth.

Wrth fynd o ynys i ynys ar y ffordd, megis Tahiti, amcangyfrifir fod Capten Cook a'i giwed wedi cyflwyno afiechydon a laddodd dri chwarter eu poblogaeth, gan wneud pob camymddygiad arall a wnaethant bron yn amherthnasol. Felly y bu hi yn Awstralia, lle bu farw tua hanner y brodorion o amryw o afiechydon a feithrinwyd yn slymiau Lloegr.

Aeth yn ôl i adrodd i'w frenin eu bod *'the most wretched people in the world'* ond eu bod yn ymddangos yn hynod fodlon eu byd. Roedd wedi galw'r tir yn New South Wales gan fod yr enw New England eisoes wedi ei gymryd yn America.

Ar 26 Ionawr, 1788 glaniodd llongau'n cynnwys gwirfoddolwyr, milwyr a charcharorion yn yr hyn a alwyd ganddynt yn Bae Botany. Dyma'r dathliad a elwir yn *Australia Day*, sy'n cofnodi 'dechrau'r wlad' wrth i'r trefedigaethu fynd rhagddo.

Yr hyn sy'n sicr yw ei fod yn dir eithriadol ei gyfoeth diwylliannol oedd wedi'i feithrin dros filoedd o flynyddoedd. Ac o ystyried nifer y gwahanol bobloedd a ieithoedd oedd i'w cael ar hyd a lled y cyfandir, tybir fod y brodorion a labelwyd yn Aboriginiaid yn rhifo cannoedd o filoedd i filiynau o leiaf.

Ar gyfer y cyfrifiad trefedigaethol, cyfrifwyd y gwartheg a'r defaid ond nid y brodorion. Categoreiddiwyd hwy fel planhigion. Ond cafodd y planhigion lonydd cymharol. Cafodd y brodorion eu hela yn ddidrugaredd a daeth creulondebau anhygoel i'w rhan. Un sbort gan y Saeson oedd claddu plant bach hyd at eu gyddfau yn y ddaear ac edrych os oeddent yn medru cicio eu pennau i ffwrdd.

Gellid rhestru degau o dechnegau yr un mor annifyr, ond byddai'n waith caled eu darllen.

Defnyddiwyd Awstralia fel ateb i broblemau'r Saeson yn y gwledydd Celtaidd. Gyrrwyd yno mewn cadwyni y Cymry (dilynwyr Beca a'r Siartwyr), Albanwyr, Cernywaid ac yn enwedig y Gwyddelod oedd yn profi'n wleidyddol drafferthus, yn ogystal â mân droseddwyr (potsian ar diroedd arglwyddi fel arfer, neu ddwyn defaid oherwydd llwgfa). Enghraifft o'r modd y caent eu trin oedd i lywodraethwr cyntaf New South Wales, Capten Arthur Phillip, ddedfrydu Gwyddel i'w chwipio 600 gwaith a'i gadw mewn cyffion haearn am 6 mis am y drosedd anfaddeuol o ddweud nad oedd y papur gyda'i ddyddiad rhyddhau ar y llong gyda hwy.

Yn wahanol i'r fasnach gaethweision, nid oedd ysgogiad ariannol i gapteiniaid y llongau gadw eu cargo o garcharorion yn fyw gan nad oeddent yn cael eu gwerthu ar ddiwedd y fordaith. Ar y *Neptune* roedd 170 allan o 500 wedi marw drwy gael eu llwgu, er bod digon o fwyd ar y llong. Roedd ychydig o elw i'w wneud drwy werthu'r ychydig nwyddau oedd gan y meirw. Roedd ychydig o elw i'w wneud fodd bynnag o werthu'r ychydig nwyddau oedd gan y meirw.

Profodd yr alltudion mewn cyffion yn drafferthus i rediad esmwyth yr Ymerodraeth yno am ganrifoedd. Gyrrwyd miloedd yno yn 1798 o'r gwrthryfel yn Iwerddon, a phrin eu bod yn fwy lwcus na'r rhai a gafodd eu crogi. Am genedlaethau yn ddiweddarach, gyda phlant y carcharorion yn rhydd, roedd y Saeson yn rheoli dosbarth 'is' yn eu tyb hwy o wynion, yn ogystal â'r brodorion. Cofnodir yr hanes yn stori Ned Kelly. Roedd gorchmynion i bawb ddathlu pen-blwydd y brenin, gorchymyn a ddirmygwyd gan bawb nad oedd yn hannu o Loegr.

Wrth glirio'r tir o'r brodorion, roedd yn cael ei ddynodi i'r trefedigaethwyr teyrngar, yn gyn-filwyr Seisnig o'r New South Wales Corps a phlismyn, gyda grantiau'n cael eu dynodi ar gyfer eu cynorthwyo i reoli'r tiroedd hynny. Gyrrwyd milwyr rhy annymunol i Awstralia lle caent weithredu'n bell i ffwrdd heb achosi trafferth i'w cadfridogion, a bu iddynt elwa. Roedd hyn yn creu pum dosbarth – y cyn-swyddogion hynny a'r rhai presennol, y mudwyr gwirfoddol, y cyn-garcharorion a'u llinach, y carcharorion presennol a'r brodorion.

Datganodd y llywodraethwr Lachlan Macquarie wrth ei filwyr yn 1816:

> *All Aboriginies from Sydney onwards are to be made prisoners of war and if they resist they are to be shot and their bodies hung from trees in the most conspicuous places near where they fall, so as to strike terror into the hearts of surviving natives.*

Un bwgan i foesweddau'r byrddau brecwast Seisnig oedd Yagan, o bobl y Nwngar yr holl ffordd ochr arall yng ngorllewin y wlad anferth. Roedd yn ymladdwr llwyddianus yn erbyn y Saeson ac felly cynigiwyd gwobr werthfawr am ben y dihiryn. Fe'i torrwyd yn yr 1830au a'i hwylio i Lundain er mwyn i'r ddinas ddathlu. Dychwelodd Llundain ei ben i Awstralia yn 1997.

Yn 1874 daeth y goresgynwyr o hyd i bobl y Calcadŵn yn yr hyn roedd y gwynion yn ei alw'n ddwyrain Queensland. Cymerodd ddeng mlynedd cyfan iddynt eu concro, er nad oedd ganddynt ynnau. Erbyn hyn roedd yr ymosodiadau ar y brodorion wedi parhau am ganrif, ac mae cannoedd o filoedd o straeon unigol erchyll yn deillio o'r hanes.

Yn 1901 rhoddwyd hunanreolaeth o ryw fath i drefedigaethwyr Awstralia, gan gadw'r faner, yr anthem a'r frenhiniaeth Brydeinig. Pan oedd San Steffan yn gweiddi am fwy o longau rhyfel, dywedyd wrth lywodraeth Awstralia am dalu am un a dyna sut y bu er gwaethaf protestiadau eu Prif Weinidog. Ond cawsant y fraint o'i galw'n HMS Australia.

Ar ei ffordd i Gallipolli yn y Rhyfel Mawr, cyfansoddodd un Awstraliad y pennill hwn:

> *The banners of England unfurled across the sea,*
> *Floating out upon the wind, were beckoning to me.*
> *Storm-rent and battle-torn, smoke stained and grey:*
> *The banners of England – and how could I stay!*

Wrth i'w cyflenwad o filwyr leihau yn y rhyfel honno, cyflwynwyd gorfodaeth filwrol gan y Saeson yn Awstralia. Bu protestiadau di-ri gan nifer, yn enwedig rhai o dras Wyddelig, cymaint felly fel y penderfynodd y llywodraeth i gynnal refferendwm ar y mater. Collodd y llywodraeth yn Hydref 1916 ac eto yn Rhagfyr 1917.

Er y diffyg gorfodaeth, roedd 420,000 o filwyr Awstralia yn fyw ar ddiwedd y Rhyfel Byd Cyntaf, gyda 59,000 wedi'u lladd a 152,000 wedi'u hanafu'n ddifrifol. Fel arfer, roedd y Saeson yn frwd i frolio eu dewrder a'u gallu ac mai dyna pam y byddent yn cael eu defnyddio yn yr ymosodiadau cyntaf.

Yn y 1950au chwythodd Prydain 12 bom niwclear yng nghefn gwlad Awstralia, yn nhir y brodorion wrth reswm. Gosodwyd rhybuddion mewn amryw ieithoedd am ymbelydredd, a'r rheiny i gyd yn ieithoedd Ewropeaidd. Ni thrafferthodd eu Prif Weinidog, Menzies, i fynd â'r pwnc at ei gabinet hyd yn oed. Nid yw'r ymbelydredd fyth wedi'i glirio o'r tir.

Yn 1967 cafwyd refferendwm a phenderfynwyd tynnu'r Aboriginiaid o fod yn yr un categori â phlanhigion a'u cyfrif fel pobl. Fel arwydd nad oedd trwch y boblogaeth mor hiliol â'r gwleidyddion a'r gweinyddwyr, roedd 90% o blaid gosod hawliau i'r bobl gynhenid. Roedd yn ddechrau.

Amcangyfrifwyd fod 100,000 o blant brodorol wedi'u dwyn oddi ar eu rhieni gan y wladwriaeth a'u gorfodi fwy neu lai i fyw yn gaethweision. Roeddent yn cael eu dwyn mewn amryfal ffyrdd: wrth iddynt gerdded, drwy chwifio fferins yng nghanol pentref, yn syth o freichiau eu mamau nad oedd wedi gwneud dim o'i le. Cipiwyd un bachgen 9 oed ar y ffordd adref o'r deintydd, ac ni welodd ei deulu fyth wedi hynny. Cipiwyd un ferch yn fabi ac esboniwyd wrthi wrth iddi dyfu mai mam ddrwg nad oedd ei heisiau oedd ganddi. Aeth hyn ymlaen am 60 mlynedd rhwng 1910 a 1970. Enw'r sefydliad llywodraethol oedd yr Aboriginal Protection Board.

Dangosodd y dosbarth gwleidyddol ei deyrngarwch i Brydain bob amser, ac nid yw byth yn swil o ymuno â rhyfeloedd y Saeson ac annog dynion i ymuno â'r fyddin er mwyn cyfrannu at yr achos.

Daeth her i hynny wedi i Awstralia benodi Gough Whitlam yn Brif Weinidog yn 1972. Aeth Whitlam ati i weddnewid y llif o adnoddau ac arian oedd yn gadael Awstralia i goffrau busnesau mawr America a Phrydain. Dechreuodd osod hawliau tir i'r Aboriginiaid, er syndod mawr i'r cwmnïau mwyngloddio 'rhyngwladol' oedd â'r gwleidyddion yn eu pocedi. Gwnaeth hi'n blaen nad oedd milwyr Awstralia eto i ymladd rhyfeloedd imperialaidd nad oedd ddim i'w wneud â'i wlad, gan gyfeirio at Fietnam oedd yn rhygnu ymlaen, a hefyd Corea cyn hynny. Tynnodd filwyr ei wlad o Fietnam.

Mae siarad fel hyn yn dueddol o arwain at drafferthion dan law'r ymerodraeth Eingl-Americanaidd, a felly y bu hi ar Whitlam. Fel y gellid disgwyl, roedd gwasanaethau cudd Awstralia yn gyfeillion mynwesol i'r CIA a'r MI6, ac felly nid oedd syndod fod Whitlam yn wynebu gelynion o'r tu mewn yn ogystal. Gyda'r peiriant yn ei erbyn nid oedd cefnogaeth y cyhoedd yn ddigon, ond roedd y modd y cafodd ei ddisodli'n syndod o blaen. Hyd heddiw mae gan Awstralia rywbeth o'r enw *Governor-General*, cynrychiolydd Brenhines Lloegr yn Awstralia. Gan mai hi yw pennaeth y wladwriaeth, mae ganddi'r grym i fedru diswyddo'r Prif Weinidog ar fympwy, a dyna wnaeth drwy law Sir John Kerr.

Wrth nodi dau gan mlynedd ers 'sefydlu' Awstralia, dyma oedd pennawd golygyddol y *Sun* yn 1988: '*The Abos: Brutal and treacherous*'. Awstraliad gwyn, Rupert Murdoch, yw perchennog y *Sun* wrth gwrs. Ac yng ngwlad ei febyd roedd y dosbarth rheoli a'r heddlu'n parhau â'u hiliaeth. Roedd 58% o'r plant oedd dan glo yn yr 80au o dras Aborigini, er mai 2.7% o'r boblogaeth ifanc oeddent.

# *Tasmania*

Mae hanes dylanwad y Saeson ar Tasmania'n un cymharol syml. Glaniodd Captain Cook ar yr ynys fawr i'r de o Awstralia gyda'i lynges Seisnig yn 1777. Yn 1803 dechreuwyd ar ei threfedigaethu, a'i defnyddio fel carchar mawr i wehilion Prydain. Roedd dedfryd o alltudiaeth i Van Diemen's Land yn un boblogaidd yn y llysoedd Seisnig. Pan oedd prinder bwyd, roedd y carcharorion yn cael eu gadael yn rhydd ar yr ynys, a'r ffordd hawsaf iddynt fwyta bryd hynny oedd ymosod a dwyn oddi ar y brodorion.

Gwelwyd trefedigaethu sylweddol yno yn 1808, gydag entrepre-uneriaid yn gweld cyfle i fanteisio ar y carcharorion fel caethweision i weithio ar ffermydd defaid. Dros y blynyddoedd nesaf roedd trefedigaethwyr eraill wrthi'n dwyn y tir, poenydio'r brodorion ac yn dwyn y merched a'r plant fel caethweision. Y llywodraethwr George Arthur a roddodd ddiwedd ar frodorion Tasmania, drwy annog ei ddynion i'w hela fel anifeiliaid. Gyda gynnau yn erbyn ffyn, bu brwydro ffyrnig yr Aboriginiaid yn ofer, er y bu farw cannoedd o'r ymosodwyr hyd yr ymladdfa olaf yn 1831.

Aethant ati i saethu pob enaid byw o un pen i'r ynys i'r llall onibai am 75 a roddwyd mewn gwersyll ar y foment olaf wedi i'r llywodraethwr gael ar ddeall gan Lundain fod gormod yn gwybod yr hanes a'i fod yn edrych yn wael yn rhyngwladol.

Penderfynwyd nad oedd yr ynys yn werth ei choloneiddio'n drwyadl wedi'r cyfan a pharhawyd i yrru carcharorion yno hyd 1853. Bu farw'r brodor Tasmanaidd olaf yn 1876, gyda gweddill y 75 wedi marw o gamdriniaeth ac anobaith neu wedi'u symud i ddwy ynys fach i dderbyn tynged debyg.

Darganfuwyd olion oddeutu 40,000 o flynyddoedd oed oedd yn tystio i fodolaeth pobl ar yr ynys. Meddylir i'r môr ei hamgylchynu oddeutu 10,000 o flynyddoedd yn ôl. Nododd Charles Darwin fod yr ynys wedi'i bendithio gyda '*the great advantage of being free from a native population*'.

# *Seland Newydd*

Mynd a dod fu hanes yr Ewropëaid am ddegawdau ar y ddwy ynys fawr a alwyd yn Seland Newydd, gydag un F.E. Maning yn nodi yn ei gyfrol *Old New Zealand* fod y gwynion anturus yn 'llawer mwy barbaraidd na'r brodorion'. Dan haul poeth ar ddydd Nadolig 1814, pregethodd y Parchedig Samuel Marsden wrth 400 o frodorion yn Saesneg a brolio'u gwrandawiad astud. Nid oedd yr un ohonynt wedi deall gair wrth gwrs, gyda nifer ohonynt yn cysgu a'r rhai oedd yn effro yn edrych mewn difyrrwch ar yr hefrwr. Collodd cydymaith Marsden, y Parchedig Thomas Kendall, ei ffydd ar y daith honno gan ddod i'r casgliad fod ffordd y Mauriaid o fyw ac o feddwl yn rhagori ar ffordd y meistri.

Yr Eglwys Anglicanaidd ddaeth yno i ddynodi'r tir newydd. Roedd Edward Wakefield, trefedigaethwr a ffraeodd â'i gydwladychwyr yng Nghanada, wedi troi'i olygon at y ddwy ynys ac wedi creu'r *New Zealand Company*, gan annog ei bobl i '*Acquire all the land you can*' cyn i Lundain fusnesu a dynodi'r tir i Saeson eraill.

Roedd y syniad fod y tir yn eiddo i unrhyw un yn un rhyfedd i'r Mauri, a dderbyniai gynigion y gwynion hyn gyda chymysgedd o wamalrwydd a dryswch. Roedd rhai trigolion yn 'gwerthu' eu tir i'r gwynion yma a llwyddodd brawd Edward, William Wakefield, i feddiannu ugain miliwn acer, bron traean o Seland Newydd gyfan, am nwyddau nad oedd ond yn werth rhyw £9,000 drwy fargeinio. Fwy neu lai, os oedd Mauri'n derbyn anrheg, roedd hynny'n cyfreithloni mai'r Wakefields oedd berchen y tir wedi hynny. Yn eu cyfrifon, cofnodwyd nifer o'r anrhegion yn bethau di-ddim fel rhubanau, offer shafio, chwyddwydrau ac ati.

Araf iawn y daeth y trefedigaethwyr i dir ffrwythlon Seland Newydd. Dim ond 2,000 oedd wedi setlo yno erbyn 1839, er bod y nifer hwnnw'n profi'n ddigon o boen i'r Mauri. Gyda diddymu caethwasiaeth, nid oedd y gefnogaeth i'r antur yn unfryd yn Llundain. Ond yn 1840 penderfynwyd rhoi stop ar oruchafiaeth yr Eglwys Anglicanaidd drwy i'r *Colonial Office* yn Llundain yrru'r

Capten William Hobson i wahodd 500 o benaethiaid oedd yn fodlon trafod i ymgynnull ac arwyddo Cytundeb Waitangi. Ei unig bwrpas oedd cyfreithloni a hwyluso trefedigaethu Seisnig yn Seland Newydd, a'i symud o ddwylo'r Eglwys Anglicanaidd a'u *New Zealand Company* i ddwylo llywodraeth Lloegr.

Er y rhoddwyd eu gair gan y Saeson y byddai'r tir o hyd yn eiddo i'r brodorion, nid felly y bu. Dim ond 3,000 o'r trefedigaethwyr oedd yn Seland Newydd yn 1841, ond yna gwelwyd cynnydd. Wrth i'r Mauri gael eu hel yn raddol o'r tir lle nad oedd digon ohonynt i wrthsefyll, daeth pethau i benllanw ar yr union adeg pan oedd hanner Seland Newydd bellach wedi'i glirio o'r brodorion, a'r gwynion yn cael eu cyfrif yn fwy niferus.

Trodd pethau'n flêr yn 1845 mewn rhyfel y galwodd y Saeson yn y *Flagstaff War*. Roedd y Mauri yn mynnu torri polyn oedd yn hedfan y faner falch Brydeinig. Bob tro roedd y Saeson yn codi un newydd, roedd yn cael ei dorri i lawr drachefn. Wedi i hyn fynd ymlaen am fisoedd, penderfynodd y Saeson ymosod ar y brodorion amharchus. Wedi brwydr yn Paramatta yn 1845 aeth y milwyr buddugol i ddwyn eiddo a nwyddau'r Mauri – ac yn eu mysg y chwyddwydrau, offer shafio a'r rhubanau oedd wedi cael eu defnyddio i 'brynu' tiroedd y brodorion.

Yn 1846 seliwyd yr anochel wrth i 14 Stryd Downing, neu'r *Colonial Office*, ddatgan chwe mlynedd wedi arwyddo'r cytundeb nad oedd hi'n bosib, wedi'r cyfan, i weithredu hanner y cytundeb – sef yr hanner oedd yn gwarantu y byddai'r Mauri yn cael cadw eu tir. Y rheswm onest a roddwyd oedd '*it is a bar to sound colonisation*'. Dyna fo felly.

Aeth Llundain ati i orffen y gwaith yn iawn. Dechreuwyd rhyfela, ond er mawr syndod i'r Saeson, ni fu i'r Mauri golli – i'r gwrthwyneb, bu i'r gwynion dderbyn y fath gweir nes dychryn y llywodraethwr George Grey i geisio denu mwy o filwyr Seisnig yno drwy adrodd yn Llundain a'i bapurau straeon ffantasi am fwystfileidd-dra'r Mauri at eu cydwladwyr druan. Gweithiodd, ac roedd cefnogaeth gref i hwylio 18,000 o filwyr ychwanegol i helpu achos George a'i goloneiddwyr. Profodd hyn yn ormod i'r Mauri, ond roedd maint y wlad yn golygu eu bod yn saff mewn niferoedd o hyd er eu bod yn gorfod cilio. Roedd Lloegr yn sicr bellach pwy oedd yn rhedeg y sioe. Dyma oedd gan olygyddol papur y *Sun* i'w ddweud yn Ionawr 1847:

> *So speedy an attainment of the choicest fruits of civilization, in a country where, a few years since, a hardy race of savages alone ranged free, ignorant of their better nature, is without parallel in history.*

Erbyn 1861, roedd 100,000 o fewnfudwyr wedi gadael Prydain a'r cyfan, yn wahanol i lawer o'r mewnfudwyr i Awstralia, yn mynd o'u gwirfodd. Roedd hyn yn ei wneud yn lleoliad oedd yn fwy tebygol o ddenu'r ariannog, er bod rhai yn glanio wedi i'r llywodraeth dalu am longau i'w cludo o'r wyrcws er mwyn lleddfu'r pwrs cyhoeddus.

Bu cyfres o ymgyrchoedd i geisio sathru ar y Mauri, a'r cyfan ohonynt yn niweidiol iawn i'r bobl gynhenid ond ni lwyddwyd i'w trechu'n gyfangwbl. Gwrthymosododd llu yr arweinydd Te Kooti yn llwyddiannus iawn o 1868 tan 1872. Wrth i'r gost gynyddu, pwdodd Llundain a daeth eu milwyr adref. Bu galwadau gan y gwynion am annibyniaeth (iddyn nhw, nid y Mauri), a chryfhau wnaeth hynny wedi'r brad hwn gan Lundain. Os felly, roedd yn syniad ceisio cymodi â'r Mauri yn hytrach na'u goresgyn, a chytunodd Llundain i elfen o hunanreolaeth o dan ymbarel y famwlad.

Yn 1880au ysgrifennodd A.K. Newman am y Mauri: '*taking all things into consideration, the disappearance of the race is scarcely subject for much regret. They are dying out in a quick, easy way, and are being supplanted by a superior race*'. Roedd gan y Mauri, fodd bynnag, syniadau i'r gwrthwyneb, ac maent yn parhau'n rym ar yr ynys fawr heddiw fel y dangosa'r rhan fwyaf o'u tîm rygbi llwyddiannus.

Yn 1916 penderfynodd Seland Newydd ildio i bwysau Llundain a gorfodi eu dynion rhwng 18 a 41 oed i ymuno â byddin Prydain. Bu farw 16,700 ohonynt. Wedi'r rhyfel daeth patrwm newydd i foreau'r ysgolion. O flaen llun o'r brenin Siôr V roedd bachgen yn sefyll ac yn adrodd '*Our King inspires loyalty and devotion to our country and its laws because he rules by consent of the people. God Save the King!*' cyn i bawb ganu anthem genedlaethol Lloegr a Phrydain.

Cafodd Seland Newydd ymweliad gan eu brenhines Elizabeth yn 1986. Ar un diwrnod fe'i peltiwyd hi â wyau ac ar y diwrnod canlynol cafodd weld Mauri'n cyflwyno ei ben ôl iddi mewn seremoni fyrfyfyr.

# India

*I hate Indians. They are a beastly people with a beastly religion.*
*The famine was their own fault for breeding like rabbits.*

Winston Churchill

Mewn rhai gwledydd, mae gwadu'r ffaith fod yr Almaen wedi lladd 6 miliwn o Iddewon yn y 40au yn drosedd. Yn llyfrau hanes Lloegr ar India prin yw'r dystiolaeth fod Lloegr wedi lladd rhwng 3 a 4 miliwn o Indiaid drwy newynnu yn 1943 a 1944, oedd ar raddfa gyflymach nag y medrai Hitler ei chyflawni. Nid oes angen anghyfreithloni gwadu rhywbeth nad yw pobl yn ei wybod yn y lle cyntaf. Nid oes sianeli teledu'n darlledu rhaglen ar ôl rhaglen am yr hyn ddigwyddodd i'r Indiaid dan law Lloegr. Byddai hynny hefyd yn tanseilio pwynt y rhaglenni am y Natsïaid sydd mor gyffredin ar ein tonfeddi.

Ond nid hwnnw oedd yr unig newyn a achoswyd gan Brydain yn India o bell ffordd, na hyd yn oed y gwaethaf. Cofnododd yr hanesydd Mike Davis 31 newyn difrifol yn India dan law Lloegr o 1770 i 1890, 31 mewn 120 o flynyddoedd, o'u cymharu â 17 newyn mewn 2,000 o flynyddoedd cyn i'r meistri ddod i weinyddu pethau'n iawn.

Byddai ymweliad â'r tŷ preifat anferth Castell Powis yn tystio i natur perthynas India a Lloegr dros y canrifoedd. Er ei fod wedi'i leoli ger y Trallwng, mae mwy o drysorau a delwau ac aur India yno nag sydd yn amgueddfa genedlaethol India. Dyma sydd gan yr Ymddiriedolaeth Genedlaethol i'w ddweud amdano ar eu gwefan uniaith Saesneg:

*The superb collection of artefacts from India displayed in the Clive Museum is the largest private collection of this type in the UK. In total, the Clive Museum features more than 300 items from India and the Far East, dating from the 17th to the 19th centuries, including ivories, textiles, statues of Hindu gods, ornamental silver and gold, and weapons and ceremonial armour. This impressive collection was created by two generations of the Clive family: Robert (who became known as Clive of India) and his son Edward.*

Ac yno mae llun sy'n esbonio sut y canfyddodd yr holl drysorau hyn eu ffordd i gefn gwlad Cymru, yn deyrnged addas i berchennog cyntaf Castell Powis, Owain ap Gruffudd ap Gwenwynwyn a gynorthwyodd Edward I i goncro Cymru. Ynddo mae Shah Alam yn cyfnewid dogfen gyda Sais gwasgod goch sy'n trosglwyddo'r dyletswydd o hel trethi i Saeson. Nid fod dewis ganddo. Buan y gwelwyd fod 'casglu trethi' yn golygu casglu popeth arall hefyd dan glogyn arteithio a llofruddio.

Un ffaith ddifyr am y llun yw nad oedd yr arlunydd, Benjamin West, erioed wedi gweld yr olygfa na throedio daear India hyd yn oed. Roedd amgylchiadau'r gwir 'arwyddo' yn llawer llai cyfforddus i Shah Alam yn nhent Robert Clive.

Ar y llun mae'r geiriau *'The English Company'*, enw llawr gwlad yr *East India Company* gan Indiaid a Saeson fel ei gilydd. Yn brosiect hir dymor, cymerodd 13 mlynedd i sefydlu ei swyddfa gyntaf yn India – yn Surat – wedi dechrau'r cwmni yn 1600 a derbyn monopoli gan Elisabeth I ar fasnach yn India. Yn 1639 sefydlwyd caer ganddynt yn Chennai, Madras, a'i chymryd hi'n hamddenol nes dechrau masnachu yn Mumbai yn 1668. Cododd eu hyder, gwylltiwyd y trigolion ac wedi iddynt gydweithio â môr-ladron Seisnig i feddiannu hynny a fedrid, adweithiodd yr Indiaid ym Madras a cholli rhyfel pedair mlynedd â'r *East India Company* rhwng 1686 ac 1690. Mae comedïwyr gwleidyddol heddiw yn portreadu grym y corfforaethau drwy ddelweddau hyll o gwmnïau yn rhyfela yn erbyn gwledydd, fel Tesco yn erbyn Denmarc. Maent dros dri chan mlynedd ar ei hôl hi, er mai milwyr Lloegr oedd yn gweithio dros yr *East India Company*.

Mae'r llun hefyd yn nodi'r union adeg yr esblygodd yr *East India Company* o fod yn gwmni prynu a gwerthu nwyddau i fod yn llywodraethwyr cïaidd yr Ymerodraeth Brydeinig. Nid ffenomena fodern yw defnyddio cwmnïau ar gyfer dibenion ymerodrol, ac mewn pleidlais yn Nhŷ'r Cyffredin pasiwyd mai eiddo'r cwmni, nid y wladwriaeth, oedd yr elw a ddeilliai o'r ddogfen, er fod llywodraeth Lloegr druan wedi gwario llwyth o arian yn concro India a'u llynges a'u milwyr traed i fygwth Shah Alam a phawb arall. Rhag ofn i bobl feddwl fod technegau gwleidyddion i ymgyfoethogi eu hunain heddiw yn rhai newydd, roedd gan chwarter yr aelodau seneddol gyfranddaliadau yn yr *East India Company*. Roedd yn rhaid i drysorlys Llundain fodloni ar y trethi sylweddol.

Canlyniad arall y ddogfen oedd fod y dwyn a aeth rhagddo'n medru bod hyd braich oddi wrth gyfrifoldeb senedd Llundain, gan wneud unrhyw gywilydd cyhoeddus a fedrai ddeillio o'r ysbeilio a'r goresgyn yn amherthnasol, gan mai i'w gyfranddalwyr yn unig oedd y cwmni yn atebol. Ymysg eu triciau roedd meddiannu tir pobl oedd yn marw heb blant. Pan oeddent yn clywed am gelc o arian go dda wedi cael ei ennill gan drigolyn Indiaidd, o ffarmwr unigol i gyn-dywysogion a arferai lywodraethu, byddent yn gweiddi cyhuddiadau hollol gelwyddog o '*rebellion*' a'u rhoi o flaen eu gwell i wynebu'r gosb eithaf neu dalu hynny o iawndal a fedrent. Cofnododd awdur o Wyddel, Edmund Burke, un enghraifft o ddwy hen wreigan oedd yn byw mewn plas ar ororau gwledig India 'na fedrai feddu unrhyw ddull na bwriad i godi twrw' yn gorfod rhoi eu holl arian, eu tlysau, eu plas a'u tir i'r cwmni ar y cyhuddiad '*of being engaged in rebellion, with an intent to drive out the English nation*'.

Cyn i'r *East India Company* gymryd yr awenau o 'hel trethi' yn 1765 roedd ffermwyr yn arfer cadw stoc sylweddol wrth gefn, ond aeth hwnnw'n ddim wrth i'r gofynion godi ac roedd yn rhaid gwerthu a rhoi popeth i'r *English Company*. Bu farw oddeutu 10 miliwn o bobl Bengal yn y newyn cyntaf hwnnw yn 1770 oherwydd dulliau tebyg i'r hyn a weinyddodd y Saeson yn Iwerddon ddegawdau yn ddiweddarach. Caiff hyn ei gofnodi fel '*policy failure*' gan y Saeson, ond nid y newyn oedd y 'methiant'. Eu problem oedd fod incwm yr *East India Company* wedi disgyn.

Eu hateb oedd cynyddu'r trethi ar bawb oedd yn dal yn fyw i geisio digolledu'r dirywiad anffodus. Chwe mlynedd ynghynt byddai unrhyw arlliw o ddiffyg yn y cnydau wedi gweld diddymu trethi a darparu cymorth amaethyddol fel dyfrhau gan y rheolwyr lleol yn eu hardaloedd. I ddwysàu'r drychineb ymhellach, ar ôl y goresgyn gwelodd y Saeson hi'n ddoeth i orchymyn ffermwyr i dyfu pethau anfwytadwy ond proffidiol fel blodau pabi yn hytrach na ffrwythau a llysiau, gan fod y pabi'n troi'n opiwm ac yn rhoi elw anferth wrth ei werthu'n Tsieina. Ar ddiwedd ei gyfnod fel llywodraethwr, dyma sylw'r Arglwydd Cornwallis ar ei gydwladwyr yn India yn 1790: *'there is scarcely a man to be found who has held office of consequence that has not been driven to make money in a manner which he ought to be ashamed of.*

Cofnododd y teithiwr Ffrengig, Jaquemont ei brofiadau yn India yn yr 1830au gan nodi, `Os yw Indiaid yn anghofio cyfarch y Sais gydag 'Eich Mawrhydi' yn hytrach na 'chi', caiff wers filain mewn manars`. Roedd pawb ar y lôn yn gorfod moesymgrymu i bob Sais ac yn cael eu chwipio am beidio â stopio i wneud hynny, fel nododd y cadfridog Baden-Powell:

> *As a rule the niggers seem to me cringing villains... every cart or carriage has to stop and get out of your way, and every native, as he passes you, gives a salute. If he has an umbrella up he takes it down, if he is riding a horse he gets off and salutes... If you meet a man on the road and tell him to dust your boots, he does it.*

Roedd hyn yn yr ardaloedd lle roedd byddin y Saeson wedi eu gorthrymu ers tro, wrth gwrs. Nid oedd y wlad i gyd wedi cydsynio. Wrth chwalu drwy dalaith Sind tua dinas Scinde, drwy hwylio ar afon Indus yn 1843, ysgrifennodd y cadfridog Charles Napier yn ei ddyddiadur:

> *We have no right to seize Scinde; yet we shall do so, and a very advantageous, useful humane piece of rascality it will be. Not that we ever did good from 'liberality' or 'generosity' but simply because we can squeeze more money out of rich Sindeans... and if damming up the Indus and drowning the whole race of Sindeans*

*would give us more money still, then we should dam the Indus accordingly.*

Ddarn wrth ddarn, enillodd y Saeson reolaeth lwyr dros India gyfan mewn cyfres o ryfeloedd, gan fwy neu lai orffen y dasg gydag ymosodiad mawr yn 1848 ar Punjab. Nododd un llygad dyst i ymosodiad ar un o'i dinasoedd: 'ni fu erioed y fath fomio ar unlle'n y byd yn fwy nag ar Multan'. Roedd un aelod seneddol, Richard Cobden, wedi cael llond bol gan ysgrifennu yn 1850, 'ni yn hawdd yw'r wlad fwyaf rhyfelgar, annifyr, bygythiol a gwaedlyd dan haul', ac 'nid oes prin unrhyw wlad lle nad ydym wedi ymosod arni neu'n arthio ein gorchymynion arni gan bwyntio gwn'. Roedd mewn lleiafrif yn San Steffan.

Roedd rhai ardaloedd yn llwyddo i beidio â chael eu dinistrio drwy iddynt ildio ymlaen llaw. Er nad oedd Prydain yn ei gweld yn ddoeth i fradychu'n syth y rhai fu ddigon cymwynasgar i ildio a phlygu, yr hyn a ddigwyddai iddynt wrth i'w rheolwr farw yn ddi-fab oedd fod Prydain yn meddiannu eu tir, waeth faint o foesymgrymu a thaliadau a fu. Yn 1856 aeth y llywodraethwr, James Andrew Broun-Ramsay, y Lord Dalhousie, dros ben llestri a mynd y tu hwnt i'r system dan din yma drwy fynnu nad oedd ardal Awadh yn cael ei gweinyddu'n ddigon cywir gan ei brenin Ali Shah, a'i dwyn. '*Our Gracious Queen has 5 million more subjects and £1.3 million more revenue than she had yesterday*', clochdarddodd yn union wedi'r weithred. Ond profodd ei frolio'n wag. Roedd dros hanner y catrodau o Indiaid oedd yn ddigon o fradwyr i dderbyn ceiniog y Saeson yn dod o Anwadh. Nid oedd 60,000 o ddynion yn hapus â'r driniaeth a gafodd eu talaith a'u harweinydd, ac oni bai am y brad hwnnw mae'n bosib na fyddai'r gwrthryfel mawr yn 1857 wedi digwydd o gwbl.

Achosodd arferiad y Saeson o grogi, yn y fan a'r lle, unrhyw un oedd yn gwrthod eu gorchmynion i'r bobl gorddi fwyfwy. Roedd hyn yn cynnwys crogi rhai a wrthodai unrhyw orchymyn i gynorthwyo crogi'r truan penodol cyntaf. Daeth arwydd o'r hyn oedd i ddod wrth i gatrawd leol o Indiaid wrthod helpu'r Saeson i grogi Mangal Pandy, a wnaeth y drosedd anfaddeuol o godi baner ei wlad. Un arall a grogwyd ar drothwy'r gwrthryfel oedd gweddw milwr Seisnig o'r enw Mees Dolly – aeth i'r grocbren gan weiddi ei chefnogaeth i'r Indiaid oedd yn ystyried ymosod ar y milwyr Seisnig oedd yn camdrin eu pobl.

'The British Nation has a reputation of being open-handed and open hearted', meddai'r *Times of London* yn 1856 mewn erthygl yn difrïo'r '*Queen of Oude* (Awadh)' am iddi hwylio i Southampton i ofyn yn bowld i'r Saeson ddychwelyd eu hawliau. '*The object of the visit is not of a recondite character... the late Queen has been induced to visit England as 'a suppliant for justice'; in other words, to regain for the late King of Oude his lost throne and kingdom. This most ill-advised and preposterous mission... against the mature judgement of the much vexed and the long-suffering Government of India* (sef y Saeson)'.

Gellid disgrifio ymateb y Saeson i'r egin gwrthryfel fel un gorffwyll. Aeth cadfridogion y catrodau lleol yn Punjab ati i asesu pa rai o'u rhengoedd na fedrid dibynnu arnynt yn llwyr i fod yn driw ac yna'u saethu. Cafodd catrodau cyfan eu dienyddio, gannoedd ar y tro, gyda channoedd eraill yn ceisio ffoi gyda'u teuluoedd. Aethant ati wedyn i 'ddysgu gwers' i ardaloedd cyfan, gan ddilyn gorchymyn i ladd pawb y deuent ar eu traws. Un o'r addysgwyr hyn oedd Major Sydenham Renaud, a adlonnodd ei hun yn ei adroddiadau drwy greu rhesymau am ei ddienyddiadau fel '*12 hanged because their faces were turned the wrong way*'. Adroddodd y Cyrnol James Neill iddo ladd '*6,000 niggers... God grant that I may have acted with justice*'.

Roedd unrhyw ddialedd gan yr Indiaid yn fêl ar fysedd y Saeson. Arferai Naha Sahib foesymgrymu i Loegr, nes iddynt benderfynu ei fradychu a dwyn ei dir a'i etifedd fel y gwnaethont i Awadh. Yn Kanpur roedd Naha Sahib wedi llochesu oddeutu 120 o ferched a phlant Seisnig, teuluoedd rhyw 80 o filwyr Lloegr wedi i'w wrthryfelwyr eu trechu. Wrth i'r newyddion gyrraedd fod miloedd o filwyr Lloegr ar y ffordd ac yn dinistrio a lladd pob pentref ar eu llwybr, ymosododd nifer o ddynion Naha Sahib yn eu gorffwyllter ar y milwyr a'r teuluoedd Seisnig. Dyma'r digwyddiad yr oedd y Saeson yn medru cyfeirio ato fel prawf digamsyniol o ddiefligrwydd pendant y rebels a chyfiawnder Yr Achos.

Wrth i filwyr Lloegr losgi, lladd, dwyn, malu a threisio eu ffordd drwy'r trefi a'r dinasoedd, dyma oedd triniaeth papurau Saeneg India a Lloegr: *English army bravely retake rebel held area – few casualties.* Roedd Lloegr yn unfryd y tu ôl i'r antur, onibai am unigolion fel Karl Marx a hwyliodd yn erbyn y gwynt gan ddweud: 'Tra fod creulondebau'r Saeson yn cael eu trin fel dewrdra milwrol... mae troseddau'r brodorion yn cael eu chwyddo'n gwbl bwrpasol'.

Cymaint oedd unfrydedd papurau Lloegr ar warth Kanpur fel bod y casineb at India wedi cyrraedd y fath lefel nes bod ymwelwyr â Sŵ Llundain yn gweiddi a thaflu pethau at y teigrod.

Wrth i'r papurau Saesneg yn Lloegr ac India bortreadu'r brwydrau a'r ymladd yn eu ffordd arferol, roedd Prydain Fawr yn cefnogi *'our boys'* i'r carn. Effeithiodd y straeon celwyddog gymaint ar Charles Dickens nes iddo weiddi: *'exterminate the race... blot it out of mankind and eraze it from the face of the earth'.* Cafodd yr Indiaid eu dial bach doniol eu hunain ar Dickens fel gwelir yn ddiweddarach.

Delhi oedd y ddinas olaf i ddisgyn, gyda channoedd o ddinasoedd ledled y wlad yn dioddef y dial mwyaf erchyll oherwydd iddynt ymwrthod â'r drefn. Treuliwyd tair wythnos yn dinistrio pob tŷ a gwagio Delhi, yn union fel y gwnaethpwyd mewn cannoedd o drefi a dinasoedd yn y misoedd blaenorol. Ac er mai hynny yn swyddogol oedd diwedd y 'rhyfel' yn 1858, roedd `rebels` yn cael eu hel o amgylch y wlad ymhell i'r 1860au.

Diwedd y gân yw'r geiniog a daeth yr *East India Company* i ben wrth i bob darn o'u peiriant cyfalafol ddymchwel ar yr un pryd. Roedd 246 o flynyddoedd wedi mynd heibio ers iddo ddechrau masnachu yn India nes iddo fynd i'r wal yn 1858. Er iddynt lwyddo i gau'r busnes, methodd y gwrthryfel â thaflu eu concwerwyr o'r wlad, gyda channoedd o filoedd, miliynau o bosibl, yn cael eu llofruddio, wrth i'r Saeson fynd o ardal i ardal i 'atal terfysgaeth'. Rheolwyd y wlad wedi hynny yn gyfangwbl dan adain swyddogol llywodraeth Prydain, gyda'r Indiaid yn cael eu gormesu bellach nid gan gwmni preifat a'r fyddin, ond gan lywodraeth Seisnig a'r fyddin.

Yn 1876, mynnodd y rhaglaw Robert Bulwer-Lytton fod pob gronyn o fwyd yn hwylio i Loegr er bod mwy o wenith a reis wedi eu tyfu yno nag oedd ei angen ar Loegr. Wrth i'r newyn a ddilynodd daro'n sylweddol yn 1877 ac 1878 roedd y masnachwyr grawn Prydeinig yn allforio mwy nag erioed o'r blaen o India.

Yng nghanol hyn llwyddodd Robert Bulwer-Lytton i gynnal gwledd am wythnos i groesawu'r frenhines Victoria a'i llongyfarch am lwyddo i ennill y teitl Ymerodres India. Gwahoddwyd 68,000 o weinyddwyr ac arwyr yr Ymerodraeth Brydeinig i'r wledd y tu mewn i'r waliau lle areithiodd hithau gan addo *'happiness, prosperity and welfare'* i'r sybjects lwcus. Amcangyfrifwyd bod y newyn penodol hwn wedi bod yn gyfrifol am farwolaethau rhwng 6 miliwn a 10 miliwn o drigolion India.

Yn *The Lancet* amcangyfrifwyd bod 19 miliwn o bobl wedi marw yn y newyn nesaf yn yr 1890au a achoswyd gan y dwyn arferol. Un o hoff ffilmiau Hitler oedd *The Lives of a Bengal Lancer* (1935), oedd yn dathlu'r modd roedd llond llaw o Brydeinwyr wedi tagu cyfandir cyfan yn y ddegawd honno 'oherwydd ei fod yn dangos y ffordd dylai hil uwchraddol ymddwyn. Mae'n orfodaeth ar bawb o'r SS i'w gwylio' dywedodd wrth Edward Wood, Ysgrifennydd Tramor Prydain, pan oedd pethau'n fwy cyfeillgar rhyngddynt.

Cafodd llyfr am wrthryfel 1857 a ysgrifenwyd yn 1909 gan V. D. Savarkar ei wahardd. Daliai i fod ar werth yn siopau'r Indiaid y tu mewn i glawr ffug oedd yn dwyn y teitl *'Random Papers of the Pickwick Club'*, gan chwarae'n gynnil ar deitl nofel gyntaf Charles Dickens am gymeriadau de Lloegr. Llwyddodd y cyhoeddwyr i dwyllo'r meistri heb i neb eu bradychu am flynyddoedd.

Ar gyfer ymdrech y Rhyfel Byd Cyntaf, yn ogystal â miliwn o filwyr, rhoddodd llywodraethwyr Seisnig India £100 miliwn o arian India i Brydain fel 'anrheg'. Roedd hyn ar ben y £270 miliwn roedd y rhyfel wedi costio i India'n barod wrth orfod talu'r milwyr oedd yn ymladd dros Loegr, a'r 2.5 miliwn tunnell o wenith ac ŷd oedd wedi gadael am Loegr yn 1917 ac 1918 tra oedd dros hanner poblogaeth

India yn llwgu. Bellach roedd y Saeson yn cael trafferth i gadw'r brodorion yn eu lle. *'A seething, boiling political flood raging across the country'* oedd adroddiad ofnus yr Ysgrifennydd Gwladol ar India, Edward Montagu. Penderfynwyd gosod rheolaeth ar rai sectorau diniwed megis iechyd ac addysg i Indiaid etholedig. Dim ond 1% o'r bobl fyddai'n gymwys i bleidleisio. Bu farw amcangyfrifiad mor amrywiol â rhwng 12 a 29 miliwn o newyn yn 1918 ac 1919, sef rhwng 4 a 10 gwaith y nifer fyddai'n cael pleidleisio am arweinwyr lleol mewn sectorau cyfyng. Dydi ymerodraethau ddim yn cyfri'r cyrff maen nhw'n eu cynhyrchu.

Ateb yr Indiaid oedd streicio a tharo'r Ymerodraeth Brydeinig yn ei phoced. Daeth y diwydiant cotwm i stop, a deddfwyd yn Llundain fod hynny'n *'terrorism'.* Cwta fis ar ôl hynny ar 13 Ebrill, 1919, saethodd catrawd General Reginald Edward Dyer i ganol torf o 25,000 yn Amritsar gan ladd 329 (cyfri'r Saeson) i 530 (cyfri'r Indiaid). Dywedodd Reginald mai'r unig reswm y stopiodd y saethu oedd bod y bwledi ar ddarfod ac y byddai'n beryg iddynt sefyll yno â gynnau diffrwyth o flaen y fath filoedd ar ôl eu saethu.

Dan arweiniad Mahatma Gandhi bu protest ddi-drais i beidio talu trethi a rhenti yn ogystal â streicio, gan ddymchwel eu system ar unwaith. Roedd y tactegau di-drais yn styrbio'r Saeson gan ei gwneud hi'n anoddach yn y byd modern iddynt gyfiawnhau eu dulliau arferol o ymateb. Ond roedd y Cadfridog Henry Rawlinson, arweinydd y fyddin Brydeinig, yn flin wrth rai o'i gyd-wladwyr di-ddallt:

> *Unless we, as a government, are prepared to take strong measures to combat the insidious propaganda of the extremists we are bound to have something like rebellion in India before long... you have held it by the sword for 100 years... keep the sword ready to hand and in case of trouble or rebellion use it relentlessly..in dealing with natives of all classes you have to use terrorism whether you like it or not.*

Felly y bu, a chanlyniad streiciau a diffyg cydweithredu yr Indiaid oedd gweld miloedd yn cael eu saethu a degau o filoedd yn cael eu carcharu. Daeth un o'r rhain, Jarwahal Nehru, yn ôl i'r llys ddyddiau wedi gadael carchar, gan ddatgan:

> *Nid oes gennym ffrae â phobl Lloegr, dim ond gydag imperialaeth... Mae baner Lloegr dros ein gwlad yn sarhâd ar India gyfan, yn llywodraeth dramor sy'n elyn i'n pobl, yn dal ein gwlad gerfydd ei byddin. Mae fy nheyrngarwch i bobl India yn unig, a nid i'ch brenin na'ch baner.*

Cafodd ei ddedfrydu i ddwy flynedd a hanner arall. Roedd hynny'n eithaf clên o'i gymharu â thynged rhai o'i gydwladwyr.

Cafodd arweinydd Cyngres yr Undebau Indiaidd, Lajpat Rai, ei ladd yn 1928 gan golbiad pastwn plisman o Sais wrth iddo arwain un o'r gorymdeithiau heddychlon dan gyfarwyddiad Gandhi.

Roedd yr Indiaid yn lloerig, a chyda cyfathrebu yn haws nag yn y degawdau a fu, roeddent yn ennill y frwydr bropaganda.

Yn Chwefror 1930, torrodd Gandhi y gyfraith drwy greu halen. Roedd hynny'n anghyfreithlon gan mai'r *King Emperor* oedd yr unig un a allai greu a gwerthu hwnnw yn India. Ffrwydrodd y wlad eto pan arestiwyd Gandhi, gyda nifer o ddinasoedd a threfi yn alltudio gweinyddwyr a byddin yr ymerodraeth o'u plith. Arestiwyd dros 60,000 gan Brydain dros ddeg mis, gyda degau o filoedd llai lwcus yn marw o dan eu gynnau. Daeth yr RAF hefyd i gynorthwyo gan ollwng 500 tunnell o fomiau ar drefi a thorfeydd.

Gyda'r sefyllfa'n rhemp a'r ysbail o'r wlad yn mynd yn llai a llai, penderfynodd Llundain iselhau eu hunain drwy gynadledda. Daeth Gandhi i Lundain a pharhaodd trafodaethau am flwyddyn, ond roedd Prydain yr un pryd yn parhau i ddinistrio'r mudiad cenedlaethol yn India, a dygodd gwerth $180 miliwn o aur o India i goffrau'r Ymerodraeth yn Llundain yn 1931.

Byddai hynny wedi plesio'r Arglwydd Lloyd, a nododd 'You see, if India goes, everything goes: our honour, our wealth, our strategic security and our prestige'.

Ond doedd Winston Churchill ddim yn hoffi'r syniad o drafod India gyda'r Indiaid:

*It is alarming and nauseating to see Mr Gandhi... striding half naked up the steps of the viceregal palace... to parlay on equal terms with the representative of the Emperor-King.*

Ond roedd yntau'n gorfod cyfaddef:

*Our continued existence as a great power is at stake. The loss of India would mark and consummate the downfall of the British Empire... From such a catastrophe there could be no recovery.*

Wrth i'r trafodaethau ddymchwel, gydag India'n gwrthod y telerau nad oedd yn cynnig dim newydd, dathlodd Churchill gyda dawns fach yn Llundain gan ddatgan '*no tea with treason... back to the solemn and exciting business of war'.*

Mewn cynhadledd arall pan iselhaodd y Saeson eu hunain i smalio trafod gyda'r brodorion (er mwyn ceisio lleihau'r protestio anferth yn India oedd yn amharu ar fasnach), dywedodd Gandhi, '*Cafodd coeden addysg ei thorri ganddoch chi, Prydain. Mae India heddiw yn llawer mwy anllythrennog nag oedd hi gan mlynedd yn ôl.'* Mae gan yr Indiaid heddiw derm am y rhai sy'n parhau i ddangos edmygedd at yr Ymerodraeth Brydeinig ac yn arddel Seisnigrwydd, sef, '*plant Macauley'.* Yn 1835, gwahoddwyd Thomas Babbington Macalay i benderfynu beth i'w wneud â'r arian oedd wedi'i gadw o'r hen system addysg. Un o'i ddoethinebau oedd, '*It is, I believe, no exaggeration to say that all the historical information which has been collected from all the books written in the Sanskrit language is less valuable than what may be found in the most paltry abridgement used at schools in England'.* Taflwyd diwylliant a drosglwyddwyd o genhedlaeth i genhedlaeth ers miloedd o flynyddoedd o'r neilltu gan argymell fod pob addysg o hynny ymlaen yn cael ei gyflwyno drwy gyfrwng y Saesneg. Ond roedd problem ymarferol, wrth gwrs _ gormod o Indiaid a dim digon o Saeson goleuedig i'w dysgu. Beth oedd i'w wneud?

*It is impossible for us with our limited means to educate all in*

*English. We must at present do our best to form a class of persons Indian in blood and colour but English in tastes, in opinion, in morals, and in intellect.*

Wedi dychwelyd o'r cyfarfod gyda'r llywodraeth yn Llundain, lle y gwelodd fod y brenin Siôr hefyd yn anhapus â'r pengliniau noeth, penderfynodd y llywodraethwr Willingdon mai'r ffordd ymlaen oedd arestio Gandhi, yn ogystal ac 80,000 o'i ddilynwyr. Aeth ymhellach drwy wahardd capiau fel y rhai a wisgai Gandhi, a gwahardd reidio beic er mwyn rhwystro pobl rhag teithio'n hawdd.

Daeth i sylw'r Indiaid ym mis Medi 1939 fod Lord Linlithgow yn Llundain wedi datgan eu bod hwythau, India, mewn rhyfel yn erbyn yr Almaen. Nid oedd neb wedi gofyn iddyn nhw, ac nid oedd dewis ganddynt. Er hynny, syndod i'r Saeson oedd darllen datganiad Cyngres yr Indiaid:

*Os mai rhyfel i achub enillion ymerodraeth Lloegr yn ei threfedigaethau yw hon yna ni fydd India yn ei chefnogi. Os mai rhyfel i gefnogi democratiaeth ydyw, fel mae Lloegr yn honni, yna mae India'n barod i'w gefnogi ar yr amod fod Lloegr yn arddel y rhinweddau hynny yn ein gwlad ninnau, gan ollwng ei gafael ymerodraethol ar India a gadael iddi drefnu ei democratiaeth ei hun.*

Galwodd y Gyngres ar i'r cyfundrefnau ym mhob talaith ymddiswyddo o'u gwaith o weinyddu'r wlad dros y Saeson, ac er mawr syndod i'r Democratiaid Mawr yn Llundain, dyna wnaethant. Ymateb Prydain oedd cyhoeddi fod y Gyngres yn anghyfreithlon a'i gwahardd, oedd yn haws dweud na gwneud erbyn hynny. Gan ddilyn tactegau Gandhi, aethant ati i brotestio yn erbyn eu rhan yn y rhyfel pell, gan arwain at daflu 26,000 i'r carchar. Datganodd y 250 oedd ar bwyllgor y Gyngres y papur 'Gadewch India', oedd yn gorchymyn y Saeson nid yn unig i adael India ond hefyd Myanmar, Malaya, Iran, Iraq a phob man yn Asia. Arestiwyd yr holl Gyngres ar orchymyn dirprwy Brif Weinidog Prydain, Clement Attlee.

Ffrwydrodd India, ac un cwmni o gannoedd i fynd i drafferthion oedd Tata Steel (yr un rhai sydd heddiw â ffatri ger Port Talbot) gan i 30,000 o'u gweithwyr streicio. Roedd hyn yn boendod mawr i'r Saeson a ddibynnai arnynt i greu eu harfau. Cyhoeddodd Lord Linlithgow: *'I have authorised machine-gunning from the air of saboteurs'* ar ben y saethu arferol ar lawr. Aeth yr ymateb eithafol i'r streiciau â phethau o ddrwg i waeth, gyda'r wlad i gyd yn codi. *'By far the most serious rebellion since that of 1857, the gravity and extent of which we have concealed from the world for reasons of military security',* cwynodd y Lord wrth Churchill. Anfonwyd 30,000 milwr Prydeinig i geisio adfer rheolaeth gydag awyrennau y tu ôl iddynt, gan ymladd yn agored â thorfeydd oedd heb arfau. Gwnaeth achubwyr y byd rhydd eu gwaith arferol o losgi tai, chwalu pentrefi a lladd a threisio. Cofnodwyd bod 956 tŷ yn ardal Contai yn unig wedi'i llosgi.

Ond roedd gwaeth i ddod. Yn 1942 roedd cnydau Bengal yn ffynnu'n arbennig, gan hau'r syniad yn Lloegr iddynt gymryd y cyfan nad oeddent yn ei werthu dramor. Gyda Siapan yn tocio'r cyflenwad o Myanmar a'r dwyrain, ar ben y dirywiad mewn stoc a'r rhyfel yn Ewrop yn simsanu'r farchnad a reolwyd gan y Saeson, roedd yn amlwg pwy fyddai'n dioddef. Aeth prisiau'n eithriadol o ddrud ar yr hyn oedd ar ôl gan daro'r boblogaeth yn bellach. Tra oedd pobl India'n newynu, parhaodd y Saeson i werthu grawn drwy 1942: 3,000 tunnell y mis i Iran yn unig, er enghraifft.

Nodweddiadol oedd araith Churchill wrth iddo benodi Archibald Wavell yn rhaglaw ar India yn 1943, blwyddyn wedi dechrau'r newyn: *'This episode in Indian history will surely become the Golden Age as time passes, when the British gave them peace and order, and there was justice for the poor'.* Unig ateb Churchill i delegram gan y rhaglaw Archibald Wavell wedyn yn erfyn iddo ryddhau rhywfaint o stoc grawn ar gyfer India, oedd gofyn pam nad oedd Gandhi wedi marw bellach, gan arddangos rhagor o'r hiwmor enwog oedd yn rhan annatod o'i bersonoliaeth.

Roedd Churchill yn ddigon hapus i ddefnyddio 2.5 miliwn o Indiaid er mwyn eu gyrru dros y top yn erbyn Hitler gan eu newynu a'u difrïo yr un pryd. Ond esgorodd y newyddion o India ar fiwtini yn eu rhengoedd, hyd yn oed ar ôl i'r Saeson ddinistrio'r gwrthsafiad yn Medi 1942. Yn eu gwlad eu hunain roedd y gwrthryfelwyr, yn debyg i'r hyn oedd yn digwydd yn Ffrainc yn erbyn y Natsïaid, wedi diflannu dan ddaear i gario ymlaen â'r gwrthryfel, gan ymosod yn sydyn a diflannu yn hytrach na phrotestio'n agored, gyda'r gwrthsafiad torfol drwy bapurau newydd a gorsafoedd radio yn tanseilio'r conwerwyr.

'*The beastliest people in the world next to the Germans*', meddai Churchill wrth gyfiawnhau pam nad oedd yn helpu India. Datganodd pennaeth llynges Prydain yn y Dwyrain Pell, Mountbatten, ei fod yn rhoi 10% o'i longau er mwyn hwylio bwyd i India. Atebodd Churchill drwy dynnu 10% o'i longau oddi arno. Dywedodd yr imperialydd rhonc, Leo Amery nad oedd ei fòs cweit llawn llathen ar y pwnc: '*I didn't see much difference between his outlook and Hitler's*'. Yn 1945 wrth i Churchill wneud ei araith ar ddiwedd yr Ail Ryfel Byd, diolchodd i Seland Newydd, Canada ac Awstralia am eu cymorth, ond ni ddiolchodd i India, er ei bod wedi cyfrannu mwy mewn cyfoeth, pobl a bywydau na'r gweddill i gyd gyda'i gilydd.

Yn y diwedd, y rheswm y cafodd India ei hannibyniaeth yn 1947 oedd fod Prydain yn rhy dlawd a gwan wedi'r rhyfel i fedru ei chadw yn ei stad anniddig ac anniolchgar. Pan ddaeth yr awr, gyda miliynau'n dathlu ar strydoedd Delhi, roedd San Steffan bron yn wag wrth basio fod India'n 'cael' ei hannibyniaeth ganddynt. Roedd Enoch Powell y noson honno wedi cerdded strydoedd Llundain yn methu cysgu, ac wedi aros i wylo â'i ben yn ei ddwylo ar stepen drws rhywun. Newidiodd y *Daily Mail* frawddeg ar dop eu papur o '*For King and Empire*' i '*For King and Commonwealth*'. Ond roedd y gwaith yn parhau.

Nid oedd y Saeson yn fodlon gadael heb greu rhwyg, ac wrth greu ffin newydd i rannu India, roedd y bobl ar lawr gwlad yn gweld eu bod yn cael eu symud o'u cartrefi er mwyn creu Pacistan, a Mwslemiaid India hwythau yn cael eu halltudio yno. Digartrefwyd 14 miliwn o bobl. Yn naturiol, wrth i bobl gael eu gorfodi bob ffordd, bu reiats a lladdwyd cannoedd o filoedd oherwydd y llinell a dynnodd Cyril Radcliffe yn sydyn ar fap.

Pan ymddiheurodd David Cameron am y llanast wrth ymweld â Phacistan yn 2011, meddai Peter Oborne yn y *Daily Telegraph*:

> *We gave Pakistan (and indeed the rest of the world) many splendid bequests: parliamentary democracy, superb irrigation systems, excellent roads, the rule of law, the English language and, last but not least, the game of cricket.*

Yn yr un papur ar yr un pwnc esboniodd Ed West: '*If Britain owes Pakistan an apology, it is for not doing enough to make it more British*'.

Enghraifft o'r '*British*' ar ei orau, heb os, oedd Tony Blair yn mynd i India i 'drafod heddwch' gan ddod yn ôl gyda chytundeb £1biliwn am 60 awyren rhyfel British Aerospace. Yn 2002, wrth i Tony Blair alw ar India a Pacistan i bwyllo, allforiodd Prydain 160 llwyth gwahanol o arfau i'r ddwy wlad, wrth i Jack Straw yn sefyll yn Nhŷ'r Cyffredin a datgan nad oedd o wedi arwyddo dim un cytundeb i werthu unrhyw arf iddynt. Wedi i'r ffeithiau ddod yn gyhoeddus, esboniodd Mr Straw nad oedd wedi dweud celwydd gan nad y fo oedd wedi gafael yn y feiro i arwyddo'r dogfennau. Yng Ngorffennaf 2014 gwelodd Ysgrifennydd Tramor Prydain, William Hague, hi'n briodol i gyhoeddi eu bod am godi cerflun i Gandhi yn Sgwâr Trafalgar ac ar yr ymweliad, dathlodd werthu £250 miliwn o daflegrau i India. '*Gandhi's commitment to non-violence left a legacy that is as relevant today as it was during his life. He remains a towering inspiration,*' meddai.

Nid gwario ar arfau Prydain yw'r unig ffordd y mae arian yn llifo o'r gwledydd hyn. Ers eu hannibyniaeth, mae ffermwyr India yn dioddef dan forthwyl imperialaeth gyfalafol fodern. Mae'r cwmni Americanaidd Monsanto yn berchen ar 95% o allbwn cotwm India ac yn rheoli'r farchnad hadau yno. Teyrnged i'r oes globaleiddiedig hon yw bod hunanladdiad ymysg ffermwyr India yr uchaf yn y byd – sydd yn newid o leiaf o weld y Saeson yn eu lladd.

# *Myanmar*

Un o'r gwledydd a feddiannwyd yn sgil goresgyn India rhwng 1820 ac 1889 oedd Myanmar, neu Burma i'r concwerwyr – gwlad naturiol, hardd a'i fforestydd a'i hafonydd llydan drwy'r mynddoedd yn creu coed ffrwythau dirifedi, yn baradwys i bawb a ddôi ar ei thraws, yn ôl trafaelwyr. Fel yn India, meddiannwyd y cnydau reis a'r Saeson oedd yn elwa o'i dyfiant, ei symud a'i werthu o hynny ymlaen – o'r cae i'r geg. Torrwyd y fforestydd i werthu coed dramor; meddiannwyd yr ychydig chwareli oedd yno a chloddiwyd mwynau yn y tir.

Ar ôl meddiannu darnau o'r wlad yn ddigywilydd a threisgar yn 1824, aeth Prydain ati i ymosod ar Myanmar yn gyfangwbl yn 1852 a hynny ar yr esgus mwyaf tila. Cyhuddwyd y wlad o 'amharchu' dau gapten llong Prydeinig a mynnwyd fod £1,000 yn cael ei roi iddynt ar unwaith fel iawndal. Roedd yr ateb yn rhy hir yn dod, gan fod y Myanmariaid mewn ychydig o benbleth mae'n debyg, felly ymosododd llongau Prydain ar y tir a'r caerau gan ladd cannoedd. Y cam nesaf, yn naturiol, oedd i Brydain fynnu £100,000 yn hytrach na'r iawndal gwreiddiol, a phan wrthodwyd hyn aeth byddin Prydain ati i ryfela go iawn am flwyddyn yn erbyn y wlad, gan shelio a lladd yn ddidostur, a setlo am fwy o feini aur fel rhai tref Bago. Hedfannodd y faner las, coch a gwyn o un pen y wlad i'r llall.

Cafodd y wlad ei gweinyddu fel rhan o'r India wedyn. '*The British are robbing and pilfering Burma quite shamelessly*', oedd dadansoddiad George Orwell ar ei daith yno ddegawdau'n ddiweddarach, gan ychwanegu nad oedd y ffortiynau oedd yn cael eu gwneud yn cyfrannu dim at gynnal y wlad nac unrhyw strwythur, ond yn diflannnu yn ôl i Loegr heb dreth yn y byd.

*But we must stress that the Burmese hardly notice it for the moment. Their country is so rich, their population so scattered, their needs, like those of all Orientals, so slight that they are not conscious of being exploited... He is on the whole free from care.*

*Hunger and unemployment are for him meaningless words. There is work and food for everyone. Why worry needlessly? But, and this is the important point, the Burmese will begin to suffer when a large part of the richness of their country has declined... He is beginning to feel the weight of land taxation, for which he is not compensated by the increased yield of his harvests.*

Penderfynwyd meddiannu Myanmar yn swyddogol yn 1885, a gwylltiodd ei phoblogaeth fwyfwy wrth i'w systemau cymdeithasol a gwleidyddol – oedd wedi bodoli am dair canrif – gael eu diddymu ar amrantiad gan y dieithriaid. Arferai eu brenin ddosbarthu arian, penodi mynachod i'r temlau, arwain gweinyddiaeth gwlad ac arddel ffyrdd Buddha. Parhaodd y gwrthryfel yn erbyn y Saeson am bum mlynedd.

Roedd y Saeson yn methu cael unrhyw drefn ar y Myanmariaid. Doedd neb yn cymryd unrhyw sylw o'r arwyddion a'r posteri yn eu hannog i fod yn driw i *King and Empire*. Petaent wedi trafferthu dysgu rhywbeth am y bobl, byddent wedi sylweddoli mai straeon am ymladd yn erbyn awdurdod honedig oedd y rhai a adroddid am arwyr eu traddodiadau. Mewn adroddiad gan fataliwn o forwyr Prydain, y *Naval Unit*, oedd wedi saethu 12 'rebel' yn erbyn y wal, dywedwyd fod yr 11 arall wedi chwerthin yn uchel dros y lle wrth i'r cyntaf gael ei saethu, ac felly y gwnaeth pob un ohonynt tan i'r olaf gael ei ddienyddio – *'they laughed as they went on after the other to be shot in rotation, treating the whole affair as an extraordinary joke'*.

Wedi disodli eu hysgolion gydag addysg Saesneg gan wahardd eu hiaith frodorol yn y maes hwnnw, roedd eu galwadau am hunanreolaeth yn hurt yn ôl adroddiadau'r Raj yn India i Lundain *'because the Burman people did not exist'*. Ar hyn, tyngodd bron pob un o'r 11,000 pentref yn y wlad lw'r Wunthanu Athins y byddent yn *'gweithio am hunanreolaeth gyda'n heneidiau a'n calonnau heb gysgodi rhag ein dylestwyddau hyd yn oed os torrir ein hesgyrn ac y blingir ein crwyn'*. Yn 1923 gwaharddwyd y Wunthanu Athins gan Loegr, gan geisio lleddfu'r sefyllfa drwy ddweud y byddai dau frodor yn cael ymuno ag is-gyngor y wlad a fyddai'n atebol i'r prif gyngor a fyddai'n atebol i'r Llywodraethwr Seisnig. Am ryw reswm nid oedd hynny'n ddigon da ychwaith, ac aeth bron neb i bleidleisio ar gyfer penodi'r ddau aelod da i ddim yma.

Yn 1930 gwelwyd mwy o wrthryfela dan arweinydd newydd o'r enw Saya San oedd yn datgan pethau megis: '*Mae Myanmar yn wlad i ni, ond daeth y gwehilion a chymryd ein brenin Thibau drwy drais. Maen nhw wedi chwalu ein hil a'n crefydd a maent yn ddigon digywilydd i'n galw ni yn rebels*'.

Yn dilyn y diffyg diddordeb mewn lles y trigolion, roedd slymiau'n codi ac addysg wedi'i chwalu – yn y 30au roedd un llyfrgell ar ôl yn Rangoon lle roedd degau fel arfer. Cyflwynwyd y cwynion hyn, law yn llaw gyda rhai'r Indiaid a Gandhi, a rhoddwyd senedd o ryw fath iddynt ar yr un pryd gan Lundain oedd yn sylweddoli fod yn rhaid ceisio cyfaddawdu neu golli'r cyfan. Pan fu Siapan yno yn ymladd yn erbyn y Saeson, datganodd yr arweinydd Ba Maw fod '*Myanmar yn hawlio'i lle ymysg gwledydd rhydd y byd*', gan wylltio'r ddwy wlad oedd yn ymladd yno.

Rhoddodd y Saeson y ffidil yn y to yn Myanmar ar 4 Ionawr, 1948 ar ôl gadael India, ond roedd y Siapaneiaid wedi dinistrio eu presenoldeb yno'n barod i bob pwrpas. Aeth 20 gweinyddwr yn ôl i Loegr fisoedd wedi glanio yno i helpu'r 'gwasanaeth sifil', gan ddarganfod fod y trigolion yn rhedeg y sioe eu hunain heb gymryd dim sylw ohonynt. Doedd Churchill, unwaith eto, ddim yn hapus: '*I certainly did not expect to see U Aung San, whose hands were dyed with British blood and loyal Burmese blood, marching up the steps of Buckingham Palace*'.

# Malaysia

Wrth oresgyn Singapore a de penrhyn Malaya, elwodd Prydain yn sylweddol wrth drethu a threfedigaethu porthladd Singapore a thrwy feddiannu'r diwydiant rwber yng ngogledd y wlad.

Yn 1819 y meddiannwyd Singapore, wyth mlynedd wedi i Sir Stamford Raffles weld y ddinas a'i brolio fel lleoliad a fyddai'n ardderchog i'r Ymerodraeth. Yn 1874 ehangodd hynny i gynnwys penrhyn mawr Malaya i gyd, ar yr esgus o amddiffyn eu morwyr a'u trefedigaethwyr yn Singapore.

Roedd agwedd anffodus yn y brifddinas Kuala Lumpur tuag at y trefedigaethwyr. Nid oedd ei phobl yn fodlon darostwng iddynt. Cwynodd nifer, er enghraifft, nad oedd y Tsieinïaid yno yn symud yn llwyr oddi ar y pafin pan oeddent hwy, y Saeson, yn ei gerdded. Daeth presenoldeb y Tsieinïaid yn gyfleus i gyfiawnhau gormesu'r trigolion a slafiai dros yr Ymerodraeth, gan esgus y byddai comiwnyddiaeth yn codi'i ben hyll pe bai'r gweithwyr brodorol yn dechrau derbyn hawliau. Roedd y diwydiant rwber yn y wlad yn wobr na fedrid ei ollwng, ac nid oedd talu'r gweithwyr yn deg a rhannu rhywfaint o'r elw ar yr agenda.

Wedi cofnodi eu gweithrediadau yn erbyn y trigolion, penderfynwyd y byddai'n well llosgi'r dogfennau. Cymaint oedd y llwyth, roedd angen pum lori yn cynnwys dogfennau 23 gwlad i'w trosglwyddo o Kuala Lumpur ym Malaya i'r *'splendid incinerator'* fel galwodd un swyddog yn Llundain ben y daith yn Singapore yn Ebrill 1957. Roedd nodyn o Lundain wedi awgrymu dinistrio pob dogfen a fyddai'n *'embarrass Britain'* neu *'show a racial prejudice'.*

Roedd Prif Weinidog cyntaf Singapore, Lee Kuan Yew, yn yr ysgol yn 1941 pan atebodd gwestiwn ei brifathro Seisnig yn Raffles College. *'What was that explosion,'* gofynnodd wrth glywed bom y Siapaneaid. *'That is the end of the British Empire,'* atebodd. Wrth golli i'r Siapaneaid, gwelodd y trigolion nad oedd y dyn gwyn yn anorchfygol.

Roedd un o'r ystadau rwber yn Sungai Rimoh ac yno y

cyflawnwyd cyflafan gan fyddin Prydain – yn benodol y Scots Guards – drwy ladd 24 o'r dynion oedd yn gweithio'n yr ystad a llosgi pentref Batang Kali yn ulw. Nid oedd yr un o'r 24 wedi gwrthod ufuddhau i unrhyw orchymyn nac yn berchen unrhyw arf. Defnyddiwyd technegau tebyg drwy'r ymgyrch, a ddechreuodd yn 1948. Yr unig beth annodweddiadol amdano oedd i'r pentrefwyr lwyddo i gael cymorth cyfreithwyr a newyddiadurwyr o'r byd Saesneg i geisio cyfiawnder. Ar y dechrau, roedd Prydain yn mynnu mai gwrthryfelwyr oeddent. Wedyn ceisiwyd cyfiawnhau'r weithred drwy fynnu eu bod yn ceisio dianc.

Daeth Malaya'n annibynnol yn 1959, gyda Singapore yn ymuno â'r wlad yn 1963 i greu Malaysia, cyn torri'n rhydd drachefn. Yn 1970, diddymodd llywodraeth Geidwadol Edward Heath ymchwiliad gan heddlu Prydain am gyfiawnder i bobl Malaya. Gwrthododd llywodraeth Cameron ganiatáu ymchwiliad tebyg yn 2010.

# Sri Lanka

Neu Ceylon i'r concwerwyr. Aeth yr Ymerodraeth ati i hel yr Iseldirwyr oddi yno yn 1802 a datgan fod yr ynys fawr bellach yn diriogaeth i'r Goron. Wedi delio â'r Iseldirwyr, aethant drwy weddill yr ynys a rheibio palas teyrnas hynafol y Kandya, gan yrru'r brenin dros y môr a symud y trysorau tua Llundain.

Yn 1817, ymwelodd milwyr Prydain â thref Madulla, ac nid oedd llawer o neb ar ôl wedi hynny. Dangosodd y bobl leol eu hanfodlonrwydd yn 1818, ac ymateb y llywodraethwr Robert Brownrigg oedd mynd â haid o wŷr meirch, milwyr a chwpl o eliffantod drwy'r wlad gan ladd 10,000 o bobl y Kandya, er nad oedd y rhan fwyaf ohonynt â dim i'w wneud â'r gwrthwynebiad.

Bu'r rebeliaeth meddal nesaf yn 1848 a dienyddiwyd 200 o'r trigolion er nad oedd yr un Sais nac unrhyw un gwyn arall wedi'i ladd. Buddha yw duw'r rhan helaeth o'r ynys ac roeddent yn eithaf triw i'w neges, gan ymwrthod â thrais fel ymateb i drais heb sôn am amharch.

Yn 1915, bu arlliw o rebeliaeth yn Kandya a rhoddwyd taw arno bron cyn iddo ddechrau. Ond gan ofni fod y byd yn eu herbyn, gyrrodd y llywodraethwr – Robert Chalmers – gangiau o'i filwyr i ddysgu gwers i'r dref a saethwyd pobl blith-draphlith. Carcharwyd cannoedd. Natur y trigolion oedd peidio â chodi dwrn a bodlonwyd ar ddim ond gofyn am newid cyfansoddiadol. Daeth hynny ar ffurf y *Ceylon National Congress*, a'i Arlywydd yn ymbil ar y bobl i feddwl am eu hunain fel Prydeinwyr yn gyntaf, Ceylonwyr yn ail, er mwyn lleddfu'r meistri yn Llundain.

Cafodd Sri Lanka ei henw'n ôl a'i hannibyniaeth yn 1948. Roedd yn enghraifft o wlad nad oedd wedi ymladd o gwbl, ac yn y diwedd a gywilyddiodd Lloegr i'w gadael drwy ddyfynnu eu datganiadau mawreddog am achub gwledydd bach rhag Hitler. Cadwyd hi fel rhan o'r Gymanwlad Brydeinig fodd bynnag.

# *Indonesia*

Wedi colli eu statws fel ymerodraeth fwyaf y byd, bu'n rhaid i Brydain newid ei thacteg o blannu'i baner lle bynnag y mynnai i weithredu yn fwy cudd a thanseilio gwledydd annibynnol drwy gydweithio â gormeswyr o'r un anian (sef yr Unol Daleithiau yn bennaf). Mae Indonesia yn enghraifft berffaith o Brydain yn dinistrio democratiaeth er mwyn gosod unben fyddai'n cydfynd â'u hamcanion busnes.

Tan 1965, roedd Achmed Sukarno wedi'i ethol i arwain y wlad wedi i'r Iseldirwyr benderfynu ei bod hi'n bryd dod â'i hymerodraeth hen ffasiwn i ben ddegawd ynghynt. Nid oedd Sukarno'n or-hoff o'r dylanwad oedd gan Brydain ar Singapore a Malaya.

Mae dogfennau'r CIA o 1962 yn cofnodi i Harold Macmillan, y Prif Weinidog Llafur, a'r Arlywydd John F. Kennedy, arwr y 'chwith' yn yr Unol Daleithau, gytuno y byddent yn *'liquidate Sukarno, depending on the situation and available opportunities'.* Adnabyddid y cadfridog Suharto o fyddin Indonesia fel unigolyn pwerus a fyddai'n un da i weinyddu'r gyfundrefn newydd, broffidiol. Arianwyd yntau a'i gyfeillion yn y fyddin i ehangu eu dylanwad a lladdwyd Sukarno ganddynt er mwyn sefydlu unbennaeth filwrol. Gwerthodd y cyfryngau Eingl-Americanaidd yr antur fel Suharto'n achub y wlad rhag *coup* annemocrataidd gan y Comiwnyddion. Pwy feddyliai fod posib gwyrdroi'r gwirionedd yn llwyr mewn adeg o gyfryngau 'byd eang' Seisnig?

Aethpwyd ati i hyfforddi swyddogion Suharto sut i weinyddu'u gwlad yn iawn, gyda'r World Bank a'r IMF i'w harwain tua'r goleuni o gydweithio â busnesi rhyngwladol y 'Gorllewin'. Sefydlwyd systemau di-dreth, a gorfodi ffafrio cynnyrch tramor dros gynnyrch cynhenid, a chyfreithiau cyflogi fyddai'n sicrhau rhyddid i'r cwmnïau hyn wneud a fynnont gydag adnoddau a gweithluoedd Indonesia. Roedd gwobrau i'r unigolion am eu cydweithrediad, wrth gwrs.

Roedd un broblem, sef bod llawer gormod o bobl yn y wlad yn deall ac yn gwrthwynebu'r disodli annemocrataidd i ryddhau adnoddau eu gwlad. Felly anogwyd ac arfogwyd Suharto i ddelio â'r broblem unwaith ac am byth. Targedwyd y bobl hyn a'u labelu fel Comiwnyddion, oedd yn ddigon o reswm dros eu dileu. Aethpwyd i mewn i ysgolion a lladd athrawon yn y fan a'r lle o flaen y plant. Lladdwyd aelodau seneddol a phob aelod o'u pleidiau, yn ogystal â phobl gyffredin oedd wedi pleidleisio drostynt. Cafodd pentrefi cyfan eu dileu. Roedd myfyrwyr a ffermwyr yn cael eu gweld fel rhwystrau i'r byd newydd hwn, yn bobl fyddai'n dysgu am bethau ac a werthai eu cynnyrch eu hunain, felly lladdwyd hwy yn ogystal. Amcangyfrifwyd fel ffigwr bras i filiwn o bobl farw dan Suharto o 1965 i 1967, gyda Phrydain, Awstralia a'r Unol Daleithiau'n clirio'r llwybr ac yn cynnal ei fraich. Roedd llongau rhyfel Prydain yn hwylio ochr yn ochr â llongau Indonesia'n cario'r milwyr o ynys i ynys i wneud eu gwaith.

Amlinellodd y llysgennad Prydeinig yn Jakarta y strategaeth mewn neges i'r Swyddfa Dramor yn Llundain. `*I have never concealed from you my belief that a little shooting in Indonesia would be an essential preliminary to an effective change*'. Aeth y swyddfa ati i hysbysu eu llysgenadaethau eraill am y stori a'i dosbarthu i newyddiadurwyr:

> *Suitable propaganda themes might be: PKI (y Comiwnyddion) brutality in murdering generals and Nasution's (gweinidog tramor Indonesia) daughter... PKI agents of foreign Communists... but treatment will need to be subtle. (a) All activities should be strictly unnatributable, (b) British participation or co-operation should be carefully concealed.*

Roedd Norman Reddway, un o bropagandwyr mwyaf profiadol cyfundrefn Lloegr, yn falch iawn o'r gwaith gan frolio fod y BBC yn galluogi i'w straeon fynd o Indonesia'n gudd a dod yn syth yn ôl yn swyddogol mewn mater o oriau. Wrth i'r straeon hyn fynd rhagddynt, roedd rhestr faith o Gomiwnyddion yn cael eu darparu gan yr Americaniaid i fyddin Suharto roi eu dwylo arnynt.

Un o'r gwobrau mawr yn Indonesia oedd y ffaith ei bod yn dal y rhan fwyaf o rwber y byd. Canlyniadau hyn oedd codi llwyth o ffatrïoedd i greu nwyddau rhad ar gyfer gwerthwyr y Gorllewin gyda chyflogau pitw a dim hawliau i'r gweithwyr brodorol. O fod yn hunangynhaliol, ataliwyd economi amaethyddol llawr gwlad i un oedd yn ddibynnol ar fewnforio bwyd a chreu nwyddau i eraill i'w gwerthu dramor. Dyma lle crëwyd pob cynnyrch Nike, Gap, Reebok, er enghraifft. Portreadwyd y gwasanaeth hwn fel 'llwyddiant economaidd arbennig' ym mhapurau Lloegr ac America, gan anwybyddu'r cyflogau pitw, yr amodau gwaith ofnadwy a'r 35 miliwn o weithlu posib oedd heb waith o gwbl. Clodforwyd Suharto am ddod â 'sefydlogrwydd' i'r wlad. '*One of our very best and most valuable friends*' oedd disgrifiad Margaret Thatcher ohono.

Anogwyd Suharto i ehangu ei ddylanwad dros weddill y rhan hon o'r byd. Rhoddodd y World Bank $632 miliwn ar gyfer rhaglen 'mudo', a'i unig ddiben oedd galluogi Suharto i goloneiddio Dwyrain Timor gydag Indonesiaid a fyddai'n gorfodi'r ynys ystyfnig honno hefyd i gydymffurfio. Wedi i lwyddiant hynny fod yn llai na'r disgwyl, aethpwyd ati i oresgyn y lle'n iawn. Lladdwyd cannoedd o filoedd yn 1997 gyda chyfryngau Lloegr yn gwneud eu rhan drwy anwybyddu'r peth yn llwyr. Ym mlwyddyn gyntaf Tony Blair a Robin Cook a'u '*ethical foreign policy*', arwyddwyd un ar ddeg cytundeb gwerthu arfau i Indonesia, gan selio safle Prydain fel eu prif gyflenwyr arfau o bell ffordd.

Techneg economaidd arall gan Brydain yw rhoi benthyciadau i unbenaethiaid iddynt fedru eu ddefnyddio i brynu arfau Prydain. Yr enw technegol ar hyn yw *Export Credits* a ddaw drwy law'r *Department for Trade and Industry*, sy'n rhwymo'r wlad wedyn wrth ddyled anferth am y fraint o feddu ar dechnoleg orau'r Sais. Ar ben hynny, trethdalwyr Cymru, Lloegr, Chwe Sir gogleddol Iwerddon a'r Alban sy'n talu. Rhoddwyd £1biliwn o arian felly i Indonesia a brynodd awyrennau rhyfel Hawk British Aerospace i fomio Dwyrain Timor.

Yn 1998, gyda 70 miliwn o bobl yn byw mewn tlodi llwyr, cododd y wlad yn erbyn yr unben Suharto, a welodd ddefnydd o'r diwedd i'r holl arfau a thanciau yr oedd wedi godro'r wlad i'w prynu gan Brydain. Ond nid oedd hynny'n ddigon i'w achub a bu'n rhaid iddo hedfan oddi yno. Gwelodd yn dda i wobrwyo ei hun am ei 30 mlynedd o wasanaeth drwy ddwyn gwerth £7biliwn o goffrau'r wlad.

Nid dyna oedd diwedd y dioddef i'r Indonesiaid, fodd bynnag. Mae'r IMF a'r World Bank yn parhau i reoli eu heconomi, gyda hadau gorfodol a bwydydd cwmnïau'r Gorllewin megis Monsanto a Cargill (lle mae'r cyn-Brif Weinidog John Major ar y bwrdd) yn cael eu dympio o hyd ar y wlad am brisiau rhatach na'r cynnyrch lleol er mwyn meddiannu'r farchnad.

# *Tsieina*

Yn aml, clywir haneswyr yn sôn am y 'rhyfeloedd opiwm' â Tsieina wrth basio, heb gynnig manylion. Mae hynny oherwydd eu bod yn gofnod o ymgais hynod lwyddiannus Lloegr i orthrymu'r wlad anferth honno.

Wedi hen ymsefydlu yn India, ymestynnodd breichiau'r Ymerodraeth waraidd dros fynyddoedd yr Himalaya. 80 mlynedd ar ôl i bedair llong rhyfel Prydain benderfynu meddiannu porthladd yn y Bocca Tigris yn 1637 – cyn ailfeddwl yn eithaf sydyn a diflannu yn ôl i'r moroedd i edrych am diroedd haws i'w hysbeilio – yn 1711, ymddiriedodd y Tsieinïaid ynddyn nhw i ddod ar eu hynt o India i brynu te.

Doedd arweinwyr Tsieina eu hunain, fodd bynnag, ddim eisiau unrhyw beth i'w wneud ag elwa drwy fasnach dramor, gan amau y byddai hynny'n arwain at dwyll, trafferth, dan dinrwydd, lladrata ar y tir a'r môr, a thestun ffraeo rhwng gwledydd. Profwyd eu bod yn llygad eu lle.

Fel aeth y ganrif heibio, roedd Prydain yn dymuno mewnforio mwy a mwy llwyth o sidan, te, a llestri Tsieina. Ond roedd problem. Roedd Prydain yn prynu cymaint o nwyddau o Tsieina nes fod llawer gormod o arian o ochr Prydain yn llifo i'r wlad honno yn nechrau'r 18fed ganrif. Roedd yr elw o brynu'r nwyddau hyn oll yn mynd i rywun arall – sef y Tsieinïaid – oedd yn eu creu a'u tyfu a'u gwerthu. Ac i unrhyw ymerodraeth gwerth ei halen, mae hynny'n bolisi anghywir. Y ffordd hawsaf i ddatrys y broblem yn y tymor byr oedd i Tsieina brynu nwyddau gan Ymerodraeth Lloegr. Hawdd.

Neu efallai ddim. Roedd y Tsieinïaid wedi gwrthod gweld cynrychiolwyr o fasnach a llywodraeth Lloegr am ddegawdau nes iddynt – yn 1793, ar ôl derbyn cais ar ôl cais – benderfynu rhoi cyfle i'r Saeson ddweud eu dweud. Gyrrwyd cynrychiolwyr o Loegr i arddangos cynhyrchion gwych eu tiriogaethau a'u colonïau, yn argyhoeddedig y byddai'r Tsieinïaid yn methu coelio eu lwc pan welent y trysorau hyn a mynd yn ddwfn i'w pocedi i'w prynu.

Byddai'r arian mawr yn llifo'n ôl i'r bobl gywir. Gwrandawodd y Tsieinïaid arnynt cyn ffarwelio â nhw'n raslon. Mewn llythyr at George III, brenin Lloegr, dywedodd yr Ymerawdwr Qing Long:

*... Fel y gall eich Llysgennad weld drosto'i hun, rydym yn meddu ar bopeth. Nid ydym yn gosod unrhyw werth ar eich gwrthrychau rhyfedd honedig ddyfeisgar, ac nid oes defnydd ganddom ar gyfer cynnyrch eich gwlad. Mae popeth mae Tsieina ei angen yn cael ei wneud o fewn ffiniau Tsieina a nid oes angen i ni fewnforio cynnyrch barbariaid allanol yn gyfnewid am ein cynnyrch ein hunain. Ond gan ei fod yn ymddangos eich bod gwir angen ein te, sidan a gwydr yr ydym wedi caniatáu – fel ffafr ac arwydd o ewyllys da – i gwmnïau tramor ymsefydlu yn mhorthladd Guangzou er mwyn i'ch dymuniadau gael eu cyflenwi a'ch gwlad i fanteisio ar ein cymwynasgarwch.*

A manteisio a fu. Ers 1757, roedd ceiniog go dda wedi'i wneud ar draul pobl de Tsieina (Bhutan a Nepal) drwy werthu'r opiwm a dyfai yn y tiroedd a goncrwyd yn India. Doedden nhw ddim digon gwirion i werthu'r opiwm yn India ei hun gan y byddai hynny'n arwain yn fuan at bwysigyddion a milwyr yn ogystal â'r boblogaeth gyffredin yn manteisio ar y cyflenwad, a byddai'n siop siafins yno wedyn. Roedd ei sgileffeithiau'n llawer rhy ddinistriol. Yr hyn oedd yn ddymunol ac yn broffidiol. fodd bynnag. oedd ei dyfu a'i drosglwyddo dros y mynyddoedd i'w werthu'n Tsieina. Er mwyn llenwi'r coffrau, gwelodd y llywodraeth yn Llundain fod posib ehangu'r farchnad yma'n sylweddol a threthu'r cwmnïau Prydeinig oedd yn gwneud eu ffortiwn.

Mae Tsieina'n wlad enfawr ac felly yn 1793 glaniodd llongau Prydeinig ym mhorthladd Guangzhou yn llawn opiwm dan yr esgus o ddod i brynu te, dan gytundeb Qing Long. Roedd trysorlys Lloegr yn gwneud arian anferth yn trethu'r te a werthwyd ymlaen gan y cwmnïau Prydeinig yn ogystal â'r opiwm oedd yn mynd y ffordd arall. Trefniant hapus iawn.

Roedd arian Tsieina, y metal yn ogystal â cheiniogau gan mai dyna oedd nifer yn ei gyfnewid am y cyffuriau, yn diflannu o'r wlad yn syth i bocedi'r *East India Company* a thrysorlys Lloegr.

Wrth gwrs, y bobl olaf i elwa ar hyn oedd yr Indiaid. Dynododd llywodraeth Prydain fonopoli ar dyfu opiwm yn India i'r *East India Company*, sef y cwmni Seisnig oedd yn gweinyddu'r ysbail o'r tir a feddiannodd Prydain yn India benbaladr.

Opiwm yw sylfaen heroin, a morffin yw ei brif elfen. Effeithiau'r cyffur oedd gwneud ei ddefnyddwyr yn Tsieina (oedd yn ganran dda o'r boblogaeth anferth erbyn hynny), yn hollol ddiymadferth. Mae'n gyffur sy'n cydio, ac mae hynny'n wych i'r gwerthwyr, wrth gwrs. Enw'r Tsieinïaid arno oedd 'mwd tramor'.

Rai blynyddoedd ar ôl gadael i'r llongau lanio, daeth hi'n amlwg fod cymdeithas Tsieina'n dioddef sgileffeithiau difrifol a gwnaed opiwm yn anghyfreithlon i'w werthu a'i brynu yn 1799. Ni newidiodd hyn ddim ar y sefyllfa. Yn wir, aeth yn llawer iawn gwaeth. Roedd yr elw a wnaethpwyd yn enfawr, ac roedd Lloegr wedi dod i ddibynnu ar yr arian cyflenwi cyffuriau i boblogaeth Tsieina er mwyn talu am reoli India.

Y tro nesaf y gwelwch hysbyseb P&O Ferries mae'n ddifyr gwybod bod y cwmni wedi tyfu drwy forio cyffuriau yr *East India Company* i Tsieina. Hwn oedd cwmni smyglo Jardine Matheson and Co a'r un cwmni sy'n gweithredu heddiw. Daeth y partner James Matheson, wedi blynyddoedd o gystadlu yn eu herbyn, yn gadeirydd ar P&O Ferries, wrth iddynt roi'r ffidil yn y to gan fod llongau Jardine Matheson ddwywaith yn gyflymach rhwng Calcutta a Tsieina. Cymaint oedd y fasnach fel y daeth James Matheson yn ail dirfeddiannwr mwyaf Prydain. Er enghraifft, prynodd Ynys Lewis – ynys fwyaf yr Alban – a chlirio 500 teulu o'u tiroedd a'u gyrru i Ganada.

Yn 1730, cofrestrodd yr Ymerodraeth fod 15 tunnell o opiwm wedi'i drosglwyddo o India. Yn 1820 cofrestrwyd 900 tunnell, ac yn 1837 cofrestrwyd 4,000 tunnell. Daeth yn fwyfwy amlwg i'r Tsieinïaid pwy oedd y drwg yn y caws a chawsant lond bol go iawn erbyn 1839. Roedd effeithiau'r cyffur ar gymdeithas yn gymaint o broblem fel y penderfynodd Tsieina wahardd llongau Prydain rhag glanio yn eu porthladdoedd yn gyfangwbl, yn enwedig prif borthladd Guangzhou. Byddai'r rhan fwyaf wedi derbyn eu bod wedi cael eu dal a phenderfynu eu bod wedi'i chael hi'n dda am amser maith. Ond nid dyna oedd steil Prydain Fawr.

Gwrthod gadael wnaeth y masnachwyr oedd yno, gan gau eu hunain gyda'u opiwm am 6 wythnos cyn ildio yn y diwedd. Heliodd Lin Zexu – y dyn oedd yn arwain yr ymgyrch i roi terfyn ar y cyflenwad drwy Guangzhou – y Prydeinwyr i gyd allan gan losgi'r opiwm oedd yno. Crochlefodd y masnachwyr Seisnig ar eu llywodraeth am arian i'w digolledu oherwydd yr 'annhegwch' yma a bu hynny'n hwb i'r rhai oedd am ryfel.

Dihangodd masnachwyr Prydain, ond nid aethant ymhell. Penderfynwyd glanio ar ynys gyfagos i ailymgynnull a chynllwynio'r symudiadau nesaf. Enw'r ynys oedd Hong Kong.

Ar hyn aeth llywodraeth Victoria a Lord Melbourne at waith. Gorchmynnwyd y Tsieinïaid i ad-dalu'r iawndal i'r masnachwyr, yn ogystal â mynnu eu bod yn ailagor porthladd Guangzhou iddynt a hyd yn oed yn agor mwy o borthladdoedd i'w llongau opiwm. Gweddill eu telerau oedd mynnu cyfreithloni opiwm drwy Tsieina, a bod Hong Kong yn cael ei rhoi i'r Ymerodraeth. Fel petai hynny ddim digon, roedd rhaid iddynt dalu'r gost o hwylio llongau rhyfel Lloegr draw i sicrhau fod hyn i gyd yn digwydd, neu fe fyddai lluoedd Ei Mawrhydi yn ymosod ar y wlad.

Roedd rhyfel yn anorfod. Yn anffodus i'r Tsieinïaid, roedd ymroddiad Prydain i'r grefft o ddefnyddio powdwr gwn wedi bod yn llawer mwy brwdfrydig nag un Tsieina.

Aeth llynges gyfan Lloegr tuag at Tsieina, gan wneud llanast ar hyd yr arfordir. Malwyd tref Jinhai yn rhacs, a lladdwyd 2,000 o'u cymharu â thri o'r Saeson wrth iddynt lanio ac ysbeilio. Wrth sodlau'r llongau roedd newyddiadurwyr o'r coloni, a chawn adroddiad yn yr *India Gazzette* yn disgrifio 'dinistr a dwyn ar raddfa ddiguro a ddaeth i ben dim ond am nad oedd dim byd ar ôl i'w gymryd neu ei falu.' Wedi i'r difrodi orffen gosodwyd y llongau opiwm yn eu porthladd newydd yn Jinhai i werthu eu cynnyrch.

Ceisiodd y Tsieinïaid wrthymosod yn ffyrnig, ond roedd

gynnau'r Saeson yn llawer rhy bwerus. Oherwydd maint y wlad, aeth y goresgyn a'r gwrthymosod ymlaen am flynyddoedd. Yn Ningbo ar 10 Mawrth, 1842, lladdodd eu gynnau howitzer 400 o fyddin Tsieina heb golli'r un Sais. Trodd y Tsieinïaid at dactegau gerila. Wrth guddio ac ymosod ar nifer fach o filwyr Lloegr ar y tro, roedd colledion Lloegr yn llawer uwch na thrwy gydol yr holl frwydro agored.

Ymateb swyddogol y Saeson i hyn oedd i fynd yn fwriadol wyllt wedi digwyddiadau o'r fath, gan nad oedd gelyn agored, a dinistrio pob pentref oedd yn digwydd bod wrth law. Condemniwyd y rhyfel gan rai papurau sosialaidd yn Lloegr fel y Northern Star ond ymateb Thomas Babbington Macaley, yr Ysgrifennydd Gwladol dros Ryfel oedd fod y masnachwyr opiwm yn perthyn i *a country unaccustomed to defeat, to submission, or to shame* a'i fod yn gobeithio *that this most rightful quarrel may be prosecuted to a triumphal close.*

Llwyddodd y Saeson i fartsio cyn belled â Shanghai tan i'r Tsieinïaid arwyddo Cytundeb Nanjing yng Ngorffennaf 1842, oedd yn rhoi Hong Kong i'r Saeson yn ogystal ac agor pum porthladd mawr i'w cychod fewnforio beth â fynnent – sef opiwm – a bod y Tsieinïaid yn talu iawndal anferth am yr holl drafferth yr oeddent wedi'i achosi.

O dro i dro, gwrthodai Tsieina blygu i'r amodau pan oedd amgylchiadau'n caniatáu. Felly, yn 1856 roedd angen esgus i fedru taro'r ffon ar gefn y wlad anufudd eto. Daeth hwnnw ar ffurf llong o'r enw *Arrow*, oedd yn cael ei defnyddio i fôr-ladrata. Arestiwyd y criw, ac gwelodd y Saeson eu cyfle. Er eu bod yn gwybod mai môrladron oedd arni, smaliwyd ei bod wedi'i chofrestru'n gyfreithlon dan Jac yr Undeb yn Hong Kong, a bod y faner hyfryd honno wedi'i thynnu i lawr o'r llong gan y Tsieinïaid. Gwarth! Roedd y stori'n ddigon da gan yr aelodau seneddol naïf, felly doedd dim o'i le mewn mynnu ymddiheuriad gan y Tsieinïaid. Gwrthodwyd hynny a dyna fêl ar fysedd llywodraeth Lloegr.

Ymosodwyd eto ar Guangzhou gan longau rhyfel Lloegr o Hong Kong. Ar fympwy, ymunodd Ffrainc i gynorthwyo Lloegr. Roedd

Lloegr yn brysur yn ceisio diffodd y gwrthryfel oedd wedi codi'n India i fedru delio'n syth â'r Tsieinïaid, felly roedd hi'n Ragfyr 1857 arnynt yn ymosod. Chwalwyd Guangzhou eto a lledaenodd y lluoedd Ffrengig a Seisnig drwy Tsieina, yn ennyn ymateb ac yna yn dial ar y bobl oherwydd y gweithredoedd hynny.

Y dyn oedd yn gyfrifol am yr holl ymgyrch fodd bynnag oedd James Bruce, wythfed Iarll Elgin. Ei dad oedd wedi dwyn delwau enwog Parthenon, neu yr `Elgin Marbles` fel y'u gelwir gan y Saeson, o wlad Groeg ac a gedwir yn amgueddfa Llundain hyd heddiw – er bod y Groegwyr eisiau nhw yn ôl. Ac wrth iddo fygwth mynd i mewn i Beijing, ildiodd y Tsieinïaid eto, gan arwyddo Cytundeb Tientsin oedd yn agor pum porthladd newydd arall i'r Saeson, rhoi £1miliwn o iawndal, a chyhoeddi bod opiwm yn gyfreithlon i'w gymryd a'i werthu.

Yn fodlon gyda'i waith, hwyliodd James Bruce i Siapan i esbonio iddynt mai tynged debyg i un y Tsieinïaid fyddai'n eu disgwyl hwythau onibai y byddai porthladdoedd yn agor yno i longau Lloegr. Penderfwyd yno mai dyna fyddai orau. Wrth iddynt fygwth Beijing, aeth pethau o chwith i'r Saeson – suddwyd 5 o'u llongau a chollwyd 500 milwr Prydeinig wrth i'r Iarll ddisgwyl buddugoliaeth hawdd arall.

Daeth hyn, wrth gwrs, ag ymateb llawer gwaeth o du'r Ymerodraeth a malodd 20,000 o filwyr Lloegr a Ffrainc gaer Dagu cyn glanio a mynd yn syth am Beijing. Malwyd palasau mawreddog oedd yn ganrifoedd, filoedd o flynyddoedd o oed ac ysbeiliwyd eu trysorau.

Wedi dwyn hynny a fedrid o'r palas mwyaf, Palas Haf yr Ymerawdwr, gorchmynnodd James Bruce iddo gael ei losgi. Yn ôl y Cadfridog Charles Gordon oedd yn rhan o'r dinistrio: *'you can scarcely imagine the beauty and magnificence of the places we burnt'.*

Gorfodwyd y Tsieinïaid i ganiatáu mwy o iawndal ac agor mwy o borthladdoedd ar ben y cytundebau eraill. Daethpwyd â thrysorau a chadeiriau mawreddog Palas yr Haf yn ôl i Amgueddfa Victoria ac Albert, Llundain, lle maent hyd heddiw.

Parhaodd y farchnad gyffuriau yma dan fawd milwrol am wyth degawd arall, tan 1917 – pan oedd lluoedd Lloegr yn rhy brysur yn Ewrop erbyn hynny i warchod eu buddiannau masnachol yn y Dwyrain Pell.

Ailgydiwyd yn yr ymrafael yn y 1920au ac wrth i longau Tsieinïaidd fynd i anghydfod yn Wahnsien, aeth llong rhyfel Lloegr i ddelio â'r mater gan fomio'r dref o'r môr a lladd oddeutu 500. Roedd hyn flwyddyn ar ôl i'r blaid Lafur gytuno yn eu cynhadledd yn 1925 nad oedd yr adeg wedi dod i adael i'r Tsieinïaid gael y cyfrifoldeb o reoli eu gwlad eu hunain, gan gefnogi'r blaid Geidwadol, fel arfer, i gadw eu milwyr yno. Yn 1927 daeth streic anferth yn Shanghai â mwy o broblemau i'r gwareiddwyr pan yrrwyd 20,000 o filwyr Prydain i mewn i'w setlo.

Yn 1898 penderfynodd y Saeson fanteisio ar y ffaith i Tsieina gael ei gwanhau ar ôl rhyfel gyda Siapan, gan wneud iddynt arwyddo cytundeb oedd yn rhoi Hong Kong iddynt am 99 mlynedd. Roedd hynny gyfystyr ac 'am byth' i'r dyn oedd yn trafod, Claude MacDonald, a gafodd ei gondemnio am ei ddiffyg gwledigaeth hirdymor gan ei gydwladwyr. Mi gafodd yr ynysoedd a'r tir o gwmpas Hong Kong hefyd yn ddi-rent am y cyfnod hwnnw. Ceisiodd Margaret Thatcher ac eraill newid meddwl y Tsieinïaid i adael i bethau fod ac anwybyddu'r 99 mlynedd yma. Aeth yno yn 1982, wedi delio â'r Falklands, i esbonio i'r '*bloody Chinamen*' fel oedd yn hoffi eu galw, pwy oedd y bòs. Methodd. Roedd arweinydd Tsieina, Deng, yn rhybuddio'i ddilynwyr i 'wylio'r Saeson yma, rhag ofn iddynt waedu'r lle'n llwyr o'i gyfoeth cyn gadael'.

Mewn ymgais hwyr yn y dydd, penderfynodd Llundain ddangos i Hong Kong mai nhw oedd orau drwy gyflwyno democratiaeth yno yn 1992. Cyfaddefodd Michael Heseltine ei embaras dros hynny yn ei hunangofiant yn 2000. '*We had governed Hong Kong for long enough to introduce a democratic constitution if we had believed it necessary or desirable*'.

Yn 1997 wylodd Chris Patten, llywodraethwr olaf Prydain yn Hong Kong, ddagrau hallt wrth weld y faner goch, glas a gwyn yn gostwng yno am y tro olaf.

# Corea

Mae rhai rhyfeloedd yn llai poblogaidd na'i gilydd ar gyfryngau Prydain. Mae hynny fel arfer yn awgrymu nad oedd llawer yn yr antur honno i ymfalchïo ynddo, ac mae hyn yn sicr yn wir am Corea. Wedi i Siapan adael â'r wlad yn 1945, cafodd ei rhannu ar fympwy'r pwerau buddugol. Gwelwyd y Gogledd yn cael ei reoli gan y rhai blaenllaw yn yr ymgyrch i wrthsefyll y Siapaneiaid dan adain yr Undeb Sofietaidd ac yn y De, cadwyd nifer oedd wedi cynorthwyo'r Siapaneiaid yn yr Ail Ryfel Byd mewn grym gyda chefnogaeth eu cyn-elynion, Lloegr ac America. Roedd gelyn newydd i'w goncro, felly gellid maddau popeth.

Y rheswm dros y gefnogaeth honno oedd bod agwedd y Ffasgiaid rheiny tuag at berchnogaeth adnoddau'r wlad yn un mwy hyblyg na'r gwleidyddion yn y Gogledd, oedd wedi dechrau rhannu'r tir yn gyfartal ymysg eu pobl eu hunain. Yn y byd delfrydol Eingl-Americanaidd nid y trigolion ddylai fod yn berchen ar eu tiroedd eu hunain. Crëwyd ffin rhwng y Gogledd a'r De sy'n parhau hyd heddiw.

Aeth pethau mor esmwyth yn y Gogledd fel y gadawodd yr Undeb Sofietaidd y wlad yn 1948. Yn dilyn eu hymadawiad, ymosododd byddin a heddlu'r De 2,167 gwaith ar gymunedau'r Gogledd dros y ffin. Yn y De ei hun, ataliwyd ffermwyr rhag perchnogi'r tir a bu gwrthryfela'n y wlad o 1946 ymlaen wrth i'r gyfundrefn chwalu mudiadau hawliau, pwyllgorau lleol a chymunedau hunangynhaliol. Wedi i dros 100,000 o'u cydwladwyr gael eu lladd, aeth byddin o'r Gogledd i geisio disodli cyfundrefn wallgof y De yn haf 1950 a cheisio dod â'r rhaniad a orfodwyd ar y wlad i ben.

Hwnnw oedd yr arwydd i'r rhyddfrydwyr mawr ddod i achub rhyddid. Adroddwyd yn y cyfryngau mai'r Coreaid o'r Gogledd oedd wedi dechrau'r holl helynt, gan gyfiawnhau'r hyn roedd San Steffan a'r Gwasanaethau Cudd yn ei weinyddu. Mae sŵn cyfarwydd i ddarllediad Clement Attlee ar 31 Gorffennaf, 1950:

*If the aggressor gets away with it, aggressors all over the world will be encouraged. The same results which led to the Second World War will follow... the fire that has been started in distant Korea may burn down your house.*

Lai na phum mlynedd wedi diwedd yr Ail Ryfel Byd, anfonodd Prydain 12,000 o filwyr i Corea i gynorthwyo'r Americaniaid yn y frwydr arferol yn erbyn sosialaeth, hunangynhaliaeth a chomiwnyddiaeth. *'British land forces should be sent in order to consolidate Anglo-American friendship',* cytunodd cabinet Llafur Clement Attlee. Cododd nifer y milwyr Prydeinig yno i 58,000 erbyn diwedd y rhyfel. Cafodd dros fil ohonynt eu lladd ar yr antur.

Roedd rhai o filwyr Prydain oedd yn dyst i'r teuluoedd a gafodd eu saethu'n gyhoeddus gan heddlu De Corea yn Rhagfyr 1950 wedi ffieiddio i'r fath raddau fel y bu i nifer lythyru ag aelodau seneddol a'r wasg yn cwestiynu os oeddent ar yr ochr gywir yn y rhyfel. Unig drosedd y teuluoedd oedd cael eu hamau o fod yn 'gomiwnyddion', neu eu bod yn cefnogi dynodi'r tir i'r bobl. Prydain oedd yn rheoli'r rhan yna o Seoul lle gwnaed y saethu. Ymateb Llundain oedd gwahardd y dienyddio cyhoeddus hwn a chynghori'r gyfundrefn y dylent wneud hynny y tu ôl i waliau cuddiedig fel na fyddai neb yn medru eu gweld. Byddai hynny'n atal y straeon anffodus rhag cyrraedd glannau Lloegr a chreu anniddigrwydd.

Adroddodd René Cutforth, newyddiadurwr y BBC, fod yr Americaniaid wedi defnyddio *napalm* yn ddiwahân ar bobl gyffredin Corea. Penderfynodd y BBC nad oedd hi'n stori gwerth ei dweud ac ni chafodd ei darlledu. Wedi i newyddiadurwr o'r enw Alan Winnington ddosbarthu pamffled o'r enw *'I Saw the Truth'*, ystyriodd cabinet y llywodraeth Lafur yn Llundain ei gyhuddo o deyrnfradwriaeth. Yr hyn a achubodd Alan oedd mai dienyddiad oedd yr unig gosb am y drosedd, a meddyliwyd y byddai hynny'n creu mwy o drafferth na'i werth.

Llwyddodd byddin Gogledd Corea i drechu'r Americaniaid, y Saeson a milwyr cyfundrefn y De i'r fath raddau nes fod rhan helaeth o'r De wedi disodli swyddogion y gyfundrefn ac roedd pwyllgorau'r werin yn rhannu'r tir rhyngddynt. Fel y rhedai byddin De Corea a'r Eingl-Americanaid i ffwrdd o'r gad, cymerwyd y cyfle i chwalu'r cymunedau gwledig fyddai'n siŵr o ochri gyda'r Gogledd. Roedd y sioc o gael eu cornelu i stribedyn bach yn ne De Corea yn gadael un tacteg ar ôl.

Bomiodd eu hawyrennau – yn cynnwys 41 awyren Prydeinig – y Gogledd a llawer o'r De yn racs. Lloriwyd pentrefi a dinasoedd i'r ddaear. Erbyn 1953, rhoddwyd y gorau iddi – nid oeddent yn medru darganfod dim byd arall i'w fomio. '*I have never seen such devastation*', broliodd y gwallgof General MacArthur, oedd yn erfyn am gael cario ymlaen i wneud yr un fath i Tsieina. 3 miliwn o farwolaethau yw'r amcangyfrif cyffredinol yn dilyn yr antur hon. Yn ystod y rhyfel, cafwyd cyfaddefiad gan ohebydd i United Press, Robert C. Miller:

> *Mae ffeithiau a storïau penodol y mae cyhoeddwyr a golygyddion wedi'u hargraffu am Corea yn gwbl ffug... roedd llawer ohonom oedd yn gyrru'r straeon yn gwybod eu bod yn ffug, ond roedd yn rhaid i ni eu cyhoeddi gan eu bod wedi'u gyrru o bencadlysau milwrol parchus.*

Mae'r newyddion Saesneg heddiw yn parhau i bardduo Gogledd Corea'n feunyddiol ac yn creu straeon cwbl ffug am y wlad. Enghreifftiau o'r rheiny yw bod yr arweinydd yn mynnu fod pob dyn yn torri'u gwallt yr un fath ag o yn 2015, neu fod rheolwr y tîm pêl-droed cenedlaethol wedi'i garcharu am golli yng Nghwpan y Byd 2010 (atebodd y dyn ei ddrws i newyddiadurwr gorllewinol oedd yno i gyfweld â'i wraig am yr annhegwch), fod brawd yr arweinydd wedi ei fwydo i 120 o gŵn, ac ati. Mae rhesymau hanesyddol pam nad yw'r Gogledd yn agor ei breichiau i'r Gorllewin annwyl. Roedd yn rhaid ailadeiladu popeth gan fod yr holl wlad wedi'i dinistrio gan y rhai a ymladdodd ddiefligrwydd honedig 'unigryw' Hitler bum mlynedd ynghynt.

# *Diego Garcia*

Yng nghanol y môr rhwng India, Affrica ac Awstralia, fil o filltiroedd o'r tir mawr agosaf, mae casgliad o ynysoedd a enwir yn Ynysoedd Chagos. Y mwyaf yw Diego Garcia (a enwyd gan y morwyr o Bortiwgal a'i 'darganfyddodd') nad yw'n ddim ond deg milltir sgwâr. Mae'i hanes yn brawf o'r hyn y gall gweinyddwyr diwyd wneud ag ychydig o dir.

Cafodd yr Ynysoedd Chagos enw arall, sef y *British Indian Ocean Territory*, rhag ofn y byddai unrhyw ddryswch pwy oedd eu perchen. *A God Save the Queen* yw eu hanthem o hyd er bod Prydain wedi cyflwyno'r ynysoedd i eraill bellach.

'*The British Indian Ocean Territory is not a holiday destination*,' medd gwefan Llywodraeth Prydain. A dyma paham. Yn 1968 dechreuwyd hel y bobl gynhenid oddi yno gan orffen y dasg fwy neu lai yn 1971, a gadael y lle'n wag i'r tenantiaid newydd, sef byddin yr Unol Daleithiau. Safle milwrol yw Diego Garcia hyd heddiw. Mae oddeutu 4,000 milwr ar yr ynys bob amser – dros 3,000 o'r Unol Daleithiau a hyd at 1,000 o Brydain. Dadwreiddiwyd 2,000 o drigolion i wneud lle iddynt. Roedd yno bentrefi gydag ysgolion a hyd yn oed rheilffordd a châi'r ynys ei disgrifio fel paradwys.

Yn 1810 roedd llwyddiant Prydain yn erbyn Napoleon wedi arwain at iddi gael ei bachau ar yr Isle de France – a ailenwyd yn Mauritius – ac er fod Diego Garcia 800 milltir i ffwrdd, roedd honno yn y fargen hefyd. Ni olygodd lawer o newid i'r bobl gynhenid wrth iddynt gyfnewid caethwasiaeth Ffrengig am gaethwasiaeth Seisnig.

'*Mauritius is an absurd place, and what they want with a whole regiment here beats me, unless it is to keep the very unsavoury locals in order*,' meddai Captain George Hawes o'r *Royal Fusiliers* yn ei lythyrau yn 1908. Y fath aberth. Nid oedd ei dymer wedi gwella erbyn 1910.

*This second year is much the worst. We have all seen too much of each other, and these incessant tennis parties in the rain, the same dreary people... are enough to drive one mad. There is something strangely unhealthy about this place. The smallness of it, too, and its remoteness – it is some 9,000 miles from England... the local French papers are beneath contempt. I have been seriously studying French with a dirty old native, who is more negro than Frenchman.*

Pan gafodd Mauritius ei hannibyniaeth yn 1968, roedd ar yr amod nad oedd Diego Garcia na gweddill Ynysoedd Chagos yn y fargen, ac roedd gan lywodraeth Lafur Harold Wilson gynllun ar gyfer yr ynysoedd lleiaf. Gwerthwyd les ar y cyfan i fyddin yr Unol Daleithiau ar yr amod fod y lle'n wag o bobl.

Roedd llinach yr ynyswyr yn deillio yn ôl i'r caethweision a gludwyd yno gan y Ffrancwyr yn y ddeunawfed ganrif. *'There is nothing in our files about a population and an evacuation,'* oedd ateb swyddog o Weinidogaeth Amddiffyn Prydain i 'ohebwyr amddiffyn' papurau mwyaf Lloegr a gafodd eu hedfan yno i weld y ganolfan filwrol Americanaidd. Nodwyd hynny'n ufudd yn eu hadroddiadau.

Yn y Swyddfa Dramor yn 1965, ysgrifenwyd hyn am y trigolion er mwyn esmwytho'r broses. *'People were born there, and in some cases their parents were born there too. The intention is, however, that none of them should be regarded as being permanent inhabitants of the islands. Their legal position would be greatly simplified.. if they were treated as a floating population.'* Fisoedd yn ddiweddarach cyfaddefodd un arall nad oedd hynny o bosib yn gwbl gywir: *'There is a civilian population. In practice however, I would advise a policy of quiet disregard.'*

Ategwyd y celwydd gan gynrychiolydd Prydain Fawr yn y Cenhedloedd Unedig, F.W.D. Brown, nad oedd neb o gwbl ar yr ynysoedd pan ddaethant i feddiant ei wlad, gan y byddai eu cynlluniau fel arall yn gwbl anghyfreithlon yn ôl siarter y corff hwnnw. Roedd y ddeddf 'Ymddiriedaeth Gysegredig' yn datgan fod dinasyddion o dan unrhyw lywodraeth yn meddu ar hawliau dynol sylfaenol a bod y wladwriaeth yn gyfrifol am ddiogelu'r hawliau hynny. *'We do not regard the United Kingdom as bound by such a rule'* ysgrifenwyd ar un o ddogfennau'r Swyddfa Dramor, ond anfonodd Michael Stewart, yr Ysgrifennydd Tramor nodyn at Harold Wilson i ddweud y byddai'n well cadarnhau celwydd F. W. D. Brown nad oedd neb yn byw yno wrth y Cenhedloedd Unedig.

Yn 1966 ysgrifennodd Sir Paul Gore-Booth, is-ysgrifennydd parhaol y Swyddfa Dramor: `We must surely be very tough about this. The object of the exercise* (sef cymryd yr ynysoedd yn y lle cyntaf mae'n debyg) *was to get some rocks that will remain ours. There will be no indigenous population except seagulls'.* Ychwanegodd ei gydweithiwr Dennis Greenhill: *'Along with the birds go some few Tarzans or Men Fridays, whose origins are obscure'.*

Gan gadarnhau fod hyn wedi'i drafod flynyddoedd cyn i Mauritius ennill ei hannibyniaeth yn 1968, mae'r llythyr llawer mwy diweddar hwn rhwng yr Eingl Americaniaid yn dadlennu llawer:

*United States Department of State*
*Assistant Secretary of State for Political-Military Affairs*
*Washington, D.C. 20520*
*June 21, 2000 Mr. Richard D. Wilkinson, CVO*
*Director for Americas*
*Foreign and Commonwealth Office*
*London*
*United Kingdom*
*Dear Mr. Wilkinson:*
*I would like to take this opportunity to express the United States Government's serious concern over the inevitable compromise to the current and future strategic value of Diego Garcia that would result from any move to settle a permanent resident population on any of the islands of the Chagos archipelago. Please let me provide some detail on our concerns and on the strategic considerations on which they rest.*

*In carrying out our defense and security responsibilities in the Arabian Gulf, the Middle East, South Asia and East Africa, Diego Garcia represents for us an all but indispensable platform. For this reason, in addition to extensive naval requirements, the USG is seeking the permission of your government to develop the island as a forward operating location for expeditionary air force operations – one of only four such locations worldwide. These locations, to which considerable funds have already been committed, are intended to serve as primary staging points for defense activities in key regions for quite some time to come. We anticipate that our commitment of resources to the island will grow in the years ahead in order to develop the necessary infrastructure to sustain, should it become necessary, intensified military operations. Moreover, as resources for defense diminish in other areas, the centrality of the islands for ensuring U.S. and British security interests will only increase.*

*In looking to the future strategic importance of the Chagos archipelago, it is also worthwhile to consider the central role the facility on Diego Garcia has in recent years played in the defense activities and military operations of our two governments. For example, during Operation Earnest Will, which involved protection of merchant shipping in the Persian Gulf during the Iran-Iraq war, the U.S Air Force used Diego Garcia as a staging site for a large number of supply flights to the region by C-5 and C-141 aircraft from the Military Airlift Command. In Operations Desert Shield and Desert Storm, over 600 combat missions were flown from the island, and facilities there housed over 2000 additional personnel required to support those missions. During September and October of 1996, B-52, KC-135 and KC-10 aircraft operated from Diego Garcia in direct support of Operation Desert Strike. In November 1997, B-52, KC-10 and KC-135 aircraft operated from Diego Garcia in support of Operation Desert Thunder. In 1998, over 400 personnel reported to the Diego Garcia installation to support B-52 and KC-10 aircraft operations in support of Operation Desert Fox.*

*... Diego Garcia's desirability as a location for such varied past and future military operations hinges on the combination of its*

strategic location and isolation, which is unique among operating locations around the world... If a resident population were established on the Chagos archipelago, that could well imperil Diego Garcia's present advantage as a base from which it is possible to conduct sensitive military operations that are important for the security of both our governments but that, for reasons of security, cannot be staged from bases near population centers.

It is useful to recall that the 1966 Exchange of Notes stipulates that the islands of Diego Garcia and the remainder of the Chagos archipelago shall be available to meet the defense needs of both nations as they arise.

In sum, our view is that any settlement of a resident civilian population even on the outer islands of the archipelago would significantly degrade the strategic importance of a vital military asset unique in the region to both our governments. Such a step would necessitate a serious reevaluation of current and future U.S. defense plans involving the island as well as U.S. strategic planning more generally. I certainly hope this can be avoided.

With very best wishes,

Sincerely,

Eric Newsom

Ymddiheuriadau am y dyfyniad maith, ond mae'n cynnwys cyfaddefiadau cwbl allweddol. Mae'n tanlinellu pwysigrwydd cyfrinachedd lwyr. Mae'n amlygu cymaint yw'r undod rhwng Prydain a'r Unol Daleithiau. Mae hefyd yn arddangos swmp sylweddol eu hymosodiadau ar Irac yn ystod y cyfnodau *rhwng* y ddwy ryfel yno. Peth arall sy'n ddifyr yn y llythyr yw ei fod yn awgrymu pa mor gwbl amherthnasol oedd yr ymosodiadau ar 11 Medi, 2001 ar yr Unol Daleithiau i'w cynlluniau ar gyfer Irac ac Affganistan. Mae hefyd yn dangos eu bod wedi penderfynu ar eu cynlluniau ar gyfer Diego Garcia erbyn 1966, cyn i annibyniaeth gael ei drosglwyddo i Mauritius a fyddai wedi cymryd yn ganiataol fod Ynysoedd Chagos hefyd yn gadael y nyth Prydeinig.

Disgownt o $14 miliwn ar system daflegrau niwclear Polaris

oedd y 'taliad' am yr ynysoedd gan yr Americanwyr – bargen gyfleus i guddio'r cynllwyn a'r stori yn eu gwlad eu hunain. Er i'r cynlluniau gael eu selio yn 1966, ymweliad Rear Admiral Grantham o lynges yr Unol Daleithiau â Diego Garcia yn 1961 a benderfynodd ei ffawd, wrth iddo esbonio i'r Prydeinwyr yno gymaint y byddai'i wlad yn gwerthfawrogi'r ynys. Felly erbyn 1968 roedd y Saeson eisiau'r ynyswyr allan, a mi ddechreuwyd drwy atal mewnforio defnyddiau angenrheidiol fel llefrith, halen, siwgr, meddyginiaeth ac olew gan esbonio fod yn rhaid iddynt adael os oeddent eisiau pethau felly. Gwnaed awgrym cryf y byddent yn cael eu bomio os na fyddent yn mynd. Gadael mewn dychryn wnaeth rhai, ond eu hanwybyddu wnaeth llawer o'r ynyswyr a chario ymlaen â'u bywydau gyda'r hyn oedd ganddynt, fel yr esboniodd Charlesia Alexis, alltud o Diego Garcia:

> *Roeddem yn gallu bwyta ac yfed cymaint o wahanol bethau. Roedd moch a ieir a hwyaid gennym i'n digonni, a'r unig beth yr oeddem angen ei brynu oedd ein dillad. Rŵan mae angen prynu popeth ond does gennym ddim arian.*

Felly doedd ryfedd nad oedd cynlluniau'r Saeson yn dwyn ffrwyth. Caniataodd y Saeson fwy o amser i'r dacteg gan feddwl y byddai'n siŵr o weithio, ond roedd yr Americanwyr yn dechrau pwdu. Beth nesaf? Dechreuwyd gwrthod gadael i unrhyw un oedd wedi gadael yr ynys ddychwelyd, gan atal pob post rhwng Mauritius ag Ynysoedd Chagos rhag ofn i neb rybuddio'r trigolion am y cynllwyn. Dyna ddigwyddodd i Oliver Bancoult, a fu farw o drawiad wrth i'r gweinyddwr ym Mauritius esbonio ei sefyllfa wrtho. Roedd yn rhaid i'w wraig, Rita Bancoult, aros yn Mauritius. Siaradodd flynyddoedd yn ddiweddarach am gofio mynd a'i chŵn i'r traeth, a fyddai'n neidio i'r môr i ddal pysgod a'u dychwelyd heb eu cnoi wrth ei thraed, gan ddarparu ei swper yn ddi-drafferth. Yn 1971 mi gafodd Sir Bruce Greatbach, y Sais a lywodraethai ynysoedd 'cyfagos' y Seychelles 1,182 millitir i ffwrdd, syniad. Cipiwyd pob ci oedd gan y Chagosiaid i mewn i sied frics a'u gwenwyno gyda mwg cerbydau milwrol yr US Army, cyn llosgi'r sied o flaen yr ynyswyr. Y neges amlwg i'r trigolion oedd yn galaru am eu hanifeiliad anwes oedd mai nhw fyddai nesaf ar ôl y mil o gŵn a laddwyd.

Daeth yr alwad – roedd llongau Sir Bruce Greatbach yn yr harbwr i gludo pawb o'r ynys. Dim ond derbyn hyn mewn distawrwydd llonydd a wnaeth y boblogaeth, yn gyfuniad o gofio beth ddigwyddodd i'w cŵn a sioc. Ar long y *Nordvaer* roedd y ceffylau yn cael awyr iach ar y dec gan fod Bruce yn hoff o'i geffylau, a chedwid y merched a'r plant islaw gyda'r cargo, sef gwrtaith baw adar. Yn y Seychelles, cawsant dreulio ychydig o wythnosau mewn carchar cyn cael eu cludo i Mauritius a'u gollwng mewn adfeilion o fflatiau, heb ddŵr, heb ffenestri, a'r tir yn llwch. Dywedwyd i dristwch ladd mwy ohonynt na thlodi yn ystod y blynyddoedd canlynol. Mae'r Chagosiaid yno'n y slymiau heddiw wrth i'r Prydeinwyr gwyn fwynhau eu gwyliau drud rownd y gornel, er bod eu pasbort Prydeinig o'r un lliw. Fe'u gwelir yn protestio ar strydoedd Mauritius heddiw yn gweiddi'r slogan 'Saeson – Lladron – Rhowch Diego nôl i ni'.

Yn 1982 protestiodd y Chagosiaid yn ddygn ar strydoedd Mauritius i gael dychwelyd adref, a thipyn o embaras i lywodraeth Ei Mawrhydi oedd bod dinasyddion Prydeinig yn dystion i hyn ar eu gwyliau drud. Felly rhoddodd Prydain £3,000 yr un iddynt, dim ond iddynt arwyddo dogfen Saesneg nad oeddent yn ei deall. Byddai ôl bawd yn gwneud y tro i'r rhai nad oedd yn medru sgwennu. Roedd y ddogfen yn cynnwys y geiriau '*I renounce all claims that I may have against the Government of the United Kingdom*' gan ildio'u gafael ar eu cartrefi yn ddiarwybod iddynt. Gellid cymharu ffawd y Chagosiaid â'r ynysoedd pellenig eraill dan faner y Jac, y Malfinas, lle oedd angen mynd i ryfel yn erbyn yr Ariannin yr un flwyddyn yn union er mwyn diogelu hawl Prydeinwyr gwyn i fyw eu bywyd heb ymyrraeth. '*I'm standing up for the right of self-determination. I'm standing up for our territory. I'm standing up for our people. I'm standing up for international law. I'm standing up for all those small territories and peoples the world over,'* meddai Margaret Thatcher am un set o ynysoedd oedd yn dal 2,000 o bobl. Gellid dewis sawl dyfyniad arall:

> The people of the Falkland Islands, like the people of the United Kingdom, are an island race. They are few in number but they have the right to live in peace, to choose their own way of life and to determine their own allegiance. Their way of life is British.

Aeth Rita Balcourt a grŵp o'r Chagosiaid â'u cwyn i'r Uchel Lys am y trydydd tro yn 2000, gan arfer eu hawl fel dinasyddion Prydeinig. Yn annisgwyl, enillwyd yr achos ganddynt. Dyfarnwyd fod llywodraeth Harold Wilson wedi gweithredu'n anghyfreithlon. Oriau gymerodd hi i'r Swyddfa Dramor esbonio wrth lys uchaf y wlad nad oedd gobaith i'r trigolion ddychwelyd i Diego Garcia. Roedd budd America'n drech. Ar gyfer yr ynysoedd llai, penododd y Swyddfa Dramor *'Feasibility Study'* i weld a oedd yr ynysoedd hyn y bu pobl fyw ynddynt am ganrifoedd yn medru cynnal pobl, gan y byddai'r astudiaeth honno'n gwybod yn well na'r trigolion. Does dim angen dweud beth oedd y canlyniad. Cynhesu byd eang a gormod o dywod oedd y rhesymau terfynol i ddyfarnu na fedrent adael neb yn ôl.

I leddfu'r Uchel Lys, caniataodd y llywodraeth i'r trigolion gael mynd i weld beddi eu teuluoedd yn Diego Garcia, ond ar ôl llogi llong o Mauritius ar gyfer y daith ni chafodd adael yr harbwr. Esboniad y blaid Lafur yn Nhŷ'r Arglwyddi oedd mai llywodraeth George W. Bush oedd wedi datgan eu hanfodlonrwydd felly bu'n rhaid atal y llong. Gofynnodd arweinydd Mauritius a chyfreithwyr y Chagosiaid i'r Americanwyr pam fod hyn. Yr ateb drwy lythyr gan George W. Bush oedd mai llywodraeth Prydain oedd yn eu hatal.

Cyflwynwyd achos arall yn 2003. Nid oedd yr Ustus Osley mewn tymer i roi unrhyw iawndal i'r ynyswyr, heb sôn am gytuno eu bod yn haeddu cael mynd adref. Ni welodd ddim yn anghywir i alw'r Swyddfa Dramor, yr ochr arall i'r achos, yn 'ni`.

Ond roedd Tony Blair angen rhoi taw ar yr ynyswyr am byth. Yn 2004, arwyddodd y frenhines Elizabeth II un o'i harchddyfarniadau prin – sy'n bwysicach mewn cyfraith nag ewyllys yr Uchel Lys a'r Tŷ'r Cyffredin – yn datgan nad oedd y Chagosiaid fyth yn cael dychwelyd i'w cartref. Gwnaethpwyd hyn ar 10 Mehefin, dyddiad etholiadau Lleol ac Ewropeaidd yn digwydd bod, diwrnod da i guddio stori.

Ond ni roddodd yr ynyswyr y gorau iddi. Roedd un lle ar ôl fyddai'n medru gwyrdroi gorchymyn y frenhines, ac wrth i Dŷ'r Arglwyddi wrthod eu hapêl yn 2008, dangosodd *Her Majesty's Government* dan gapteiniaeth Gordon Brown eu cariad at bysgod a chrancod a'r octopws a cheisio sefydlu'r warchodfa forol fwyaf yn y byd ar yr ynysoedd. Wrth gwrs, yr hyn sy'n hanfodol am barc o'r fath yw nad oes neb yn bwyta'r bywyd gwyllt. Byddai byddin yr Unol Daleithiau yn iawn, wrth gwrs, gan fod eu bwyd hwy i gyd yn cael ei fewnforio, ond ni fyddai neb arall yn medru byw yno'n hunangynhaliol. Cyhoeddodd Wikileaks ddogfen o gyfarfod yn Mai 2009 rhwng yr UD a Colin Roberts, Cyfarwyddwr yr *Overseas Territories, British and Foreign Commonwealth Office*. Er gwybodaeth, mae'r llythrennau NOFORN yn golygu nad yw'r ddogfen i'w dangos i neb.

*Friday, 15 May 2009, 07:00*
*C O N F I D E N T I A L LONDON 001156*
*NOFORN*
*SUBJECT: HMG FLOATS PROPOSAL FOR MARINE RESERVE COVERING*
*THE CHAGOS ARCHIPELAGO (BRITISH INDIAN OCEAN TERRITORY)*
*REF: 08 LONDON 2667 (NOTAL)*
*Classified By: Political Counselor Richard Mills for reasons 1.4 b and d*

*Her Majesty's Government would like to establish a "marine park" or "reserve" providing comprehensive environmental protection to the reefs and waters of the British Indian Ocean Territory (BIOT), a senior Foreign and Commonwealth Office (FCO) official informed*

*Polcouns on May 12. The official insisted that the establishment of a marine park—the world's largest—would in no way impinge on USG use of the BIOT, including Diego Garcia, for military purposes. He agreed that the UK and United States should carefully negotiate the details of the marine reserve to assure that United States interests were safeguarded and the strategic value of BIOT was upheld. He said that the BIOT's former inhabitants would find it difficult, if not impossible, to pursue their claim for resettlement on the islands if the entire Chagos Archipelago were a marine reserve.*

*Roberts emphasized "We do not regret the removal of the population," since removal was necessary for the BIOT to fulfill its strategic purpose, he said. Removal of the population is the reason that the BIOT's uninhabited islands and the surrounding waters are in "pristine" condition.*

*Roberts stated that... there would be "no human footprints" or "Man Fridays" on the BIOT's uninhabited islands. He asserted that establishing a marine park would, in effect, put paid to resettlement claims of the archipelago's former residents. Responding to Polcouns' observation that the advocates of Chagossian resettlement continue to vigorously press their case, Roberts opined that the UK's "environmental lobby is far more powerful than the Chagossians' advocates".*

Mae'i enw ar y cyn-frodorion yn ddadlennol, sef enw brodor y nofel *Robinson Crusoe*, gan adleisio Dennis Greenhill yn 1966 a dangos nad oes cymaint wedi newid yn y Swyddfa Dramor dros bedwar degawd.

Roedd Navin Ramgoolam, Prif Weinidog Mauritius, yn flin wedi i Brydain gyhoeddi'r newydd am y warchodfa ar 1 Ebrill, 2010. Gyda nifer o'r ynyswyr wedi eu hel i Mauritius, roedd David Milliband, gweinidog tramor Prydain, wedi dweud y byddai ef a Gordon Brown yn sicr o drafod petaent yn bwriadu gwneud y fath beth.

I ddangos beth yw beth a phwy yw'r bòs, yn Rhagfyr 2014, arestiodd llynges Prydain 14 o forwyr Indiaidd, oedd wedi bod mor bowld â chroesi ffin y *British Indian Overseas Territory* sydd gannoedd o filltiroedd o amgylch yr ynysoedd, a'u cadw am wythnosau nes i India orfod gofyn am eu rhyddhad. Gyda llaw, yr enw mae'r Eingl-Americanwyr wedi'i roi ar eu canolfan filwrol ar Diego Garcia yw *Camp Justice*.

# De Affrica

*To win the game in South Africa you only have to sacrifice the nigger absolutely.*

Sir Alfred Milner

Yn 1811, glaniodd y Saeson ar dir pobl y Xhosa ac ymosod arnynt. Yn dilyn y rhyfeloedd yn erbyn Napoleon, cafodd y Saeson eu hunain yn rheoli'r hyn alwyd ganddynt yn *Cape of Good Hope* yn ne Affrica yn 1815. Roedd yr Iseldirwyr wedi'i feddiannu ynghynt ond roeddent hwy ar ochr anghywir y rhyfel, felly ymaith â nhw i'r gogledd. Seliwyd y lle wrth i Loegr yrru 5,000 o drefedigaethwyr i feddiannu'r tiroedd.

Darganfuwyd yn eithaf sydyn nad oedd cybwysedd y boblogaeth yn ffafriol i'r Saeson. Roedd saith gwaith yn fwy yno o'r bobl o dras Iseldirol, y Boers. Roeddent wedi cyfrannu at ddifa rhai o'r brodorion, ond er hynny roedd eu niferoedd hwythau'n llawer iawn mwy na'r Ewropeaid hefo'i gilydd, ac roeddent wedi cyd-fyw yn o lew gyda'r Boer ers 1652. Roedd gan lwythau brodorol reolaeth lwyr ar eu tiroedd – 17,000 o bobl y Xhosa a 15,000 o Khoikhois. Rhaid oedd newid hynny.

Roedd y newydd-ddyfodiaid yn gymaint o boendod fel y teithiodd nifer o'r Boer ymaith i'r gogledd-ddwyrain rhwng 1815 a 1834, gan sefydlu'r Wladwriaeth Oren Rydd a Transvaal ar dir y Ndebele a'r Zulu gan greu cryn anghydfod. Ond nid oedd hynny'n ddigon pell, chwaith.

Yn ôl arfer y Saeson, wrth gynyddu eu presenoldeb yn raddol, daeth y fyddin i gynorthwyo ar yr ehangu. Aeth y Saeson ati i ymosod ar y Xhosa eto yn 1819, yna'n 1834, 1846 ac o 1850 i 1853. Roedd llythyr gan gadfridog i'r Swyddfa Ryfel yn Llundain yn esbonio'r hyn y dylid ei wneud â'r 'Kaffirs' fel y'i gelwid.

*The Kaffir must be driven across the Kei; he must be made your subject; he is wanted to till the Colonists' land.*

Rhaid oedd ei hela a'i gornelu er mwyn ei wneud yn gaethwas. Daeth nodyn diplomyddol arall:

*They must recede before the white man... the great want here is a body of energetic colonists to follow in the back of the troops.'*

Fel arfer, rhyw flwyddyn neu ddwy wedi malu a goresgyn, medrid defnyddio rhyw ganran o'r boblogaeth honno oedd yn ddigon rhyddfrydol i anghofio hen gamweddau felly i ymladd yn erbyn y bobl newydd oedd angen eu concro. Felly tynnwyd llawer o'r Khoikoi i'r fyddin i ymladd yn erbyn y Xhosa. Bu i'r rhan fwyaf ohonynt ymadael yn ddisymwth, fodd bynnag, wrth i'r Saeson ddefnyddio'r dacteg o losgi pob cartref oedd yn eu ffordd a saethu pawb a phopeth.

Yn 1876 cynigiodd *Lord Carnarvon*, y *Colonial Secretary*, gydweithio gyda'r Boer i greu gwladwriaeth gyda'i gilydd lle byddai'r gwynion yn teyrnasu law yn llaw. Wfftiodd y Boer at y syniad, ond wedi colled yn erbyn y Pedi yn 1877 dechreuwyd cynhesu at gynnig y Saeson. Daeth cadoediad i gyd-ymladd y brodorion.

Er nad oedd y Zulu wedi dangos unrhyw duedd i ymosod ar dir Natal y Boer, hwnnw fyddai'r esgus i ryfela'n erbyn y Zulu a chael gwared ar eu teyrnas annibynnol am byth. Aeth adroddiadau ffug am ymosodiadau gan y Zulu gwallgof i Lundain gan bortreadu'r pennaeth Cetshwayo fel goresgynnwr oedd â'i fryd ar feddiannu tiroedd y gwynion druan, doed a ddelo. Gwnaed y brodor yn ddihiryn gan y papurau.

Aeth byddin o 1,200 o gotiau cochion i wlad y Zulu, a derbyn y fath gweir fel mai dyrnaid oedd ar ôl i adrodd yr hanes. Aeth rhyw 3,000 o'r Zulu yn eu blaenau wedi'r fuddugoliaeth, yn groes i ddymuniad Cetshwayo (nad oedd yn 'berchen' ar yr un dyn gan mai cynghori oedd rôl yr arweinydd). Wedi'u gadael ar y paith fel gorsaf ar lwybr dychweliad y fyddin Brydeinig 'fuddugoliaethus' roedd 139 o ddynion yn yr hyn a alwyd ganddynt yn *Rorke's Drift*, a dyna sail un o'r straeon rhyfel enwocaf. Er mai catrawd Gymreig mewn enw oedd yno, roedd y rhan fwyaf o'r milwyr o bell ffordd yn Saeson. Ac efallai fod y niferoedd oedd gan y ddwy ochr yn y frwydr honno yn drawiadol – ond mae'n llawer haws i'r ochr sydd â gynnau.

Nododd y cadfridog Garnet Wolseley, oedd wedi ei hwylio draw i achub y sefyllfa i'r Saeson ar ôl yr holl golledion, fod rhyw fath o ffrwyn arnynt oherwydd y cythrwfl roedd sosialwyr di-asgwrn-cefn Llundain yn ei godi am ddienyddiadau Edward Eyre yn Jamaica:

*I have to think of the howling Societies at home who have sympathy with all black men whilst they care nothing for the miseries inflicted on their own kith and kin who have the misfortune to be located near these interesting niggers.*

A dyna'i agwedd – y Saeson yno oedd yn anlwcus yn eu cymdogion. Trechwyd y Zulu ym mrwydr Ulundi yn 1879.

Wrth i Cecil Rhodes a'i fyddin darannu o gwmpas yn meddiannu, roedd Llundain yn pasio deddfwriaeth oedd yn cyfreithloni mai ef oedd berchen ar bopeth fyddai'n cael ei fwyngloddio. Aeth ymlaen i'r gogledd a sefydlu ei wlad ei hun, a'i galw'n Rhodesia – Zimbabwe yn ddiweddarach.

Wrth ddal i oresgyn tiroedd brodorol eraill, roedd baner Prydain cyn hir yn amgylchynu gwlad annibynnol y Boer yn Transvaal yn llwyr. Roedd y Transvaal yn 'fygythiad', wrth gwrs. Cafwyd 'cynhadledd' i drafod 'heddwch', ond gwaeddodd arweinydd y Boer, Kruger, dros y sioe 'Yr unig beth rydych chi eisiau yw ein gwlad!'

Dechreuodd Rhyfel y Boer yn 1899. Gresynnodd David Lloyd George mai rhyfel am aur yn unig oedd hon, ac mai gwarth ydoedd. Roedd papurau newyddion Lloegr wedi llwyddo i gyfleu ofn a phanig fod y Saeson fel cenedl mewn perygl uniongyrchol. Roedd rhywrai am eu gwaed, a dim ond wrth ymladd acw y medrid achub pawb 'yma'.

I ffwrdd â nhw, ac aeth 18,000 o filwyr Lloegr yn hyderus ymlaen i chwalu 5,000 o ymladdwyr rhan-amser y Boer. Roedd cadfridogion byddin Lloegr wedi cael enw da am saethu brodorion oedd heb ynnau, a dylai hyn fod wedi bod yr un mor rhwydd. Ond gwrthodai'r Boer sefyll yn rhes o'u blaenau – ymladdwyr gerila oeddent, yn nabod y tir yn dda. Roedd y 5,000 yn taro a chuddio, hyd nes denwyd y Saeson i ddyffryn agored Colenso. Chwalwyd y Saeson yno, a chymaint oedd y galar nes y labelwyd y cyfnod yn Rhagfyr 1899 yn *'Black Week'* drwy Loegr. Roedd 143 o'u byddin wedi'u lladd cyn iddynt ei heglu hi.

Doedd y peth ddim yn deg. *'In the first, fifty thousand fanatics streamed across the open regardless of cover to certain death, while at Colenso I never saw a Boer all day',* cwynodd y cadfridog Lyttlejohn. Cwynodd Kitchener yn ddiweddarach: *'Boers are not like the Soudanese who stood up for a fair fight, they are always running away on their little ponies'.*

Yr ymateb i'r golled oedd anfon 40,000 o filwyr yno dan ofal yr Arglwydd Roberts gyda Kitchener wrth ei ochr. Daeth y misoedd nesaf â chwalfa ar ôl chwalfa, gyda'r bardd hynod wladgarol Rudyard Kipling yn cofnodi'r achlysur mewn cinio mawr a chynnig llwncdestun i Kruger, arweinydd y Boer *'who had taught the British Empire its responsibilities'.* Bu partïon stryd niferus yn Llundain. *'Streets were blocked by a shouting, singing, cheering multitude, composed of both sexes and all classes – a multitude that seemed literally to have gone mad with joy',* nododd yr hanesydd P. M. Krebs yn ei lyfr Gender, *Race and the Writings of Empire.*

Gyrrodd Lloegr 250,000 o filwyr dros dair blynedd i ymladd yn erbyn poblogaeth 'nad oedd yn fwy na phoblogaeth Sir y Fflint a Dinbych efo'i gilydd'. Ymateb y Boer, oedd yn wynebu niferoedd cwbl amhosibl, oedd llithro o olwg y fyddin enfawr gan ymgynnull i ymosod ar eu telerau eu hunain. Wrth gael eu gwylltio gan y tactegau hyn, roedd ateb Roberts a Kitchener yn syml – dinistrio a llosgi pob tŷ fel nad oedd gan y Boer unlle i lechu.

Cyfrifwyd fod 30,000 o ffermydd wedi eu llosgi i'r llawr gan Kitchener, ar ben dwsinau o bentrefi, cnydau, fforestydd a da byw. I gyd-fynd â hyn, roedd y fyddin wedi adeiladu cylch o wersyllau carchar i'r ffoaduriaid digartref. I'r rhain, gydag addewidion am fwyd a lloches, y daeth 160,000 o blant a gwragedd oedd newydd weld eu cartrefi'n diflannu'n y fflamau a'r mwg.

Dyna pryd y defnyddiwyd y term *'concentration camp'* gyntaf erioed a chafodd y bobl eu hesgeuluso a'u llwgu'n fwriadol a'u trin fel baw. Bu farw 28,000 ohonynt. Roedd y Saeson hefyd wedi adeiladu gwersylloedd ar wahân i'r brodorion du lle na chofnodwyd y marwolaethau. Rhag ofn y byddai'r gynulleidfa adref yn Lloegr yn troi trwyn, roedd adroddiad y *Times* yn cyfeirio at *'the happy faces of the thousands of children who cluster round the schools and soup kitchens'.*

Os oedd eu gohebydd wedi bod yno o gwbl, roedd yr ymwelwyr nesaf yn gweld realiti cwbl wahanol. Tystiwyd bod miloedd ar filoedd o blant a gwragedd yn ddim ond esgyrn. Y bwriad oedd torri calonnau dynion y Boer. Ond croes i hynny fu'r effaith. Roedd yr ymosodiadau yn ffyrnigo, a'r rhengoedd i'w gweld yn cynyddu. Roedd llawer o'r byd bellach, er ymdrechion y *Times* a phapurau Seisnig eraill, yn ymwybodol o'r camwri.

Hwyliodd nifer o Wyddelod i helpu'r Boer a bu ymladd chwerw a ffyrnig rhyngddynt a'r Gwyddelod oedd yn derbyn swllt Brenin Lloegr. Nododd yr awdur Conan Doyle ei annifyrwch fod milwyr ei wlad yn saethu bwledi dum-dum – oedd yn chwalu'n ddarnau wrth daro'r corff – at wynion gan nad oedd y fath bethau'n *'never intended to be used against white races'.*

Roedd hyd yn oed Kitchener yn dechrau sylwi nad oedd pethau'n gweithio, ac ar hynny penderfynwyd cynnig telerau. Derbyniodd y Boer yr amod fod eu gwlad newydd i ddod o dan Brydain Fawr. Byddent yn cydweithio i gadw'r gwynion fel unig feistri'r tir. Eu gweision fyddai'r duon, y brodorion oedd wedi byw yno ers degau o filoedd o flynyddoedd. Byddai Lloegr yn rhoi iawndal o £3 miliwn iddynt am golli eu hannibyniaeth. Roedd hwn yn bris da, esboniodd Chamberlain wrth ei gadfridogion blin, gan fod y rhyfel yn costio rhyw filiwn yr wythnos i goffrau Llundain.

O 1902 ymlaen, aeth y gyfundrefn apartheid rhagddi, gyda'r wlad yn cael ei rhannu yn feistri ac yn weision a hynny'n unig ar liw y croen. Roedd gwrthryfela rheolaidd ac roedd bywydau'r duon yn werth dim. Pan brotestiodd myfyrwyr du bod eu haddysg yn eu iaith eu hunain yn cael ei ddiddymu yn Soweto, saethodd y fyddin ddegau ohonynt, gan ennyn condemniad byd eang ac arwain llywodraethau cyndyn a chyrff rhyngwladol i foicotio De Affrica. Namyn un wlad. Roedd Torïaid Margaret Thatcher yn yr 80au yn gwbl driw i'r gyfundrefn apartheid, yn mynnu mai terfysgwr oedd Nelson Mandela ac ymgyrchwyr hawliau cyfartal eraill.

Bu ffrae sylweddol wrth i gricedwyr Lloegr anwybyddu gwaharddiad rhyngwladol ar chwarae yn erbyn De Affrica. Roedd cwmnïau mawr fel Barclays yn parhau i elwa'n rhagorol yn Ne Affrica a dyna pam fod llywodraeth Thatcher mor gefnogol i'r gyfundrefn annemocrataidd yno. Yn 1989 bu'r David Cameron ifanc yn rhan o drip hapus y Conservative Research Department i hybu busnes a chysylltiadau gyda De Affrica hiliol. Roedd yn sefyll yn angladd Mandela yn 2012 ochr yn ochr â Tony Blair, a dderbyniodd lid Mandela dros y ffôn am gynllwynio'r ymosodiad ar Irac yn 2003. Mae'n debyg mai Peter Hain a ddeliodd â'r alwad gan fod Tony'n rhy brysur ar y pryd.

Dan bwysau eu cwsmeriaid eu hunain, ataliodd busnesau mawr Prydain ac America eu gwaith yn Ne Affrica yn y diwedd. Roedd gwledydd dros y byd wedi hen orffen delio â nhw, a daeth terfyn ar y gyfundrefn. Dechreuwyd gosod seiliau i ddemocratiaeth ac yn 1990, rhyddhawyd Nelson Mandela wedi 27 mlynedd dan glo.

# *Zimbabwe*

*Remember that you are an Englishman, and have consequently won the first prize in the lottery of life.*

Cecil Rhodes

Perswadiodd Cecil Rhodes yr arweinydd Lobengula o bobl y Ndebele, i adael iddo fwyngloddio'n yr ardal yn 1888. Flwyddyn yn ddiweddarach roedd wedi derbyn sêl bendith Llundain i drwyddedu ei gwmni *British South Africa Company* fel masnachwyr yr ardal. Llundain, wrth gwrs, oedd â hawl i wneud penderfyniadau o'r fath.

Difarodd yr Ndebele yn eithaf sydyn wrth i'w tir gael ei lyncu gan fewnfudwyr gwyn powld oedd yn meddiannu'r hyn a ddymunent ar drywydd deiamwntau. Aeth pethau'n flêr, a bu rhyfel yn 1893 gyda Rhodes yn cyfarwyddo byddin Prydain. Roedd y gynnau peiriant yn gwneud gwaith sydyn felly aethpwyd yn syth i Bulawayo, tref yr arweinydd, a'i dinistrio gan orfodi Lobelunga i ddianc. Broliwyd yr achlysur gan ryw Frederick Courtney Selous wrth ddweud fod y Ndebele *'were in each case driven off with heavy loss by the fire of the Maxim Guns... ever be remembered as one of the most brilliant episodes in the history of British colonisation in Southern Africa'.*

Aeth byddin Cecil Rhodes ymlaen i ymladd y Boeriaid yn Transvaal, a dyma'r Ndebele'n ymosod ar drefedigaeth gan ladd 140. Wedi dychwelyd a gweld hyn aeth Rhodes a'i fyddin yn wallgo. *'Wipe them all out..everything black,'* arthiodd capten, gyda Rhodes yn dweud y byddai'n hoffi cyfri'r cyrff. Cadfridog arall ar yr antur oedd Robert Baden-Powell, sylfaenydd y Sgowtiaid, a ddywedodd:

*Don't infer from these remarks that I am a regular nigger-hater for I am not. I have met lots of good friends among them... But however good they may be, they must, as a people, be ruled by a hand of iron in a velvet glove... They have been rash enough to pull off the glove...*

A dialedd ar raddfa eang a fu. Gwrthryfelodd pobl y Ndebele a'r Shona yn 1896 ac 1897 ond doedd dim gobaith ganddynt yn erbyn y gynnau. *'Permanent peace there cannot be in countries like Mashona and Matabeleland until the blacks are either exterminated or driven back into the centre of Africa',* oedd dedfryd papur Seisnig y Saturday Review yn Awst 1896. Manylodd y milwr John Rose:

> ... *all over the place it was nothing but dead or dying niggers. We burnt all the huts and a lot of niggers that could not come out were burnt to death, you could hear them screaming but it served the right. We took about five women prisoners... one was holding a baby and some one shot the baby through the leg and through the woman's side, but it was nothing... our doctor bandaged the wounds up.*

Yn ôl ffigyrau a gyfrifwyd yn 1914 yn y rhan a weinyddwyd fel Southern Rhodesia (Zimbabwe heddiw – Zambia heddiw oedd gogledd Rhodesia), roedd 732,000 o drigolion du yn ddarostyngedig i 34,000 o fewnfudwyr gwyn, y mwyafrif ohonynt wedi'u denu o Loegr.

Roedd cyfrifon yn y 1930au yn adlewyrchu llwyddiant economaidd yr antur i Brydain. Casglwyd £2.4 miliwn o dreth oddi wrth drigolion gogledd Rhodesia, gyda'r duon yn talu cyfradd llawer uwch na'r tirfeddianwyr gwyn, gydag ond £136,000 yn cael ei ddychwelyd mewn 'grantiau datblygu'.

Cyhoeddodd y gwynion, oedd wedi meddiannu'r tiroedd da i gyd, eu hannibyniaeth yn 1965, pan oedd hepgor ymreolaeth Llundain yn ffasiynol, ond ni fu hynny o les i'r brodorion cynhenid. Erbyn 1980, wedi cyfuniad o ymgyrchu ac ymosod, roedd y gyfundrefn annemocrataidd yn wynebu'r anochel a dyna pryd y cafodd y brodorion dro ar lywodraethu. Arhosodd y wlad yn rhan o'r Gymanwlad, gyda'r gwynion yn cadw eu tiroedd anferth gan adael y brodorion i gysgu'n y cytiau lle roeddent yn gweithio'r caeau i'w meistri.

Mae rheswm fod Robert Mugabe'n cael ei drin fel dihiryn yn nhrafodaethau beunyddiol y Saeson. Efallai ei fod yn ddyn hynod annymunol ar sawl lefel, ond ei drosedd yw ei fod wedi meddiannu'r tiroedd eang oddi wrth yr hen dirfeddianwyr gwyn, oedd â'u llinach yn rhan o ysbail Rhodes, a'u rhannu rhwng dwylo mwy niferus. Daeth llawer o'r gwynion yn ôl dros y dŵr i'r hen famwlad ar drothwy'r mileniwm newydd – ffoaduriaid na fu cymaint o gwyno amdanynt ar y cyfryngau.

# *Nigeria*

*British rule has promoted the welfare and happiness of the primitive races... we hold these countries because it is the genius of our race to colonise, to trade, and to govern.*

Y cadfridog Frederick Lugard

Wedi llarpio'r wlad am gaethweision nes diddymwyd yr arfer ar ddechrau'r ganrif, aeth Lloegr yn ôl i Nigeria droeon ar hyd y 19ed ganrif i fanteisio mewn ffyrdd eraill. Sheliwyd Lagos yn 1851 gan nad oedd y ddinas yn cydweld mai nhw oedd y bosys, ond roedd hi'n 1861 cyn iddi gael ei meddiannu'n iawn. Roedd yn gaer dda i ehangu eu gafael.

Mater o fympwy oedd hi nad enw Nigeria fu Goldesia. Penderfynodd Sir George Goldie beidio efelychu ei gyd-goncwerwr yn ne'r cyfandir anferth, Cecil Rhodes, o alw'r wlad wrth ei enw ei hun. Ond efelychodd dactegau Rhodes o feddiannu a gormesu i'r un graddau dan fantell ei *Royal Niger Company*. Cafodd y cwmni drwydded swyddogol gan y frenhines Victoria yn 1886.

Penderfynodd y byddai'n rheoli o arfordir y gogledd-orllewin yr holl ffordd at afon Neil yn nwyrain y cyfandir anferth. Mae Affrica'n llawer mwy na'r hyn mae mapiau o'r byd yn ei awgrymu. Mae'r mapiau eu hunain yn cyfaddef hynny; edrychwch ar y sgwariau a'r llinellau – maent yn llawer tynnach ac agosach at ei gilydd yn hemisffer y de nag ydynt yn y gogledd.

Ar y dechrau, ceisiodd feddiannu drwy ddichelldra, gan gyflwyno dogfennau a chytundebau i'r trefi, llawer ohonynt yn rhai hanesyddol a chyfoethog, a datgan y byddai'r Ymerodraeth yn eu 'gwarchod'. Wrth gwrs, ystyr 'gwarchod', fel ym mhob '*protection racket*', oedd na fyddent yn ymosod arnynt pe baent yn arwyddo.

Lledaenwyd 'ffeithiau' am wychder gwareiddiad y Saeson, ei grym yn erbyn barbariaid, a gogoniant ei llinach frenhinol – Victoria'n enwedig. Cymaint oedd mawl y trefedigaethwyr at fawredd y frenhines a'r teulu brenhinol fel ysgrifennodd llwyth y

Brasau at y Prince of Wales i ymddiheuro am ymosod ar ei filwyr yn y *Royal Niger Company* yn 1895, yn ddialedd am y dwyn a'r llosgi a wnâi'r rheiny.

Yn 1899 gwylltiwyd Goldie wrth i Lundain benderfynu gwladoli ei gwmni i'r Ymerodraeth, gan dalu iddo'r pris o £850,000 am ddiddymu ei 'drwydded'. Roedd Goldie'n gweld hynny fel dwyn pur ar draul ei waith caled yntau yn meddiannu adnoddau'r trigolion. Penodwyd ei gadfridog, Lugard, yn Uwch-Gomisiynydd pan lwyddodd i gyfiawnhau popeth gyda'r dyfyniad ar ddechrau'r bennod hon. Parhaodd i feddiannu hynny a fedrai, gan ddinistrio a llofruddio a dwyn i'r fath raddau nes y nododd Winston Churchill, gydag arlliw o'i hiwmor enwog, ei fod yn cael elfen o anhawster gyda'i waith propaganda fel gweinidog yn y Colonial Office:

*The whole enterprise is liable to be misinterpreted by persons unacquainted with imperial terminology as the murdering of natives and stealing their lands.*

Cwynodd un swyddog nad oedd pobl Lagos yn dangos *'the dog-like devotion to the government and its officers which is expected of all nice black people'.* Wedi degawdau o ymgyrchu, cafodd Nigeria ei hannibyniaeth yn 1960.

# Swdan

Wedi goresgyn yr Aifft yn 1882 darganfyddodd Lloegr faes chwarae iddi'i hun yn Swdan oedd dan fawd yr Aifft, ond yn rhedeg ei hun fwy neu lai. Penderfynodd y concwerwyr newydd eu rhyddhau o'r bwrn hwnnw.

Ni fu cyrch cyntaf y Saeson yn rhy lwyddiannus. Dymchwelodd pob arlliw o reolaeth Eifftaidd dros Swdan wedi i'r Saeson gymryd Cairo, felly bu'n rhaid dechrau o'r dechrau. Cynllun Gordon oedd meddiannu'r brifddinas Khartoum ac aeth yno'n ddidrafferth. Bonllefodd yn gyhoeddus wrth y trigolion fod 'the forces of darkness' yn bwriadu meddiannu eu dinas, ond nid oeddent i'w gweld yn poeni i'r un graddau fod y Mahdi'n eu hamgylchynu.

Profodd ei gynllun yn un anffodus, a methodd Gordon a'i fyddin ddianc. Galwyd am help. Roedd hi'n llawenydd ac yn hwrê fawr yn Llundain ar ddechrau 1885 wrth i dorfeydd ddymuno God speed i'r Grenadier Guards oedd yn martsio'n eu lifrai newydd khaki ar ddechrau eu taith tua'r haul yn Swdan i achub y cadfridog dewr. Roedd lluniau Charles Gordon ar werth am chwe cheiniog, neu'r fersiwn yn cynnwys y gerdd 'A Song for Gallant Gordon' ar werth am dri swllt.

Ond roedd cymorth nes ar gael o'r Aifft a gofynnodd Gordon i gatrawd o 10,000 o filwyr Garnet Wolseley wisgo'r coch traddodiadol i ddangos eu hunain i'w gelynion o bell. Erbyn iddynt gyrraedd Khartoum, nid oedd unrhyw arlliw o Charles Gordon na'r un o'i filwyr. Er nad oedd bw na be i'w gael gan y trigolion, cyrhaeddodd straeon am y ffordd arwrol y bu Gordon farw lannau Lloegr – ei fod wedi lladd wyth o'i wrthwynebwyr ar ben ei hun bach cyn cael ei saethu. Roedd un arall yn dweud ei fod wedi derbyn gwawyffon yn ei gefn ac yntau heb arf.

'A grave misfortune has fallen on civilization,' wylodd y Spectator. Y canlyniad naturiol, er mawr lawenydd i'r gwleidyddion, oedd fod y cyhoedd yn ysu i ddial ar y barbariaid. Dan bwysau, datganodd y Prif Weinidog Gladstone y byddai Swdan yn talu am hyn gyda phopeth roedd hi'n bosib ei daflu ati. Yr hyn a'u hachubodd ar y pryd oedd fod Rwsia wedi penderfynu herio eu presenoldeb yn Affganistan, ac roedd angen canolbwyntio ar hynny. Bu farw'r Mahdi o anfadwch a threchwyd ei fyddin gan yr Eifftiaid ufudd, gyda chymorth ariannol o Lundain.

Ond nid oedd y Saeson am anghofio. Dychwelodd Prydain yno yn 1896 dan ofal y Cadfridog Herbert Kitchener, 11 mlynedd yn ddiweddarach ar yr un esgus o ddial a chadw urddas, er fod y Mahdi wedi hen farw. Cyflogwyd 12,000 o Eifftiaid i gynorthwyo'r ymosodiad. Aeth dwy flynedd heibio tan y frwydr dyngedfennol. Roedd hi'n ynnau mawr yn erbyn arfau cyntefig – 52,000 o ddynion brodorol Swdan yn erbyn 8,000 o Saeson a lladdwyd 20,000 o Swdaniaid yn y fan a'r lle, gyda nifer tebyg i hynny eto'n marw o'u hanafiadau yn y dyddiau dilynol. Cofnododd y Winston Churchill ifanc, a gollodd y gwendid hwn dros amser, ei anghyfforddusdra ynglŷn â'r holl beth. *'It was a terrible sight, for as yet they had not hurt us at all, and it seemed an unfair advantage to strike thus cruelly when they could not reply'.* Roedd y driniaeth o'r rhai oedd wedi'u hanafu mewn brwydr mor unochrog yn ei annifyrru hefyd, a dywedodd wrth ei fam pwy oedd ar fai. *'Our victory was disgraced by the inhuman slaughter of the wounded and Lord Kitchener was responsible for this'.*

Y diwrnod wedi'r frwydr, ar 3 Medi, 1898, meddiannwyd y palas yn Khartoum a chynhaliwyd seremoni i goffáu'r arwrol gadfridog Gordon, 13 mlynedd wedi'i ddiflaniad. Yn ei ddagrau, geiriau Kitchener oedd *'may God look down with eyes of pity and compassion on this land so loved by that heroic soul'.* Yna aeth y Cadfridog a'i fyddin o amgylch Khartoum i ddwyn popeth oedd yn mynd â'u bryd, yn ogystal â chyflawni'r lladd arferol.

Darganfu Kitchener fedd y Mahdi – cododd ei esgyrn a'u taflu i afon Neil. Oherwydd hyn, gwrthwynebodd grŵp bach o'r aelodau seneddol lleiaf teyrngar anrheg o £30,000 oedd ar ei ffordd i Kitchener am ei waith rhagorol, a chododd ffrae yn San Steffan. *'We are bringing into the dark continent civilisation... it is fatal to get in the way of a nation fulfilling its destiny',* gwylltiodd un Ceidwadwr.

Atebodd Michael Dillon, cenedlaetholwr o Wyddel, mai cynhwysion y 'gwareiddiad hwn oedd trais, llofruddiaeth, wisgi a'r Beibl'. Pleidleiswyd o blaid talu Kitchener, wrth gwrs.

Yn y 1920au, gyda'r rhyfel yn Ewrop wedi profi'n niweidiol i niferoedd byddin Prydain, daeth cyfle i ddatblygu strategaeth newydd a'r hyn a anogwyd yn Swdan oedd delio ag unrhyw drafferthion gydag ymosodiadau bomio a saethu o awyrennau'r RAF. Roedd hyn yn rhatach, yn fwy effeithiol, ac yn rhoi cyfle i ddysgu am y *'moral effect'* y byddai'n ei gael ar y boblogaeth.

Roedd nifer o gynyrchiolwyr o Swdan yng nghynhadledd 'Y Gynghres Ryngwladol yn erbyn Gormes Trefedigaethol ac Imperialaeth' ym Mrwsel yn 1927. Cafodd ei hannibyniaeth yn 1956 wrth i'r Ymerodraeth orfod cyfri'r ceiniogau a cheisio ymddangos yn llai rhagrithiol yn wyneb cytundebau rhyngwladol wedi'r Ail Ryfel Byd.

Yn Awst 1998 datganodd Tony Blair: *'I strongly support this American action against international terrorists'.* Roedd yn sôn am benderfyniad Bill Clinton i ddinistrio ffatri feddyginiaeth yn Khartoum dan yr esgus mai pencadlys terfysgwyr yn creu arfau cemegol oedd yno. Roedd 90% o'r holl gyffuriau meddygol oedd y wlad yn ei ddefnyddio yn dod o ffatri Al Shifa. Mae'n debyg mai dyna pam y cafodd ei thargedu – nid oedd cwmnïau cyffuriau'r 'gymuned fusnes ryngwladol' yn elwa o salwch yn y wlad.

Canlyniad y bomio oedd marwolaeth degau o filoedd o afiechydon fel malaria a tuberculosis yr oedd y cyffuriau'n eu trin yn llwyddiannus. O ran yr amseriad, digwyddodd yr un diwrnod cyn i stori poetshio Bill Clinton gyda Monika Lewinski daro'r newyddion, felly mae'n bosib fod yr ymosodiad hwn yn erbyn 'terfysgaeth' yn ymgais chwyslyd i symud hynny o benawdau'r papurau. Ni ddarganfyddodd arolygwyr rhyngwladol unrhyw dystiolaeth o 'arfau cemegol' cyn nac ar ôl y dinistrio.

# *Kenya*

'*These people must learn submission by bullets – it's the only school,*' meddai Arthur Hardinge, a benodwyd fel Comisiynydd cyntaf Seisnig Kenya. Yn ôl ei addewid, addysgwyd y brodorion i weld fod y gwynion newydd yma'n dueddol o ymosod ar fympwy, dwyn anifeiliaid, lladd, a llosgi.

Fesul darn y cymerwyd Kenya. Wedi un o'r ymosodiadau hyn, cododd llwyth y Kikuyu i ddial, gan ddal un setlwr gwyn ac, yn ôl adroddiad a yrrwyd i Lundain, cafodd ei ladd drwy ei foddi wrth biso yn ei geg. Os oedd hynny'n wir ai peidio, dyna a ddefnyddiwyd fel esgus neu reswm i ddial drwy ladd pawb mewn un pentref.

Datganodd yr ail Gomisiynydd, Charles Eliot, yn 1895 y byddai Kenya yn '*a white man's country,*' fel Rhodesia a De Affrica. Erbyn 1902 roedd yn dosbarthu tir ac arian i unrhyw anturiaethwr gwyn oedd yn dymuno ail-leoli. Daeth nifer dda o'r rhain o blasdai Lloegr, eraill yn gyn-gapteiniaid o'i byddin. Yn aml, byddai pobl y tir yn cael eu gyrru oddi yno wedi i'r arwyddo ddigwydd. Roedd darn helaeth o dir yn costio cyn lleied â hanner ceiniog, oedd yn ganran bychan iawn o'r grant a ddosbarthwyd i'r prynwr.

'*We have stolen his land. Now we must steal his limbs,*' oedd geiriau un o'r coloneiddwyr, y capten Ewart Grogan. I elwa ar y tir, roedd angen dwylo i'w drin, ond nid eu dwylo hwy yn amlwg. Felly sut y gellid cael y brodorion i weithio? Wel, roedd digon yn ddigartref wedi'r anturiaethau, felly pa well dull na'u gorfodi i ailgodi tai a chodi rhent am y tai hynny ar dir lle roedd yn rhaid iddynt dalu treth hefyd? Er mwyn medru talu byddai'n rhaid iddynt weithio. Ni fyddai llawer ar ôl wedi iddynt dalu'r rhent a'r dreth.

Nododd Arnold Paice mai'r gosb i un oedd yn pendwmpian pan oedd i fod i wylio praidd, oedd bachu'i glust wrth gyfrwy ei asyn a '*set off at a canter; of course the nigger had to canter too as it would have been painful to have his ear pulled off.*' Gan wylltio wrth i nifer adael ei 'gyflogaeth,' cofnododd Arnold rhyw wyth degawd ar ôl anghyfreithloni caethwasiaeth: *'it's all rot about slavery – these natives ought to be slaves'*.

Parhaodd y rhyfela i feddiannu rhagor o'r tir. Gorchmynnodd y Comisiynydd Charles Eliot i'r cyfrif o 1,500 o 'elynion' laddwyd yn yr adroddiad ar un ymosodiad gael ei ostwng i 400, er mwyn iddo edrych yn well. Yn dilyn ymosodiad ar bobl y Nandi yn 1905, roedd 636 ohonynt wedi'u lladd, 10,000 o'u gwartheg a 18,000 o'u defaid wedi'u meddiannu. Diwrnod da o waith. Yn 1906, roedd cwmni Seisnig wedi meddu ar yr hawl i dorri coed ond roedd pobl yr Embu yn byw ar y tir. Ni fu hynny'n broblem gan i'r fyddin ymosod arnynt a lladd 400, gan gymryd 3,000 buwch yn ogystal. Roedd y coed yn barod i'w torri wedyn.

Cofnododd un swyddog, W. Robert Foran, un ymosodiad arall mewn iaith mwy disgrifiadol:

*The machine gun was kept in action so long during this sharp engagement that it became almost red-hot to the touch. Before the Kisii warriors were repulsed, they left several hundred dead... this was not so much a battle as a massacre.*

Aethant yn ôl at bobl y Kisii yn 1908, ac yn ôl Foran nid oeddent yn disgwyl cael eu saethu y tro hwn gan eu bod yn sefyll fel petaent *'under the impression that the tribal surrender had been accepted'*. Roeddent yn anghywir *'... some strenuous work – burning villages, devastating standing crops, capturing livestock and hunting down bolting natives'*. Wedi gweld adroddiad am y digwyddiad, datganodd Winston Churchill hyd yn oed: *'surely it cannot be necessary to go on killing these defenceless people on such an enormous scale'*.

Gan fod cymaint o drigolion a chyn lleied o reolwyr gwyn, dechreuodd rheolau'r farchnad rydd ddod i rym, ac roedd rhai'n meddwl mai'r ffordd orau i gadw gweithwyr oedd i beidio â'u trin mor ddiawledig. O fewn y tiroedd eang, rhoddwyd hawl i rai godi eu cnydau personol. Roedd y Saeson yn gwbl ranedig ar hyn, gyda'r rhai crintachlyd yn gweld eu busnes yn lleihau gan nad oedd neb yn aros i weithio iddynt. Ar un adeg roedd 200,000 o'r gweithwyr hyn yn berchen ar eu lleiniau eu hunain o fewn tiroedd y meddianwyr ac wedi'i deall hi o ran cynyddu'r cynnyrch. Y broblem i'r coloneiddwyr oedd nad oedd hyn yn hanner digon hiliol. Byddai'r trigolion yn dechrau cael syniadau.

Nododd llys y gwynion yn Nairobi na fyddai dim dogfennau i'r cnydwyr hyn i fedru perchnogi'r tir. Deddfwyd y byddai'n rhaid i unrhyw un oedd yn tyfu coffi brynu trwydded flynyddol am yr hawl i wneud hynny, gan roi pwysau ychwanegol ar y 'cyflog' roeddent yn ei gael.

Heb gynnwys y fyddin, dim ond 5,500 oedd y boblogaeth wyn yn 1914. Cyn dyfodiad y gwynion roedd 3 miliwn o frodorion yn Kenya, ond roedd wedi ei haneru erbyn hynny.

Wrth i'r Rhyfel Byd Cyntaf gyrraedd Affrica, taflwyd y codwyr cnydau hyn i fyddin Prydain, lle bu farw 1 o bob 5 a gafodd eu gyrru'n erbyn yr Almaenwyr gan eu cadfridogion Seisnig. Roedd y llywodraethwr Henry Belfield braidd yn flin wrth i'r economi roedd y gwynion wedi'i chreu iddynt eu hunain ddymchwel yn Kenya oherwydd y ffrae Ewropeaidd. Ac wrth i'w helw ddiflannu, y rhai fyddai'n dioddef fwyaf oedd y trigolion du. Diddymwyd hawliau'r gweithwyr i dyfu eu bwyd eu hunain, fe'u rhoddwyd ar fwyd di-ddim a chodwyd y trethi i lefel uwch na'u cyflogau, gan ddangos cyfuniad o greulondeb a thwpdra llwyr ar ran y meistri gwyn.

Rhag ofn iddynt ddechrau dwyn, gorfodwyd pob brodor i gario cerdyn ac ôl bysedd arno rownd eu gwddf. Roedd y ddelwedd o ragoriaeth yn hollbwysig i'r gwynion. Ysgrifennodd yr arweinydd undeb Tom Mboya fod llawer o'r pregethwyr Anglicanaidd yn mynnu fod pob person du oedd yn cyrraedd cwrdd eglwysig i fod i ddod i mewn yn droednoeth ac i chwalu unrhyw wallt oedd wedi'i gribo.

Dechreuodd mudiadau wrthwynebu'r hiliaeth. Arestiwyd arweinydd Cymod y Kikuyu Ifanc, Harry Thuku, yn 1922. Saethodd yr heddlu gwyn 25 o bobl oedd wedi ymgynnull i alw'n heddychlon am ei ryddhau yn Nairobi. Aeth y gwynion ar ôl y gweddill oedd yn dianc a'u saethu blith-draphlith i ddangos pwy oedd y meistri.

Gorfodwyd y brodorion yn Machakos i werthu 22,500 o'u

gwartheg i'r gwynion am y nesaf peth i ddim, ac er eu protestiadau doedd dim y medrent ei wneud yn wyneb y gynnau oedd wedi'u hanelu atynt.

Taflwyd 11,000 o gynhyrchwyr duon oddi ar eu tiroedd, ond llwyddodd y rhain i aildrefnu'n eithaf sydyn, gan greu gwladwriaeth fach oedd yn rhedeg ei hun, gyda'i marchnadoedd a'i rheolau ei hun. Anwybyddwyd pob cyfarwyddyd gan y gyfundrefn wyn yn Nairobi, ac yn 1944 roeddent yn tyngu llw i undod eu cymdeithas yn ardal y Mau.

Ar y llaw arall, yn 1946 dyma eiriau'r llywodraethwr Phillip Mitchel mewn araith dros ginio: *'The greater part of the wealth of the country is at present in our hands. This land we have made is our land by right – by right of achievement... their Africa is gone for ever.'*

Erbyn 1948 roedd pris haidd yn Kenya wedi codi saith gwaith – y gwynion wedi meddiannu'r farchnad a'r elw drwy ei werthu dramor, ac roedd y rhan fwyaf o drigolion Nairobi yn stryffaglu i fwyta un pryd y dydd. Roedd 1.25 miliwn o frodorion Kenya yn meddu 2,000 milltir sgwâr o'r tir salaf, gyda 3,000 trefedigaethwr gwyn dan ofal Lloegr yn meddiannu 12,000 milltir sgwâr o'r tir gorau. A phan oedd y gwynion eisiau adeiladu rhywbeth, boed yn weithiau neu'n feysydd golff, byddai 2,000 milltir sgwâr y brodorion yn dueddol o fod yn llawer mwy cyfleus, a rhatach, na'r tir yn y 12,000. Pan oedd Prydain yn ceisio codi byddin, cafodd 90% o ddynion y Kikuyu eu gwrthod gan eu bod yn rhy wan oherwydd diffyg maeth.

Roedd y rhai a yrrwyd i Ewrop i ymladd dros 'ryddid' wrth ochr y Saeson yn dychwelyd adref i weld y gwynion yn eu hatal rhag cael mynediad i adeiladau, na chael mynd yn agos at flychau pleidleisio, wrth gwrs. Roeddent hefyd yn anhapus fod person du yn derbyn pum gwaith yn llai o dâl am wneud yr un gwaith â pherson gwyn.

Wedi diwedd y rhyfel, daeth mwy o Saeson ac eraill oedd wedi ymladd dros Brydain yn Affrica i fanteisio ar yr hyn oedd gan Kenya ei gynnig i'w math. Roedd angen parhau â'r coloneiddio er mwyn ateb y galw newydd. Rhwng 1946 ac 1952 cymerwyd gwartheg

100,000 o'r 'tenantiaid' heb unrhyw iawndal. Yna, gan nad oeddent yn medru talu rhent, caent eu taflu o'u tai.

Roedd y trefniant ym Mau yn agos at fod yn ddelfrydol i'r rhan fwyaf o'r rhain, ond nid oedd y meistri am adael iddynt fynd i'r fan honno chwaith. Nid oedd cynllun Prydain yn caniatáu gwladwriaeth arall cwbl hunangynhaliol o fewn ei ffiniau, ac felly datblygodd y gwasgu yn wrthdaro.

Ceisiodd y Saeson ddisodli mudiad Undeb Affricanwyr Kenya gan rwystro'u cyfarfodydd a chipio eu casgliadau ariannol, yn ogystal â gwahardd pamffledi – roedd rhwng 20,000 a 30,000 wedi dod i wrando ar arweinydd UAK, Jomo Kenyatta.

Aeth newyddion Lloegr at waith. Roedd y 'Mau-Mau', fel y'u gelwid er mai Muingi (Y Mudiad) y galwent eu hunain, yn dechrau ar derfysgaeth ofnadwy yn erbyn y gwynion druan oedd yn lleiafrif a gadwai'r wlad yn llewyrchus, meddai'r papurau. Roedd yr Undeb Sofietaidd y tu ôl iddynt. Pan fethwyd â chynnal y stori honno, dechreuwyd ar gyhuddiadau eu bod yn ganibaliaid oedd yn bwyta plant, yn addoli'r diafol ac yn y blaen, ar ben y lladd didrugaredd o'r bobl wyn diamddiffyn, wrth gwrs.

Dylanwadwyd ar yr 'wrthblaid', os oedd angen eu dylanwadu o gwbl, i ddatgan eu cefnogaeth, a gwnaed hynny'n gadarn gan James Griffiths, Llafur: *'From the beginning we have given the Government our full support in any steps that are required to suppress Mau-Mau.'*

Pardduwyd Jomo Kenyatta fel pennaeth y Mau-Mau, a bod y trais yn cael ei annog ganddo ef. Yn ei achos llys, nododd ei amddiffyniad mai 'hwn yw'r achos mwyaf plentynaidd o wan sydd wedi'i wneud yn erbyn unrhyw ddyn yn hanes yr Ymerodraeth Brydeinig'. Carcharwyd Kenyatta am saith mlynedd.

Daeth y *Lancashire Fusiliers* i orymdeithio drwy Nairobi, tra oedd milwyr eraill yn llofruddio neu arestio arweinwyr UAK, gan mai nhw oedd y tu ôl i'r Mau-Mau yn ôl awdurdodau Llundain. Glaniodd llong o'r Royal Navy'n Mombasa. Lluoswyd yr hen bolisi o hel y 'tenantiaid' o'u tai, gan yrru'r rhai â'u traed yn rhydd yn anfwriadol ond yn anochel i rengoedd y Mau-Mau. Gyda hwythau'n gwrthymosod, ateb y gyfundrefn yn Nairobi oedd dyblu'r trethi ar y brodorion er mwyn talu am y gost, cau eu hysgolion a dwyn eu hanifeiliaid. Ymsododd ciwedau gwyn dan fantell yr heddlu gan ladd a dinistrio ar fympwy. Roedd brolio ar yr hen dechnegau a ddefnyddiwyd yn America o wenwyno dŵr a heintio blancedi gyda phla a fyddai'n cyflymu eu gwaith.

Cynigiwyd gwobr o £5 am ben pob 'gwrthryfelwr'. Roedd hyn yn gyfle uniongyrchol a sydyn i fynd yn hynod gyfoethog ar draul y trigolion. Mae un 'counter-insurgent' Prydeinig, Frank Kitson, wedi hel atgofion am y cyfnod. *'Three Africans appeared walking down the track towards us, a perfect target. Unfortunately, they were policemen'.* Dywedodd un arall oedd yn hel ei wobrau *'I could shoot anyone I liked provided they were black'.*

Erbyn 1953 roedd Churchill wedi gyrru y Cadfridog George Erskine i setlo'r wlad. Gyda'i lythyr gan Churchill yn gosod ei hawl i reoli'r lle fel unben, cyflwynodd awyrennau rhyfel, tanciau a 12 catrawd ychwanegol o'r fyddin Brydeinig i Kenya. Yn 1954 penderfynodd mai gosod Nairobi ei hun dan warchae oedd y ffordd ymlaen, gan yrru 24,000 i wersyllau carchar newydd.

Wedi pwyntio bys at wersyllau carchar y Natsïaid, rhyw hanner can mlynedd wedi i'r Ymerodraeth eu dyfeisio yn ystod Rhyfel y Boer, daeth Prydain i weinyddu gwersylloedd o'r fath unwaith eto yn Kenya. Bu farw 402 ynddynt yn Mehefin 1954 yn unig. Roedd amryw o dechnegau arteithio yn cael eu defnyddio ar ben y llwgu systematig. Mae un cyfrif yn honni fod 150,000 wedi'u hel iddynt i gyd, ond ffigwr amheus o isel yw hwnnw. Ar giatiau un o'r gwersylloedd yn Aguthi roedd yr arwyddair, *'He who helps himself will be helped'.*

Erbyn diwedd y 'rhyfel', dim ond 32 person gwyn a fu farw – gyda'r rhan fwyaf o'r rheiny wrth geisio gweithredu eu gormes. Roedd mwy o wynion wedi marw mewn damweiniau ceir yn Nairobi yn yr un cyfnod. Amcangyfrifir bod 150,000 o'r brodorion wedi'u lladd sy'n ystadegau anhygoel wedi blynyddoedd o 'adrodd' ar farbareiddiwch y Mau-Mau ym mhapurau Lloegr, yn seiliedig ar yr wybodaeth a ryddheid gan yr *Information Research Department* yn y Swyddfa Dramor.

Parhawyd i arteithio 'cenedlaetholwyr' ar hyd y pumdegau, y tu mewn a thu allan i'r gwersyllau – miloedd o ferched a dynion, a'r gweinyddwyr yn mynnu yn Llundain nad oedd y fath beth yn digwydd onibai am un neu ddau 'gamgymeriad'. Llosgwyd y rhan fwyaf o'r dogfennau oedd yn gysylltiedig â'r holl antur mewn adeilad imperialaidd ym Malaya.

Arweiniodd agwedd llai ymerodrol a 'modern' Llundain at ffraeo enbyd rhyngddi a'r coloneiddwyr, ond gan eu bod yn ddibynnol ar y famwlad i gadw eu goruchafiaeth, nid oedd dewis ganddynt ond cydfynd. Daliwyd i ddienyddio cefnogwyr y Mau-Mau, gyda dros fil yn cael eu crogi ar grogfeydd symudol am droseddau fel 'bod â bwled yn eu meddiant' neu 'yngan datganiadau'. Er mwyn ennill y frwydr bropaganda, gorchmynnodd y Colonial Secretary, Oliver Lytteljphn, i'w filwyr fod yn gleniach wrth y brodorion a chyfeillachu'n fwy cymdeithasol gyda nhw. Canlyniad annisgwyl hynny oedd bod plant yn rhedeg ato wrth iddo deithio o gwmpas Kenya yn ei annog – mewn acenion Saesneg dosbarth gweithiol – i *'fuck off'.*

Rhoddwyd yr hawl i'r duon ufudd feddiannu tir yn 1959, ond roedd y gwersyllau carchar i barhau i'r gweddill. Wrth i'r galw am ddiddymu'r gwersyllau dyfu'n rhyngwladol daeth un digwyddiad i achosi trafferth, sef lladd 11 yng ngharchar Hola drwy eu curo. Dywedodd un a oroesodd, John Maina Kahihu: *Roedd 200 milwr, 170 yn sefyll o'n cwmpas gyda gynnau a 30 yn ein hwynebu. Ar chwiban y dyn gwyn oedd yn gorchymyn dechreuodd y 30 ein curo. Parhaodd hyn o 8 i 11.30 y bore. Roedd cyrff eraill ar fy mhen i felly dim ond fy mreichiau a 'nghoesau a gafodd hi. Roeddwn yn lwcus iawn i oroesi. Nid oedd dianc i'r lleill.* Cofnododd yr is-arolygwr, y cyn-gapten morwrol G. M. Sullivan mai drwy yfed dŵr budr y buont farw, ac arwyddodd Baring hynny fel y gwir. I sicrhau nad oedd problem, rhoddwyd yr MBE yn hytrach na chosb i brif arolygydd y carchar, John Cowan, a newidiwyd enw Hola nes iddo gael ei gau yn 1963.

Roedd y Colonial Secretary newydd, Iain Mcleod, yn ofnus iawn o'r hyn a feddyliai'r Unol Daleithiau, oedd yn mynnu fod Prydain yn ymwrthod â'i hymerodraeth tra'n cynllunio i ehangu eu hymerodraeth eu hunain. Roedd anghydfodau newydd yn Kenya yn ogystal â'r ffaith fod yr antur yn costio mwy na'r elw bellach, yn ei ddarbwyllo ei bod yn amser gadael.

Cafodd Kenya ei hannibyniaeth, dan adain Cymanwlad Prydain, yn 1963, gan godi'r cwestiwn beth felly oedd pwrpas yr holl ormes? Wrth gwrs, roedd paratoadau wedi'u gwneud cyn y dyddiad mawr democrataidd. Taflodd Brydain arian mawr at greu parti gwleidyddol newydd fyddai'n cofio'n iawn o ble daeth yr arian. Ond wrth i'r *Kenyan African Democratic Union* fethu â chydio yn nychymyg y trigolion, neu am fod yn driw i barti Kenyatta, newidiwyd y dacteg. Ymunodd eu pobl â'r blaid fuddugol. Penododd y llywodraeth newydd Bruce Mackenzie, trefedigaethwr gwyn oedd yn cael ei dalu gan MI6, fel Gweinidog Amaeth.

Cynigiwyd y tir i'r brodorion – am bris llawer y tu hwnt i'w gallu i dalu. Felly darparwyd systemau o fenthyciadau, fel y gallent dalu'r *British Commonwealth Development Corporation* a'r *World Bank* yn ôl ar dermau llai na chystadleuol. Dyna oedd eu hunig ddewis os am feddiannu tir i fyw. Wedi annibyniaeth, roedd Lloegr wedi gweinyddu system o ailodro'r brodorion am yr union dir yr oeddent wedi ei ddwyn oddi arnynt yn y lle cyntaf. Ar ben hynny, roedd yr arian yn ddibynnol ar gadw'r systemau economaidd a'r busnesau oedd yn bodoli er mwyn llifo'r cyfoeth o'r wlad, ac i atal gwladoli adnoddau ar bob cyfrif.

# Tansania

Cyn i fyddinoedd Lloegr gyrraedd, roedd rhywrai llai bygythiol wedi troedio Tansania. Hyd heddiw cawn ar ddeall fod Llyn Tanganiyka wedi ei 'ddarganfod' gan y Saeson Richard Burton a John Speke, oedd wedi dod ar draws y llyn wedi i'r trigolion eu cyfeirio i'r cyfeiriad cywir yn 1856.

Pan glywyd fod rhyw Ewropëaid barus yn meddiannu'r ardal yn 1885 – sef yr Almaenwyr – esboniodd y Saeson eu bod hwythau â chysylltiadau dwfn â'r wlad a chrëwyd cytundeb â'r Almaen yn 1886 i rannu'r tir, gan adael yr arfordir ac ynysoedd Zanzibar i'r Saeson a phrif dir Tanganiyka i'r Almaenwyr. Aeth pethau'n weddol esmwyth i bawb onibai am y Tansanïaid. Gadawyd yr ymladd rhwng y pwerau mawr tan y Rhyfel Byd Cyntaf.

Yn wobr am ennill y rhyfel hwnnw, cymerodd Prydain Tansania gyfan, a gwelodd y trigolion fod nifer o bethau'n dirywio dan y meistri newydd. Arferai'r Almaenwyr ddarparu ysgolion i blant o bob oed, er enghraifft, ond daeth ddiwedd ar y gwastraff hwnnw.

Gwelwyd ymgyrchoedd hir am ddemocratiaeth dan arweiniad Julius Nyerere a llwyddwyd i weld cefnau'r Saeson yn 1961 yn rhyfeddol o ddiffwdan.

Mae'n werth crybwyll y wlad hon am un rheswm arall. Er ei bod yn un o wledydd tlotaf y byd, llwyddodd llywodraeth Tony Blair i werthu system amddiffyn rhag taflegrau awyr £28 miliwn gan *British Aerospace* iddynt yn 2002. Roedd Blair wedi areithio yr hydref hwnnw am leddfu tlodi yn Affrica, gan ei ddisgrifio fel '*a scar on the face of the conscience of the world*'. Condemniwyd y busnes bach yma gan y *World Bank* hyd yn oed, a cheisiodd Clare Short a Gordon Brown ei wrthwynebu. Darganfuwyd fod traean o'r £28 miliwn wedi ei yrru i gyfrifon banc cudd i un o'r ynysoedd cymwynasgar. Wrth ymddiswyddo yn ddiweddarach, datguddiodd Clare Short:

*Every way you looked at it, it [the deal] was outrageous and disgraceful. And guess who absolutely insisted on it going through? My dear friend Tony Blair, who absolutely, adamantly, favoured all proposals for arms deals. It was an obviously corrupt project. Tanzania didn't need a new military air traffic control, it was out-of-date technology, they didn't have any military aircraft.*

# Zanzibar

Peryglus yw dyfarnu'n bendant pa un yw'r rhyfel hiraf erioed, ond Lloegr sy'n gyfrifol am yr hyn a gaiff ei ystyried fel y 'rhyfel' byrraf yn hanes, sef ymosodiad Lloegr ar Zanzibar ar 27 Awst, 1896.

Cymerodd 38 munud i Zanzibar ildio dan fomiau Lloegr o'r môr. Eu problem y tro hwn oedd fod Khalid bin Barghash wedi cymryd awennau'r wlad wedi i'w gefnder farw, gan mai y fo oedd y nesaf yn y llinach yn ôl traddodiad Zanzibar. Roedd Lloegr yn honni eu bod wedi llwyddo i ddeddfu mewn cytundeb yn 1886 gyda'i dad nad oedd neb yn Zanzibar i dderbyn pŵer heb eu caniatâd, a doedd Khalid bin Barghash ddim wedi gwneud hynny ers eistedd ar ei orsedd ddeuddydd ynghynt.

Lladdwyd ac anafwyd oddeutu 500 yn y 38 munud cyn iddynt ildio, a daeth pethau yn ôl i'w stad cywir a naturiol gyda'r Saeson yn dewis pwy fyddai'n rhedeg y wlad. Yn drychinebus, anafwyd un Sais rywsut yn y fenter.

Penderfynodd Lloegr adael i'r ynysoedd dderbyn eu rhyddid yn 1963. Pylodd eu gobaith y byddai eu buddiannau yn parhau wrth i'r Swltan Arabaidd oedd ym mhoced y Saeson gael ei ddisodli gan y bobl bythefnos wedi iddynt adael. Cynlluniwyd ymosodiad gan Brydain, ar yr esgus eu bod yn ymladd comiwnyddiaeth, ond gadawyd i bethau fod yn y byd newydd oedd ohoni, wedi iddynt gael chwip din gan yr Unol Daleithiau am eu hymosodiad ar yr Aifft.

Mae Zanzibar yn ynysoedd ar arfordir dwyreiniol Affrica, rhyw ddwywaith maint ynys Môn neu rhyw ddeg gwaith yn llai na Chymru.

# *Ethiopia*

Mae'n naturiol i'r rhai oedd yn ifanc yn yr wythdegau gysylltu'r wlad â darluniau o newyn a thlodi. Yn sicr nid felly oedd Ethiopia neu Abyssinia'r canrifoedd gynt. Roedd adroddiad cadfridog Prydeinig o Kenya i Lundain yn awgrymu ei goresgyn ar unwaith gan ei bod yn '*a wonderful country where you can grow two crops of everything*'. I wneud hynny'n haws roedd yr hanesydd o Sais Edward Gibbon wedi disgrifio'r Ethiopiaid fel pobl oedd wedi '*slept near a thousand years, forgetful of the world, by whom they were forgotten*'.

Penderfynodd Llundain feddiannu Ethiopia, a gyrrwyd eu byddin yno dan arweinyddiaeth y cadfridog Robert Napier. Eisoes roedd y wlad wedi dioddef yn dilyn anturiaethau Henry Morton Stanley, a anwyd yng Nghymru ac a oedd yn saethu '*Negroes as if they were monkeys*' yn ôl ei gyd-deithiwr Richard Burton. Roedd Stanley a'i fyddin deithiol wedi hen arfer â llosgi pentrefi i gael '*a sedative influence on their nerves*', felly nid oedd y trigolion yn synnu gormod yn sgil yr hyn a ddigwyddodd yn 1868.

Ar ben yr 13,000 o filwyr, daeth 50,000 o drefedigaethwyr i Ethiopia yn tywys 17,000 o gamelod a 44 eliffant, gan mai o India y tarddodd y daith. Daeth y fyddin benben â rhyfelwyr yr Ethiopiaid, nad oedd â dim gobaith yn erbyn eu gynnau peiriant newydd. Roedd colli 700 o'i ddynion yn ormod i'r arweinydd Tewodros (Theodore gan y Saeson), a saethodd ei hun yn ei balas. Aeth y Saeson ymlaen i ddwyn trysorau lu o'r palas cyn ei losgi. Cafodd Victoria goron Tewodros, ysgrythurau hynafol gwerthfawr, a llwyth o aur ac arian nad oedd wedi disgyn i bocedi'r milwyr. Roedd goresgyn a dwyn cyntefig cwbl agored a digywilydd yn digwydd yn 1868. Ymfalchïodd y Prif Weinidog Disraeli yn San Steffan fod baner San Siôr, baner Lloegr, yn hedfan fry ar fynyddoedd Rasselas, Ethiopia. Roedd rhai aelodau seneddol yn grwgnach fod yr antur wedi costio £9 miliwn i'r pwrs cyhoeddus. Ond roedd pwysigyddion wedi elwa'n arw a'r faner yn hedfan yn falch eto felly pa ots?

Dyma bwt o araith Disraeli yn 1872:

*The people of England, and especially the working classes of England, are proud of belonging to a great country, and wish to maintain its greatness – proud of belonging to an imperial country.*

Dechreuodd y Prydeinwyr annog yr Eidalwyr i gymryd mwy o sylw o Ethiopia, dan eu goruchwyliaeth nhw, wrth gwrs. Gwnaethant ddifaru hynny wrth i gyfeillgarwch y ddwy wlad ddod i ben. Goresgynwyd y wlad gan Mussolini a'r Eidal yn 1935, ond onibai am symud llongau rhyfel i'r ardal ni fu llawer o ymateb gan Brydain.

Yn wir, arwyddodd Prydain y wlad i ddwylo'r Eidal yn 1938. Ond daeth y ffrae fawr yn 1939 felly ni pharodd y cytundeb hwnnw rhyw lawer. Ac wrth i'r Ail Ryfel Byd fynd rhagddi, cafodd y trigolion y profiad o weld yr Ewropeaid gwyn yn bomio a saethu ei gilydd yn racs.

Wedi hen arfer â gorfod moesymgrymu, daeth ffenomena newydd arall i ran yr Affricaniaid. Roedd nifer o'r milwyr Prydeinig yn hogiau dosbarth gweithiol, a gan nad oedd ganddynt yr hawl i gymysgu â'u gwell roeddent yn trigo'r nosweithiau yn nhrefi'r trigolion, ac yn yfed a bwyta a siarad gyda hwy fel bodau cyfartal. Daeth y cadfridogion yn ymwybodol o'r broblem a gorchymyn:

*In all contact with the natives, let your first thought be the preservation of your own dignity. The natives are accustomed to dealing with very few white people and those they meet hold positions of authority. The British are looked up to, put on a very high level. Don't bring that level down by undue familiarity.*

Yn 1985 gyrrwyd yr arian sylweddol a godwyd o gyngerdd Live Aid, cyfanswm o $150m – $50m ohono gan gyhoedd Lloegr, yr Alban a Chymru – yn dilyn y lluniau ar y teledu o'r newyn yn Ethiopia. Roedd y llog blynyddol yr oedd Ethiopia yn ei dalu yn ôl i Loegr a Ffrainc am y benthyciadau a'r cytundebau a orfodwyd ar y wlad dros y degawdau cynt yn $109m yn 1984 a $163m yn 1985. $503m a dalodd Ethiopia i'r IMF yn 2013 fel eu tâl blynyddol. Y ffordd y clymwyd y wlad, fel llawer o gyfandir Affrica, oedd cynnig prosiectau fyddai'n cael eu cyflawni gan gwmnïau Seisnig, proseictau'n aml yn amrywio yn eu gwerth i'r wlad ond fod cildwrn sylweddol yn gymorth i'r arweinydd am gytuno. Ac i'w gwneud hi'n haws i'r wlad dalu, byddai'r llywodraeth Ewropeaidd clên – gan amlaf Prydain – yn cynnig benthyg yr arian i dalu eu cwmnïau eu hunain. Byddai'r manylion yn y print mân, a olygai fod yn rhaid i Ethiopia fenthyg mwy o arian i dalu'r ddyled benodol am y flwyddyn honno, yn union fel y cynlluniwyd cyn hynny. Yn 1947 rhoddodd Ethiopia anrheg o £1000 i lywodraeth Prydain oherwydd y llifogydd mawr.

# *Yr Aifft*

Yn y seithfed o ymdrechion di-ri yr Ewropeaid i goncro'r Dwyrain Canol yn yr Oesoedd Canol – yr hyn a elwir y Crwsadau – aeth ciwed o Gristnogion cleddyf y Saeson i geisio concro'r Aifft yn 1249. Martsiodd William Longsword gyda'i ddynion tua Cairo, ac fe'u lladdwyd i gyd namyn un ar y ffordd yn Mansourah.

Y tro nesaf y daeth Saeson yno mewn unrhyw nifer oedd i ymladd Napoleon 500 mlynedd yn ddiweddarach. Wedi i hwnnw ddianc yn ôl i Ffrainc, penderfynodd y Saeson eu bod yn eithaf hoff o'r Aifft gan geisio ei goresgyn yn 1807 – yn aflwyddiannus eto. Yn 1840 roeddent yno gyda help yr Otomaniaid y tro hwn. Mae'n syndod mor awyddus oedd Twrci i gyd-gynllwynio â Lloegr dros y canrifoedd, cyn troi'n anochel yn erbyn ei gilydd ambell dro. Maent heddiw'n bartneriaid yn NATO.

Roeddent wedi llwyddo i lwgrwobrwyo brenin yr Aifft yn 1875 i feddiannu rhan o gamlas Suez at y Môr Coch, gan 'brynu' siariau a chynyddu eu presenoldeb a'u dylanwad yn y llywodraeth hyd nes y gwrthryfelodd y trigolion. Fel hyn y gweithiai pethau. Roedd arweinydd y wlad, y Khedive Ismail, wrth ei fodd yn gwario ar brosiectau megis camlesi, ac yn llogi cwmnïau tramor i adeiladu hynny a fedrid ohonynt, ynghyd â phontydd i'w croesi a rheilffyrdd i hwyluso. Anogodd Lloegr a'i banciau Ismail i fenthyg arian mawr fyddai'n cael ei wario ar logi cwmnïau Lloegr i gyflymu ei weledigaeth. Yr hyn nad oedd yn ei ddisgwyl yn ddiniwed oedd y byddai ef a'i wlad yn cael eu twyllo.

Y prif brosiect oedd camlas Suez, a gwelwyd yr Aifft yn talu £9.5 miliwn a chyfranddalwyr Seisnig a Ffrengig yn cyfrannu £4.5 miliwn. Roedd yr incwm yn mynd i'r cyfranddalwyr gyda'r wlad yn derbyn canran dila yn ôl ond yn parhau i dalu'r llog ar fenthyciad mawr, gan golli ddwywaith. Erbyn 1873 roedd £6 miliwn wedi'i dalu mewn llog yn unig. Ond roedd gwaeth i ddod.

Cytunwyd i fenthyca £32 miliwn gan fanc Rothschild, oedd â'i fysedd ym mhopeth. Wedi amwyso natur y taliad yn y print mân gyda £12 miliwn o hwnnw wedi ei gadw fel 'diogelwch', derbyniodd yr Aifft yr £20 miliwn mewn bondiau gan Rothschild oedd â'u gwir werth yn £9 miliwn. Ond roedd yn rhaid i'r Aifft dalu llog sylweddol ar gyfanswm o £32 miliwn. I dalu'r ddyled honno, gwelodd poblogaeth yr Aifft eu trethi'n cynyddu, y dulliau o'u casglu yn afresymol a'r gosb am beidio talu'n hynod gïaidd.

Erbyn 1875 nid oedd y llywodraeth yn medru dod â dau ben llinyn ynghyd, a `gwerthodd` Ismail weddill rhanddaliadau camlas Suez i lywodraeth Lloegr am y pris pitw, o'i gymharu, o £4 miliwn. Nid oedd gan yr Aifft unrhyw berchnogaeth ar ei phrif adnodd.

£9.5 miliwn oedd cyllideb yr Aifft yn 1877. Roedd £7.7 miliwn o hwnnw'n mynd yn syth i'r banciau a'r cyfranddalwyr tramor, bron i gyd yn Saeson ac ychydig yn Ffrancwyr. Hefyd nid oedd yr un o'r 90,000 o Ewropeaid oedd yn byw yn y wlad – y rhan helaethaf ohonynt yn Saeson a Ffrancwyr – yn gorfod talu unrhyw dreth, ac roedd y gweinyddwyr a benodwyd o'u plith yn cael eu talu'n llawer gwell na'r trigolion.

Ar ben hyn, gorfododd Llundain a Pharis Ismail i 'benodi' dau i reoli'r wlad i bob pwrpas – Sais o'r enw Rivers Wilson i redeg ei chyllid a Ffrancwr, de Blignieres, i redeg ei ddiwydiant. Pan geisiodd Ismail wrthwynebu, ysgrifennodd George Goschen, cynghorydd cyllid Gladstone a'r aelod seneddol dros y City of London mai ffawd Ismail fyddai cael ei *deposed if he won't give way*.

Cododd hyn, a'r tlodi a'r llwgu a phresenoldeb byddin Lloegr, dymer y trigolion yn enbyd ac er bod byddin yr Aifft yn dilyn cyfarwyddiadau Ismail roedd chwyldro'n drwm yn yr aer. Cymaint nes roedd yn rhaid i Ismail ddiswyddo'r Sais a'r Ffrancwr yn Ebrill 1879. A'r unig reswm nad ymosododd Prydain ar yr Aifft o'r herwydd oedd, yng ngeiriau yr Arglwydd Salisbury, fod *all our force is locked up in Zululand and Afghanistan*.

Roedd un cadfridog, Urabi Pasha, o deulu fferm fach ac yn naturiol ar ochr y tlawd. Derbyniodd hefyd gefnogaeth yr Eifftiaid cefnog oedd yn gweld eu cyfoeth yn diflannu'n araf i goffrau'r dieithriaid, ac yn 1881 arweiniodd fyddin yr Aifft i daflu'r llywodraeth o'r neilltu. Doedd hynny ddim yn dderbyniol yn Llundain yn amlwg.

Felly yn 1882 dechreuwyd ar y propaganda. *'Egypt is in a state of military violence, without any law whatsoever',* meddai Gladstone wrth y senedd, y cyfryngau a'r cyhoedd, oedd yn or-ddweud anferth ar y gorau ac yn gelwydd llwyr ar y gwaethaf. Yn ôl yr arfer, Lloegr oedd y ffisig, nid y salwch. Gyrrwyd llongau rhyfel at arfordir yr Aifft ac arweiniodd hynny at wylltio trigolion Alecsandria. Trowyd cartiau'r Saeson oedd yn eistedd yn aruchel tra'n cael eu cario gan drigolion. Yna saethwyd Eifftiaid gan y Saeson a'r Ewropeaid eraill ac aeth pethau'n flêr. Pan laddwyd tri Sais oedd wedi dod o'u llong i'r tir aeth gwasg Lloegr yn benwan a rhaid oedd dial. Doedd y ffaith i 250 Eifftiwr gael eu saethu cyn hynny yn ddim. Ysgrifennodd Charles Dilke, aelod o gabinet Rhyddfrydwyr William Gladstone: *'Our side in the Commons is very jingo about Egypt. They badly want to kill somebody'.*

Yn bur eironig, bomiodd y llong ryfel HMS *Alexandra* ddinas Alecsandria i egluro sut roedd pethau i fod. Llosgodd rhannau helaeth o'r ddinas a bu farw miloedd. Colled y Saeson oedd 5. Glaniodd eu milwyr a mynd tuag at gamlas Suez, y *'Jewel in the Crown'.* Bu brwydro ffyrnig ond y tro hwn roedd y Saeson â thechnoleg gwell ar siâp eu bomiau a'u gynnau, ac roedd y canlyniad yn hynod unochrog. Cymerwyd Cairo, a mwyaf sydyn y Saeson oedd yn rhedeg cenedl hynafol yr Aifft. Felly y bu am wyth deg mlynedd, gyda'r bobl yn talu trethi yn syth i bocedi buddsoddwyr a banciau Lloegr, a Ffrainc hefyd yn cymryd eu brathiad. Roedd y prif weinidog Rhyddfrydol, William Gladstone yn un buddsoddwr oedd yn elwa.

Yn dilyn brwydro'r Saeson a'r Otomaniaid yno yn y Rhyfel Byd Cyntaf, roedd yr Eifftiaid wedi cael llond bol go iawn. Y mudiad gwleidyddol mwyaf oedd Wafd, oedd yn ymgyrchu i hel y Saeson o'r wlad. Aeth nifer o wleidyddion profiadol Eifftaidd i ofyn yn heddychlon i'r uwch-gomisiynydd Syr Reginald Wingate am annibyniaeth i'w gwlad. Wedi i Syr Reginald esbonio iddynt yn gadarn nad oedd hyn yn bosib, er eu bod wedi gaddo hynny (yn gelwyddog) i wledydd Arabaidd cyfagos oedd wedi'u helpu i ymladd Twrci, fe wylltiodd yr ysgrifennydd tramor Arglwydd Curzon ag ef a'i ddiswyddo. Y rheswm dros hynny oedd ei fod wedi siarad â hwy yn hytrach na'u carcharu a'u cosbi. Arestiwyd y gwleidyddion a ymunodd i greu Wafd a'u carcharu ym Malta. Ond cafodd Curzon yr union effaith a oedd wedi ei ddymuno.

Achosodd hynny wrthryfel arall yn 1919 gan arwain at saethu a bomio o awyrennau a gyrru milwyr o amgylch y pentrefi gwledig i sicrhau rheolaeth Prydain drwy losgi ac arteithio. Roedd trafod gyda'r brodorion yn wastraff amser, fel yr eglurodd y cadfridog Walter Congreve, pennaeth byddin Lloegr yn yr Aifft yn 1921, '*When you talk politics with an easterner you may be sure you will get the worst of it. Kick him and he loves and respects you.*' Roedd hyd yn oed y plant yn rhegi Lloegr. Un ohonynt oedd Gamel Abdul Nasser, oedd yn gweiddi'n fachgen bach pob tro yr hedfannai awyren uwch ei ben, 'Boed i anffawd daro'r Sais!' Mewn tri degawd mi fyddai ef ei hun yn gweinyddu'r anffawd hwnnw.

Aeth y bobl i'r strydoedd ym mhob tref a dinas i brotestio, ac fe ymatebodd y Saeson drwy eu saethu a'u bomio o awyrennau unwaith yn rhagor. Roedd tanciau'n gyrru drwy Cairo a'r llongau rhyfel unwaith eto'n pwyntio eu gynnau tua Alecsandria, ond roedd panig yn Llundain a cheisiwyd troi at gyfrwysdra yn hytrach na cholbio. Gorfododd y gwrthryfeloedd Lloegr i ddatgan yn 1922 ei bod yn rhoi ei hannibyniaeth iddi. Ymgais dila a chelwyddog i geisio lleddfu'r sefyllfa oedd hyn. Daeth yn amlwg nad oedd y datganiad yn golygu dim mwy na gosod brenin, Eifftiwr o'u dewis eu hunain, i reoli'r wlad ar ran buddiannau'r Saeson, ac a oedd, wrth gwrs, yn 'gwahodd' y Saeson i aros.

Wedi'r brad arferol gan lywodraeth Lafur, oedd yn gweiddi'n erbyn meddiannu'r Aifft pan oedd yn wrthblaid a llongau rhyfel yn hwylio glannau'r Aifft yn fygythiol yn 1926, cafwyd cytundeb yn 1936 oedd yn selio hawl Lloegr i osod 10,000 milwr yn barhaol yno, a rheolaeth lawn dros fyddin yr Aifft a chyfrifoldeb dros ei holl drafodaethau rhyngwladol.

Erbyn diwedd y 40au roedd yr Aifft eto yn gwrthryfela yn erbyn presenoldeb imperialaidd. Golygai hyn drafferth nid yn unig â gweinyddwyr a milwyr Seisnig (roedd 80,000 ohonynt yno erbyn hynny), ond hefyd â'r arweinwyr Eifftaidd oedd ym mhoced yr Ymerodraeth, yn enwedig y brenin honedig Farouk.

Saethodd milwyr Prydain 20 o Eifftiaid yn farw yn Cairo mewn un gwrthdystiad. Roedd yn sarhad arall ar y genedl gyfan, fel yr oedd y llain o dir 120 milltir o hyd, 30 milltir o led, ar gamlas Suez a oedd yn feysydd i awyrlu a byddin Lloegr. Gorfododd ymosodiadau rheolaidd tanddaearol filwyr Prydain i gyd yn ôl i'w *Canal Zone*. Wedi datganiad o annibyniaeth gan yr arweinwyr Eifftaidd ar 8 Hydref, 1951, dechreuodd Llundain chwysu. Penodwyd Winston Churchill eto'n Brif Weinidog ar ddiwedd y mis hwnnw ac un cadarn oedd o. Daeth chwyldro yn 1952, un go iawn yn hytrach na'r rhai ffug roedd y Saeson yn eu creu mewn gwledydd cyfagos yn erbyn arweinwyr nad oeddent yn eu hoffi. Dihangodd Farouk i'r Eidal yn ei gwch brenhinol, oedd wedi ei lenwi ag arian o fanc y wlad.

Yna nid oedd pethau mor gyfeillgar. *'Nasser and his bloody wogs'* oedd y ffordd arferol o gyfeirio at arweinyddiaeth yr Aifft yng nghoridorau San Steffan. Roedd y dihiryn yn datgan syniadau peryglus megis 'Can miliwn doler yw incwm blynyddol camlas Suez. Pam nad ydym yn ei dderbyn ein hunain?'. Nid oedd sosialaeth o'r fath yn dderbyniol. *'A bunch of muslim hotheads causing a problem was not a serious matter',* oedd barn John Collins, oedd yn gyfrifol am yr Aifft o fewn MI6. *'Look, old boy, we really have to do something about this fellow Nasser',* esboniodd yr asiant MI6, Harold Caccia wrth ei fòs, Dick White.

Llwyddodd cyfreithwyr MI6 i sicrhau na fyddai lladd Nasser yn torri unrhyw gyfraith gan ei labelu yn fygythiad i'r *'defence of the Realm'*, oedd yn cadarnhau ei bod hi'n iawn dienyddio arweinydd gwlad arall os oedd *'Britain'* dan 'fygythiad'. Roedd y prif weinidog Anthony Eden yn hynod frwdfrydig ac yn cefnogi'r cynllwyn. Fe'i clywyd yn gweiddi am y *'Muslim Mussolini'* fwy nag unwaith yng nghoridorau San Steffan: *'I want him removed and I don't give a damn if there's anarchy and chaos in Egypt'.*

Roedd cynllwyniau i'w ladd ac ailoresgyn yr Aifft wedi eu creu ymhell cyn i'r gamlas gael ei gwladoli'n swyddogol yng Ngorffennaf 1956. I gyflawni'r gamp roedd yn rhaid cael esgus.

Mae'r *Arab News Agency* yn enw cyfarwydd, ond caiff ei redeg – yn union fel *Radio Free Europe* ayyb – gan yr MI6 a'r CIA. Ar ben dau Sais arall, cafodd ei Reolwr Busnes, James Swinburn, ei daflu o'r Aifft yn Awst 1956 am gael ei ddal yn ceisio annog myfyrwyr i ddechrau terfysg, y cynllun oedd i Brydain ddefnyddio'r terfysg hwnnw fel esgus i yrru eu byddin i'r Aifft i 'achub Ewropeaid'.

Ni weithiodd y syniad o labelu Nasser fel pwped Mosco gan nad oedd dim tystiolaeth. Ar hynny camodd Israel i mewn i'r cawl. Er nad oedd y wlad honno'n ffrindiau mawr gyda Lloegr wedi iddynt frwydro am eu hannibyniaeth yn ei herbyn, diwedd eu cân hwythau oedd y geiniog. Gyda'r Saeson a'u papurau yn smalio fod yr Aifft wallgof wedi ymosod ar Israel a bod angen ei hamddiffyn, ymosododd Israel ar yr Aifft. Gyda Ffrainc yn cynorthwyo Lloegr yn y twyll a'r goresgyn, ymosodwyd ar yr Aifft ar 5 Tachwedd, 1956, o'r awyr, y môr a'r tir.

Er bod MI6 wedi esbonio pethau wrth eu cefndryd dros yr Iwerydd, nid oedd yr Unol Daleithiau yn cyd-fynd. Damiodd cyfarwyddwr MI6, George Young, eu bod wedi gwrthod *'every proposal for bashing the Gyppos'.* Yn syml gorchmynwyd Prydain a Ffrainc i roi'r gorau i'w rhyfel yn yr Aifft ac felly y bu. Dangoswyd i Brydain pwy oedd bosys newydd y byd. Llefodd yr aelod seneddol Angus Maude nad oedd gan Brydain ddewis bellach ond *'admit to the world we are now an American satellite'.* Os byddai Prydain am imperialeiddio o hynny ymlaen, roedd yn rhaid iddi wneud hynny ar y cyd â'r Unol Daleithiau bob tro.

Am newid, roedd yr Undeb Sofietaidd a'r Americaniaid yn gwbl gytun, a doedd Lloegr a Ffrainc ddim yn ddigon dewr i anwybyddu'r ddau. Ymadawyd â'r Aifft ar 6 Tachwedd, 1956, wedi arwyddo cadoediad yn y Cenhedloedd Unedig, ddiwrnod wedi dechrau ar y bomio. Ymysg eu rhyfeloedd a'u hymosodiadau, mae 'Argyfwng Suez' yn cael ei gyfrif yn *fiasco*. Dau reswm sydd am hyn, sef bod yr Americaniaid wedi'u cywilyddio a'u bod wedi methu'n llwyr yn eu hamcanion. Nid yw'r niwed a wnaed i'r Aifft yn ffactor.

Ond er yr ymadawiad swyddogol, nid oedd hynny'n golygu fod Prydain am roi'r ffidil yn y to. Sefydlwyd cwmni preifat er mwyn arallgyfeirio aelodau o'r SAS yn answyddogol i weinyddu ymosodiadau cudd ar y llywodraeth gan ariannu ac arfogi'r rhai oedd yn driw i frenhiniaeth yr Aifft i ailgeisio grym. Nid oeddent yn llwyddiannus, er iddynt achosi niwed mawr yn y 50au a'r 60au. Y rhain oedd y *Muslim Brotherhood*, grŵp a dröwyd i gyflawni dibenion Prydain drwy i'w milwyr cudd dreiddio ei rengoedd wedi iddo ddechrau fel grŵp yn eu herbyn yn 1928. Daethant yn ôl i sylw wrth i'r 'Gwanwyn Arabaidd' honedig fynd rhagddo yn yr Aifft a chreu llanast yno fel yn nifer o wledydd gogledd Affrica a'r Dwyrain Canol, ond nid, yn rhyfeddol, yn y rhai mwyaf gormesol fel Bahrain a Saudi Arabia sy'n parhau i wneud busnes llewyrchus â Phrydain.

# *Palesteina*

Bu llawer o Saeson yn y tiroedd hyn ar aml i grwsâd rhyw fil o flynyddoedd yn ôl, gyda Gaza a Jaffa a Jerusalem yn gweld brwydro ffyrnig. Gwelodd y trydydd crwsâd arwyddo cytundeb rhwng Saladin a Richard I wedi i hwnnw fod wrthi'n rhyfela'n ddibwrpas am dair blynedd (oni bai bod rhywun yn gweld goruchafiaeth yr eglwys Gatholig dros y byd yn bwrpas).

Wedi diwedd y Rhyfel Byd Cyntaf a dymchwel rheolaeth yr Otomaniaid dros yr ardal, crëodd y Prydeinwyr gynlluniau fyddai'n creu helynt sylweddol am ganrif, ac a fydd gyda ni eto am flynyddoedd maith i ddod. Yn 1916, roedd David Lloyd George wedi gorchymyn fod meddiannu Palesteina'n nod allweddol yn amcanion Prydain ar ddiwedd y rhyfel, gan benodi'r cadfridog Edmund Allenby i weinyddu'r union orchymyn hwnnw. Erbyn y Nadolig, roedd wedi meddiannu Jerusalem.

Datganodd Arthur Balfour ar ran llywodraeth Prydain yn 1917 fod yr Iddewon angen cartref eu hunain ac mai Palesteina oedd y lle. Roedd eu haddewid yn deillio o ddau brif gymhelliad, sef sefydlu gwladwriaeth a fyddai'n hollol ddibynnol ar Loegr ac a fyddai'n cyflawni unrhyw ffafr am ei chefnogaeth, gan ehangu dylanwad a grym Prydain yn yr ardal. Byddai hyn yn ychwanegu at y gwladwriaethau bach eraill yr oeddent yn eu creu megis Aden, yr Iorddonen, Kuwait, Oman, Bahrain, gyda'r budd ychwanegol y byddai llai o gydweithio'n debygol oherwydd y gwahaniaeth mewn hil, iaith a chrefydd. Dywedodd David Lloyd George mai pwrpas y datganiad oedd i ddenu cefnogaeth Iddewon at Loegr yn y Rhyfel Byd Cyntaf, gan fod yr Almaen yn dechrau addo gwladwriaeth iddynt yn ogystal.

Byddai gwlad o'r fath yn diriogaeth sylweddol i'r gogledd o gamlas Suez gan greu rhwystr i unrhyw elyn ei chyrraedd, yn ogystal â bod yn llwybr hawdd a diogel i olew Irac. Byddai hefyd yn atal y Ffrancwyr rhag ehangu o Syria. Roedd hi'n gyfleus fod Jerusalem yn lle pwysig yn hanes yr Iddewon. Symbyliad arall oedd bod nifer o ddosbarth rheoli Lloegr yn drwglecio'r Iddewon ac eisiau eu gweld ymhellach o'u golwg. Felly roedd pawb yn hapus.

Pawb, hynny yw, onibai am y Palestiniaid, a fyddai'n gorfod gadael eu tiroedd efallai. Ar y dechrau, nid oedd unrhyw broblem sylweddol, gan fod yr Iddewon yn cyrraedd eu gwlad newydd mewn niferoedd lled fychan, waeth faint oedd anogaeth y Saeson. Er bod y rhai mwyaf croch yn eu mysg yn mynnu mai'r Iddewon yn unig oedd biau'r tir i gyd, caent eu hanwybyddu ac roedd Prydain – wrth ymladd y Twrciaid – yn gaddo annibyniaeth i'r Palestiniaid pan fyddai'r rhyfel drosodd. Felly doedd dim problem. Pwy feddyliai y byddent yn anghofio hynny.

Yn 1918, dim ond 8% o'r boblogaeth ym Mhalesteina – yr hyn fyddai'n datblygu'n Israel maes o law – oedd yn Iddewig. Roedd Iddewon wedi bod yn symud i gartref ysbrydol honedig eu crefydd ers degawdau a heb drafferth, ond pan gydnabu Cynghrair y Cenhedloedd hawl Prydain i reoli Palesteina yn 1920, dechreuodd pethau gyflymu. Penododd Prydain Herbert Samuel fel uwch-gomisiynydd i reoli Palesteina, yr Iddew cyntaf i lywodraethu yn yr ardal ers Hyrcanus II oddeutu 40 cyn Crist. Yn 1922 roedd deddf Churchill yn cadarnhau na fyddai'r Palestiniaid yn cael unrhyw ddweud yn y mater. 80,000 Iddew oedd yno yn 1920. Erbyn 1937, roedd yno bron 400,000 – ffigwr oedd wedi cynyddu'n sylweddol wrth i Hitler weithredu ei weledigaeth.

Roedd Datganiad Balfour wedi nodi *'nothing shall be done which may prejudice the civil and religious rights of existing non-jewish communities'*. Roedd yn rheswm allweddol dros fod Cynghrair y Cenhedloedd yn 1923 wedi rhoi'r hawl i Brydain reoli'r ardal. Profwyd unwaith eto mai dewis a dethol darnau i'w cyflawni a'u hanwybyddu o'u cytundebau eu hunain oedd yn dueddol o ddigwydd. Rhoddodd Churchill a Lloyd George winc i'r hel arfau oedd yn cael ei wneud yn gudd gan y mewnfudwyr Iddewig. 'We won't mind it, but don't speak of it', meddai Churchill.

Wedi cychwyn â'r geiriau fod y trigolion yn *'victims of an unjust policy forced upon them by the British Government'*, nid oedd y cadfridog Sir Wallace Congreve yn hapus i filwriaethu yno dros

Loegr. '*I dislike them all equally*,' dywedodd yn ddiweddarach, '*Arabs and Jews and Christians, in Syria and in Palestine, they are all alike, a beastly people. The whole lot of them is not worth one single Englishman*.'

Daeth broliant i'r antur gan Brydeinwyr rhonc fel Josiah Wedgewood oedd yn gweld mai pen draw hyn oedd gwneud Iddewon yn '*proud to be English...the goal should be a seventh dominion*'. Roedd un o gyn-ysgrifenyddion Lloyd George, y sgwennwr Leo Amery, yn edrych ymlaen i greu '*out of Palestine, an Ulster*'. Mi fyddai'r coloneiddwyr, wedi taflu'r brodorion o'u cartrefi, yn ddibynnol ar yr Ymerodraeth fawr, ac felly yn driw ac yn hael eu cymwynas.

Ond drwy'r 1920au roedd y cynllun yn araf yn datblygu. Nid oedd Iddewon Ewrop yn gyffredinol yn dangos diddordeb mewn heidio i'w gwlad newydd. Mewn un flwyddyn – 1926 – dim ond 3,000 oedd wedi mudo, gyda 5,000 yn dychwelyd i Ewrop a chreu diffyg o 2,000. I wneud rhywbeth am hyn a'u hannog draw, gwrthodwyd mynediad i Iddewon oedd eisiau dod i Brydain – hyd yn oed wedi dechrau'r Ail Ryfel Byd. Roedd y Natsïaid ar yr un ochr â Phrydain yn llwyr, ac felly hefyd y Seionyddion Iddewig. Roeddent oll am resymau gwahanol, cydblethol, eisiau gweld cymaint o Iddewon â phosibl yn symud i Balesteina.

Yn 1936, gwrthryfelodd y Palestiniaid yn ffyrnig yn erbyn milwyr a gweinyddwyr Prydain. Wrth ddial, gan gael trafferth gyda'u strydoedd culion, dinistriwyd llawer o ddinas hynafol Jaffa a chwythwyd 237 tŷ yn grybibion. Cyfiawnhawyd hynny'n gyhoeddus fel dechrau ar gynllun newydd i'r dref. Erbyn yr adeg honno, roedd un o bob pum Palestiniad wedi colli'i dir a'i gartref gyda'r Iddewon yn cyd-redeg rhan helaeth o'r economi gyda'r Saeson, ac yn gwrthod eu cyflogi. Ar hyd y wlad roedd pentrefi shanti'n cael eu codi, tai unnos y digartref. Roedd 11,000 teulu yn byw felly ar gyrion tref Haifa yn unig.

Yn 1937, sylweddolodd Llundain fod y weledigaeth honno am gymryd cryn amser i ymledu drwy'r wlad gyfan felly, yn ôl eu harfer, penderfynwyd rhannu'r wlad. Cynigiwyd tir gorau Palestinia i'r

Iddewon ac er eu bod yn anhapus iawn – roedd yr Hen Destament yn gaddo'r holl sioe iddynt – derbyn wnaeth yr arweinydd David Ben-Gurion, gan nodi mai man cychwyn fyddai hynny ac mai megis dechrau oedd y gwaith o glirio'r Palestiniaid. Drwy'r rhaniad honedig deg yma, roedd posib cyfiawnhau mynd ymlaen i feddiannu tiroedd helaethach, gan y byddai Prydain yn honni gadael i'r Palestiniaid gael eu hannibyniaeth lawn ar eu tiroedd hwy, tra byddent hwythau'n cyd-weinyddu â'r Israeliaid.

Gan adlewyrchu'r un fath o drefnu a welwyd yn y Chwe Sir gogleddol yn Iwerddon, roedd y llinell wedi'i rhannu fel mai dim ond 1,250 mewnfudwr Iddewig oedd yn hanner y Palestiniaid, tra byddai 225,000 Palestiniad yn byw dan orchymyn 258,000 mewnfudwr Iddewig yn hanner Israel. Wrth gwrs, roedd pawb yn deall beth fyddai ffawd y 225,000 ar y tir hwnnw. Nid oedd Ben Gurion yn swil o ddatgan hynny. Gwrthododd y Palestiniaid yr holl syniad gydag arddeliad.

Bu gwrthryfel ffyrnig bellach ym Mhalesteina, ac yn 1938 roedd Prydain ar fin rhoi'r ffidil yn y to pan arwyddwyd Cytundeb Munich, y cytundeb heddwch hurt rhwng yr Almaen a Lloegr. Yr hyn a gyflawnodd oedd gadael i fyddin Prydain ganolbwyntio'n gyfangwbl ar geisio achub eu trefedigaeth. Daeth holl rym honno i lawr ar war y Palestiniaid, gyda mwy o fomio o awyrennau a Jerusalem yn cael ei goresgyn yn llwyr. *'Any Johnny Arab who is caught by us in suspicious circumstances is shot out of hand',* meddai un milwr mewn llythyr adref i Loegr.

*'Running over an Arab is the same as a dog in England except we do not record it',* chwarddodd un plisman Seisnig arall oedd yn gweithio dramor i'w Ymerodraeth. Sefydlodd byddin Prydain *'Arab Interrogation Centres',* sef lleoliadau ar gyfer carcharu ac arteithio Palestiniaid. Dinistriwyd mwy o bentrefi a threfi gan y fyddin a'r awyrennau. Penderfynwyd defnyddio'r gynnau peiriant ar bobl o bentrefi cyfagos oedd wedi rhedeg i geisio diffodd y tannau roedd y Saeson wedi'u cynnau i ddinistrio pentref Kafr Yasif. Agorwyd gwersyllau carchar i ddal miloedd – yr un math o wersylloedd â'r

rhai fyddai'n cael eu defnyddio yn Ewrop ychydig flynyddoedd yn ddiweddarach.

Tra oedd Prydain yn gweinyddu hyn oll, roedd y terfysgwyr Iddewig yn gweithio'n annibynnol ar yr un perwyl, yn bomio marchnadoedd a lladd yn llechwraidd yn y nos dan arweiniad capteiniaid Prydain. Gan ddatgelu'r meddylfryd cydweithredol, hyll rhwng Israel, Prydain a'r Natsïaid, cadarnhaodd Ben Gurion y nod terfynol hollbwysig oedd yn clymu darpar-elynion mewn cyfarfod o'r prif Seionyddion ar 7 Rhagfyr, 1938:

> *Os byddwn yn sicrhau achub pob plentyn sy'n yr Almaen drwy eu gyrru i Loegr, a dim ond eu hanner wrth eu trosglwyddo i Israel, yna mi fyddwn yn dewis yr ail lwybr. Nid yn unig mae'n rhaid i ni gloriannu bywydau'r plant hynny, ond hefyd holl hanes pobl Israel.*

Yna yn 1939, ar drothwy rhyfel gyda'r Almaen, dyma Prydain yn gwyrdroi eu polisi yn llwyr a gwahardd Iddewon rhag mudo i Israel. Gwelodd Ben Gurion a'r Seionyddion gyfle i neidio at eu nod terfynol, sef mai eu Israel nhw fyddai'n rheoli. Dyma'n union oedd y Natsïaid ei eisiau yn ogystal, gan y byddai'n gwanhau ymerodraeth Prydain yn ogystal â symud mwy o Iddewon o Ewrop. Wrth i'r Gestapo drosglwyddo Iddewon o'r Almaen i longau byddin gudd y Seionyddion, yr Haganah, roedd saethu rhwng llongau Prydain a'r llongau hyn oedd yn cario ffoaduriaid wrth iddynt geisio glanio yn Israel.

Y prif reswm am y newid polisi oedd fod Prydain angen ennill rhywfaint o ewyllys da ar gyfer y rhyfel i ddod ymysg gwledydd y Dwyrain Canol, oedd yn ffieiddio at yr hyn oedd yn digwydd ym Mhalesteina ers blynyddoedd. Felly datganodd Prydain y byddai'r wlad yn cael ei rhannu yn ddwy mewn degawd: Israel a Phalesteina. Gwylltiodd hyn y Seionyddion gan mai nhw oedd ei 'pherchen' i gyd, fel dywedodd eu llyfr. Roedd y tro pedol hwn o ran polisi yn fendith i'r Iddewon oedd eisiau cael gwared ar yr Ymerodraeth a sefydlu eu gwladwriaeth annibynnol eu hunain.

Roedd Prydain wedi creu llanast llwyr, gyda'u trefedigaethwyr yn troi'n eu herbyn yn ogystal â'r bobl a ddisodlwyd. Roedd yr Iddewon eu hunain wedi'u rhannu, gan fod rhai'n ceisio clymbleidio â Hitler i orchfygu'r Ymerodraeth Brydeinig er mwyn gwireddu'r freuddwyd Seionaidd, a hynny'n cael ei gyflymu gan weithredoedd Prydain yn atal Iddewon rhag dod i'r wlad. Roedd Abraham Stern, a sefydlodd fyddin derfysgol, yn galw ar Iddewon i weiddi '*Heil Hitler*' ar strydoedd Jerusalem. Ffrwydrodd byddin gudd Haganah long oedd yn cario ffoaduriaid i Haifa, i geisio atal y Prydeinwyr rhag ei symud ymlaen i Mauritius oherwydd y polisi o wrthod mynediad. Yr unig beth a gyflawnwyd ganddynt oedd lladd 260 ffoadur ar ei bwrdd. Mor hwyr â 1942, daeth llynges Prydain ar draws y llong *Struma* yn hwylio tuag Israel, a'i hatal ar y môr. Suddodd y llong wedi dyddiau o fethu symud, a bu farw pawb arni onibai am 2 o'r 769 ffoadur.

Wedi diwedd yr Ail Ryfel Byd gallai Prydain ganolbwyntio'n iawn ar y sefyllfa, felly tywalltwyd degau o filoedd o filwyr i'r wlad. Gwrthododd Clement Attlee fynediad i 100,000 o Iddewon oedd newydd eu rhyddhau o wersylloedd y Natsïaid. Roedd y Palestiniaid bellach yn gweld eu hen elynion unedig yn ymladd yn erbyn ei gilydd yn ffyrnig. Roedd y Saeson yn Israel, achubwyr mawr honedig yr Iddewon, bellach yn canfod plant Iddewig hyd yn oed yn gweiddi 'Natsis' arnynt, ac roeddent yn falch o wylltio'r trigolion drwy beintio swastikas ym mhob man ac ateb '*Heil Hitler*'. Wedi i'r mudiad parafilwrol Iddewig, *Stern Gang*, fomio'r *King David Hotel*, gwesty mawr y Saeson yn Jerusalem, gan ladd 41 Palestiniad, 28 Prydeiniwr ac 17 Iddew, gorchmynnodd y cadfridog Seisnig, Evelyn Barker i filwyr Prydain gosbi'r Iddewon ym mhob ffordd posib, ond yn enwedig '*in a way the race dislikes as much as any, by striking at their pockets and showing our contempt for them*'.

Ond roedd y sefyllfa'n anobeithiol i fyddin Prydain, ac roedd pob dial a wnaent yn cael ei ddyblu a'i droi'n ôl atynt eto. Erbyn 1947, rhoddwyd y ffidil yn y to. Roedd 100,000 milwr yn costio £40 miliwn y flwyddyn yno. Roedd pob busnes oedd yn eiddo i Loegr wedi'i atal yno ac roedd Prydain yn dlawd wedi'r rhyfel. Nodyn y

Canghellor, Hugh Dalton i'r Prif Weinidog Attlee roddodd ddiwedd ar yr antur:

> *I am quite sure that the time has almost come when we must bring our troops out of Palestine altogether. The present state of affairs is not only costly to us in man-power and money but is, as you and I agree, of no real value from the strategic point of view – you cannot in any case have a secure base on top of a wasp's nest – and it is exposing our young men, for no good purpose, to abominable experiences, and is breeding anti-Semites at a most shocking speed.*

Roedd y rhyfela hefyd yn tanseilio'n llwyr eu propaganda arwrol eu bod wedi achub y byd rhag y Natsïaid. Anelwyd, gyda help y Cenhedloedd Unedig, am ddwy wladwriaeth. Treuliodd yr Israeliaid yr amser tan hynny'n creu cymaint o lanast ag y bo modd er mwyn cael gwared ar y Palestiniaid o hynny o dir ag y medrent, fel na fyddai'r map yn gweithio. Lladdwyd pawb mewn rhai pentrefi. Dihangodd 750,000 o Balestiniaid ar drothwy'r gwladwriaethau newydd yn 1948, gan orfod dianc o hynny o dir oedd ar fin cael ei ddynodi iddynt, heb sôn am yr hyn a fyddai'n rhan o Israel.

Daeth Israel a Phrydain yn gyfeillion yn eithaf sydyn, gan mai diwedd y gair oedd y geiniog. Cyd-fanteisiwyd ar dir ac adnoddau'r Arabiaid, fel dangoswyd yn y cydweithio wrth ymosod ar yr Aifft yn y pumdegau. Mae'r berthynas wedi parhau, gydag arian ac arfau yn llifo drachefn.

Hyd heddiw, gwelir y Palestiniaid yn dioddef yr hiliaeth mwyaf difrifol posib. Mae milwyr Israel fel petaent yn bodoli er mwyn gwneud eu bywydau mor anodd ag y bo modd. Am ddim rheswm, mae'n rhaid iddynt aros mewn ciwiau i fynd drwy rwystrau'r fyddin i'w gwaith, i'w cartrefi, i'w hysgolion ac i'w hysbytai. Maent yn ymfalchïo mewn atal merched beichiog rhag croesi. Maent yn taflu cyllyll ar lawr o flaen plant a phobl ifanc cyn eu saethu gan ddweud eu bod wedi ceisio eu trywanu. Mae eu byddin yn torri i mewn i dai yng nghanol nos ac yn arestio plant ar y cyhuddiadau o 'daflu cerrig' a'u carcharu am fisoedd lawer cyn cyflwyno achos hyd yn oed. Mae ymosodiadau prin gan Balestiniaid sy'n methu â dal hyn oll yn cael ei sianelu drwy'r newyddion Saesneg fel prawf o'r hyn mae Israel druan yn gorfod ei ddioddef.

Yn Hydref 2014, gyrrodd y mudiad Palestine Solidarity Campaign gŵyn at y BBC ynglŷn â'u datganiadau fod y Palestiniaid wedi torri'r cadoediad. Dangoswyd enghreifftiau dyddiol o drais gan Israel, llofruddiaethau yn aml, cyn y taflegryn honedig a yrrwyd o Gaza a 'dorrodd y cadoediad'. Gyrrwyd tystiolaeth at amryw o gyrff monitro fel Canolfan Hawliau Dynol Palesteinia a Middle East Monitor. Dyma oedd ateb y BBC:

> *You direct us to a non-BBC online report as evidence that the ceasefire has been violated by Israel. While we will not comment on the content or accuracy of what is published elsewhere, we would assure you that we are committed to due impartiality in respect of all our news reports and we are careful that this is maintained.*

Mae unrhyw dystiolaeth na ddaw o'r BBC yn llai cymwys, ac felly'n gwanhau'r honiad fod y cadoediad wedi'i dorri gan Israel a bod y BBC yn ddiffygiol. Dim ond y BBC cwbl ddiffuant a di-duedd fyddai â'r awdurdod i benderfynu os oedd y BBC yn llai na diffuant a di-duedd.

Yn ystod cyflafan Gaza 2014, roedd detholiad o aelodau seneddol Prydain yno'n gwylio'r adloniant ac yn mynd ar daith o amgylch y safleoedd milwrol. Mae mwy nag un o aelodau seneddol Israel bellach yn defnyddio'r term 'torri'r gwair' am fomio Gaza bob hyn a hyn. Gwaharddwyd un aelod seneddol Llafur oherwydd sylwadau a wnaed ganddo ar y we am Israel bum mlynedd ynghynt. Ar yr un diwrnod, saethodd byddin Israel ferch 23 oed feichiog a'i brawd bach yn farw ar y stryd. Un o'r straeon hynny oedd ar y newyddion Seisnig y diwrnod hwnnw.

# *Groeg*

Mae un symbol enwog sy'n adlewyrchu'r berthynas rhwng Groeg a Lloegr. Roedd cerfiadau marmor yn y Parthenon yn Athen yn dyddio o'r 5ed ganrif cyn Crist, ac roedd rhai yno a grëwyd gan Pheidias yn 2,300 oed. Mi ffansïodd Thomas Bruce, neu'r 7fed Iarll Elgin fel y'i gelwid, y job lot wrth i Brydain feddiannu ynysoedd cyfagos yn enw'r rhyfel yn erbyn Napoleon. Wedi eu dwyn, llwyddodd i'w gwerthu i Lywodraeth Lloegr yn 1816 am £35,000. Cawsant eu rhoi yn yr Amgueddfa Brydeinig ac yno maent hyd heddiw. Ymysg esgusodion anghyson Bruce am eu dwyn, mae'r un fod y Twrciaid wedi gofyn iddo wneud ond yn ddiweddarach dywedodd ei fod wedi'u cymryd i'w hachub rhag i'r Twrciaid eu malu. Eu henw arferol yw'r *'Elgin Marbles'*, gan fod y dyn hwnnw'n llawer pwysicach yn hanes y delwau na Pheidias.

Caiff gwlad Groeg heddiw ei hanwybyddu wrth iddi ofyn amdanynt yn ôl, fel yr esboniodd Jonathan Jones yn y Guardian gan gwyno am *'the uncompromising stance adopted by Greece on its claimed ownership of these works'*, a bod Groeg fabïaidd yn gwrthod benthyg mwy o'u hamgueddfeydd eu hunain i ychwanegu at wychder casgliad Llundain.

*This is an important exhibition about ancient Greece. Why would the Greeks want to boycott it? It is an ungenerous tactic that makes Greece look mean and philistine, while the British Museum is seen at its admirable best... spreading the beauty of Greek art worldwide... in a global centre like the British Museum.*

*Global centre* yn wir. Mae'n ymddangos fod Jonathan dan yr argraff nad oes neb yn medru cyrraedd Athen.

Busnesai Lloegr yn rheolaidd mewn materion Groeg fel gwlad annibynnol. Yn 1863, gosodwyd George I, sef taid Phillip gŵr brenhines Lloegr, yn frenin arni. Daeth hyn i'w anterth yn y Rhyfel Byd Cyntaf wrth i Groeg wrthod ymuno ar ochr Lloegr. Canlyniad hynny oedd i'r wlad gael ei meddiannu gan y Saeson rhag ofn i'r Almaenwyr ei meddiannu. Bu ymladd ffyrnig wrth iddynt fynd drwy Athen yn 1916 gan ddisodli'r brenin Constatine, nes y perswadiwyd y Groegiaid i ymuno â'r rhyfel wedi'r cyfan. Ond nid oedd yn ddim i'w gymharu â'r hyn ddigwyddodd i'r wlad yn y ffrae nesaf rhwng yr Almaen a Lloegr.

Roedd y cyfarwyddwr ffilmiau Jorge Semprun wedi'i garcharu yn Buchenwald pan dderbyniodd y newyddion hwn yn 1944, flwyddyn cyn diwedd yr Ail Ryfel Byd.

*Ar y dechrau roedd rhai ohonom yn siŵr mai celwydd ydoedd. Propaganda Natsïaidd i godi ysbryd yr Almaenwyr. Gwrandawem ar y radio Almaeneg drwy'r uchelseinydd yn y gwersyll gan ysgwyd ein pennau. Ond roedd yr un newyddion ar donfeddi'r radio cudd oedd gennym felly roedd yn rhaid wynebu'r peth. Nid oedd unrhyw amheuaeth. Roedd milwyr Prydain yn ymladd Groeg oedd wedi gyrru'r Natsïaid o'u gwlad. Roeddent yn cymryd Athens ddarn wrth ddarn, ac yn trechu ELAS oedd heb unrhyw obaith yn erbyn eu tanciau a'u hawyrennau.*

Yn y flwyddyn dyngedfennol honno, roedd Churchill a'i ffrindiau wedi penderfynu fod atal Groeg rhag edrych ar ôl ei hun yn flaenoriaeth. Roedd digon o awyrennau sbâr i fedru dynodi degau ohonynt i fomio Groegiaid oedd newydd hel y Natsïaid o'u gwlad, ac roedd 40,000 o filwyr Prydeinig yn llaesu digon ar eu dwylo yn y prosiect 'achub y byd rhag Hitler' i fedru saethu eu ffordd drwy Athen yn 1944. Cludwyd dau fataliwn Prydeinig yno gan lynges yr Unol Daleithiau, pob clod iddynt hwythau.

Problem y Cynghreiriaid oedd fod elfen sosialaidd ymysg y rhai oedd wedi llwyddo i drefnu'r gwrthryfel poblogaidd yn erbyn y Natsïaid. EAM oedd enw'r mudiad, gydag oddeutu miliwn a hanner allan o boblogaeth o 7 miliwn yn aelodau uniongyrchol ohono. ELAS oedd ei hadain amddiffynnol, filwrol. Eu gwobr am lwyddo oedd triniaeth gyffelyb gan yr Hen Ymerodraeth yn hytrach na'r ymgeiswyr newydd ar goncro'r byd. Profodd baner fawr yn

croesawu'r Saeson yn eu iaith – '*We Greet the Brave English Army –
EAM*' – yn drist o gamarweiniol. '*Act as if you are in a conquered
city*,' oedd cyngor Churchill i General Scobie, fel petai hynny ddim
yn wir.

Wedi blynyddoedd o ormesu, datganodd llywodraeth Clement
Atlee y byddai etholiadau yng ngwlad Groeg fis Mawrth, 1946. Nid
oedd llawer yn cael pleidlesio, am resymau amlwg, ac ymysg y rhai
a gafodd eu gwahardd roedd y merched. Mewn cymhariaeth, roedd
EAM yn cynnal eu hetholiadau rheolaidd eu hunain yn yr
ardaloedd rhydd a nid yn unig yr oedd pleidlais i bawb ond roedd
merched yn flaenllaw yn y mudiad, fel oeddent wrth ymladd y
Natsïaid.

Yna, yn 1947, penderfynodd yr Ymerodraeth fod cadw rheolaeth
ar Groeg yn rhy ddrud. Roedd y rhyfel wedi waldio coffrau'r
Ymerodraeth a rhaid oedd iddi, fel yn hanes y Rhufeiniaid gynt,
wynebu nad oedd y mathemateg yn gweithio. Ar ben hynny, roedd
ELAS yn taro'n ôl yn effeithiol o'r mynyddoedd a rhaid oedd
cyfiawnhau'r colledion gartref. Ond yn hytrach na gadael llonydd i'r
Groegwyr edrych ar eu hôl eu hunain, mi gafodd y Saeson syniad
gwell – sef cynnig yr holl wlad i'r Unol Daleithiau. Mae rhai'n
dynodi'r trosglwyddiad hwn fel y pwynt lle y disgynnodd Prydain o
rif un siart prif fwli'r byd a'r Unol Daleithiau yn dringo i'r brig.
Cyrhaeddodd dau ddegawd o fudreddi yn erbyn y boblogaeth ei
benllanw naturiol yn 1967 gydag unbennaeth filwrol George
Papadopolous, oedd yn gyflogedig gan y CIA ers pymtheg mlynedd.
Gwaharddwyd gwalltiau llaes a gwnaethpwyd mynychu'r eglwys yn
orfodol i bobl ifanc. Manylion difyr ond pitw o'u cymharu â'r
arteithio enbyd a ddigwyddodd yno hefyd. Roedd Papadopolous yn
gapten i'r Natsïaid yn ei wlad ei hun yn ystod yr Ail Ryfel Byd, a
lladd 'gwrthryfelwyr' – sef y Groegwyr oedd yn gwrthwynebu'r
Natsïaid – oedd ei brif ddyletswydd.

Cydnabyddodd Ernest Bevin, gweinidog tramor Llafur, fod 228
o'r rhai oedd yn y fyddin newydd roedd y Saeson wedi'i chreu i'w
helpu drechu ELAS ac EAM yn gyn-aelodau o gatrodau'r Natsïaid.
Mae'r Eingl-Americaniaid yn parhau i gydweithio gyda Natsïaid

yn yr Wcrain heddiw, fel Azov a Svoboda â'u heilun Stepan Banderas, pennaeth y Natsïaid yno yn y pedwardegau. I America a Phrydain, mae annibyniaeth wastad wedi bod yn waeth trosedd na Natsïaeth.

# *Malta*

A hithau'n garreg llam ym Môr y Canoldir tuag at y Dwyrain Canol, byddai wedi bod yn eithriadol pe na bai Malta wedi dod o dan reolaeth y Saeson.

Dechreuodd hynny'n fuan. Mae'n debyg bod nifer wedi glanio ar yr ynys ar y ffordd i'r crwsadau dirifedi, ac ymsefydlu yno gan redeg y sioe a galw'u hunain yn y *'Knights of Malta'.* Roedd eu grym yn ddigwestiwn, felly pan wnaeth y llynghesydd Sir John Narborough o lynges Lloegr ddweud na fyddai'n eu salwtio nhw onibai eu bod hwythau'n gwneud yr un fath iddo yntau, daeth dau gyfnod o'r Ymerodraeth benben â'i gilydd. Wedi cwestiynu ei gymwysterau, profodd Sir John ei fod yn ddyn uchel, a phenderfynodd y *'Knights'* beidio â dechrau ffrae â Llundain. Penderfynodd Sir John sefydlu porthladd newydd ar gyfer ei lynges yn Malta wedi'r cyfeillachu newydd, ac yno y buont ers 1675.

Pan laniodd Napoleon ei gychod yno am saib ar y ffordd i'r Aifft yn 1798, gwelodd y trigolion gyfle i gael gwared â'r Saeson unwaith ac am byth. Gwahoddwyd y cadfridog bach haerllug i wneud hynny. Dim problem, meddai hwnnw. Ond daeth Nelson ar ei ôl a gwelodd Malta ymladd ffyrnig ar dir a môr. Gan sylweddoli fod Napoleon yr un math deyrn â'u hen elynion, anobeithiodd y trigolion wrth i'r Ffrancwyr hefyd eu hysbeilio er eu bod wedi'u cefnogi. Collodd Napoleon yr ynys yn 1800, a setlodd mil a hanner o filwyr Lloegr yno i sicrhau mai nhw fyddai'r penbanditiaid yno drachefn.

Nodai Cytundeb Amiens ar ddiwedd rhyfel Ffrainc a Lloegr na fyddai'r un ohonynt yn meddiannu Malta. Anwybyddwyd y cytundeb yn llwyr ac ni symudwyd yr un Sais o'r ynys. Cyfrannodd hynny tuag at ailgychwyn eu rhyfela'r flwyddyn olynol yn 1803. Yn 1814, ildiodd Ffrainc yr ynys i'r Saeson. Ceisiodd y trigolion wrthryfela'n achlysurol, fel yn 1839, ond nid oedd ganddynt fawr o obaith curo grym yr Ymerodraeth.

Dangoswyd defnyddioldeb yr ynys yn eu hymosodiad ar yr Aifft yn 1956. Hwyliodd 130 llong rhyfel Prydain yno o Malta ei hun.

Ond gyda'r Ymerodraeth yn dymchwel o amgylch y byd, roedd galwadau pobl Malta ar i'r Saeson adael yn cynyddu. Ar 6 Ionawr, 1959 esboniodd golygyddol y *Times*:

> *Malta cannot live on its own... the island could pay for only one-fifth of its food and essential imports; well over a quarter of its present labour force would be out of work and the economy of the country would collapse without British Treasury subventions. Talk of full independence for Malta is therefore hopelessly impractical.*

Datganodd Malta ei hannibyniaeth yn 1964, gan lwyddo i osgoi'r driniaeth ffïaidd a gafodd Cyprus wrth geisio gwneud yr un fath ychydig flynyddoedd ynghynt.

# *Cyprus*

Pan fydd y Sais yn bwriadu ymosod ar y targed diweddaraf yn y Dwyrain Canol, gwelir llu o awyrennau'n ymadael â phob rhan o'r Ynys Fawreddog a pharcio ar ynys Cyprus yn barod am yr achubiaeth daflegrol nesaf. Yn y diwrnodau cyn y bleidlais a gollwyd ar ymosod ar Syria yn 2013 roedd y bomwyr mawr, araf yn hedfan o'u safle yn y Fali ym Môn dros Gymru yn y nos am y de. Ond sut ddaeth yr ynys arall honno ym Môr y Canoldir yn lleoliad mor handi a braf i'n harwyr yn eu hawyrennau?

Yn yr achos hwn, ehangwyd tiriogaeth yr Ymerodraeth heb fawr o ffraeo, er nad oedd gan y trigolion fawr o ddewis. Gwahoddodd yr Otomaniaid i'r Saeson ymsefydlu yn Cyprus wrth iddynt glymbleidio i ymladd y Rwsiaid yn 1877, er bod yr ynys yn parhau'n rhan o feddiant y Twrciaid. Enillodd y Saeson edmygedd y trigolion yn syth wrth iddynt godi eu trethi'n sylweddol a newid pob swyddog a gweinyddwr lleol am bobl oedd yn medru gwneud pethau'n gywir, sef nhw eu hunain. Nid oedd siâp arnynt i symud oddi yno a daeth yr ynys yn handi wrth i Brydain droi yn erbyn yr Otomaniaid yn 1914.

Yn 1915, cynigodd Lloegr yr ynys i Groeg, ond gwrthododd hithau gan mai'r amod oedd eu bod yn ymosod ar Bwlgaria. Aeth y meddiant milwrol ymlaen yn swyddogol tan 1925, saith mlynedd ar ôl diwedd y Rhyfel Byd Cyntaf. Wedi sicrhau fod y boblogaeth dan rhyw fath o reolaeth mi gafodd milwyr Prydain orffwys am ychydig ac fe lywodraethwyd Cyprus dan yr enw newydd o'r *Crown Colony of British Cyprus*, yn gyfangwbl annemocrataidd ac yn erbyn ewyllys pobl Cyprus. Yn 1931, llosgwyd y *British Government House* mewn reiats gan y Cypriaid yn erbyn yr unbennaeth Seisnig, a bu'n rhaid mynd i'r drafferth o symud llongau rhyfel Prydain o'r Aifft yn llawn milwyr i ddysgu gwers iddynt.

Yn y 50au, cododd mudiad trefnus EOKA (Mudiad Cenedlaethol Ymladdwyr Cyprus) i gael gwared ar reolaeth y Saeson. Ar 1 Ebrill,

1955 datganwyd gwrthryfel swyddogol, ac roedd y darn hwn wedi'i anelu'n uniongyrchol at y Saeson:

> *Edrychwch ar eich gweithredoedd eich hun. Mae'n warthus yn yr 20fed ganrif bod yn rhaid i genedl dywallt gwaed i ennill ei rhyddid, yr hawl sanctaidd yr oeddech yn honni ei hamddiffyn wrth ymladd Natsïaeth a Ffasgiaeth, lle buom ninnau yn ymladd wrth eich ochr.*

Wrth i fyddin Prydain ymladd EOKA, cafodd ychydig o'r heddlu Twrcaidd oedd yn ymladd gyda hwy eu lladd yn 1956. Defnyddiwyd hyn wedyn i weiddi fod EOKA yn hiliol yn erbyn y Twrciaid er bod eu harweinwyr a'u haelodau, fel oedd eu henw'n awgrymu, yn annibynnol. Tan hyn roedd eu tactegau o dargedu byddin Prydain yn unig a pheidio â rheoli tir agored yn creu diffyg cyfleon bomio a phropaganda i'r Saeson. Daeth hyn â pharafilwyr Twrcaidd i gynorthwyo'r Saeson i dargedu cenedlaetholwyr Cypriaidd ac aelodau EOKA. Ffrwydrodd bom ym mynedfa llysgennad Twrci'n Nicosia ar 7 Mehefin, 1958. Cymerodd hyd 26 Mehefin, 1984 i Rauf Denkas, arweinydd y Cypriaid Twrcaidd, gyfaddef ar ITV mai nhw eu hunain osododd y bom er mwyn cynyddu'r tensiwn rhwng y ddwy gymuned. Gweithiodd y cynllwyn, gan achosi ymladd ffyrnig ar y strydoedd. Roedd poblogaeth yr ynys wedi'i rhannu.

Wrth i'r Cypriaid Groegaidd, y mwyafrif ar yr ynys, lwyddo'n eu hymgyrch arfog roedd angen i rywbeth newid. Felly gwahoddwyd y Twrciaid gan lywodraethwr Cyprus, John Harding, i ehangu ar bresenoldeb y lleiafrif Twrcaidd ar yr ynys a symud llwyth o bobl i fyw arni fel fod y mwyafrif yn troi'n lleiafrif. Byddai cael dwy gymuned gref ar ynys ranedig yn golygu llawer gwell cyfle i Brydain gadw eu presenoldeb allweddol yn hytrach na chael eu taflu allan. Trodd eu hen elynion Otomanaidd yn gyfeillion newydd i'r Prydeinwyr wrth i'r Twrciaid lanio a setlo'n helaeth yng ngogledd Cyprus. Roedd yn ddatblygiad o'r tactegau a fu ar droed ers y 1920au o gyflogi Cypriaid Twrcaidd yn unig fel heddlu i gynorthwyo byddin Prydain, oedd yn 20,000 o nifer erbyn diwedd 1956.

Wedi pum mlynedd o ddial ar bobl gyffredin – y saethu, crogi a'r arteithio arferol gan y Saeson – daeth Cyprus yn annibynnol mewn enw yn 1960 ar gynffon diflaniad hyder ymerodraethol byd eang a phrinder arian y Saeson fel ei gilydd. Ond roedd ar yr amod fod Prydain yn cael cadw dau safle milwrol sylweddol yn Akrotiri a Dhekelia. Esboniodd yr aelod seneddol Randolph Churchill eu defnydd yn 1957:

> *Britain can knock down twelve cities in the region of Stalingrad and Moscow from bases in Britain and another dozen in the Crimea from bases in Cyprus... we are a major power again.*

Un amod arall o'r 'annibyniaeth' oedd gwahardd undod gyda Groeg (na Thwrci na Phrydain ychwaith er mwyn ymddangos yn gytbwys, fel petai'r trigolion am ddewis hynny), gan rannu'r ynys yn rhan Groegaidd a rhan Dwrcaidd.

Ar ddiwrnod Nadolig 1957 cafodd cynulleidfa ITV weld *'Christmas in Cyprus'*, yn clodfori'r cymorth yr oedd Ein Milwyr yn ei ddarparu i bobl Cyprus wrth eu cynorthwyo drwy eu 'hargyfwng'. Cafodd y fyddin Brydeinig a'r *Colonial Office* weld a newid y sgript fel y mynnont, gan bwysleisio droeon mai yno roeddent i helpu pobl Cyprus, drwy esbonio ar ddechrau'r rhaglen *'Cyprus is a part of the British Commonwealth'*. Dros hanner canrif yn ddiweddarach nid oedd llawer o newid yn yr agwedd honno. Ar 19 Ebrill, 2009 dechreuodd erthygl yn y *Daily Telegraph* fel hyn:

> *Fifty years ago, terrorists on Cyprus killed nearly 400 British soldiers.*

Nid oedd y miloedd ar filoedd o Gypriaid fu farw yn haeddu eu crybwyll. Mae'r ddau safle milwrol Prydeinig yn gyfanswm o 256 cilomedr sgwâr.

# Yr Eidal

*If I had been an Italian I am sure that I should have been whole-heartedly with you from the start to finish in your triumphant struggle against the bestial appetites and passions of Leninism.*

Winston Churchill

Wedi'r Ail Ryfel Byd, roedd yn rhaid brwydro gwir elyn dyfodol 'Prydain', sef sosialaeth mewn gwledydd eraill fyddai'n sicrhau defnyddio adnoddau cenedlaethol er mwyn y trigolion. Hyfforddodd yr SAS garfanau o Ffasgwyr Mussolini yn Lloegr a'i hynysoedd cynhesach er mwyn dinistrio'r mudiadau chwyldroadol a frwydrodd yn erbyn y Ffasgwyr a'r Natsïaid yn eu gwledydd eu hunain. Parhaodd hyn am ddegawdau yn gudd ar y cyd gyda'r Unol Daleithiau.

Gwylltiodd Prif Weinidog yr Eidal yn y senedd yn 1990 pan ddatgelwyd yr hanes hwn yn llawn. Roedd Operation Gladio, fel y galwodd y buddugol yr ymgyrch, yn cynnwys lladd a herwgipio aelodau o bleidiau'r chwith, creu ffrwydriadau i ladd pobl gyffredin a'u beio ar y sosialwyr, a rhyfela'n erbyn llywodraethau sosialaidd pan ddeuent i rym. Nododd fod 600 o'r milwyr cudd yma yn parhau i gael eu talu y diwrnod hwnnw yn yr Eidal. I'r graddau yr adroddwyd y sgandal ar y cyfryngau Seisnig, datganodd yr *Observer* mai hwn oedd '*The best kept, and most damaging, political-military secret since World War II*'.

Un enghraifft o waith Operation Gladio oedd y digwyddiad hyll yma. Yn Awst 1980, ffrwydrodd bom yng ngorsaf drên Bologna a chafodd ei feio ar 'derfysgwyr adain chwith'. Pwrpas hyn oedd dychryn y boblogaeth cyn yr etholiad i feddwl am y sosialwyr fel un bloc gwallgof. Daeth hi'n amlwg fod mwy i'r digwyddiad ac wrth i'r rhwyd gau ar y gwir droseddwyr, dihangodd y prif gynllwynwr, Roberto Fiore. Yn 1990, yn ôl yr Eidalwyr, roedd yn byw'n Llundain dan ofal MI6 ers degawd, gyda Phrydain yn gwrthod ei roi yn nwylo'r Eidalwyr. Mae *Searchlight* a'r *Sunday Express* wedi adrodd mai MI6 oedd yn ei dalu, fel y nodwyd hefyd yn adroddiad Ymchwiliad i Hiliaeth a Senoffobia Pwyllgor Senedd Ewrop yn 1991. Mae heddiw'n rhedeg ei fusnes gwasanaeth myfyrwyr Easy London.

Wrth ddefnyddio'r tactegau hyn, roeddent yn fodlon lladd pobl ar yr un ochr â nhw eu hunain. Eu parti dewisiedig oedd y Democratiaid Cristnogol, oedd â'u sylfaenwyr wedi cydweithio â'r Natsïaid ac a oedd mewn grym ar ail agenda gwrth-gomiwnyddol. Cafodd eu harweinydd, Aldo Moro, ei herwgipio yn 1978 a'i ddienyddio, gyda'r bai yn cael ei daflu ar y grŵp adain chwith y Frigâd Goch. Milwyr cudd Operation Gladio oedd wedi cyflawni hyn ar ôl ymuno'n dwyllodrus â'r Frigâd er mwyn parddu'r mudiad. Mae'n debyg fod Moro wedi helpu ei ffawd drwy beidio gwrthod y syniad o glymbleidio â'r comiwnyddion pe bai'r pleidleiswyr yn datgan hynny.

Yr hyn a achosodd y datganiad yn 1990 oedd canlyniadau ymchwiliad i ymosodiadau yn 1972, lle cyffesodd nifer fel Roberto Cavallero iddynt gael eu cyflogi dan y cynllun, gan ddatgelu 139 lleoliad lle cuddiwyd arfau yn barod i'w defnyddio petai'r chwith yn cael ei hethol i rym yn y wlad. Roedd Operation Gladio yn gweithredu i raddau amrywiol bron ym mhob gwlad yn Ewrop, ond fel yr awgrymir gan ei enw – *gladio* y gair Eidaleg am gleddyf – yn yr Eidal yr oedd fwyaf gweithredol.

# Yr Almaen

Gyda brenin Lloegr George II â hawliau llinachol dros deyrnas Hanover, penderfynodd osod byddin Lloegr yno yng nghanol yr 18fed ganrif dan yr esgus o atal y Ffrancwyr rhag ei goresgyn, gan fod eu rhyfel hwythau yng ngogledd America'n troi'n hyllach. Rhoddodd hyn bwysau ar frenin Prwsia i arwyddo cytundeb yn hytrach na'u gwrthwynebu, oedd yn golygu trafferth mawr i Ffrainc. Wedi curo'r rhyfel hwnnw yn 1759 penderfynodd y Saeson ddychwelyd.

Ar ddiwedd y 19eg ganrif daeth rhywbeth annymunol i olwg llyngesau a gwleidyddion Lloegr, sef llongau gwledydd eraill yn hwylio'r moroedd a fu gynt o dan eu rheolaeth hwy yn unig. Yn anhapus wrth weld yr Almaen yn taenu ei fflyd dros y moroedd, gan sefydlu eu hunain yn Affrica, roedd nifer o geidwaid yr Ymerodraeth yn Llundain yn frwd dros greu anghydfod er mwyn cael gwared ar y gystadleuaeth. Roedd pwdu sylweddol hefyd ar gownt datblygiadau fel rheilffordd Berlin i Baghdad a'r masnach fyddai'n canlyn hynny – masnach na fyddai'n defnyddio camlesi na gwasanaethau na chwmnïau'r Ymerodraeth. Roedd erthygl yn y pamffledyn *The Nineteenth Century and After yn 1912* yn nodi heb arlliw o hunan-ymwybyddiaeth:

> *Will a nation such as Germany, with the motive power supplied by a high birth-rate within it, and with every instinct of patriotism in its heart, forgo willingly the prospect of national aggrandisement and the hope of territorial gain?*

Daeth y papurau i adleisio'r gwleidyddion gan awgrymu y byddai'n rhaid eu hatal rhag ehangu doed a ddelo. Cymharwyd cryfder milwrol y ddwy wlad ac annog gwario sylweddol i sicrhau'r fuddugoliaeth anochel. Erbyn 1914 roedd y fantolen yn 270 llong rhyfel gan y Saeson i 145 gan yr Almaen.

Cafwyd y cyfle ar blât, gan fod y gwledydd Ewropeaidd wedi'u rhannu dan wahanol gytundebau amddiffyn. Wedi i'r Dug Ferdinand o Hwngari gael ei saethu'n Sarajevo, dechreuodd y bygythiadau. Ar ddiwedd yr anghydfod imperialaidd, roedd George V wedi cynyddu poblogaeth ei ymerodraeth o 13 miliwn a'i dir o 2 filiwn milltir sgwâr.

Cyn cyflwyno gorfodaeth filwrol i bob dyn rhwng 18 a 41 yn 1916, roedd nifer o Gymry wedi ymuno â'r frwydr wrth gael eu cyflyrru gan straeon o Almaenwyr yn bwyta plant ac yn y blaen.

Un a wrthododd ymuno â'r rhyfel ac a wynebodd Lloyd George yn y llys yn Llundain oedd George M. Ll. Davies. Wedi iddo dderbyn gwrandawiad gwresog – a hynny o flaen milwyr hefyd – wrth siarad ym Mhwllheli, magodd hyder i fynd o amgylch y wlad yn gwneud yr un fath. Yn Aberdaron, clywodd cadfridog Seisnig ei araith a'i fartsio i westy'r Ship. Mae hanes am y cadfridog yn gorfod cloi ei hun yn y gwesty gan fod criw – yn cynnwys ffrindiau George, Huw Felin a Wil Gegin – am ei daflu i'r afon wedi i'w cyfaill ddychwelyd o'r gwesty yn waed. Ond llwyddodd George i'w perswadio i beidio â gwneud hynny.

Aeth o Lanalhaearn i Gricieth pan oedd y Prif Weinidog adref i geisio ei ddarbwyllo i ymdrechu i ddod â'r rhyfel i ben, ond yn aflwyddiannus. Wedi parhau i siarad yn gyhoeddus, cafodd ei arestio a'i hebrwng ar gyfer ei achos yn Llundain, gan ei bod hi'n haws i Lloyd George siarad yn ei erbyn yn y llys yn y fan honno.

Er cyfnod hyll a thywyll yn y carchar parhäodd George M. Ll. Davies i siarad dros heddwch. Wedi'r rhyfel, rhyddhaodd bamffled yn rhybuddio fod dial y Saeson a'r Americaniaid yn sgil 'cytundeb' Versailles am waedu'r Almaen o'i harian i 'dalu' am y rhyfel gan achosi caledi a chasineb a fyddai'n siŵr o adweithio mewn blynyddoedd i ddod. Roedd George M. Ll. Davies yn gweld ymhellach na Lloyd George. Adroddodd ar yr oerni a'r llwgu, y tlodi a'r anhrefn yr oedd y 'cytundeb' yn ei achosi wedi iddo ymweld â'r Almaen yn 1922.

Wedi'r Ail Ryfel Byd aeth Llundain ati i osod safleoedd milwrol yn yr Almaen, ac maen nhw yno hyd heddiw. Er mwyn eu hadeiladu a chartrefu'r milwyr taflwyd degau o filoedd o drigolion ar hap o'u tai, llawer ohonynt nad oedd wedi cefnogi'r Natsïaid mewn unrhyw ffordd.

Ateb rhai Natsïaid blaenllaw yn achos Nuremberg i gwestiynau gan banel Seisnig ynglŷn â'r meddylfryd ffiaidd y tu ôl i'r gwersyllau carchar oedd y dylent hwy wybod gan mai gwersyllau carchar Prydain yn Ne Affrica i garcharu'r Boer fu eu hysbrydoliaeth.

# *Iwgoslafia*

Roedd y rhyfel cartref a welodd wladwriaeth sosialaidd Iwgoslafia yn ymrannu yn Serbia, Croatia, Bosnia, Macedonia, Montenegro a Slofenia yn fêl ar fysedd NATO. Byddai cyfalafiaeth ryngwladol yn cael ei rwydd hynt yn y gwladwriaethau newydd, llai.

Roedd Iwgoslafia o hyd yn fyw fel endid brau nes y daeth argyfwng arall yn 1999. Y stori oedd fod y Serbiaid, oedd ar fai yn y rhyfel cartref flynyddoedd ynghynt, yn ymosod yn ddidrugaredd ar Cosofo, oedd â mwyafrif Albaniaidd o ran ethnigrwydd. Clywyd areithiau gan seneddwyr America yn sôn am 100,000 o fechgyn a dynion Cosofo wedi'u lladd, cyn i'r llysgennad Americanaidd David Scheffer fanylu a gwella'r ystadegau a honni bod '*225,000 ethnic Albanian men aged between 14 and 59 are missing, presumed dead*'.

Ni fu Tony Blair mor uchelgeisiol, ond nid oedd yn rhaid iddo wneud llawer gan fod papurau Lloegr i gyd yn ailadrodd yr honiadau fel ffeithiau. '*Echoes of the holocaust*' a '*Flight from Genocide*' oedd penawdau y *Sun* a'r *Daily Mail*. Roedd un eitem newyddion ddadlennol ar ITN yn dangos cart o bobl yn dianc. Trosleiswyd y siaradwyr i ddamio'r Serbiaid. Datguddiwyd fisoedd yn ddiweddarach mai Roma yn dianc rhag y *Kosovo Liberation Army* oedd y bobl ar y cart, nid Albaniaid yn dianc rhag Serbiaid – oedd yn esbonio pam fod y sain wedi'i ddiffodd ar lais y dyn yn yr eitem i'r dim.

Yn nhraddodiad pob bloeddio di-ddallt ar ba bynnag 'argyfwng' rhyngwladol sy'n digwydd hawlio sylw San Steffan, mwyaf sydyn galwodd aelodau seneddol o'r 'chwith' i'r dde, o Clare Short i William Hague, am ymosod i achub y Cosofiaid.

Aeth NATO i fomio pentrefi a threfi yn Serbia, yn cynnwys marchnad llawn pobl yn Belgrad, Llysgenhadaeth Tsieina 'drwy ddamwain', ac ysgolion, eglwysi, ysbytai a phontydd. Chwalwyd trên oedd yn cludo teithwyr gan awyren NATO. Wedi i'r taflegryn cyntaf eu chwythu nes ei fod yn llonydd, gwelwyd yn dda i yrru ail daflegryn. Mae'r ddau fideo o gamerâu'r taflegrau i'w gweld ar

YouTube ac yn para rhyw 5 eiliad yr un. Esboniodd llefarydd NATO, y Sais Jamie Shea, nad oedd y peilot wedi sylwi ar y trên wrth saethu at y bont. Nid oedd esboniad am yr ail daflegryn. Esgus tebyg oedd ganddynt wedi bomio bws ar bont arall a laddodd 23. Roedd Jamie yn ei waith yn esbonio'r 'damweiniau' di-ri.

Chwalwyd Serbia mewn wythnosau. Y targedau cyntaf oedd gorsafoedd radio a theledu'r wlad i atal darlledu'r newyddion am y bomio. Aethpwyd ymlaen i'r is-adeiladedd, pwerdai a lonydd a gweithdai dŵr a phontydd a ffatrïoedd. Adroddwyd fod mwy na 300 ysgol wedi'u dinistrio, ac addysg miliwn o blant wedi'i atal. Nid oedd targedau ar ôl wedi tair wythnos felly aethant ati i fomio rhywbeth-rywbeth. *'We are flying 350 missions every night',* broliodd Jamie Shea. Gallwn gymharu hyn â'u rhyfel honedig yn erbyn IS, lle maent yn saethu llond dwrn o daflegrau, gan greu effaith annelwig a dweud y lleiaf, ac yn mynnu fod eu gelyn yn llawer rhy gryf.

Adroddwyd fod 14,400 bom clwstwr, yn chwalu i ddegau o fomiau llai ar hyd ardal eang, wedi'u defnyddio ar drefi Serbia. Mae plant yn Cosofo, ymysg y bobl yr oeddent yn honni eu helpu, yn cael eu geni yn anabl o hyd oherwydd yr iwraniwm yn y bomiau a ddefnyddiodd awyrennau Prydain, Ffrainc ac America i ddinistrio Serbia.

Aeth timau archwilio'r FBI a thimau fforensic o Sbaen i chwilio y caeau lle byddai beddau'r degau neu gannoedd o filoedd o gyrff. Wedi misoedd o chwilio a holi, aethant i gyd adref heb ddarganfod dim. Dywedodd arweinydd y timau o Sbaen ei fod yntau a'i gydweithwyr wedi'u gyrru ar *'ddawns haniaethol gan y peiriannau propaganda rhyfel, gan na ddarganfyddon ni un – dim un – bedd torfol'.*

Yr hyn mae'r timau dyngarol wedi'i gasglu yw fod oddeutu 200,000 o bobl wedi'u herlid o Cosofo – y teuluoedd Serbiaidd a Roma, Twrciaid, ac unrhyw un nad oedd o dras Albaniaidd. Nifer y marwolaethau yn Cosofo ei hun, yn ôl y tribiwnlys rhyngwladol a adroddodd yn y flwyddyn 2000, oedd 2,788, gyda dros eu hanner yn Serbiaid. Nododd y timau i aelodau o'r KLA a'r trigolion Albanaidd farw dan law Serbiaid ar ôl i ymgyrch fomio NATO ddechrau, nid ynghynt, er mai hynny a gyflwynwyd fel y rheswm y tu ôl i ymosodiadau gan NATO.

Aeth y nofelydd Alun Jones i gynhadledd ryngwladol awduron yn Belgrad yn 1989 a gweld fod nifer o gaffis yn darparu eu bwydlenni mewn bron pob iaith Ewropëaidd onibai am Saesneg, gan weld dwy yn Gymraeg. Roedd hynny'n arwydd bach o'r ffaith nad oedd 'cyfalafiaeth ryngwladol' yn derbyn rhwydd hynt na chroeso yn y wlad. Ac wele newid.

Yng Ngorffennaf 1998, adroddodd yr *Observer* ar ddigwyddiadau ar diroedd y fyddin yn bennaf yn yr Alban, ond hefyd yng Nghymru. Roedd cyn aelodau o'r SAS yn hyfforddi timau o ymladdwyr o Swniaid eithafol Wahabi, yn bennaf o Saudi Arabia, oedd wedi eu trefnu gan unigolyn o Lundain o'r enw Abu Hamza. Datgelwyd bod yr hyn a elwid yn Fwslemiaid eithafol wedi helpu dechrau'r llanast yn Cosofo, a datgelodd nifer fod ymladdwyr cyffelyb wedi bod yn Bosnia yn ystod y rhyfel cartref flynyddoedd ynghynt. Y dadansoddiad oedd fod Prydain ar y gorau wedi cydsynio a chynorthwyo hyn, ac ar y gwaethaf wedi'u hariannu a threfnu'r cyfan o'r dechrau. Datguddiwyd hefyd fod y KLA wedi'u hyfforddi gan MI6 a'r CIA. Roedd eu henw Saesneg yn gliw i hynny.

Yn y gwledydd a ododd o sgerbwd Iwgoslafia heddiw mae nifer o sefydliadau a'u hunig bwrpas yw i lifo cyfalaf y gwledydd ohonynt – sefydliadau a elwir yn NGOs, neu *Non-Government Organizations*. Un peth cyson amdanynt yw eu bod, yn gwbl groes i'w henwau, yn cael eu hariannu gan lywodraethau yr Unol Daleithiau, a Phrydain a Ffrainc dan fantell yr Undeb Ewropeaidd.

# Rwsia

Disgrifiodd y Frenhines Victoria ryfel Crimea fel *'popular beyond belief.* Mae'n debyg i bob condemniad sy'n disgyn ar ysgwyddau Rwsia heddiw felly.

Mae'n un arall o'r rhyfeloedd hynny nad oes llawer o garnifal yn eu cylch, onibai am Florence Nightingale a'r *Charge of the Light Brigade*, smonach milwrol enwog y Saeson. Ymatebodd Lloegr i'r olygfa o longau Rwsiaidd yn hwylio draw am Asia gyda strategaeth syml, sef creu rhyfel i'w hatal rhag masnachu yno. Lloegr oedd berchen y fan honno. Wrth gwrs, codwyd rhesymau amrywiol manwl am yr anghydfod megis bod Lloegr yn poeni fod yr Otomaniaid am gael eu bwlio, a bod Rwsia'n ceisio meddiannu Macedonia, ond yr hunan-les yma oedd gwraidd y gynnen. Mewn enghraifft arbennig o'r malu awyr rhwng gwahanol ymerodraethau, roedd Ffrainc ei hun wedi bwlio'r Twrciaid i roi eu cytundeb ar yr ardal gyda'r Rwsiaid o'r neilltu, ac yn ceisio meddiannu ardaloedd Cristnogol ar ymylon ymerodraeth yr Otoman ei hunan. Wrth i Rwsia wrthwynebu, gweithiodd hynny fel catalydd. Aeth Stratford Canning, dan orchymyn y Prif Weinidog Prydeinig, George Hamilton-Gordon, i annog y Twrciaid i wrthod cytundeb heddwch y Rwsiaid, a roedd y Twrciaid eto'n ddigon parod i chwarae'r gêm.

Daw enw'r rhyfel, Rhyfel y Crimea, oherwydd i Loegr, Twrci a Ffrainc lwyddo i lanio ar y tir hwnnw ac ymladd am fisoedd, ond y bwriad oedd goresgyn Rwsia gyfan. Yn wahanol i'r hyn mae enw'r rhyfel yn ei awgrymu, dechreuodd ymgais Lloegr i'w goresgyn drwy hwylio llongau i'r gogledd-orllewin a chyrraedd Rwsia drwy Fôr y Baltig gan fomio Kronstadt, Novitska a Kola yn rhacs. Ceisiwyd ymosod yr holl ffordd yr ochr arall hefyd, gan hwylio i Petrapavlovsk, ei bomio, glanio cannoedd o filwyr, derbyn stid a dianc. Ymosododd llongau Lloegr ar drefi ar hyd glannau y Môr Du a Môr Azov.

Wrth adrodd yn y *Times*, ysgrifennodd William Howard Russell am yr hyn a ddigwyddai yn Crimea – y marw, y salwch, a'r blerwch disynnwyr am 22 mis, a cheiswyd ei gyhuddo yntau a'r golygydd o deyrnfradwriaeth. Wedi dros ddwy flynedd o frwydro oedd yn mynd i unlle, penderfynodd Lloegr roi'r gorau iddi yn 1856 ac arwyddo heddwch symbolaidd a mân gytundebau gyda Rwsia a Thwrci er mwyn cadw wyneb a smalio bod Lloegr wedi sefyll dros y dyn bach unwaith eto. 750,000 yw'r amcangyfrif ar gyfer nifer y marwolaethau – y rhan helaethaf ohonynt yn Rwsiaid, wrth gwrs.

Ond daeth terfyn ar linach Tsariaid Rwsia yn ystod y Rhyfel Byd Cyntaf. Yn eu hymdrechion i wrthwynebu'r Chwyldro Rwsiaidd, gwaeddodd llywodraeth Prydain y gair 'democratiaeth', er nad oedd yn eidioleg a siwtiai yr un o'i threfedigaethau o amgylch y byd nag ychwaith unrhyw un o ferched Prydain heb sôn am wneud unrhyw synnwyr o gwbl yn achos Rwsia dan y Tsariaid. Wrth gwrs, yr hyn a ddychrynai reolwyr gwledydd pwerus y byd oedd fod y bobl gyffredin wedi llwyddo i ddisodli'r drefn a thaflu'r rhai oedd yn honni grym oddi ar eu pedastl. Roedd brenhiniaeth Lloegr a'u dosbarth rheoli yn pryderu'n arw am sgil-effaith hynny.

Wedi'r Rhyfel Byd Cyntaf, torrwyd cyllideb MI5 o £100,000 i £25,000. Roedd hyn yn drychineb i'w rheolwyr a'u staff. Roedd yn rhaid creu gelyn newydd. Cydweithiodd y gymuned gudd i ddechrau pardduo Rwsia yn syth wedi'r chwyldro yno yn 1917 gan ddweud ag un llais wrth y llywodraeth fod yn rhaid gwario i atal Prydain fach rhag y bygythiad coch. '*We now have to face a far, far more ruthless foe* [na'r Almaen] ... *whose evil power will spread over the whole world. That foe is Soviet Russia,*' cynghorodd y Rear Admiral Reginald Hall. Ac wrth i Rwsia heddiw wynebu cyhuddiadau lu o '*aggression*' hyn a'r '*encroaching*' llall, tra ar yr un gwynt yn brolio Prince Harry a'i gatrawd am ymarfer yn Estonia ar y ffin ac yn annog y disodli yn yr Wcrain, gwelir yr un tactegau yn union ar waith bron gan mlynedd yn ddiweddarach.

Arwyddodd Rwsia gytundebau heddwch gyda Thwrci, Persia ac Affganistan a thynnu allan o'r Rhyfel Byd Cyntaf. Enillodd Lloegr a'i chyfeillion y rhyfel honno, ac felly trowyd eu golwg tua'r plant anystywallt yn y dwyrain. Efallai nad oedd y Tsariaid yn gyfeillion agos, ond sylweddolwyd eu bod o leiaf yn chwarae'r un gêm. Roedd y Bolsheficiaid am ddymchwel y system. Ac o'r herwydd ceisiwyd goresgyn Rwsia eto.

Bomiwyd trefi harbwr gan longau ac awyrennau'n hedfan o'r gwledydd a feddiannwyd yn Asia gan y Saeson. Troediodd byddin Lloegr y gogledd yn Murmansk yr holl ffordd at ddwyrain Siberia, lle roedd 543 milwr o gatrawd Middlesex, a chatrawd o'r Royal Hampshire wedi meddiannu Vladivostock yn y de-ddwyrain yn ymyl Tsieina, y ddwy wedyn yn ceisio gwneud eu ffordd i gyfuno yn Omsk filoedd o filltiroedd i ffwrdd yn y canolbarth. Ymgais or-hyderus oedd honno a rhaid oedd bagio wedi wythnosau o deithio. Gadawodd y Saeson Rwsia i'w hynt a dianc yn 1920.

Yn union wedi'r Ail Ryfel Byd, dechreuodd Prydain weithio'n erbyn yr Undeb Sofietaidd. Pan ddechreuodd NATO yn 1949 ei nod, yn ôl y cadfridog Hastings Ismay o'r fyddin Brydeinig a benodwyd yn Ysgrifennydd Cyffredinol cyntaf arno, oedd yn syml '*to keep the Americans in, the Germans down, and the Russians out*'. Roedd yn weledigaeth i'r byd yn gyffredinol.

Y gelyn fel arfer yw gwledydd lle caiff adnoddau naturiol eu defnyddio er lles y trigolion, ac felly'n atal Lloegr rhag gwneud elw ar eu traul. Rwsia a'r Undeb Sofietaidd oedd y prif symbol o hyn, felly roedd yn esgus i gyfiawnhau pob dichelldra, yn enwedig yn Asia yn y degawdau wedi i'r Ymerodraeth yn swyddogol adael gwledydd yr arferent eu rheoli. Dyma sail yr hyn a elwid yn y Rhyfel Oer a rygnodd ymlaen am ddegawdau, ac sy'n cael ei chwarae o hyd gan un ochr yn enwedig – er bod y gelyn ideolegol honedig, comiwnyddiaeth, wedi hen ddiflannu.

Daeth y symudiad hwnnw yn 1992 wrth i Boris Yeltsin feddiannu'r fyddin a dymchwel llywodraeth ddemocrataidd Rwsia gyda chefnogaeth y Gorllewin. Y canlyniad oedd preifateiddio popeth, ac unigolion yn neidio i hawlio hyn a llall o'r adnoddau oedd ynghynt yn gyhoeddus. Crëwyd haen o filiwnyddion, fel Roman Abramovich, perchennog clwb pêl-droed Chelsea heddiw, tra bod llawer o'r cyhoedd wedi cael eu gadael yn ddi-waith a di-obaith. Cwestiwn y *Guardian*, papur honedig y 'chwith' Seisnig, wedi i economi, iechyd, safon ac oedran byw Rwsia ddymchwel drwy'r nawdegau oedd *'did we win the east or did we lose it?'* Mae'r gair *we* yn arwyddocaol.

Mae'n rhaid i'r fuddugoliaeth fod yn gyflawn, yn enwedig wrth i Rwsia geisio rhoi ffrwyn ar anturiaethau rhyngwladol Prydain ac America. Yn 1956, un o'r pethau cyntaf a wnaeth Kruschev wedi'i benodi'n Arlywydd yr Undeb Sofietaidd oedd gosod Crimea yn nhiriogaeth yr Wcrain yn hytrach na Rwsia. Siaradwyr Rwseg yw 80% o Crimea, ac felly nid oedd yn syndod i senedd Crimea, senedd y mae newyddion Lloegr yn ofalus i anwybyddu ei fodolaeth yn yr anghydfod diweddar, bleidleisio i gynnal refferendwm ar adael yr Wcrain wedi i'r *coup* newydd yn 2014 ddatgan, ymysg bygythiadau eraill mwy gwaedlyd, fod Rwseg am gael ei diddymu fel iaith swyddogol – dim ond Wcraneg a gâi'r statws hwnnw er fod 32% o'r wlad yn siarad Rwseg.

Fel rhan o'r cytundeb heddwch ar ddiwedd 2014, un o'r telerau oedd fod Rwseg yn cael ei chydnabod yn iaith swyddogol, fel ydoedd cyn y *coup* flwyddyn ynghynt. Nid oedd manylion felly i'w cael ar newyddion Lloegr gan y byddai wedi gorfod cydnabod fod Rwseg wedi ei gwahardd gan y gyfudrefn newydd yn Kiev fel rhan o'u hymgyrch i geisio hel trigolion y dwyrain o'r wlad.

Mewn cymhariaeth, gellir nodi bod 32 iaith swyddogol yn Rwsia heddiw. Mae Lugansk a Donetsk drws nesaf yn llanast wedi iddynt dderbyn sylw byddin Wcrain a'u parafilwyr Natsïaidd Azov a Svoboda. Codwyd sancsiynau ar Rwsia am dderbyn cais Crimea i'w hachub rhag gwallgofiaid newydd Kiev. Wedi pleidleisio i adael Wcrain, cafwyd refferendwm arall i ymuno â Rwsia – refferendwm a gafodd ei arsylwi gan arolygwyr o 30 o wledydd oedd i gyd yn hapus. Ond nid oedd hynny'n ddigon da gan newyddion Lloegr a fynnai fod Rwsia wedi goresgyn Crimea a'u gorfodi i bleidleisio felly – ensyniad hurt o ystyried demograffeg Crimea a'r hyn roedd Kiev yn ei fygwth, sef yn union yr hyn a ddigwyddodd i'w cymdogion yn Lugansk a Donetsk.

Caiff y gair 'Nazi' ei daflu o gwmpas mor ysgafn nes ei fod yn colli ei ystyr modern yn aml. Ond mae Svoboda, a bataliynau eraill sy'n cael eu cyflogi ar ben y fyddin i ymosod ar Lugansk a Donetsk yn nwyrain Wcrain, fel Azov a'r mudiad elwir yn 'Y Sector Dde', yn haeddu'r label gan fod eu llinach i'w olrhain yn unionsyth o'r Ail Ryfel Byd. Yr un a welir ar eu baneri yw Stepan Banderas, arweinydd y Natsïaid ar ran Hitler yn yr Wcrain. Dyma'r rhai a hyfforddwyd yn gudd cyn y *coup*, o gyllid gwledydd NATO, ac a ddaeth yn rhan swyddogol o'r fyddin yn dilyn hynny.

Mae'r reddf naturiol i ochri â'r lleiaf yn golygu fod angen tyllu'n ddyfnach na bwletinau'r BBC sy'n portreadu'r ymryson fel Rwsia fawr yn erbyn yr Wcrain fach. Yma, symleiddiodd nifer y sefyllfa a chymharu Cymru i Wcrain a Lloegr i Rwsia. Ond mae posib gwneud hynny go iawn. Dychmygwch fod Cymru'n wlad annibynnol ers ugain mlynedd, gyda'r di-Gymraeg o bob cefndir yn falch o fod yn Gymry. Mae'r berthynas rhwng Cymru a Lloegr yn un gyfartal, heddychlon a rhesymol. Ond mae Lloegr wedi pechu gwledydd pell sy'n cysylltu â'r bobl mwyaf eithafol a pheryglus yn y wlad drws nesaf ac yn eu hariannu yn ddi-ben-draw i godi twrw. Mwyaf sydyn mae'r llywodraeth ym Mae Caerdydd yn wynebu miloedd o nytars yn llosgi'r lle, gyda chyfryngau'r wlad bell, gynllwyngar yn mwydro am 'chwyldro' a 'rhyddid' a 'democratiaeth'. Yna, wedi gorchfygu'r heddlu a cholbio aelodau'r senedd, maent yn meddiannu pŵer a mynd ati i geisio taflu pawb nad yw'n siarad Cymraeg allan o'r wlad, gan fomio'r ardaloedd hynny a gwahardd pob iaith heblaw am y Gymraeg. Caiff yr uchod wedyn ei guddio i gyd gan y gwledydd pell pwerus, ac ar ôl blynyddoedd o siapio meddylfryd y cyhoedd i ddirmygu Lloegr gyda rhes o adroddiadau ffug a hanner-gwir, daw'r straeon ffug am danciau a byddin Lloegr yn ymosod ar Gymru fach. Nid oes bron neb o'u cynulleidfa eu hunain yn cwestiynu, yn dilyn y straeon di-ri blaenorol, ac mae eu prosiect o danseilio Lloegr drwy annog y byd i'w neilltuo a'u casáu yn mynd rhagddo yn rhagorol.

Dyfal donc yw'r ethos. Mae'r taflu baw ar Rwsia yn ddiflas a diddiwedd ond yn effeithiol ar hyd a lled y cyfryngau Seisnig. Er enghraifft, gwylltiodd y newyddiadurwr Patrick Lancaster yn gyhoeddus gyda'r *Guardian* am nodi'n gelwyddog bod fideo o'i eiddo yn dangos 'rebels' yn bomio cegin gawl yn Lugansk, nid lluoedd Wcrain. Roedd yn y gegin, a sefydlwyd ar gyfer y bobl oedd yn ddigartref oherwydd ymosodiadau'r fyddin a'r ffasgwyr, ar y pryd yn ffilmio yn dilyn taflegryn blaenorol gan y fyddin. Eto, honiad y *Guardian* oedd bod pobl Lugansk wedi bomio eu hunain heb help Rwsia.

Adroddodd yr OSCE, y corff swyddogol pan-Ewropeaidd dros fonitro trafferthion, yn rheolaidd nad oedd unrhyw symudiad o filwyr na cherbydau o'r ffin â Rwsia, ac mai ffoaduriaid o'r Wcrain oedd y traffig i gyd. Er y dechnoleg ddiweddaraf, does yr un llun o danciau Rwsiaidd yn yr Wcrain ond ceir sawl cyhuddiad i'r perwyl. Yn senedd yr Unol Daleithiau, cyflwynwyd yr achos i werthu biliynau o arfau i'r Wcrain i setlo'r Dwyrain, gan ddod ag 'ysgrifennydd tramor' newydd Wcrain i ddangos lluniau o'r tanciau Rwsaidd. Profwyd yn eithaf sydyn mai lluniau o 2008 oeddent , a hynny o danciau ymhell o'r Wcrain.

Heddiw, gyda Lloegr yn pwdu am fod Rwsia yn amddiffyn llywodraeth Syria, maent yn ailadrodd yr un gân fod yn 'rhaid i Assad fynd', er bod Rwsia wedi datgan yn glir nad lle Lloegr na'r Unol Daleithiau yw penderfynu hynny. Roedd y dinistr a'r dymchwel a wnaed yn Libya gan NATO a hwythau wedi eistedd yn ddiymadferth wedi eu hysgwyd, a'r tro hwn nid ydynt yn fodlon eistedd yn gwylio.

Yn 1992 cafodd Rwsia'r addewid gan yr Unol Daleithiau na fyddai NATO'n ehangu fodfedd i'r dwyrain. Heddiw mae gwlad Pwyl a Phrydain yn bargeinio er mwyn gosod safle milwrol parhaol y drws nesaf i Rwsia. Mae NATO'n gosod eu cadfridogion yn Kiev i 'gynghori' arweinwyr y *coup* yn yr Wcrain. Mae *Prince Harry*'n ymarfer gyda miloedd o filwyr Prydain dafliad carreg o ffin Rwsia yn Estonia, tra bod gwleidyddion a phapurau Llundain yn mwydro am '*Russian encroachment*' a '*Russian aggression*'.

Ar 30 Medi, 2015 taenodd papurau Lloegr y stori fod cadfridogion o fyddin Prydain yn galw am fwy o arfau, gyda phennawd yr *Express* yn enghraifft dda wrth roi priflythrennau i'r gair allweddol. '*UK must prepare for WAR with Russia: Army calls for fleet of battle tanks to take on Putin*'. Mae arweinwyr gwledydd bach Ewrop yn cael eu gwthio i filwriaethu gan yr UD ac mae Prydain yn 'barod am y bygythiad Rwsiaidd'. Ar ddechrau 2016, 'rhoddodd' y Pentagon werth $3.84b o hyfforddiant milwrol ac arfau i wledydd fel Estonia a gwlad Pwyl. Anodd meddwl am adeg lle bu geiriau'r athronydd Edward Herman yn fwy addas: 'Pwrpas y cyfryngau torfol yw normaleiddio'r annerbynniol ym meddwl y cyhoedd'.

Yng Ngorffennaf 2016 gyrrodd Prydain 500 milwr i Estonia'n barhaol. *'This summit is a chance for us to reiterate our strong support for Ukraine and our other eastern allies to deter Russian aggression. Actions speak louder than words and the UK is proud to be taking the lead role, deploying troops across Eastern Europe. It is yet another example of the UK leading in Nato'* esboniodd David Cameron.

Ar ddechrau Awst 2016, cyhoeddodd papurau a theledu Lloegr y stori fod Rwsia'n meddu ar fwy o arfau na hwy, er mwyn hybu'r syniad o wario ar arfau ym meddwl y cyhoedd, codi ofnadwyaeth o Rwsia a chyflyrru meddyliau pobl i ystyried fod y rhyfel yn anorfod. *'Russia is preparing for WAR and could DEMOLISH Eastern Europe in 60 hours'* bloeddiodd y *Daily Express.*

# Yr Wcrain

Ar ddechrau 2014, gwelwyd yn sydyn ar ein sgriniau un o'r chwyldroadau hapus yma o bobl yn codi'n erbyn eu gorthrymwyr llygredig. A phwy a aeth yno'n syth wedi i'r ymladd ddod i ben oedd William Hague, yn amlwg wedi clirio'i ddyddiadur cyn yr ymladd. Aeth prosiect ddiweddaraf y bartneriaeth Eingl-Americanaidd ar gyfer y byd rhagddo, er mawr niwed i'r trigolion.

I helpu'r achos, cafwyd fideos megis yr un dan yr enw '*I Am Ukranian*' – fideo bach uniaith Saesneg o ferch ifanc glên yn ymbil ar y byd i'w helpu, dros luniau o heddlu'n ymosod ar brotestwyr diniwed, gan gyfundrefn unbenaethol, yn ôl ei geiriau hi. Doedd y ffaith fod yr Wcrain yn wlad hollol ddemocrataidd, gyda system cynyrchiolaeth gyfrannol ddim ar y fideo, nac ychwaith fod 10 plismon wed'u lladd, miloedd wedi'u hanafu (330 mewn un diwrnod yn unig), a 67 plismon wedi'u herwgipio. Nid yw chwaith yn crybwyll ei bod yn cydbrotestio â Neo-natsïaid plaid Svoboda ac Azov, nac yn esbonio pam fod lifrau'r heddlu gorthrymus yn ei fideo yn hollol wahanol i lifrai'r heddlu oedd yn ceisio gwarchod y senedd ar y sgwâr.

Nid oedd angen llawer o ymchwil i ddarganfod mai'r bobl a gynhyrchodd y fideo oedd cangen o sefydliad o'r enw *The National Endownment for Democracy*. A beth yw hwnnw ond enw ar gangen o'r CIA sy'n gweithio dramor i newid llywodraethau.

Lai nag wythnos wedi i William Hague gyrraedd Kiev, bu i'r *coup* newydd wneud sioe o benodi 'prif weinidog'. Mewn canlyniad syfrdanol, pleidleisiodd y senedd i'r cyn-fanciwr a'r miliwnydd Arseny Yatseniuk o 371 i 1. Sut gebyst y pleidleisiodd y fath senedd ranedig mor unfrydol? Roedd y 'protestwyr' wedi meddiannu swyddfeydd yr aelodau yn ogystal â'r senedd gan esbonio beth fyddai'n eu hwynebu pe na bai pawb yn pleidleisio'r ffordd gywir. Cyfarchodd y siaradwyr Rwseg, oedd yn cynnwys aelodau a bleidleisiodd drosto'n honedig a thrigolion y dwyrain, fel hyn: '*Bydd y ddaear yn llosgi o dan eu traed ac ni fydd neb yn medru eu hachub, hyd yn oed Rwsia'.* Gwireddwyd hyn yn llythrennol wrth i 40 o bobl Odessa oedd yn dosbarthu taflenni yn gofyn am refferendwm gael eu hel i adeilad a losgwyd gan Neo-natsïaid Azov, yn ogystal â'r bomio sylweddol yn Lugansk a Donetsk.

Nid oedd yn syndod mai Yatseniuk oedd yr arweinydd newydd gan fod Victoria Nuland, Llysgennad Ewropeaidd yr Unol Daleithiau, wedi'i grybwyll a'i recordio ar y ffôn dri mis cyn i unrhyw drais ddigwydd, gan orchymyn eu dyn yn Kiev *'get Yats in there'.* Y ddau beth cyntaf wnaeth Yatseniuk oedd dileu Rwseg fel un o ieithoedd swyddogol yr Wcrain ac yna addo benthyg biliynau gan yr International Monetary Fund, gan ymrwymo pobl Wcrain i ddilyn rheolau llym y sefydliad hwnnw.

Daeth yn amser penodi cabinet. Penodwyd Andriy Parubiy, cyd-sefydlydd y parti natsïaidd Svoboda, yn Weinidog Amddiffyn ac i fod yn gyfrifol am fyddin Wcrain. Hwnnw arweiniodd yr ymgais olaf i ddisodli'r llywodraeth – y Chwyldro Oren honedig – yn 2004. Daeth y neo-nazi Oleh Makhnitsky, hefyd o barti Svoboda, yn gyfrifol am gyfraith a threfn ac yn brif erlynydd. Daeth mwy ohonynt i swyddi pwysig eraill.

Dathlodd dirprwy Hillary Clinton, Victoria Nuland, mewn araith yn y Tŷ Gwyn eu bod wedi gwario $5 biliwn ar symud *'Ukraine in the right direction'.* Gwelwyd John McCain yn Sgwâr Maidan, a chafodd mab y dirprwy arlywydd Joe Biden ei benodi'n gadeirydd y cwmni egni mwyaf yn yr Wcrain. Mewn ennyd arwyddocaol, gor-gyffroi wnaeth CNN a rhoi eu traed ynddi gyda'r frawddeg *'Obama considers arming Pro-US troops'* wrth drafod arfogi Wcrain ymhellach.

Rhoddodd yr *International Monetary Fund* – arf goruchafiaeth ariannol rhyngwladol gwledydd NATO i bob pwrpas – $17.5 biliwn i'r Wcrain, gan selio'r polisïau o leihau gwario cyhoeddus ar bensiynau, iechyd ac addysg ac agor gwasanaethau ac adnoddau i'r sector breifat 'rhyngwladol'. Un ddeddf sydd wedi'i diddymu yw'r un yn nodi nad oedd cwmnïau tramor yn cael prynu mwy na hyn a hyn o dir y wlad – ffaith a nodwyd gyda bodlonrwydd yn Nhŷ'r Arglwyddi, Llundain wrth frolio'r elw y gellid ei wneud o dir amaethyddol Wcrain yn y drafodaeth ar *Soft Power* yn Chwefror 2015.

Gwir droseddau'r senedd a llywodraeth Yanukovych oedd rhoi clustan i gyfalafiaeth 'ryngwladol' drwy wrthod awgrymiadau'r IMF i godi trethi a chwtogi gwasanaethau, a hefyd ymwrthod â chytundeb masnachu gyda'r Undeb Ewropeaidd ar draul cytundeb gyda Rwsia. Y cytundeb hwnnw ym mis Tachwedd 2013 oedd yr arwydd i ddechrau'r disodli. Daeth y miloedd i'r sgwâr mwyaf sydyn dan faner 'rhyddid', a heddiw, fel yng nghynifer o'r gwledydd a ddioddefodd 'chwyldro hapus', mae economi'r wlad yn shwrwd a gwrthdaro'n rhemp. Cyn i'r arian ddarfod roedd trigolion gorllewin y wlad – y siaradwyr Wcraneg yn bennaf – wedi cael llond bol ar swyddogion yn dod i'w trefi a phentrefi i fynnu bod eu dynion yn ymuno â'r fyddin i ymosod ar bobl y dwyrain, a gorfu i nifer ddianc.

Bu eitem newyddion ar y BBC yn brolio'r ffaith fod Saeson yn y tîm fyddai'n ymchwilio i'r saethu ar y Maidan. Nid oeddent mor frwdfrydig i ddatgelu canlyniadau'r ymchwil hwnnw, sef bod y saethu at yr heddlu a'r protestwyr wedi digwydd o'r union un lleoliad. Yr un bobl oedd yn saethu'r ddwy ochr, yn benodol o un adeilad uchel.

Gan ddysgu o'u gwersi'n y gorffennol pan oedd eu twyll wrth newid llywodraethau gwledydd yn myllio carfan o'u pobl eu hunain (fel yn Irac), mae llywodraethau'r Gorllewin wedi bod yn mireinio'u tactegau. Mae'r hygoelus a'r hiliol am eu cefnogi doed a ddelo (fel y digwyddodd yn Irac), ond beth am y gweddill nad ydynt cweit mor barod i wrando ar y Sefydliad? Sut mae defnyddio eu daliadau yn eu herbyn? Mae'r ateb yn syml: Sbiwch! Plismyn gorthrymol – bww! Protestwyr dros ryddid – hwrê! Yr un adeg roeddent ar fin dechrau'r union broses hefyd yn Feneswela, gan brynu myfyrwyr i weiddi yn llygad y byd ar un llaw a thygs adain dde i wneud y gwaith caib a rhaw ar y llall, tra byddai newyddion a gwleidyddion y Gorllewin yn ffug-ochri â hawliau dynol a democratiaeth.

Os mai newyddion Lloegr sy'n mynd â'ch bryd, yna daw'n dipyn o syndod bod llywodraeth Yanukovych wedi'i benodi ar system gyfrannol yn 2010, pan – yn wahanol i San Steffan – roedd pob pleidlais i bob plaid yn cyfri. Mae'n dda cofio fod canran dda o siaradwyr Wcraneg wedi pleidleisio i'r cyn-brif weinidog Yanukovych yn 2010 gan mai dim ond 32% o'r wlad sy'n siaradwyr Rwseg. Ar ben hynny nid yw'r ddwy iaith yn hynod o wahanol i'w gilydd, o'u cymharu â'r Gymraeg a'r Saesneg. Cafodd natsïaid Svoboda, sy'n rhedeg yr heddlu a'r fyddin a'r llysoedd heddiw, 13% o'r bleidlais gan gymryd eu seddi ac yna cyfarfod yr Eingl-Americaniaid yn rheolaidd i wyntyllu'r ffordd waraidd ymlaen.

Yn Ionawr 2016, rhyddhaodd y CIA 3,800 hen ddogfen oedd wedi cyrraedd y 70 oed. Yn eu mysg mae eu cynllun i feithrin y rhai fu'n ymladd dros Hitler yn Wcrain o dan arweinyddiaeth Stepan Bandera drwy'r Ail Ryfel Byd. Maent yn datgelu fod MI6 gyda hwy yn y cynllun. Mae'n ymddangos fod y llinach yna wedi parhau hyd heddiw, yn adlais o *Operation Gladio* yn yr Eidal. Roedd yr etholiadau nesaf yn y wlad i'w cynnal ar ddechrau 2015. Cawsant eu gohirio. Pa angen pleidlais trigolion y wlad mewn rhyw bethau hen ffasiwn fel etholiadau pan mae cenhadon mawr democratiaeth y byd ar eich ochr?

# Iran

*The British position in the whole area is hopeless. They are hated and distrusted almost everywhere.*

Casgliad holiadur cylchgrawn *Time* yn 1952.

Fel rhyw fath o atodiad yn 1809 i ymosodiad ar Ras al-Kaimah, heddiw'n un o'r Emiradau Arabaidd Unedig, hwyliodd arweinydd yr antur, Capten John Wainwright, ei longau dros Fôr Persia i ymosod ar Bandar Lengeh sydd heddiw yn Iran, gan losgi llawer arni cyn symud ymlaen i ynys Qeshm a meddiannu'r gaer yno wedi saethu trwm.

Yn 1856, aeth pethau o chwith, a bu rhyfel sylweddol rhwng y Persiaid a Lloegr. Roedd meddiant y Saeson o Affganistan yn achosi cryn annifyrrwch a llwyddodd y Persiaid i'w hel o dref Herat. Ar ben hynny bu anghydfod am ferch oedd wedi cael ei chyhuddo o gael perthynas gyda'r llysgennad Prydeinig yn Tehran. Mynnodd y llysgennad fod y Persiaid yn ei rhyddau i'w ofal ond gwrthodwyd ei gais. Glaniodd byddin y Saeson a saethu eu ffordd tua Bushehr gyda'u llongau yn ymosod o'r môr. Disodlwyd baner y Persiaid oddi ar bolyn y dref a rhoddwyd baner Prydain yn ei lle. Cyrhaeddodd catrodau eraill yn barod am wrthymosodiad anochel y Persiaid, a bu'n gyflafan wrth i ynnau'r Saeson brofi'n llawer amgenach.

Ar ôl gorymestyn eu hadnoddau wedi cymryd tref Ahvaz, penderfynwyd cynnig telerau, a chytunodd Persia i adael Herat yn Affganistan ar yr amod bod y Saeson yn gadael Iran. Anwybyddwyd y cytundeb yn llwyr hanner canrif yn ddiweddarach. Daeth diddordeb mawr y Saeson yn Iran yn 1908 wedi darganfod fod olew sylweddol yno. Ni fu goresgyniad milwrol ond fe wnaethpwyd yn amlwg i reolwyr y wlad mai dyna fyddai'n digwydd os na fyddent yn cael eu ffordd eu hunain, gan wneud Iran yn un o'r llefydd a oedd i bob pwrpas yn rhan o'r Ymerodraeth ym mhopeth heblaw enw. Glaniwyd eu milwyr yno gyda'r diben o fonopoleiddio'r diwydiant olew dan yr *Anglo-Iranian Oil Company* – BP heddiw.

Yn 1918 cafodd yr Iraniaid lond bol ar weld eu gwlad yn cael ei thrin fel cae preifat y Saeson. Llosgwyd eu llysgenhadaeth yn nhref Resht ac ymosodwyd ar y milwyr oedd wedi meddiannu'r dref. Wedi gorfodi'r Saeson o hanner Resht a thra oedd brwydro ffyrnig ar strydoedd yr hanner arall, galwodd y Saeson eu hawyrennau i fomio'r gwrthryfelwyr yn yr hanner lle'r oedd yr ymladd, a phopeth yn yr hanner a gollwyd.

Ond roedd y momentwm yn ormod a meddiannodd arweiniwr y gwrthryfel, Kuchek Kahn, a'i fudiad y Jangali y rhan fwyaf o'r wlad a datgan ei bod yn weriniaeth. Yr hyn oedd y Saeson ei angen oedd dyn pwerus o'r tu mewn, gan nad oeddent yn ffyddiog o lwyddo'n filwrol, ac fe amlygwyd hwnnw ar ffurf Reza Kahn a ddefnyddiodd arian y Saeson i feddiannu grym fel unben a datgan ei hun yn Shah. Sicrhaodd Reza y Saeson fod eu dyfodol yn ddiogel yn ei ddwylo ef gan seboni ei noddwyr fel hyn, '*Mi wnaf gyda fy nwylo Persiaidd yn union beth fyddech wedi'i wneud â'ch dwylo Prydeinig*'. Hwyliodd elw adnoddau'r wlad i borthladdoedd Lloegr. Roedd ei ŵyr yn gwneud yn union yr un fath tan 1953.

Yn 1951 pasiwyd deddfwriaeth yn senedd Iran i wladoli'r diwydiant olew. O ystyried mai'r diwydiant olew yn ei holl grynswth oedd yr *Anglo-Iranian Oil Company*, gellid dirnad nad oedd hyn yn plesio'r meistri yn Llundain. Roedd Iran, mewn ymgais i gadw'u trigolion yn hapus, yn cael ryw 6% (o'r ffigyrau swyddogol o elw'r cwmni, oedd yn wahanol yn Iran i'r hyn oeddent yn Lloegr, drwy ryfedd wyrth). Elfen arall o'r manteisio oedd fod yr olew yn ddrutach i'w brynu i'r Iraniaid yn Iran nag oedd i'r Saeson yn Lloegr.

Prif bensaer y ddeddfwriaeth oedd Mohammed Mossadegh. Roedd mor boblogaidd fel iddo ennill yr etholiad i fod yn arweinydd ar ei wlad ddeufis yn ddiweddarach. Er y gwladoli – a ddychrynai gymaint ar y meistri – roedd Mossadegh yn ofalus i sicrhau na fyddai unrhyw weithiwr Seisnig yn colli ei waith ac fel iawndal, sicrhawyd fod y Saeson yn cael cadw 25% o'r holl elw at y dyfodol. Wrth gwrs, nid oedd hyn yn ddigon da gan y Saeson. Nhw oedd fod i benderfynu beth oedd yn digwydd yn Iran, nid fel arall.

Dyma oedd gan weinidog amddiffyn y llywodraeth Lafur, Emanuel Shinwell, i'w ddweud:

*We must in no circumstances throw up the sponge not only because of the direct consequences of the loss of Persian oil, but because of the effect which a diplomatic defeat in Persia would have on our prestige and on our whole position throughout the Middle East. If Persia was allowed to get away with it, Egypt and other Middle East countries would be encouraged to think they could try things on.*

Felly i ffwrdd â'r llynges i ymddwyn yn fygythiol ar lannau'r wlad ddi-ddallt, tra darbwyllai'r Saeson y byd taeog i atal eu busnes ag Iran. Ategodd y llysgennad Francis Shepherd y strategaeth gan nodi mai'r hyn oedd Iran ei angen oedd '*a 20 year occupation by a foreign power*'. Profodd yr ymffrost yma'n gamgymeriad wrth i Iran eu taflu allan yn gyfangwbl yn 1952 a hwythau ddim cweit mor galed yn dilyn yr Ail Ryfel Byd ag y tybiai Francis. Rhaid oedd wedyn mynd i fegera at yr Unol Daleithiau i'w cynorthwyo'n y crogi economaidd ac i ymbil am gymorth i ddysgu gwers i'r plentyn anystywallt.

Oherwydd ei fod yn 'atal masnach rydd', ail hoff esgus yr Eingl-Americaniaid i ymyrryd mewn gwledydd (ar ôl democratiaeth), cynorthwyodd y CIA y Saeson i ddisodli Mossadeq. Awgrymodd yr MI6 mai comiwnydd oedd Mossadeq. Nid oedd tystiolaeth o hynny, ond roeddent yn gwybod y byddai America'n neidio i alw am ei ddisodli. Roedd parti adain chwith o'r enw Tudeh yn dueddol o gefnogi Mossadeq yn y Senedd, a defnyddiwyd hwy at ddibenion MI6. Roedd dynion MI6 a'r CIA ar y stryd yn actio fel cefnogwyr Tudeh ac yn taflu cerrig at arweinwyr crefyddol i geisio parddu'r parti.

Cyn yr Ail Ryfel Byd roedd y Saeson wedi cynnal eu gafael ar Iran drwy gydweithio â'r hyn sy'n cyfateb i frenin y wlad, y Shah. Erbyn 1952 fodd bynnag, roedd senedd Iran wedi datblygu'n naturiol i lywodraethu'r wlad a grym y cyn-benaethiaid llinachol wedi crebachu, ond dyma oedd llwybr y Saeson tuag at ailosod y drefn 'naturiol'. Ysgrifennodd Churchill at y Shah yn gaddo y byddai help milwrol y Saeson ar gael petai'n ailgydio'n y dyletswyddau y cafodd ei eni i'w cyflawni. Felly datganodd y Shah fod Mossadegh yn cael ei ddisodli gan Fazlollah Zahedi, cadfridog cadarn yn y fyddin oedd wedi'i garcharu yn ystod yr Ail Ryfel Byd am gynorthwyo'r Natsïaid.

Wedi cael ei rybuddio ymlaen llaw, ymatebodd Mossadegh drwy ddatgan mai'r senedd yn unig oedd â'r grym i'w ddisodli, a bod y Shah yn cydweithio â thramorwyr yn erbyn y wlad – oedd yn gwbl gywir. Bu'n rhaid i'r CIA yn Iran ruthro i guddio'r cyn-Natsi Zahedi rhag cael ei arestio. Collodd y Shah ei blwc a'i heglu hi am Rufain heb ddim ond y dillad oedd amdano.

Mewn gorymdaith fawr i gefnogi'r prif weinidog, gosododd yr Eingl-Americaniaid eu dynion eu hunain ynddi i ymosod ar fosgiau, eglwysi ac offeiriadau o bob ffydd er mwyn pardduo'r gefnogaeth a phortreadu Mossadegh fel un oedd yn casáu crefydd. Defnyddiwyd miliynau o bunnoedd gan Lundain a Washington i gefnogi'r 'diwygio', drwy brynu ciweidiau i ffug-brotestio a llwgrwobrwyo gwleidyddion a chadfridogion. Talwyd am faneri mawr yn datgan 'Hir Oes i'r Shah!' i'w cwhwfan ar hyd strydoedd Tehran i ffanfer a syrcas (yn llythrennol – roedd acrobatiaid a chlowniau a jyglwyr yn rhan o'r sioe), ac y tu ôl iddynt roedd dynion oedd i ymosod ar heddlu a swyddfeydd er mwyn ceisio denu ymateb fyddai'n cael ei gyfleu i'r byd fel Mossadegh ddrwg yn sathru rhyddid.

Meddiannwyd gorsaf radio a datgan i'r genedl fod y 'bobl wedi trechu a roedd gorchymyn y Shah fod Zahedi'n Brif Weinidog wedi ei wireddu'. Daeth hyn yn syndod i Zahedi gyda'r Eingl-Americaniaid yn gafael ynddo a'i wthio i'r stryd ac ar ben tanc. Datganodd y newyddion Saesneg y celwydd fod Mossadegh wedi dianc er mwyn gwangalonni a drysu ei gefnogwyr, wrth i gatrodau'r cadfridogion oedd wedi eu llwgrwobrwyo ymosod. Cornelwyd Mossadegh, gyda 300 o bobl yn farw erbyn y nos.

Wedi i'r saethu ostegu ddyddiau yn ddiweddarach, daeth o leiaf 100,000 o bobl i wrthdystio'n erbyn y disodli, ond nid oedd ganddynt arfau felly nid oeddent am fygwth y drefn ac roedd hi'n saff eu hanwybyddu.

Tan 1979, bu'r Shah'n rheoli Iran er budd yr Eingl-Americaniaid. Y pris am hynny oedd bod y Saeson yn gorfod colli eu cyn-oruchafiaeth ar olew'r wlad a rhoi ei hanner i'r Unol Daleithiau am eu cymorth yn y fenter. Ond gwell hynny na dim. Y canlyniad i drigolion Iran oedd 25 mlynedd o gyfraith ormesol a diffyg rhyddid y byddai Saudi Arabia heddiw'n falch ohono. Nododd Amnest Rhyngwladol yn 1976 mai Iran oedd â'r record ddienyddio waethaf yn y byd, dim math o system gyfiawnder cyhoeddus a rhemprwydd llwyr o ran arteithio, fel gwelir yn aml pan mae arweinydd yn meddiannu grym yn groes i ewyllys y bobl. Roedd Prydain ac America 100% yn gefnogol i'r gyfundrefn er mwyn cadw'r elw i lifo.

Wedi disodli'r Shah yn 1979, arfogodd y Saeson a'r Americanwyr eu cymydog Saddam Hussein yn Irac i ryfela yn erbyn yr Iran newydd oedd wedi bod yn ddigon powld i ymafael yn eu tynged eu hunain unwaith eto. Wedi degawd o ymladd bu farw oddeutu miliwn ar y ddwy ochr. Llwyddodd y Saeson i werthu arfau i Iran hefyd, gan ei wneud yn ryfel gwych i economi Prydain. Roedd gwaharddiad swyddogol gan lywodraeth Prydain ar hynny ar y pryd, felly bu'n rhaid gwerthu'r arfau drwy Singapore, fel y dadlennodd yr *Independent* yn 1995.

Yn gyson, clywn wleidyddion Eingl-Americanaidd yn cyd-weiddi fod rhaid atal Iran rhag datblygu eu 'bom' honedig. Pwrpas hyn yw cadw'r pwysau i bortreadu Iran fel bygythiad, fydd rhyw ddydd angen ei 'atal'. Bu ffrwydriad yng ngweithiau olew Iran wrth i'r rhyfel yn Irac rygnu ar ddechrau'r mileniwm, ac ar 28 Ionawr, 2006 honodd Iran mai'r SAS wnaeth hynny o'u lleoliad sefydlog yn Basra yn agos i'r ffin. Does dim dwywaith mai Iran, os gwelwn gwymp Syria, fydd y wlad nesaf i fwynhau ei 'chwyldro'.

# *Saudi Arabia*

Heddiw Saudi Arabia, yn fwy nag unrhyw un arall yn cynnwys Israel hyd yn oed, yw'r wlad sy'n gweinyddu orau gynlluniau'r Eingl-Americaniaid yn y Dwyrain Canol a gorllewin Asia. Nid cyd-ddigwyddiad yw'r ffaith mai hithau yw'r wlad lleiaf rhydd ychwaith. Nid oes fyth gondemnio ar Saudi Arabia, prif ariannydd a chyfarwyddwr terfysgaeth eithafwyr Swni sydd hefyd yn gwrthod unrhyw ddemocratiaeth, rhyddid crefyddol a rhyddid i ferched.

Mae cwmnïau olew Prydain yn derbyn telerau ardderchog gan Saudi Arabia a'u cwmnïau arfau yn derbyn cytundebau anferth. Y lleiaf democrataidd yw'r wlad, hawsaf yw hi i'r sefyllfa yna barhau. Os am 'sefydlogi' gwlad, mae'n llawer haws cefnogi un llinach gormesol na chynrychiolwyr cyfnewidiol gwlad gyfan.

Lloegr fwy neu lai grëodd Saudi Arabia fel gwlad, at yr union ddibenion y mae hi'n eu gweithredu yno heddiw, wedi i hithau a Ffrainc gerfio'r Dwyrain Canol er mwyn eu helw eu hunain. Y cam nesaf oedd cefnogi a roi pŵer i unigolion fyddai'n dilyn eu gweledigaeth o arwain y gwledydd hynny er lles eu buddiannau hwy, yn hytrach na'r trigolion.

Wrth i'r Rhyfel Byd Cyntaf ddirwyn i ben, roedd dau o'r arweinwyr Arabaidd fu'n cael eu cyflogi i ymladd yr Otomaniaid yn yr ardal sydd heddiw'n Saudi Arabia yn flaengar: Sheif Hussein, oedd yn derbyn £12,000 y mis (fyddai oddeutu £500,000 yn arian heddiw) yn syth o goffrau Llundain ac Ibn Saud oedd yn derbyn £5,000 y mis hefyd gan Lundain. Cyflogau personol oedd y rhain. Roedd Prydain yn talu £11 miliwn yn uniongyrchol i gynnal byddin Sheif Hussein ar ben ei dâl misol.

Esboniodd y brodor o Dremadog, a elwid gan y Saeson yn 'Laurence of Arabia' wrth ei ddyrchafu'n achubwr arwrol yr Arabiaid, yr hyn fyddai'n ddymunol i'w wlad wrth i'r Rhyfel Mawr rygnu ymlaen yno ac yn Ewrop. Roedd yn cefnogi amcanion cytundeb Sykes-Picot rhwng Ffrainc a Lloegr i'r dim.

*... immediate aims, the break-up of the Islamic 'bloc' and the defeat and disruption of the Ottoman Empire. The Arabs are even less stable that the Turks. If properly handled they would remain in a state of political mosaic, a tissue of small jealous principalities incapable of cohesion.*

Roedd yr un farn gan y gweinyddwyr Seisnig a redai India hefyd. '*What we want is not an united Arabia, but a weak and disunited Arabia, split up into little principalities so far as possible under our suzerainty*'. Gair newydd i'r rhan fwyaf ohonom ar y diwedd fan'na ond medrwn gymryd nad oedd yn golygu fod yr Arabiaid yn cael rhedeg pethau.

Ond wedi i'r Twrciaid gael eu trechu, datganodd Hussein (yr un ar y cyflog mwyaf), mai ef oedd arweinydd Arabia gyfan. Nid oedd y llall, Ibn Saud, yn cyd-fynd â hynny. Gyda'r ddau'n siŵr fod Prydain ar eu hochr nhw – wedi'r cyfan pam arall y byddent yn eu talu – roedd hyn yn sefyllfa daclus i Brydain. Gwelwyd fod Saud yn un da gan nad oedd yn ceisio meddiannu tiriogaeth y Mwslemiaid i gyd, dim ond y rhannau sylweddol lle medrid gweinyddu crefydd Wahabi heb unrhyw wrthwynebiad difrifol, yn wahanol i Hussein oedd yn gweld ei hun yn cynrychioli Swnïaeth llai cul fyddai'n cyd-redeg â chrefyddau eraill. Nid oedd hi'n llesol i'r un o'r ddau oruchafu'n llwyr o safbwynt y Saeson.

Felly yn 1919, bomiodd awyrennau Prydain luoedd Saud i helpu Hussein, ond nid oedd hynny'n ddigon i'w atal rhag trechu (a phwy a ŵyr os nad dyna'n union oedd Llundain yn ei ddymuno). Nid oedd yn drugarog yn ei fuddugoliaeth. Lladdodd byddin Saud oddeutu 400,000, gyda miliwn arall yn dianc o'r hyn a elwir bellach yn Saudi Arabia. Ei deulu sy'n dal i redeg y wlad hyd heddiw.

Pan oedd yn gyfleus i naws y dydd, roedd Winston Churchill yn dangos ei ddealltwriaeth o'r bwystfil yn y senedd, heb grybwyll mai nhw oedd wedi'i greu ac yn parhau i'w gynnal. Meddai am Saud yn 1921: '*It is an article of duty, as well as of faith, to kill all who do not share their opinions... Women have been put do death in Wahabi villages for simply appearing in the streets... Men have been killed for smoking a cigarette.*

Ond llwyddodd Saud i ennill edmygedd Winston pan wawriodd dydd newydd. '*My admiration for him was deep, because of his unfailing loyalty to us.*' Roedd Winston Churchill fel y *Colonial Secretary* wedi codi cyflog Saud o £60,000 y flwyddyn i £100,000 yn 1922 a felly parhäodd mewn grym, er iddynt ei fomio ar ochr Hussein eto yn fuan wedi hynny. Erbyn 1926 roedd 40,000 arall wedi'u dienyddio'n gyhoeddus gan Saud (gan gynnwys merched a phlant) wrth iddo ddinistrio pob arlliw o wrthwynebiad posib. Parhaodd Prydain i ariannu'r ddwy ochr.

Yn 1927, cafwyd cytundeb i drosglwyddo pob cyfrifoldeb am bolisi tramor Saudi Arabia – yn cynnwys masnach – dan reolaeth Prydain. Yn 1929 bu gwrthryfel yn erbyn Saud gan gyd-Wahabïwyr, a phwy ddaeth i'w achub ond yr RAF a milwyr Lloegr a gymerodd bron flwyddyn i 'sefydlogi' pethau. Yn 1932 datganwyd Saudi Arabia yn wlad swyddogol annibynnol, er ei bod hi o hyd, wrth gwrs, dan ddylanwad Prydain yn answyddogol.

Prin fod unrhyw wahaniaeth yn nibenion tramor y ddwy wlad, Prydain a Saudi Arabia. Yn 1964 bu i Saudi Arabia dalu £100 miliwn am awyrennau rhyfel a hyfforddiant lluoedd Prydain, sefyllfa sy'n parhau'n rheolaidd heddiw.

Defnyddiwyd Saudi Arabia i ddisodli llywodaethau poblogaidd yn yr Aifft a Yemen yn y 50au a'r 60au, ac i godi ymladdwyr eithafol i ymosod ar lywodraeth Affganistan yn y 70au a'r 80au. Saudi Arabia oedd canolfannau'r rhan fwyaf o filwyr Prydain ac America i weinyddu goresgyniad Irac yn 2003. Mae Saudi Arabia wedi cyd-gynllwynio a chyfrannu miloedd o ymladdwyr i geisio disodli gwladwriaeth Syria o 2011 tan heddiw. Mae hefyd yn rhyddhau miloedd oddi ar ddedfryd o farwolaeth, a'u harfogi ar yr amod eu bod yn mynd i Syria i greu llanast, fel y dadlennodd eu dogfennau eu hunain. Ar y cyd â'r Unol Daleithiau a'r Saeson, aethant ati i fygwth Rwsia gan geisio rhwystro eu hymgais i gyfreithloni ymosod ar Syria yn y Cenhedloedd Unedig, gan ddweud y byddai terfysgaeth yn taro eu gwlad yn fuan os na fyddai Rwsia'n callio.

Digwyddodd ymosodiadau o'r fath cyn Gemau Olympaidd y Gaeaf yn Sochi, Rwsia. Bu cadfridogion byddin Prydain yn Saudi Arabia yn eu 'cynghori' wrth iddynt ymosod ar nifer helaeth o drigolion Yemen yn 2015 a 2016, gan esbonio wrthynt beth i'w wneud â'r biliynau lawer o daflegrau y maent wedi'u gwerthu i'r wlad.

Yn 2005 cyhoeddodd y Swyddfa Dramor yn Llundain ddogfen o'r enw: '*Two Kingdoms: Friendship and Partnership*', yn esbonio fod '*the symbolism of the two kingdoms of the UK and Saudi Arabia sharing the same challenges is a powerful in these times of misunderstanding*', gyda Jack Straw yn nodi yn 2006 wrth ymweld â'r wlad mai Prydain oedd '*Saudi Arabia's oldest friend and ally*'. Ar yr un adeg roedd Irac ac Affganistan yn cael eu meddiannu ar y rhesymau honedig o ymosodiadau 9/11 ar America. Roedd pob unigolyn yr honwyd iddynt fod yn ymosodwyr yn berchen ar basbort Saudi Arabia. Gwobrau gaiff y wlad honno, nid goresgyniad.

Yn 2006 ataliodd Tony Blair ymchwiliad gan y *Serious Fraud Office* ar lwgrwobrwyo gan *BAE Systems* (*British Aerospace*) i gyfundrefn Saudi Arabia cyn cytundeb arfau anferth yn 2005. Yn Nhachwedd 2010, datgelwyd fod Tony Blair Associates, ar yr un adeg ac yr oedd yn Llysgennad Heddwch y Dwyrain Canol wedi arwyddo cytundeb gyda'r cwmni PetroSaudi, cwmni un o deulu brenhinol Saudi Arabia, oedd yn rhoi ffi o £41,000 y mis i TBA yn ogystal â 2% o bob cytundeb a sicrheid ar gyfer PetroSaudi. Un o'r cymalau oedd na fyddai Tony Blair yn cael ei grybwyll o gwbl mewn unrhyw drosglwyddiad neu dderbynneb.

Mae'r holl wledydd a gafodd lonydd yn y Gwanwyn Arabaidd honedig ag un peth yn gyffredin: mae'r byd busnes Eingl-Americanaidd yn gwneud elw mawr o'u cyfundrefnau. Dyna pam gyrrwyd y fyddin Brydeinig i gynorthwyo cyfundrefn Barhain i falu protestiadau a gododd yno yn yr union fisoedd pan oedd cythrwfwl ar hyd y Dwyrain Canol a Gogledd Affrica. Mae'r gwledydd lleiaf gormesol wedi'u dinistrio a'r cyfundrefnau gwaethaf wedi goroesi ac wedi eu hatgyfnerthu.

Yn Chwefror 2016, deddfodd yr Undeb Ewropeaidd na ddylai eu gwledydd werthu arfau i Saudi Arabia yn dilyn eu dinistr yn Yemen.

Ar yr un diwrnod yn union, rhoddodd David Cameron araith yn clodfori cytundeb newydd oedd yn gweld BAE Systems yn derbyn biliynau. Atgyfnerthir y berthynas yma gyda deliau anferth o fenthyciadau rhwng y ddwy wlad, a chytundebau olew anferth.

Mae cyfoethogion Saudi Arabia yn berchen ar gannoedd o adeiladau yn Llundain. Mae gwerth buddiannau Prydain yn Saudi Arabia oddeutu £15 biliwn.

Ym Medi 2016 ataliodd llywodraeth Prydain ymgais am ymchwiliad gan yr Undeb Ewropeaidd i droseddau Saudi Arabia yn Yemen – rhywbeth na fedrai ei wneud yn fuan wedi hynny.

# *Yemen*

Roedd y Saeson yn falch iawn o'u porthladd milwrol yn Aden, a elwir heddiw yn Yemen. Yn 1799 yn ystod eu hanturiaethau wrth ymladd Napoelon ar hyd a lled y byd, daeth ynys Perim i'w meddiant, cyn iddynt benderfynu fod Aden ar draws y dŵr yn edrych yn fwy cyfleus. Ond roedd golwg ar y trigolion fel eu bod yn medru amddiffyn eu hunain, felly penderfynwyd rhoi anrhegion i'r Swltan yno a gaddo cydweithio hapus.

Yn raddol daeth eu natur i'r fei, ac wrth i ddinas Mocha wrthod eu gorchmynion i brynu a gwerthu eu nwyddau ar y prisiau a benodwyd gan y Saeson, mi gafwyd esboniad ar y sefyllfa ar ffurf ergydion yn cael eu tanio atynt. Felly arwyddwyd 'cytundeb' masnachol oedd yn ffafriol iawn i un ochr yn 1820. Yn 1827 symudwyd i fyny'r arfordir a gwneud rhywbeth tebyg i dref Berbera, drwy warchae y tro hwn yn hytrach na saethu.

Wedi i olynydd y Swltan benderfynu nad oedd telerau ei ragflaenydd gyda'r Saeson yn rhy wych a mynnu eu newid, roedd eu traed ddigon pell o dan y bwrdd i fedru cicio'r Swltan powld oddi ar ei gadair a meddiannu'r holl sioe. Gwnaethpwyd hynny wrth i longau rhyfel gyrraedd yn ddirybudd yn 1839. Cadwyd gafael ar Aden hyd nes i'r Ail Ryfel Byd ysgwyd y drefn ryngwladol.

Yn 1947, ddwy flynedd ar ôl 'achub y byd', gollyngwyd 247 taflegryn a 66 tunnell o fomiau ar ardaloedd yn Yemen, a'r esgus y tro hwn oedd i 'atal rhyfel rhwng dau lwyth, ac atal lladron'. Eu neges, wrth gwrs, oedd cyfleu i'r brodorion nad oedd yr Ymerodraeth am adael i'w buddiannau lithro o'i gafael.

Roedd papurau Lloegr ym Mai 1956 yn llawn pryderon am 'reiats' yn Aden ac yn gwarafun y trigolion di-ddallt oedd yn galw am annibyniaeth. Sir Richard Turnbull, oedd newydd orffen dinistrio'r Mau-Mau yn Kenya, a benodwyd i oruchwylio'r gorthrwm ar boblogaeth Aden a Yemen wrth i fudiad dros ymwared y lle o'u gormeswyr ennyn cefnogaeth anferth. Gwahardd y mudiad a dileu rheithgorion mewn llysoedd oedd eu hymateb yn

1963, gan arteithio'n hael er mwyn ceisio dal yr arweinwyr. Fel arfer, roedd yr arteithio'n llwyddiant ysgubol pan heriwyd y Saeson ar hyn gan Amnest Rhyngwladol. 'Terfysgwyr' oedd y mudiad, a datganodd ysgrifennydd tramor y Saeson, George Brown, fod yr arteithio *'had operated with considerable success, having provided information leading... to the arrest of a large number of terrorists'.*

Tacteg arall oedd sefydlu terfysgwyr i ymladd yn erbyn y mudiad, yn smalio eu bod yn organig o blith y bobl er eu bod yn derbyn eu cyflog gan MI6, ac yn cael eu harwain ar lawr gwlad gan Saeson wedi'u gwisgo'n y wisg lleol i ddienyddio a thargedu cefnogwyr y mudiad. Roedd enw Saesneg arwrol, a chwbl gamarweiniol ar y rhain wrth gwrs, sef y *Front for the Liberation of South Yemen.*

Fel arfer, anwybyddodd Lloegr alwad y Cenhedloedd Unedig pan nad oedd honno'n cyd-fynd â'i dymuniadau wrth iddynt alw arni i adael Yemen yn 1963. Ceisiodd y Groes Goch ac Amnest Rhyngwladol ofyn am fynediad i garchardai'r Saeson a chawsant eu gwrthod. Ar ben y terfysgwyr cyflogedig, roedd yr SAS yn saethu aelodau'r mudiad yn agored, ond daeth twf sylweddol yn y dinistr wrth i'r Saeson benderfynu nad oedd y dulliau cudd yn ddigon cyflym gan fynd ati i hedfan eu hawyrennau dros y wlad a'i bomio'n sylweddol.

Gan gydweithio ag Israel a Saudi Arabia, aethant ati i gynllwynio ac arfogi ciwedau drwy'r chwedegau a lladdwyd tua 200,000 yno.

Ar 30 Tachwedd, 1967 gwelodd y Saeson hi'n dda i ddianc o Yemen. Roedd ei byddin o 17,000 o filwyr nid yn unig yn annigonol ond yn costio gormod. Ceisiodd Prydain wahodd y Weriniaeth newydd i'r Gymanwlad Brydeinig wedi'r ymladd. Bu honno mor ddigywilydd â gwrthod.

Heddiw mae Prydain yn cefnogi ac yn cyfarwyddo'r dinistr ar Yemen gan Saudi Arabia.

# Qatar

Yn 1820, taniwyd ar ddinas Doha gan y *Vestal*, llong yr *East India Company*, yr enw corfforaethol ar ymerodraeth Lloegr yn Asia. Digwyddodd yr un fath yn 1841. Yn 1868 sefydlwyd gwladwriaethau Bahrain a Qatar fel endidau ar wahân, dan gyfarwyddyd y Saeson.

Wedi cerdded i mewn iddi yn 1916 ar ganol y Rhyfel Byd Cyntaf, anogwyd Qatar i drosglwyddo'u gwlad i reolaeth y Saeson er mwyn sicrhau 'ei diogelwch'. Yn 1971, daeth Qatar yn annibynnol o ddylanwad uniongyrchol Prydain, ond parhawyd ar delerau cyfeillgar gyda'r arweinwyr annemocrataidd. Y mwyaf o fusnes a wnaed gyda Phrydain y mwyaf tebygol oeddent o gadw eu grym.

Arferai Al-Jazeera fod yn orsaf deledu annibynnol – mor annibynnol fel fod yr Eingl-Americaniaid wedi galw'n agored am ei bomio oherwydd ei bod yn mynnu adrodd o lawr gwlad Irac wedi'r goresgyniad. Ond yn hytrach na hynny, daeth gwell ateb. Anogwyd arweinwyr Qatar, oedd yn gyfeillion mynwesol i fusnes mawr a diwydiant arfau Prydain, i gymryd awennau'r orsaf. Daeth canlyniad hyn yn amlwg wedi i 22 o'i newyddiadurwyr ymddiswyddo yn 2013 oherwydd golygyddiaeth unochrog, camarweiniol a chelwyddog yr orsaf wrth adrodd hanes y llanast yn Syria.

# *Affganistan*

*I confess that countries are pieces on a chessboard upon which a great game is being played out for the domination of the world.*

Yr Arglwydd Curzon, llywodraethwr India, yn cyfeirio at Affganistan yn 1898.

Yn 1838, anwybyddodd pennaeth Affganistan, Amir Dost Muhammad, gynnig amwys Prydain i 'gydweithredu`. Roedd yr hyn a ddigwyddai dros y ffin yn India yn enghraifft o sut oedd cytundebau gyda'r Saeson yn dueddol o orffen, a bu i'w ddiffyg ymddiriedaeth brofi'n gywir yn eithaf sydyn wrth i 21,000 o filwyr Lloegr ymosod ar y wlad er mwyn newid *regime*.

Wedi'r goresgyniad, pendronwyd pwy fyddent yn ei benodi'n arweinydd newydd mwy hyblyg ar y wlad. Gwelodd eu mab dewisiedig, y Shah Shuja, wedi ychydig wythnosau ei fod angen mwy a mwy o gymorth ac arfau Lloegr i fedru aros yn fyw, heb sôn am reoli. Gwelodd y Saeson hefyd fod y trigolion twyllodrus yn dueddol o ymddwyn yn llai cydweithredol pan nad oeddent o flaen gwn, a lladdwyd nifer o gadfridogion Prydeinig oedd yno i gadw trefn wedi ymadawiad y brif fyddin. I ddial arnynt, aethant ati i ddinistrio y Bazaar, marchnad anferth Kabul, cyn ei g'leuo hi yn ôl am India ac anwybyddu Affganistan am ryw 36 mlynedd.

Yn 1878, clywodd Prydain fod yr Affganiaid yn trafod gyda diplomyddiaid o Rwsia. Doedd hynny ddim yn gwneud y tro o gwbl, felly mynnodd Prydain y dylen nhw gael ymweld â Kabul hefyd. I ffwrdd â nhw ar eu taith cyn derbyn ateb, a chael eu hatal ger y ffin rhag mynd gam ymhellach. Oherwydd y sarhâd hwnnw, gyrrwyd 40,000 o filwyr i Affganistan. Lladdwyd y pennaeth Sher Ali Khan a daliwyd ei fab a'i orfodi i drosglwyddo'r wlad gyfan i ddwylo'r Saeson, onibai am y weinyddiaeth llawr gwlad – roedd hynny angen mwy o ddynion – ond y Saeson fyddai'n siarad a phenderfynu dros Affganistan ym mhob cyfathrebu rhyngwladol.

Anghytunodd byddin Affganistan ac ymosodwyd ar y

goresgynwyr. Arweiniodd hyn at ail goncro Kabul gan y Saeson a arweiniodd at fwy o ladd trigolion a gwrthymosod, tan iddynt benderfynu wedi brwydrau fel Maiwand yn 1880, lle bu farw mil (llawer mwy – 12,000 yn ôl cofnodydd Affganiad o'r cyfnod) o filwyr Lloegr, nad oedd aros yn syniad rhy dda wedi'r cyfan. Ymadawsant am India drachefn.

Aelod o'r wrthblaid oedd William Gladstone pan gondemniodd 'y goresgyniad mwyaf haerllug o Affganistan' oedd wedi 'malu'r wlad yn ddarnau a'i droi'n adfail.' Yn ôl arfer Llundain, gweinyddodd yntau'r Ymerodraeth yr un mor ddigywilydd â'r Torïaid gyntaf y cipiodd bŵer yn enw'r Rhyddfrydwyr, gan oresgyn yr Aifft ar ben hynny ddwy flynedd wedi'r araith danbaid.

Ddeugain mlynedd yn ddiweddarach, gwelwyd troi'r drol ac ymosododd yr Affganiaid ar Brydain yn India. Erbyn 1919 roedd y Rhyfel Byd Cyntaf wedi gwanhau'r Ymerodraeth, ond nid anghofiwyd fod gan Brydain arf newydd yn eu meddiant, sef yr awyren rhyfel. Drwy fomio o'r awyr, trowyd byddin Affganistan yn ôl. Rhaid oedd dysgu gwers wrth gwrs, ac fe aethpwyd dros y ffin ar eu holau, cyn i bethau droi'n flêr i'r Ymerodraeth eto wrth i gatrodau o'r Indiaid annibynadwy gyfnewid ochr. Felly trowyd yn ôl a setlo ar yrru awyrennau i fomio Jalalabad a Kabul yn hytrach.

Un elfen sy'n bwysig i'w phwysleisio, o ystyried y delweddau heddiw o bobl dan ddylanwad crefyddol Islamaidd trwm, yw fod Affganistan yn wlad ryddfrydol am ddegawdau, ymhell i mewn i'r 1980au. Roedd pobl yn gwisgo fel y mynnent, y dinasoedd yn gymysgedd o wisgoedd a dylanwadau o bob rhan o'r byd. Roedd merched yn cael rhwydd hynt i weithio a theithio. Roedd addysg i bawb a chydnabyddiaeth a rhyddid i bob crefydd. Yn 1978, wedi i'r llywodraeth geisio cyflwyno'r datblygiadau i bob rhan o'r wlad drwyddi draw, ceisiodd dilynwyr y doctrin llym Wahabi ddymchwel y gyfundrefn a chael gwared o hyn i gyd. Ar erfyniadau rheolaidd ac aml y llywodraeth, oedd wedi gwylltio'r Wahabiwyr yn fwyfwy wrth ddienyddio rhai o'u hymladdwyr gwaethaf, gyrrodd yr Undeb Sofietaidd eu byddin i'r wlad i gefnogi'r gyfundrefn yn 1979.

Nid oedd yr Affganiaid gwledig yn gwerthfawrogi'r goresgyniad hwn, sefyllfa a waethygodd oherwydd tactegau byddin yr Undeb Sofietaidd o ymosod ar bentrefi oedd yn cynnal y gwrthryfelwyr, os coeliwn y Gorllewin. I dwchu'r cawl, roedd yr Unol Daleithiau a Phrydain yn arfogi ac ariannu byddinoedd o ymladdwyr tramor, yn cynnwys Osama Bin Laden ifanc o Saudi Arabia, er mwyn poenydio'r Undeb Sofietaidd a disodli'r llywodraeth. Gyrrodd Prydain eu hen stoc o daflegrau fel anrheg i'r byddinoedd tramor hyn i helpu'r achos.

Methodd Margaret Thatcher â pherswadio tîm Olympaidd Prydain i ddilyn enghraifft yr Unol Daleithiau a gwrthod cystadlu yng ngemau Mosco 1980. Gwnaeth yn iawn am y methiant hwnnw drwy araith mewn gwledd yn Pacistan yn 1981 yn clodfori'r unben, y cadfridog Zia ul Haq, arweinydd y fyddin a ddisodlodd y llywodraeth drwy drais yn 1977. Bu Zia ul Haq yn filwr Prydeinig yn yr Ail Ryfel Byd. Yn gyfleus, nid oedd yntau yn hapus fod yr Undeb Sofietaidd ar delerau da ag India ddemocrataidd felly roedd yn barod ei gymwynas. Wrth gwrs, ar gyfer y gynulleidfa gartref yr anelwyd yr araith honno, ac mae'r un hen driciau yn gyfarwydd yn nhorcalon ffug ei disgyblion yn arweinwyr cyfoes y blaid Dorïaidd yn San Steffan. Un uchafbwynt haerllug oedd '*We admire and support the attatchment you have steadfastly shown to the right of the Afghan people to choose their own form of government in peace*'.

Dan law Zia ul-Haq sicrhawyd llif mawr, rheolaidd o ymladdwyr tramor i Affganistan wedi'u harfogi'n daclus gan Brydain ac America ar y ffin. Roedd Osama Bin Laden yn arwain catrawd ohonynt, y Maktab al-Khadamat, ac yn gweinyddu arian, arfau ac ymladdwyr gyda chymorth arweinwyr Saudi Arabia a Pacistan a llywodraethau Reagan a Thatcher.

Croesawodd Margaret Thatcher un o'u harweinwyr arfog mwyaf effeithiol i Stryd Downing yn 1986. Galwodd Gulbuddin Hekmatyar yn '*Freedom Fighter*', disgrifiad y byddai merched Affganistan yn ei weld fel un rhyfedd eithriadol ac ystyried ei driniaeth ohonynt. Wyth mlynedd yn ddiweddarach, llwyddodd i fomio Kabul i'r fath raddau fel yr ildiwyd arweinyddiaeth y wlad iddo. Cyfaill arall triw felly, nes y byddai'n peidio â bod o ddefnydd.

Esboniwyd eu nod yn busnesu yn y dyfyniad moel hwnnw gan gyfundrefn Carter oedd yn clochdar eu bod wedi '*draw the Russians into the Afghan trap*' a '*we now have the opportunity of giving the USSR its Vietnam war*'. Penderfynodd Gorbachev y byddai'r Undeb Sofietaidd yn gadael llywodraeth Affganistan i'w ffawd yn 1989, wedi deg mlynedd o ymladd. Er iddynt adael, parhaodd yr Unol Daleithiau ac i raddau llai, Prydain, i daflu adnoddau at y terfysgwyr er mwyn dymchwel llywodraeth Affganistan. Roedd yn rhaid cael buddugoliaeth lwyr, cael gwared â'r 'Marcswyr', cael gwared â bwgan eu colled yn Fietnam a chwblhau cywilydd yr Undeb Sofietaidd. Yn siomedig fod y llywodraeth yn dal ei thir yn ddigon rhwydd, cynllwyniodd llysgennad Pacistan yn yr Unol Daleithiau, Robert B. Oakley, ar y cyd â gwasanaethau cudd Pacistan i ymosod ar Jalalabad gyda 10,000 o'r Mujahadin. A dyna fu, gan arteithio pob un a ildiai cyn eu lladd, gan gynnwys pobl gyffredin oedd yn y ffordd.

Cyfrwyd fod 70% o athrawon Kabul yn ferched, 40% o ddoctoriaid yn ferched a 50% o fyfyrwyr a gweithwyr llywodraethol yn ferched cyn i'r Mujahadin ddisodli'r llywodraeth a rhoi terfyn ar hynny, ond roedd gwaeth i ddod. Bu rhaniadau ymysg y goresgynwyr, a phenderfynodd y Taliban nad oedd polisïau cul arweinyddiaeth y Mujahadin yn hanner digon cul wrth iddynt feddiannu grym yn 1996. Dyna roi terfyn ar addysg yn gyfangwbl onibai am addysg eu crefydd penodol, terfyn ar addysg i ferched, terfyn ar wisgo fel dewiswyd, terfyn ar sinema, ar gerddoriaeth, ac yn y blaen.

Daeth yr adeg pan oedd hi'n ddefnyddiol i'r gwir reolwyr droi yn erbyn eu ffrindiau. Er mai o Saudi Arabia y daeth yr ymosodwyr i gyd yn ôl y pasborts syndod o gyfan a ddarganfyddwyd ger y tyrrau a ddymchwelwyd yn Efrog Newydd, nid y wlad honno oedd i dderbyn y dialedd. Wrth i George W. Bush ddatgan mai Affganistan oedd am ei chael hi roedd Llafur yn Llundain wedi hen benderfynu mai dilyn yr Unol Daleithiau, doed a ddelo, fyddai'r polisi. '*We want you to get up the arse of the White House and stay there*', oedd ordrs Jonathan Powell, pennaeth staff Tony Blair, i Christopher Meyer wrth ei benodi'n llysgennad yn Washington.

Yr unig le call i osod pibell i gludo'r olew o'r Môr Caspian oedd drwy Affganistan, ac yn gyfleus iawn dechreuwyd ar yr union brosiect hwnnw yn union ar ôl y goresgyniad heb orfod parhau i drafod na rhannu'r elw gyda'r Taliban. Gweledigaeth Prydain ac America cyn hynny oedd llwgrwobrwyo'r Taliban a throi Affganistan yn Saudi Arabia arall, lle byddai'r olew yn llifo a hawliau dynol yn amherthnasol. Wedi'r cyfan, os ydynt yn rhy brysur yn ceisio cael ysgolion a thegwch sylfaenol ni fyddent yn brysur yn ceisio bachu rhan deg o'u hadnoddau naturiol. Cyn y goresgyniad, cytunwyd ar fargen fod y Taliban yn cadw 15% o bob barel. 50 biliwn barel oedd yn y Caspian yn ôl amcangyfrifon llywodraeth Prydain, fel yr adroddodd y *Daily Telegraph* yn 2001. Roedd 9/11 yn galluogi dêl gwell i gwmnïau olew fel *British Petroleum* a'r Americaniaid.

Ynghyd â bomio Affganistan, un arall o'r strategaethau oedd arfogi ac ariannu'r rhyfelwyr hynny oedd wedi ymsefydlu yn y wlad ers disodli'r llywodraeth. Tactegau soffistigedig MI6 a'r CIA oedd gosod miliynau o ddoleri o'u blaenau a gaddo mwy ar lwyddiant eu hymosodiad. Galwyd y ciwedau hyn yn y '*Northern Alliance*', gan annog y cyfryngau i'w labelu fel y gwrthwynebwyr rhesymol i'r Taliban gorffwyll. Dadlennodd cyfweliadau newyddiadurwyr â'r cyhoedd oedd wedi bod mor ffodus i fod yn llwybr y '*Northern Alliance*' fod y rhain yn lladd, herwgipio a threisio fel y mynnent. 'O leiaf roeddem yn saff dan y Taliban' oedd y gŵyn a glywyd gan drigolion a dioddefwyr a gyfwelwyd yn ddiweddarach.

Ni chadwyd cyfrif swyddogol o'r marwolaethau yn Affganistan. Fel y dywedodd Colin Powell, un o'r lleiaf gorffwyll o gyfudrefn George W. Bush, '*We don't do body counts*'. Mae 14 mlynedd wedi bod ers hynny a pharhau mae'r 'rhyfel'. Dinistriwyd Kandahar yn gyfangwbl fwy neu lai gan fomio o awyrennau heb i'r cyfryngau Seisnig gymryd unrhyw sylw. Mae straeon unigol dirifedi am hofrenyddion yn chwalu pentrefi, priodasau yn cael eu bomio, taflegrau'n dinistrio tai llawn teuluoedd ac yn y blaen. Newyddiadurwyr sy'n darganfod y straeon hyn, gan orfodi byddinoedd America a Phrydain i wneud datganiad a rhoi rhyw siâp ar yr hanes. Datganiadau yn nodi ryw ffigwr bras o 'derfysgwyr' a laddwyd a geir fel arfer, gyda'r prawf am derfysgaeth honedig y meirw'n gwbl ddibynnol ar ymddiriedaeth. Beiwyd plant am gael eu lladd unwaith am eu bod yn byw mewn pentref lle roedd 'terfysgwyr'.

Gwnaeth y cyfryngau Seisnig eu dyletswydd taeog arferol. Mae'r *Guardian* rywsut yn medru portreadu ei hun fel y papur sy'n cicio'n erbyn y tresi drwy roi colofnau i George Monbiot a Seamus Milne er enghraifft. Ond yn eu golygyddol wedi i Tony Blair wyrdroi realiti yn ei araith yng Nghaerdydd, broliodd y *Guardian* fod '*the core of the speech – intellectual as well as moral – came when he contrasted the west's commitment to do everything possible to avoid civilian casualties with the terrorists' proven wish to cause as many civilian casualties as possible... that is still a key difference*'. Dangosodd y papur newydd, sy'n llais y 'chwith' Seisnig, gefnogaeth lwyr i'r ymgyrch o'r dechrau.

Daeth mil o arweinwyr cymdeithas o ranbarthau Affganistan ynghyd yn Peshwar gan ryddhau datganiad yn ymbil ar y goresgynwyr i atal y bomio diderfyn oedd yn lladd cymaint o bobl gyffredin oedd ddim i'w wneud â'r Taliban. Adroddodd y *New York Times* y stori, ond ni chlywyd smic ohoni ym mhapurau nac ar deledu Lloegr. Gyda Tony Blair, Jack Straw a Geoff Hoon yn honni bod eu rhyfel am ryddhau merched y wlad, nid adroddwyd ychwaith ddatganiad Sefydliad Chwyldroadol Merched Affganistan oedd yn ymbil arnynt i atal y bomio ac i roi'r gorau i arfogi'r '*Northern Alliance*' oedd yn eu targedu'n ddidrugaredd.

Roedd y bomio, yn ôl y gweinidog amddiffyn Geoff Hoon, hefyd yn wych oherwydd '*it sends a clear message to others*'. Dyna oedd aberth trigolion Affganistan – eglurhad i bawb yn y byd beth ddigwyddai os meiddient beidio â dilyn gorchmynion Prydain ac America. Ar ben y gost ddynol mae astudio'r datblygiadau'n Affganistan yn arddangos y brynti sydd ynghlwm â 'chymorth rhyngwladol'. Mae 84% o'r arian a gaiff ei ddynodi fel 'cymorth' i Affganistan yn mynd yn syth i boced cwmnïau a byddinoedd Prydain ac America. Mae un achos o gwmni'n derbyn miliynau i adeiladu a chynnal nifer o ysgolion, ond methodd tîm ymchwilio â darganfod yr un ysgol o'r fath. Y cliw sy'n datgelu pa rai yw'r cwmnïau hyn yw eu label NGO, sef *Non-Government Organisations*. Yr hyn sy'n sicr yw'r cysylltiadau sydd rhyngddynt â gwleidyddion.

Un o'r buddion honedig o'r goresgyniad oedd y byddai NATO yn rhoi `terfyn ar ddiwydiant cyffuriau y wlad', er nad oedd yn bodoli ers blynyddoedd. Efallai nad yw'n syndod enfawr eu bod wedi methu'n enbyd yn y nod hwnnw, gyda miliwn o Affganiaid yn gaeth i'r cyffur heddiw o'i gymharu â bron i ddim yn 2001 dan y Taliban, a bod tyfiant pabi i werthu heroin dramor wedi lluosi 40 gwaith ers i Affganistan gael ei rheoli dan Brydain ac America. Amcangyfrifir bod 90% o'r heroin ar strydoedd y byd heddiw yn dod o Affganistan, fel y clywyd yng Nghomisiwn y Cenhedloedd Unedig ar Gyffuriau yn Fiena ym mis Mawrth 2013.

Er hyn oll, caiff yr Affganiaid edrych yn ôl ar y cyfnod mewn blynyddoedd ac ymfalchïo fod eu gwlad ddi-nod wedi derbyn sylw'r mawrion, fel yr ymweliadau lu gan enwogion y byd mawr Seisnig megis Katherine Jenkins i roi adloniant i'r fyddin Brydeinig yn eu caerau a Ross Kemp i'r gwylwyr teledu yn ôl yng ngwlad Sky, ITV a BBC. '*We will do it all because of our values of justice, tolerance and respect for all, regardless of religion, race or creed*', medd Tony Blair yn 2002.

# *Irac*

Yn ystod y Rhyfel Byd Cyntaf goresgynwyd Mesopotamia gyda'r cyfiawnhad bod hynny'n hanfodol er mwyn brwydro ymerodraeth yr Otoman. Wedi methiant llwyr yn 1916, pan ddaliwyd 13,000 o filwyr Prydain, ailgeisiwyd yn fwy llwyddiannus yn 1917 gan glochdar y datganiad: *'our armies do not come into your cities and lands as conquerors or enemies, but as liberators'*. Ailddywedwyd yr un geiriau yn 2003.

Rhannodd Lloegr a Ffrainc dir y Dwyrain Canol drwy gytundeb Sykes-Picot ar ganol y Rhyfel Byd Cyntaf. Roedd hyn yn ddiarwybod i'r Arabiaid ar y pryd, yn gynllwyn i fradychu'r ardal gyntaf y byddai'r rhyfel ar ben er mwyn defnyddio cenedlaetholdeb Arabaidd i ymladd yr Otomaniaid oedd ar ochr yr Almaen. Rhoddwyd Syria i'r Ffrancwyr a chrëwyd gwladwriaeth Irac i'w rheoli gan y Saeson. Gorfodwyd 'cytundeb' ar arweinwyr i arwyddo mai Lloegr oedd yn gyfrifol am bolisi ariannol, milwrol a thramor Irac, gan roi'r hawl iddynt goloneiddio'r wlad gyda safleoedd milwrol.

Wrth i'r trigolion wrthwynebu, roedd barn unfryd ymysg yr ymreolwyr yn Llundain mai eu bomio oedd y ffordd orau i egluro'r sefyllfa. Dioddefodd y Cwrdiaid yn enwedig, gan eu bod yn ystyried eu hunain yn annibynnol o bob digwyddiad yn Baghdad. Roedd y Cwrdiaid wedi croesawu'r Saeson i'w gwlad yn 1918 gan ddechrau ar y broses o sefydlu eu gwlad eu hunain, yn ôl yr awgrym a gafwyd. Ond wedi iddynt anwybyddu gorchmynion y Saeson, anfonodd Sir Arnold Wilson fyddin Lloegr i ganol y Cwrdiaid a dinistrio'u hannibyniaeth. Wrth i'r Cwrdiaid lwyddo i wrthsefyll yr ymosodiad hwn, penderfynwyd ar gosb mwy effeithiol.

*'I am in favour of using gas against uncivilized tribes'*, medd Winston Churchill cyn i awyrennau Lloegr ollwng nwy ar ben pentrefi Cwrdaidd. Dyma'r tro cyntaf i nwy gwenwynig gael ei ollwng mewn bomiau o'r awyr. Esboniodd y 'Wing Commander' J.A. Chamier: *'The attack with bombs and machine guns must be*

*relentless and unremitting and carried on continuously by day and night, on houses, inhabitants, crops and cattle.'*

Nodwyd gan Arthur Harris, bomiwr enwog dinasoedd yr Almaen yn yr Ail Ryfel Byd: *'The Arab and Kurd now know what real bombing means in casualties and damage. Within forty-five minutes a full-size village can be practically wiped out and a third of its inhabitants killed or injured.'* Roedd sail pendant i'r honiad 45 munud hwn, yn wahanol i un Tony Blair ryw 80 mlynedd yn ddiweddarach.

Nid gwallgofddyn a lwyddodd i dwyllo ei ffordd i arwain Llafur oedd Tony Blair wrth ymosod ar Irac dan gelwydd yn 2003. Roedd yn dilyn traddodiad ei blaid. Pan ddaeth hi'n dro Llafur i fomio yn yr 1920au, rhoesant esboniad nad oedd neb wedi marw gan eu bod wedi gollwng taflenni yn rhybuddio'r bobl o'r ymosodiad. Ar wahân i'w rhesymeg amheus, gellid nodi mai 10% o'r boblogaeth ar y pryd oedd yn medru darllen.

Broliodd David Lloyd George fuddugoliaeth y llywodraeth i fedru *'reserve the right to bomb niggers'*, fel nododd ei ysgrifenyddes a'i ail wraig Frances Stevenson yn ei dyddiaduron. Roedd yn dathlu methiant yr Almaen yn Chwefror 1932 (cyn Hitler), i wthio deddf yng Nghynghrair y Cenhedloedd i wahardd bomio o awyrennau er mwyn ceisio atal Prydain rhag bomio Mesopotamia.

Yn 1948 ceisiodd Llundain delerau cryfach iddi ei hun yn Irac gan arwyddo 'cytundeb' yn Portsmouth fyddai'n golygu dwyn mwy digywilydd. Gwelodd y gyfundrefn a osodwyd gan y Saeson yn Baghdad brotestiadau gan ddegau o filoedd o drigolion y tu allan i'w giatiau gan orfodi'r pwped a roddwyd ar ei bedastl gan y Saeson, Nuri es-Said, i'w wrthod. Taflwyd y Saeson yn swyddogol allan o Irac yn 1958 ac ar yr un pryd disodlwyd eu pwpedau'n y 'teulu brenhinol'.

Yn 1961, smaliwyd fod Kuwait am gael ei goresgyn gan Irac er mwyn gyrru milwyr yno i newid pethau.

Bu hynny'n gyfle i'r Americaniaid roi eu bysedd yn y treiffl, gyda chydweithrediad y cyn-feistri. Yn 1968, bu'r CIA a MI6 yn cydgynllwynio â'r parti Ba'ath i ddymchwel llywodraeth Irac.

Agorwyd adnoddau naturiol y wlad, yn bennaf olew, unwaith eto i gwmnïau tramor Saesneg eu hiaith. Ymysg y cynllwynwyr roedd un cadfridog o'r enw Saddam Hussein, a ddarganfyddodd ei hun yn arwain y sioe yn 1979.

O 1979 i 1989, rhoddodd America a Phrydain arian ac arfau i Saddam Hussein a'i annog i ymosod ar Iran. Bu llawer o gyfarfodydd swyddogol lle bu i wahanol weinidogion tramor fel David Mellor, Alan Clark, Douglas Hurd dros Brydain a Donald Rumsfeld dros yr Unol Daleithiau ysgwyd llaw ag ef i ffanffer y cyfryngau. Benthycwyd £340 miliwn o arian treth Prydain i Irac gael 'prynu' eu harfau, ac arwyddwyd y ddêl yn Baghdad yn 1988 gan Tony Newton, Ysgrifennydd Masnach Margaret Thatcher.

Roedd cyfryngau Saesneg, pan drafferthent sôn amdani, yn ei thrin fel rhyw ryfel rhwng dwy wlad a bod y pethau yma'n digwydd mewn rhyw hen lefydd felly. Ond pan ddaeth anghydfod wedi i Kuwait fradychu Irac ar fusnes olew, gwelodd Saddam fod ei hen gyfeillion yn rhai piwis. Cytunodd Douglas Hurd '100%' â gosodiad George Bush mai Adolf Hitler arall oedd eu cyn-gyfaill. '*Saddam Hussein and Iraq must be destroyed once and for all*,' bloeddiodd y *Sun*.

Gwelwyd enghraifft cynnar o gamddefnydd asiantaethau dyngarol er mwyn ennill cefnogaeth y cyhoedd i ymgyrchoedd anodd, pan 'ddarparodd' Amnest Rhyngwladol dyst i siarad o flaen Cyngres yr Unol Daleithiau i adrodd straeon 'llygad dyst' o filwyr drwg Irac yn taflu babanod yn ysbytai Kuwait. Defnyddiodd y ferch 15 oed ei henw cyntaf yn unig. Datgelwyd wedyn mai ei thad oedd Saud al-Sabah, llysgennad Kuwait yn Washington. Yno y bu ei chartref erioed ac yn sicr doedd hi ddim yn Kuwait ar yr adegau lle gwelodd y fath 'warth'. Defnyddiodd George Bush y cyntaf y stori ddeg gwaith ar y teledu cyn yr ymosodiad.

Mae effaith y rhyfel i 'achub' Kuwait yn parhau i niweidio ei phobl hyd heddiw, gydag ymbelydredd yng nghyrff pobl oherwydd yr iwraniwm a ddefnyddiwyd i gynyddu effaith y bomiau ar Irac. Mae'r Americanwr Doug Rokke yn nodi ei fod ef â 5,000 gwaith y lefel normal yn ei gorff. Rokke oedd pennaeth y rhaglen ar gyfer glanhau Kuwait ei hun o unrhyw ymbelydredd yn dilyn y rhyfel, er mai yn Irac y gollyngwyd y bomiau. Oherwydd y sancsiynau, ni chafodd Irac nac offer nac arbenigedd i ymchwilio ei lefelau hithau. Yn ôl doctoriaid ysbyty Basra, 5 y mis oedd uchafswm nifer y cleifion canser yno cyn 1991. Wedi hynny, roedd o leiaf 35 y mis.

Un digwyddiad oedd yn arddangos gwychder taflegrau'r concewrwyr i'r dim oedd y ffaith i un lwyddo i fynd drwy dwll aer i mewn i fwncer oedd yn cynnwys dros 300 o ferched a phlant oedd yn cuddio dan ddaear rhag y bomio yn Baghdad. Dywedodd America gelwydd mai bwncer milwrol oedd hwnnw. Triniaeth y BBC o'r mater oedd cael yr angor Peter Sissons i ofyn yn flin i'r gohebydd Jeremy Bowen os fedrai fod 100% yn siŵr nad oedd dim cyfarpar milwrol yn y bwncer yma, gan dorri ar draws ei atebion a nodi ar y diwedd fod adroddiad Jeremy'n cael ei gyfyngu gan awdurdodau Irac.

Wedi i'r BBC ac ITN ddathlu'r fuddugoliaeth gan glochdar honiadau nad oedd prin ddim marwolaethau, datgelwyd y gwirionedd yn araf. Clywyd hanesion am hofrenyddion yr Eingl-Americaniaid yn hedfan i fyny lonydd a chwalu popeth arnynt, ac am fomio didaro ar drigfannau bach a mawr. Cofnododd sefydliad y *Medical Educational* o leiaf 250,000 o farwolaethau i'r bomio a'r saethu Eingl-Americanaidd. Naw milwr Prydeinig a fu farw'n yr holl antur, hwythau i gyd wedi'u lladd gan beilotiaid gor-frwdfrydig yr Unol Daleithiau.

Ar hyd y cyfnod cyfan rhwng y dinistr yn 1991 a'r ymosodiad nesaf ar Irac yn 2003 roedd y wlad yn dioddef sancsiynau difrifol a laddodd dros filiwn o'i thrigolion. Yn 1998 adroddodd UNICEF fod hanner miliwn o blant wedi marw ers 1991. Nid oedd cyffuriau sylfaenol yn cael dod i mewn i'r wlad, gyda marwolaethau eang hollol ddiangen o ganlyniad. Wrth wynebu'r ffaith hon mewn cyfweliad, ymatebodd Madeleine Albright o lywodraeth Bill Clinton '*we think the price is worth it*'. Ateb peirianyddol Peter Hain o'r Swyddfa Dramor yn Llundain oedd: '*The sanctions are not aimed at the Iraqi people*'.

Mae'n werth clywed barn rhai o staff y Cenhedloedd Unedig fel

Hans Von Sponeck a Denis Halliday. Ymddiswyddodd y ddau o'u rôl fel Cydlynyddion y Rhaglen Ddynolgar ac o'r Cenhedloedd Unedig mewn protest yn erbyn y sancsiynau, er i'r ddau weithio iddynt am dros 30 mlynedd. Cyfaddefodd Halliday wrth John Pilger ei fod wedi torri'r sancsiynau ei hun drwy smyglo cyffuriau i mewn i'r wlad i helpu llond dyrnaid o blant y daeth i'w hadnabod. Yn ei lythyr ymddiswyddo nododd, '*rydym yn y broses o ddinistrio cymdeithas gyfan. Mae 5,000 o blant yn marw bob mis*'.

Er hyn, ni stopiodd y bomio o un 'ryfel' i'r llall, ffaith nad yw'n hysbys iawn. Yn 1998 holodd y newyddiadurwraig, Felicity Arburthnot, y Weinyddiaeth Amddiffyn yn Llundain os oedd ganddynt sylw ar eu polisi o fomio defaid. Roedd newydd ddychwelyd o Irac lle gwelodd yr anifeiliaid ymysg darnau o'r teulu o chwech ar eu ffarm a fu farw dan awyrennau'r RAF. '*We reserve the right to take robust action if threatened*', oedd yr ateb. Yn y pedair mlynedd cyn y 'rhyfel' swyddogol yn 2003, roedd llywodraeth Tony Blair wedi gwario £1 biliwn yn bomio Irac, ac ni chlywyd smic am hynny fwy neu lai ar newyddion Lloegr. Un enghraifft arall oedd bomio dwsinau o bobl oedd wedi ymgasglu ar ben bryn i weld y lleuad yn cuddio'r haul yn 1999.

Roedd hyn yn digwydd dan fantell y '*No-Fly Zones*' a osodwyd ar Irac. Gwir ystyr y term yw mai awyrennau Prydain ac America sy'n hedfan yn y mannau 'dim hedfan' yma ar gyfer bomio unrhyw beth yn ôl eu mympwy.

Pan ddigwyddodd '9/11' daeth y cyfle i wthio'r nod terfynol yn ei flaen. Er nad oedd gan Irac ddim o gwbl i'w wneud â'r ymosodiad, aethpwyd ati i hau straeon ffug. Roedd y cyfryngau'n gwbl fodlon i gydredeg yr ongl yma ar yr un gwynt â nodi'r ffaith mai o Saudi Arabia yr oedd yr herwgipwyr honedig i gyd. Beiwyd Saddam Hussein er fod Al-Qaida yn ei gasáu.

Fel y datgeloddodd dogfennau diweddar o'r Tŷ Gwyn, roedd Tony Blair wedi addo cefnogaeth lwyr i George W. Bush yn ei gynlluniau i oresgyn Irac dros flwyddyn cyn y goresgyniad yn 2003. Roedd wedyn angen creu stori gredadwy er mwyn cyfiawnhau'r holl antur.

Wrth gydgynllwynio gyda John Scarlett, pennaeth MI6 a weithiodd yn galed ar gyfer y *'golden nuggets'*, a fyddai'n selio'r achos honedig i ymosod ar Irac, sef yr Arfau o Ddinistr Anferthol (y *Weapons of Mass Destruction* sanctaidd), roedd Tony Blair yn benderfynol. Nid 'camgymeriad' oedd yr holl antur a'r holl ddinistr, ond diefligrwydd ymerodrol cwbl fwriadol gyda'i oblygiadau'n gwbl amlwg i'w benseiri.

Yn holl allbwn y BBC yn y misoedd cyn y goresgyn, dim ond 2% oedd hyd yn oed yn cwestiynu'r rhesymeg honedig dros ymosod, yn ôl ymchwil gan Brifysgol Caerdydd ar y cyd â *Media Tenor*. Un person y llwyddwyd i'w anwybyddu oedd Scott Ritter oedd yn mynnu nad oedd gan Irac unrhyw arfau o'r fath. Y rheswm ei fod yn anad neb yn haeddu llwyfan oedd mai ef oedd pennaeth arolygwyr arfau y Cenhedloedd Unedig yn Irac. Ta waeth, roedd Peter Hain yn gwybod yn well.

Ar ben hynny, dyrchafodd Ann Clwyd rôl Cymry yn y cynllwyn. Ysgrifennodd erthygl dan y teitl: *'See men shredded and don't say you back war'*, a gafodd ei defnyddio'n drwyadl wedyn yn y ddadl dros ymosod. Fel dywedodd y *Sun*: *'British resistance to the war changed when we learned how Saddam fed people feet first into his shredding machine'*. Roedd Saddam ddrwg yn troi pobl yn fwyd pysgod gyda pheiriant. Llongyfarchiadau Ann Clwyd, newyddiadurwraig y flwyddyn!

Ond doedd neb arall erioed wedi clywed am y fath beth, o'r Cenhedloedd Unedig i Amnest Rhyngwladol. Roedd Ann yn datgelu sgŵp unigryw i'r byd. Ond yn ôl y doctoriaid a weithiodd yn Abu Ghraib lle roedd peiriant erchyll honedig Ann Clwyd, doedd y fath beth erioed wedi bodoli. Nid oedd ychwaith wedi'i ddarganfod gan yr Americanwyr a ddefnyddiodd y carchar i'w dibenion hyll eu hunain.

Mae dau farwolaeth ymysg rhengoedd y Saeson yn dilyn celwydd America a Phrydain yn nodedig, gan fod y ddau'n ymddangos eu bod wedi digwydd oherwydd eu gwrthwynebiad i'r goresgyniad. Roedd ganddynt y dystiolaeth a allai ddymchwel achos Blair. Pan etholwyd Llafur Newydd yn 1997, datganodd Robin

Cook, y Gweinidog Tramor newydd y byddai newid yn rôl Prydain yn y byd ac y byddent o hynny ymlaen yn gweithredu polisi tramor moesol. Byddai hynny'n newid mawr yn hanes ei blaid.

Dros amser gwelodd ei obaith naïf yn pylu wrth i realiti holl strwythur y gwasanaeth sifil, y gwasanaethau cudd, a'u cyfeillion yn y diwydiant arfau a'r lluoedd arfog orfodi'r anochel, sef dim newid. Roedd ei ddyletswyddau fel Gweinidog Tramor yn cynnwys cyfrifoldeb dros MI6 a phechodd yn eu herbyn drwy ddatgan eu '*lack of performance and often a waste of taxpayers' money*'. Ochrodd Blair gydag MI6.

Rhoddodd Robin Cook araith ffyrnig yn San Steffan pan ymddiswyddodd fel roedd y bleidlais ar fin digwydd, gan gyfeirio'r rhan fwyaf o'i lid at Tony Blair am arwain y celwydd i gamarwain y cyhoedd a'r senedd. O ystyried yr wybodaeth oedd ganddo am gynllwyniau MI6 ac MI5 tra oedd yn ei swydd fel Ysgrifennydd Tramor, gellid disgrifio'r ffaith iddo gael ei ddarganfod yn farw wrth gerdded mynyddoedd yn gyfleus ar y gorau.

At y marwolaeth nesaf. Collodd dau o'r BBC eu swyddi oherwydd Dr Kelly, a gollodd ei fywyd. Wedi i'r gohebydd Andrew Gilligan ddyfynnu fod y 'dossier' a gyflwynwyd gan Tony Blair i gyfiawnhau'r goresgyniad yn 'sexed-up', roedd adwaith y llywodraeth ac Alastair Campbell, bownsar Tony Blair i bob pwrpas yn ei swydd fel Cyfarwyddwr Cyfathrebu, mor fawr nid yn unig y bu rhaid i Gilligan ymddiswyddo ond gorfu i Gyfarwyddwr y BBC, Greg Dyke, ei ddilyn. Dan bwysau enwyd Dr David Kelly ganddynt fel eu ffynhonnell, arolygwr cemegol i'r gwasanaethau cudd oedd yn anhapus â'r ysgrifennu creadigol megis fod Irac yn medru dinistrio Prydain mewn 45 munud a bod arfau cemegol dirifedi yn nwylo'r unben.

Roedd Kelly wedi gwrthod ychwanegu 'ffeithiau' di-sail am 'ffatrioedd symudol o arfau cemegol' a'r feirws y byddai'r Saddam aflan yn ei ollwng ar gyhoedd diniwed Prydain yn ei adroddiad swyddogol. Er hyn, roedd ei wlad yn dibynnu arno ac fe'i gyrrwyd i Irac i geisio darganfod rhywbeth ar fyrder wrth i'r honiad am y WMD haniaethol ddod yn gywilydd. Nid oedd ei fethiant yn hynny ychwaith yn plesio.

Darganfuwyd corff y doctor mewn coedlan ger ei gartref. Cafodd y Rwsiaid sbort am ben adroddiad ei farwolaeth gan eu bod yn gwybod nad oedd posib marw o dywallt gwaed drwy dorri'r arddwrn yn y fath fodd – dim ond mewn ffilmiau y gwelwyd hynny. Nid oedd y doctoriaid Prydeinig niferus a arwyddodd lythyr i'r papurau yn nodi hynny hefyd wedi'u ticlo i'r un graddau. Roedd y patholegyddion yn nodi nad oedd hanner digon o waed o gwmpas y corff i esbonio ei farwolaeth o'r sgriffiad bach ar ei arddwrn, ac roedd y rhai oedd yn ei adnabod yn esbonio y byddai Dr Kelly'n deall yn iawn sut i ladd ei hun drwy dorri'r prif wythiennau cywir mewn dŵr.

Roedd manylion rhyfedd eraill. Darganfyddwyd ei gorff gan dyst, Louise Holmes, yn pwyso ar goeden. Pasiodd dri dyn oedd yn honni eu bod yn dditectifs wrth iddi ddod allan o'r goedlan gan gymryd eu bod yn chwilio am y corff ac fe'u cyfeiriodd ato. Yn ôl yr adroddiad patholegol darganfuwyd y corff ar wastad ei gefn ar y glaswellt, ac nid oedd unrhyw hanes o'r tri 'ditectif' mewn unrhyw adroddiad. Daeth swyddog MI5 i'r babell a godwyd o amgylch y corff i gymryd ei ffôn symudol, ac ni bu unrhyw hanes o'r ffôn ar ôl hynny. Wrth i'r patholegydd ofyn am record deintyddol Dr Kelly gan y deintydd lleol roedd hwnnw'n synnu o weld fod y record wedi diflannu o'i ddeintyddfa a bod ffenestr wedi'i hagor yno dros nos. Roedd yn rhaid wrth brawf DNA ar y corff o'r herwydd. Hefyd, roedd pecyn gwag o dabledi ym mhoced Dr Kelly ond nid oedd unrhyw ôl o'r cyffur yn ei gorff yn ôl y post mortem.

Tystiodd cyfaill fod David Kelly wedi dweud ar y ffôn y 'byddai'n synnu pe na bai ei gorff yn cael ei ddarganfod yn y coed rhyw ddydd'. Dywedodd ei wraig na fyddai byth wedi lladd ei hun, a'i fod yn llawn pryder ond yn bell o fod yn ddigon isel i wneud hynny. Roedd hefyd yn edrych ar ei hôl yn ei gwaeledd ac yn cynllunio newid ei swydd i un oedd yn talu mwy yn yr Unol Daleithiau er mwyn sicrhau'r driniaeth orau iddi. Y bore cyn iddo farw roedd wedi gyrru ebost at Judith Miller o'r *New York Times* yn nodi fod 'nifer o bobl yn chwarae gemau tywyll'. Oriau wedi iddo adael y tŷ, bu ymweliad gan blisman a thri mewn siwt yn mynnu fod yn rhaid iddynt fynd â chyfrifiaduron Dr Kelly er mwyn eu 'hadfer'. Aeth ei chwe chyfrifiadur mewn fan.

Nid oedd y cyn-aelod seneddol Roy Hattersley yn or-frwdfrydig ar y dewis o'r Arglwydd Brian Hutton, a gynrychiolodd y fyddin yn y cwest i Sul Gwaedlyd Derry cyn ei benodi'n *Lord Chief Justice of Northern Ireland*, i gynnal ymchwiliad: *'Mae'r dewis yn dactegol. Mae Tony Blair wedi apwyntio Hutton er mwyn sicrhau na fydd cwestiynau ynghylch diffyg Dr Kelly i ddarganfod arfau Irac,* meddai. Pan ddaeth ei ddyfarniad ar 28 Ionawr, 2004, manylodd ar warth honedig y BBC yn ailadrodd ffantasïau Dr Kelly fod Blair yn dwyllwr, yn benodol yn poeri'r enw *'Mr Gilligan'* gyda mwy a mwy o ddirmyg. Yn 2015 dyfarnodd Chilcot fod y dystiolaeth ynglŷn â marwolaeth Dr Kelly i'w gloi rhag y cyhoedd am 70 mlynedd – pederfyniad od os mai hunanladdiad oedd yr achos.

Er mwyn creu'r pardduo arferol i ddarbwyllo'r cyhoedd Prydeinig fod dihiryn didrugaredd angen ei atal, taenwyd yr honiad yn ddi-baid fod Saddam yn gorthrymu'r Shia. Cafodd hynny ei danseilio'n agored gan frwdfrydedd byddin yr Unol Daleithiau. Gollyngwyd degau o filoedd o baciau cardiau ar y wlad, gyda llun ac enw y 52 person yr oeddent ar eu hôl o'r llywodraeth. O'r 51 nad oedd yn Saddam Hussein, roedd 28 ohonynt yn Shia.

Eu tystiolaeth, wastad, wrth i unrhyw un fynnu manylion oedd mai'r Shia a gafodd eu lladd wedi'r ymosodiad ar Irac yn Rhyfel y Gwlff, 1991. Ni chrybwyllwyd fod y Shia hynny wedi'u talu gan yr Americaniaid i wneud eu gwaith drostynt drwy ruthro ar Baghdad gyda'r diben o gael gwared ar Saddam Hussein. Y tu allan i'r ddinas fe'u bradychwyd ar y foment olaf wrth i neges ddod i gadfridogion America i beidio â throsglwyddo'r arfau oedd wedi'i ddynodi iddynt. Y rheswm oedd y diffyg sicrwydd beth fyddai agwedd y Shia hynny at olew'r wlad, felly fe'u gadawyd i wynebu byddin Irac heb yr arfau fyddai wedi sicrhau eu buddugoliaeth. Roedd awyrennau a hofrenyddion yr Americaniaid, oedd wedi pannu byddin a thrigolion Irac ddiwrnodau ynghynt, yn yr awyr yn edrych ar y gyflafan.

Erbyn 2004 roedd y goresgyniad yn mynd o'i le i fyddinoedd

Blair a Bush. Meddiannu oedd y rhan hawdd. Cadw'r wlad dan eu bawd oedd y darn anodd. Bob tro roeddent yn gadael eu caerau, roedd eu milwyr yn dod dan ymosodiadau. Mewn sawl ardal, dim ond yn y nos dan fantais eu sbectolau gweld-yn-y-tywyllwch yr oeddent yn meiddio dangos eu hunain, wrth fynd o dŷ i dŷ yn codi arswyd, yn arestio ac yn lladd. Roedd ymenyddion y Pentagon ac MI6 yn ceisio datrys eu problem. Un o'u hatebion oedd cyflogi Sir Gordon Kerr, oedd yn Iwerddon yn y saithdegau ac yn gyfrifol am strategaethau budr Prydain i geisio dymchwel y gefnogaeth i'r IRA ymysg y gymuned Wyddelig.

Roedd hanes Gordon Kerr yn awgrym o'r hyn oedd i ddod. Yn arbenigo ar droi pobl yn erbyn eu gilydd drwy dactegau amrywiol fel breibio, bygwth, twyll a thanseilio enw da dechreuwyd ar y dasg o gydlynnu'r ymgyrch i dynnu'r pwysau oddi ar y milwyr Eingl-Americanaidd. Byddai angen cyfarpar ar gyfer y bobl amheus fyddai hefyd yn cyfoethogi eu hunain ar draul y bobl gyffredin. Wedi i $8.8 biliwn o arian Irac ddiflannu dan ofal Paul Bremer, darganfüwyd dogfennau oedd yn cyfeirio at brynu arfau ail law ar y slei. Wrth gwrs, ni wnaethpwyd y busnes yma yn gyhoeddus, ond fe wnaeth Bremer y weithred gyfrifol o gadw rhai anfonebau oedd yn nodi'r ffaith fod celc anferth o arfau wedi dod o weddillion rhyfel cartref yr hen Iwgoslafia. Yr unig reswm y byddai prif gynyrchiolydd yr Unol Daleithiau yn Irac yn prynu hen arfau, yn hytrach na hybu busnes eu cwmnïau eu hunain, yw y byddai wedi bod yn anghyfleus i gofrestru'r fath arfau newydd drwy systemau swyddogol. Mae'r arfau ddaeth i'r ciwedau hyn yn profi eu gwerth hyd heddiw, wedi eu symud i Libya ac yna i Syria i weinyddu polisi tramor yr Eingl-Americaniaid yn ddichelgar dan ddwylo cudd MI6 a'r CIA.

Wedi derbyn y gelc yma, gwelwyd ciwedau Swni yn lladd y Shia fesul y cannoedd, gyda'r ciwedau Shia wedyn yn 'canfod' arfau er mwyn dial.

Nid oedd waliau rhwng cymunedau Baghdad cyn 2004. Roedd Swni a Shia wedi cyd-fyw ar yr un strydoedd am ganrifoedd tan i sgwadiau llofruddio benderfynu troi ar eu cydwladwyr fwyaf sydyn.

Dim ond un garfan oedd yn elwa, sef byddinoedd y goresgynwyr Eingl-Americanaidd oedd yn gweld eu gelynion yn rhannu ac yn ymladd â'i gilydd i amddiffyn eu cymunedau yn hytrach nag ymosod ar y gelyn amlwg.

Mewn erthygl yn y *Times* ar 21 Mehefin, 2007 broliodd David Petraeus, cadfridog byddin America'n Irac, fod Prydain wedi helpu'r achos yn sylweddol '*with diplomatic skills and experience learned in Northern Ireland*'. Datgelwyd un digwyddiad oedd yn deyrnged perffaith i dechnegau Gordon Kerr. Yn nalfa heddlu Irac, trigai dau filwr Prydeinig o'r SAS. Roeddynt wedi bod yn flêr wrth fethu â dianc ar ôl saethu at heddlu Irac a phobl ar y stryd – yr heddlu yr oedd Prydain ac America wedi'u dethol a'u harolygu eu hunain. Roedd y ddau filwr mewn gwisg leol Arabaidd.

Gwrthododd yr heddlu eu rhyddhau ar gais byddin Prydain, ac felly fe achubwyd y ddau filwr wrth i danciau Ei Mawrhydi yrru drwy wal yr orsaf a rhyddhau'r ddau, gan ddysgu gwers i'r heddlu i ufuddhau i'w meistri ar yr un pryd. Datganodd y Weinyddiaeth Amddiffyn yn y wasg: '*We would never orchestrate or authorise a jail break as is being reported*', gan geisio hawlio fod y tanc wedi taro'r wal ar ddamwain. Nododd maer Basra fod hofrenyddion, milwyr traed ac o leiaf ddeg o danciau wedi ymosod ar y carchar, a bod 150 carcharor wedi dianc yn ogystal â'r ddau filwr.

Un a fu'n gyfrifol am lawer o straeon ac a gafodd ei labelu'n 'fradwr' oedd Robert Fisk. Ef dorrodd y stori am Baha Moussa, a laddwyd yng ngharchar Abu Ghraib gan filwyr Prydain oedd wedi ei gipio pan oedd tu ôl i ddesg ei westy. Roedd yn ei adnabod, a heb Fisk ni fyddai'r stori fyth wedi gweld golau dydd y tu allan i Irac. Un stori arall gan Fisk oedd yr ymateb pan aeth i bencadlys y gatrawd oedd yn gyfrifol am gyflafan Haditha, lle'r aethpwyd i saethu pawb a welwyd yn y pentref, gan ladd 24. Ni chafodd lawer o groeso. '*There's a Haditha every day*', oedd ateb gonest a hyll y cadfridog cyn cau'r drws yn ei wyneb.

O 2004 ymlaen cyflogwyd dau o bobl yn llawn amser gan fyddin Prydain i fonitro'r we yn barhaol er mwyn dileu'r holl luniau a ffilmiau yr oedd eu milwyr, er y rhybuddion a'r bygythiadau parhaol gan eu capteiniaid, yn mynnu eu ffilmio a'u dathlu arlein gan wneud niwed dybryd i'r frwydr bropaganda. Roedd miloedd yn gweld y rhain cyn iddynt gael eu tynnu fel arfer, gyda'r gwaethaf yn dangos creulondebau tu hwnt i amgyffred. Un enghraifft oedd milwr mewn lori'r fyddin yn ffilmio'r lori o'u blaenau er mwyn dal y foment pan oedd bachgen oddeutu saith oed yn cael ei daflu dros bont anferth. Roedd pob un milwr yn y ddwy lori yn amlwg yn barod am hyn, y weithred ddiweddaraf mewn cyfres reolaidd lle'r oeddent wastad yn codi un bachgen i'r lori cyn dychwelyd dros y bont. Roedd yn grynhöad perffaith o erchyllter a gwirionedd yr holl antur.

Yn 2006 gofynnodd David Edwards o *Media Lens* i gyfarwyddwr newyddion y BBC, Helen Boaden, i gyfiawnhau sylw eu gohebydd o Irac fel ffaith mai 'ehangu democratiaeth a hawliau dynol' oedd pwrpas goresgyn Irac. Amddifynnodd Helen y sylw gyda dyfyniadau gan Tony Blair oedd yn nodi yr union eiriau hynny. Dyna oedd ei phrawf.

Ddiwedd Medi 2016, datguddiwyd fod y cwmni Seisnig Bell Pottinger wedi derbyn £416 miliwn gan y Pentagon yn unswydd er mwyn creu fideos ffug o Irac dros bum mlynedd, y rhan fwyaf yn arddull asiantaethau newyddion Arabaidd, yn cyfarwyddo 300 o Iraciaid a Phrydeinwyr yn Baghdad o'u pencadlys yn Llundain.

Nid fod neb o Irac am boeni llawer am ei gynnwys, nac y bydd yn arwain at unrhyw gosb i neb, ond roedd dyfarniad ymchwiliad hynod hir Chilcot yn haf 2016 yn syndod o galed ar y cyn-brif weinidog. Ei broblem oedd fod ei gelwydd yn llawer rhy benodol, nid ei fod wedi dinistrio gwlad arall ar sail y celwydd hynny. Roedd yn rhy hawdd ei brofi'n anghywir. Ond byddai'n ryfeddod newydd, yn ddim llai na gwyrth, os gwelir Blair yn y carchar.

# *Libya*

Mae Tripoli wedi derbyn un neu ddau ymweliad blaenorol i'r un a 'achubodd' Libya yn 2011.

Yn argyhoeddiedig mai oddi yno y tarddai'r rhan fwyaf o fôrladron oedd yn aflonyddu ar fasnach deg y Saeson, aeth Llynges Ei Fawrhydi Charles II i amgylchynu Tripoli yn 1675. Cyflwynodd yr Is-gapten Cloudesley Shovell eu telerau. Yn Ionawr 1676, cyn derbyn ateb, arweiniodd Shovell fflyd o longau rhyfel i harbwr Tripoli a chwalu popeth a welai. Wedi hynny, cytunodd y Dayi i bopeth a ddymunai'r Rear Admiral of England 26 oed.

Wedi'r cytundeb llwyddiannus hwnnw, awn ymlaen chwarter mileniwm. Gan fod Ffrainc a Lloegr erbyn hynny wedi dod i ddealltwriaeth mai cydweithio yn hytrach na waldio'i gilydd oedd y ffordd orau i weinyddu imperialaeth, cafodd yr Eidal syndod o dderbyn gwahoddiad gan y ddau feistr i feddiannu Libya er mwyn atal ffrae, gan mai Prydain oedd berchen ar yr Aifft ar un ochr a Ffrainc Tunisia yr ochr arall. Rhoddodd y ddwy fyddin gymorth i'r Eidal oresgyn y wlad yn 1911 gan arwain at ddegawdau o fanteisio, ysbeilio a dwyn.

Bu i'r Ail Ryfel Byd roi terfyn ar y cytundeb wedi i'r Eidal dan Mussolini ymuno ar ochr yr Almaen, felly aeth Prydain i mewn i Libya yn 1940. Wedi'r frwydr rhwng Rommell a Montgomery, ac wedi degawdau o frwydro yn erbyn yr Eidalwyr, canfyddodd y Libiaid ei hunain dan ofal y Saeson yn y gogledd a'r Ffrancwyr yn y de, a osododd brenin-bwped o'r enw Idris ar ei orsedd yno.

Roedd Idris yn glên wrth eraill yn ogystal – rhoddwyd 14 miliwn acer i ddau gwmni olew Americanaidd yn 1956. Yn 1969 aeth Idris i Dwrci i chwilio am ddoctor da gan nad oedd yn poeni am gynnal rhai'n ei wlad ei hun, a derbyniodd neges i aros yno gan ei gydwladwyr. Roedd ei fyddin wedi penderfynu gweinyddu dymuniad y bobl y byddent yn well hebddo, ac un o'r rhai mwyaf tanbaid oedd y Gadaffi 27 oed. Cafodd ei benodi'n arweinydd gan ei gyd-filwyr yn Ionawr 1970 gan fod ei wrthwynebiad rhesymegol llafar i'r hyn oedd yn anghywir yn y wlad dan Idris wedi eu hysbrydoli. Roedd y sylwebyddion yn 2011 yn hoffi nodi mai Gadaffi a gododd y *coup*, er mwyn ei bortreadu fel unben oedd wastad yn llwglyd am bŵer, ond fe arweiniwyd y *coup* ei hun gan y cadfridog Saad ed-din Bushwier.

Yn 1951, labelwyd Libya fel y wlad dlotaf yn y byd wrth i Idris gymryd yr awenau. Cafodd ei chadw felly am ddeunaw mlynedd. Nid oedd unrhyw system iechyd na system addysg i blant. Aeth y gyfundrefn newydd dan Gadaffi ati i ailgyfeirio cyfoeth y wlad o ddwylo'r tramorwyr oedd yn ei rheibio i adeiladu strwythur ar gyfer y boblogaeth. Nes i Gadaffi gael ei ladd, Libya oedd â'r safon byw gorau yn Affrica yn ôl tablau UNICEF a'r *World Health Organization*. Roedd fwy neu lai yn enghraifft ragorol o'r hyn y gellid ei gyflawni'n gymharol sydyn wrth gyfuno rheolaeth o adnoddau naturiol gyda gweledigaeth sosialaidd. A dyna'r union pam y cafodd ei dinistrio.

Cytunwyd nad oedd systemau democrataidd cyntaf-heibio'r-postyn fel rhai Prydain yn cyfleu democratiaeth ar ei ffurf orau. Sefydlwyd 80 ardal yn Libya lle roedd person yn cael ei ethol ar ei liwt ei hun yn hytrach na'i fod yn cynyrchioli unrhyw blaid. Yr 80 yma oedd yn rhedeg y wlad yn hytrach na Gadaffi, oedd yn fwy neu lai yn ffigwr seremonïol yng ngweithrediad mewnol y wlad. Medrid gosod achos cryf i alw'r frenhines Elizabeth Windsor, Lloegr yn fwy o unben na Gadaffi. Y cyhuddiadau yn ei erbyn oedd ei fod yn byw mewn plasdy mawr ac yn gwisgo'n od (yn wahanol i Elizabeth). Dywedwyd iddo garcharu miloedd o garcharorion gwleidyddol (mae'n ddifyr sut mae pob carcharor mewn gwlad nad yw'r Saeson yn masnachu â hwy yn 'wleidyddol'). Roedd, os coelid y papurau Saesneg, yn cario tedi gydag o bob man, yn treulio'i ddiwrnodau mewn ystafelloedd llawn merched ac yn cymryd bwcedi o gyffuriau. Prin yw'r dystiolaeth.

Dros y degawdau bu ymgyrchu rheolaidd taflegrol yn ogystal a geiriol yn erbyn y wlad a Gadaffi. Yn Mehefin 1980 saethwyd awyren deithio o'r Eidal gydag 81 arni gan daflegryn. Cymerodd wyth mlynedd i'r dystiolaeth ddod i'r fei yn y wasg mai taflegryn

Sidewinder, hoff daflegryn NATO, wedi'i saethu o awyren arall oedd yr achos. Ar yr un pryd yn union roedd awyren o Libya yn yr awyr, ac mae'n debyg fod rhywrai yn NATO wedi tybio fod Gadaffi arni. Dywedodd hwnnw yn syth mai NATO oedd yn gyfrifol. Cyfaddefodd swyddog o awyrlu'r Eidal ei fod wedi dilyn gorchymyn i ddinistrio tapiau radar y noson honno wrth i'r ymchwiliad fynd rhagddo. Daeth yn bur amlwg fod yr awyren anghywir wedi'i saethu.

Yn syth ar ôl i Ronald Reagan ddod i rym, cytunodd yntau a Thatcher i roi pwysau ar y pwdryn powld. Mewn amrantiad roedd y CIA wedi cyflwyno cynllun oedd yn awgrymu '*a large scale, multiphase and costly scheme to overthrow the Libyan regime*', gan ddefnyddio '*Disinformation*' a '*the creation of a counter-goverment to challenge his claim to national leadership*' a '*an escalating paramilitary campaign of small scale guerilla operations*'. Cymrodd dri deg mlynedd i 'escaleiddio' i'r canlyniad terfynol.

Roedd Prydain yn gefn i daflegryn yr Unol Daleithiau a geisiodd ladd Gadaffi yn 1986, ond a laddodd ei ferch fabwysiedig yn hytrach. Wedi celwydd ei fod yn gyfrifol am fom yn Berlin (roedd tîm o gant o blismyn yn gweithio ar yr achos a ddatganodd wedi misoedd nad oedd dim tystiolaeth o gwbl i bardduo Libya), collodd degau o bobl gyffredin eu bywydau yn yr ymosodiad hwnnw ar Tripoli, wrth i Brydain adael i awyrlu America ddefnyddio eu maes awyr milwrol yn Cyprus. Cafodd ei gyhuddo gan Reagan, oedd yn ceisio annog casineb ei senedd tuag ato cyn yr ymosodiad, o roi $400 miliwn i'r Sandinistas yn Nicaragua. Byddai pawb call, y tu allan i'r byd Seisnig yn gweld hynny fel rhywbeth i'w glodfori, ac efallai fod Reagan yn hollol gywir y tro hwnnw.

Cofnododd cyn-asiant MI6 David Shayler gynllwyn arall i ladd Gadaffi yn 1995. Daeth neges i'r fei yn 2000 i gefnogi ei safbwynt a ddangosai gyfathrebu mewnol MI6 yn datgan y byddai cyfundrefn Gadaffi yn cael ei dymchwel yn sydyn yn Chwefror 1996, a bod 250 gwn a hyfforddiant wedi'i gyfrannu i'r achos gan Brydain. Yn union fel ddigwyddodd ddeunaw mlynedd wedi hynny, roedd y neges yn nodi y byddai dylanwad hael gan Brydain yn y llywodraeth newydd wedi iddynt ladd neu arestio Gadaffi. Eithafwyr Islamaidd oedd i'w defnyddio ar gyfer yr ymgyrch hon, yn cael eu harwain gan Abdal Muhaymeen a hyfforddwyd gan MI6 a'r CIA yn Affganistan, a oedd yn gweithredu dan enw Al-Qaeda. Yr adeg honno, trodd yr holl gynllwyn yn ffars llwyr a laddwyd 6 o bobl ddiniwed heb fynd yn agos at Gadaffi.

Fe'i cyhuddwyd o drefnu chwythu awyren a ddisgynnodd dros Lockerbie yn 1988, a chafodd y Libiad Abdelbaset al-Megrahi ei garcharu yn 2001 am y weithred tan i Lys yr Alban ei ryddhau yn 2009, yn amlwg yn gweld yr achos yn llawn tyllau, ond y rheswm swyddogol dros ei ryddhau oedd ei fod yn wael, er dirfawr lid y Llafurwyr a'r Torïaid. Mae nifer fawr o newyddiadurwyr a rhaglenni teledu wedi taflu amheuon ar yr achos. Byddai rhai'n pwyntio at y ffaith fod Libya wedi cytuno i dalu iawndal i deuluoedd y teithwyr fel prawf, onibai eu bod wedi gwneud hynny yn 2003 i ddod â sancsiynau arweiniwyd gan y gwledydd 'dyngarol' arferol i ben. Dyna oedd y ddêl – talwch iawndal i ddangos eich bod yn euog ac mi rown derfyn ar eich tagu.

Rhywbeth arall nad oedd yn plesio'r Prydeinwyr oedd ei fod wedi rhoi arfau i'r IRA. Wrth i lywodraeth Thatcher ei gyhuddo, ni thrafferthodd wadu gan resymu fod yr ochr arall yn cael eu harfogi gan imperialaeth Prydain a'u holl dactegau brwnt. Nid hynny'n unig oedd yn myllio'r Torïaid. Roedd Thatcher benben yn erbyn Gadaffi ar Dde Affrica hefyd oherwydd iddo ymgyrchu yn erbyn hiliaeth y wlad honno.

Wrth i Thatcher alw Mandela'n derfysgwr, tra oedd yn treulio ei ail ddegawd mewn cell, roedd Gadaffi'n rhoi cymorth ariannol agored i'w barti, yr ANC. Yn 1997, ar rownd arall o'r sancsiynau digywilydd yn erbyn Libya gwelodd Bill Clinton hi'n dda i ddweud wrth Nelson Mandela na châi ymweld â Gadaffi gan fod y meistri gwyn yn gwahardd hynny. Mi gafodd yr ateb: *'Mae'r rhai oedd ddoe yn cefnogi ein gormeswyr yn dweud wrthyf heddiw na chaf ymweld â fy mrawd Gadaffi,'* ac yno yr aeth Mandela gan godi dau fys.

Yn union fel y byddai disgwyl i wasanaethau cudd gwerth eu halen wneud, manteisiwyd i'r eithaf ar chwyldroadau poblogaidd yn

Tunisia a'r Aifft, a frandiwyd yn sydyn hyfryd yn 'Wanwyn Arabaidd', i greu 'chwyldroadau' eraill i chwalu gwledydd annibynnol oedd ddigon digywilydd i reoli eu hadnoddau eu hunain. Ar yr un pryd roeddent yn atgyfnerthu gwledydd mwyaf gormesol y cyfandir fel Bahrain, Saudi Arabia a Qatar rhag unrhyw chwyldro gan eu bod â busnes llewyrchus gyda chorfforaethau Lloegr, yr Unol Daleithiau a Ffrainc.

Safodd Soliman Bouchuiguir, pennaeth corff newydd â'i enw Saesneg y *Libyan League of Human Rights*, ym mhencadlys y Cenhedloedd Unedig yn 2011 i ddatgan fod 18,000 o bobl eisoes wedi'u lladd gan y gwallgofddyn Gadaffi a doedd neb yn gwneud dim i'w atal. Ar sail y fath wybodaeth, pasiwyd y byddai'n gyfreithlon i'r 'gymuned ryngwladol' ymosod ar y dihiryn. Cyfwelwyd Soliman Bouchuiguir gan y newyddiadurwr Ffrengig Julien Teil lle y gofynnwyd iddo o ble cafodd y ffigwr. Ar ôl ugain munud o falu awyr cyfaddefodd ei fod wedi ei greu o ddim byd, wedi laru ar ei gelwydd ei hun wrth iddo dyllu ei dwll. Roedd yno i gyfiawnhau'r goresgyniad anochel ac i helpu'r pwerau mawrion i bwyntio bys.

Gan ddefnyddio ymladdwyr tramor – y rhan helaeth yn hannu o Saudi Arabia a'r rhai a arfogwyd gan yr Eingl-Americaniaid yn Irac dros y blynyddoedd – dechreuodd y cynllwyn wrth i MI6 a'r CIA a'r Ffrancwyr gyfrannu eu harbenigedd cudd ar gyrion ffiniau Libya. Mewn wythnosau daeth y cyfryngau i ymuno yn y sbri drwy falu awyr ar honiadau di-sail am Gadaffi'n 'bomio ei bobl ei hun' er diben troi'r cyhoedd, oedd heb glywed enw'r wlad ar y newyddion am ddegawdau heb sôn am ddeall dim amdani, i glapio pan oedd y dyn drwg yn ei chael hi.

Yn ôl eu harfer, gwnaeth y newyddion Saesneg eu rhan yn drylwyr. Gan ledaenu ensyniadau amwys fod byddin y dihiryn yn 'creu dinistr ar hyd y wlad', un o'r goreuon oedd fod Viagra wedi ei roi i filwyr yr unben er mwyn eu cynorthwyo i dreisio merched. Dywedwyd fod Gadaffi yn bomio Benghazi, ail ddinas fwyaf Libya, tra oedd miloedd o ymladdwyr cyflog wrthi'n saethu eu ffordd drwyddi dan fantell gwasanaethau cudd gwledydd NATO. Daeth lluniau o wahanol drefi yn dilyn y goresgyniad. Roedd Sirte, er enghraifft, yn ddinistr llwyr ar ôl derbyn achubiaeth taflegrau NATO, tra oedd Benghazi yn rhyfeddol o gyfan o ystyried mai hi – yn ôl y newyddion Saesneg – oedd y ddinas yr oedd byddin gorffwyll Gadaffi yn ei 'bomio'n ddidrugaredd'.

Y bore wedi i'r 'rebels' gael eu dwylo ar Gadaffi, ebychodd y cyflwynydd ar y BBC yn llawn cyffro eu bod yn mynd yn fyw i Tripoli lle roedd y bobl rydd yn dathlu. Gyda'r geiriau '*Live – Tripoli*` ar y sgrin roedd y dorf yn chwifio'u fflagiau yn eu cannoedd, y cyflwynydd yn datgan ei fod yn '*very good day*'. Ond doedd dim rhaid bod yn graff i sylwi fod drwg yn y caws, gan fod baneri India yn eu degau yn cael eu chwifio gan bobl oedd yn edrych fel Indiaid. Daeth hi'n glir wedi difrïo helaeth ar y propaganda anhygoel hwn mai recordiad o rali ar 20 Awst, 2011 yn India i gefnogi'r ymgyrchydd Anna Harare oedd y lluniau. 'Damwain' oedd y cyfan, meddai'r BBC fel petai rhedeg hen ffilm dros 'ddarllediad byw' yn ddigon hawdd ei wneud.

O'i gymharu â'r celwydd plaen yma, amcangyfrifwyd bod torf o 1.7 miliwn yn Tripoli yn ralïo yn erbyn ymosodiad NATO – sydd dros chwarter poblogaeth Libya gyfan. Mae digon o dystiolaeth fideo a lluniau o'r rali honno gyda baneri Libya'n chwifio yn hytrach na rhai India – ond nid ar y BBC.

`*Death of a Tyrant*` gwaeddodd tudalennau blaen y papurau Saesneg. Os medrwch chi stumogi enghreifftiau o hyn oedd yr unben didrugaredd gwarthus yma'n ei wneud i'w drigolion caeth anffodus, darllenwch y canlynol. Roedd yn rhoi 6,000 dinar (oddeutu £3,500) i bob mam ar enedigaeth pob plentyn. Roedd yn talu hanner pris car newydd pob trigolyn. Roedd yn rhoi 60,000 dinar i bob cwpl priod newydd i'w helpu i brynu tŷ. Roedd holl drigolion y wlad yn gyfranddalwyr yn y diwydiant olew ac yn derbyn eu siâr yn syth i'w cyfrif banc. Roedd addysg ac iechyd am ddim ac ymysg y gorau yn y byd, a'r gorau yn Affrica o bell ffordd, ond os oedd angen hyfforddiant neu driniaeth dramor, roedd y llywodraeth yn talu. Roedd y tir am ddim i unrhyw un a ddymunai ffarmio, ac roedd y cyflenwad trydan am ddim i bawb. Nid oedd digartrefedd yn bodoli. Roedd wedi gaddo na fyddai'n adeiladu cartref i'w rieni cyn fod pob unigolyn arall yn y wlad dan do, a felly y bu. Datgelodd y cylchgrawn *Newsweek*, mewn ennyd o onestrwydd prin, yn 1981: '*You don't see poverty or hunger here. Basic needs are met to a greater degree than in any other Arab country*'.

Ond diolch byth, mae hynny i gyd wedi dod i ben. Mewn buddugoliaeth arall i ddemocratiaeth, prif weinidog newydd Libya yw Abdurrahim El-Keib. Bu'n byw yn yr Unol DaleithIau tan 2006, yn gweithio ymysg eraill i'r United States Department of Energy a'r Alabama Power Company. Mae ganddo'r cefndir arbenigol, felly, i drawsnewid sector egni Libya er gwell.

'*We came, we saw, he died*', oedd adolygiad y ddigrifwraig Hillary Clinton o'r sefyllfa cyn chwerthin ar ei jôc ei hun ar gamera. Taflwyd 55,000 o daflegrau ar Libya, gan ladd isafswm o 30,000 (mae cyfrifon eraill yn nodi 100,000+) o bobl. '*We're running out of missiles*', cwynodd byddinoedd gwledydd NATO wedi ychydig ddyddiau. Felly i leddfu ychydig ar lid yr Unol Daleithiau am bleidleisio yn erbyn yr achubiaeth, cynigodd yr Almaen ddod i achub y dydd a chyfrannu celc o daflegrau at yr achos.

Trosglwyddwyd £52 biliwn o arian Libya oedd wedi ei fuddsoddi yng nghoffrau banciau Lloegr a Ffrainc i lywodraethau Cameron a Sarkozy, oedd yn gyfleus yn y blynyddoedd hynny o gyni. Chwalwyd strwythur yn ogystal â bywydau yn Libya gan achosi diweithdra llwyr lle nad oedd y fath beth yn bodoli ynghynt. Ond daeth haul ar y gorwel i economi'r wlad drwy eiriau cyffrous Gweinidog Amddiffyn y Torïaid, Phillip Hammond yn Hydref 2011: '*I would expect British companies to be practically packing their suitcases and looking to get out to Libya and take part in the reconstruction of that country as soon as they can*'.

Tra oedd Gadaffi yn defnyddio olew'r wlad i gynnal ysgolion ac ysbytai ac i'w roi'n syth i bocedi ei thrigolion, bellach mae cwmnïau'r gorllewin yn cael rhwydd hynt i reoli pob maes a gwasanaeth er eu helw. Datganodd British Petroleum yn fuddugoliaethus yn 2013 mai Libya oedd â'r cronfeydd olew mwyaf yn Affrica. Fel dywedodd Richard Krijgsman o Evaluate Energy, y cwmni cysylltiadau cyhoeddus i'r diwydiant olew, '*Bouncing back from the period of isolation that followed the nationalization of its oil industry...there are currently no fewer than 35 foreign oil and gas companies active in the country*'. Y cwmni Total o Ffrainc yw'r prif fuddwyr ar y foment, wedi addewid drwy lythyr gan 'lywodraeth' newydd y wlad *cyn* i Gadaffi gael ei ladd y byddent yn cael rheoli 35% o'r meysydd olew. Mae hynny'n esbonio dynoliaeth Arlywydd Ffrainc ar y pryd, Nicolas Sarkozy, a arweiniodd y bomio yn erbyn y dyn drwg.

Sarkozy hefyd a sgrechiodd fod Gadaffi, oedd yn cynllunio arian unedig i Affrica megis fersiwn Affricanaidd o'r Ewro, yn '*fygythiad i ddiogelwch ariannol y ddynol ryw*'. Mae'n debyg nad oedd y biliwn o bobl yn Affrica yn cyfrif fel aelodau o'r ddynol ryw i Sarkozy. Mae nifer yn dadlau mai araith Gadaffi ar hynny, a chytundeb nifer o wledydd eraill Affrica yng nghynhadledd yr Undeb Affricanaidd, a seliodd ei ffawd. Theori sy'n dal dŵr o ystyried mai un o'r pethau cyntaf wnaeth y 'rebels', fel pob rebel gwerth ei halen o Dafydd ap Siencyn i Che Guevara, oedd sefydlu banc, a hyn fisoedd cyn lladd Gadaffi. Cafodd y banc newydd anrheg buan. O Fanc Canolog Libya mi ddwynwyd gan lywodraethau NATO £15 biliwn yr oedd Gadaffi wedi ei ddynodi ar gyfer cefnogi sefydlu'r arian newydd traws Affricanaidd. Enghraifft hanesyddol arall o'r hyn sy'n digwydd pan mae'r doler dan fygythiad oedd i Saddam Hussein ddatgan 6 mis cyn i'r Unol Daleithau benderfynu ymosod ar Irac y byddai'r wlad yn masnachu ei holew yn yr ewro, nid y ddoler, o hynny ymlaen.

Yn ôl Mynegai Datblygiad Dynol y Cenhedloedd Unedig, yn 1951 Libya oedd y wlad waethaf yn y byd i fyw ynddi. Yn 2010 y wlad Affricanaidd orau o bell oedd Libya, ac roedd yn enghraifft rhy beryglus i'r byd gwâr adael i ffynnu. Ymateb Cameron yn San Steffan yn Hydref 2015 i rybudd y gallai bomio Syria arwain at Libya arall oedd: '*Does the Honourable Gentleman seriously suggest that Libya would be better off if Gaddafi was still in power?*'

# *Syria*

Yn Hydref 1918, fis cyn ddiwedd y Rhyfel Byd Cyntaf, gorymdeithiodd y Saeson i ardaloedd Aleppo a Damascus er mwyn rhannu ysbail y tir oedd y tu mewn i'r llinell a sgriblwyd ar eu map nhw a Ffrainc, ac er mwyn gweinyddu'r hyn a fyddai'n cael ei sefydlu fel gwladwriaeth Syria o 1920 ymlaen. Dyna sut y bu tan i'r Ail Ryfel Byd orfodi anghydfod rhwng cyfundrefn Vichy Ffrainc a'r Saeson. Cynhaliodd y Syriaid etholiadau yng nghanol y ffraeo yn 1943 a arweiniodd at fuddugoliaeth ysgubol i'r Bloc Cenedlaethol a'u harweinydd Shukri al-Quwatli a'i fwriad i daflu'r rheolwyr Ewropeaidd o'r wlad. Gadael Syria yn araf erbyn 1946 a wnaeth y Saeson, er na wnaethant fyth fedru gollwng eu gafael yn llwyr arni.

Yn hunangofiant y siaradwr cyhoeddus, yr ymgynghorydd milwrol, yr ymgynghorydd olew, y llysgennad dros heddwch yn y Dwyrain Canol a'r cyn-brif weinidog, mae *Tony Blair: A Journey* yn crybwyll y modd y cafodd ei ddychryn gan frwdfrydedd eithafol Dick Cheney, dirprwy Bush yn yr Unol Daleithiau, i ddymchwel y gwledydd hyn: Irac, Iran, Sudan, Somalia, Lebanon, Libya, Syria.

Cyfaddefai Blair ei fod yn cytuno â Dick yn y bôn. Y brwdfrydedd oedd yn anghynnil. Fel mae ei gyfoeth bersonol yn edliw, ac yn ôl yr arfer yn hanes yr Ymerodraeth, goruchafiaeth ac elw drwy feddiannu tir ac adnoddau oedd yr egwyddor sylfaenol. Cynigiodd yr awyrennau'n taro'r tyrau ar 9/11 yr esgus perffaith i fynd i'r afael â'r rhestr go iawn – i lawr â nhw fesul un o dan yr esgus hwn a'r esgus arall. Rhan o'r cynllwyn oedd ymgyrch bropaganda sylweddol i dwyllo eu cyhoedd eu hunain, gan ddechrau gydag Irac ac Affganistan. Daeth y 'Gwanwyn Arabaidd' honedig i symud pethau yn eu blaenau fel daeth y ddegawd i ben.

Yn fuan ar ôl i Libya ddymchwel, aed ymlaen i Syria. Cafwyd straeon am brotestiadau'n cael eu chwalu gan gyfundref ormesol Assad. Doedd dim lluniau i gydfynd â'r rhain, mwy nag oedd pan oedd Gaddafi'n 'bomio ei bobl ei hun'. Mae'r unig fideos a geir yn dangos sneipars mewn jins ar ben toeau yn saethu at dorf yn cerdded. Pam fyddai byddin yn gwneud hyn – does dim esboniad; er ei bod hi'n amlwg pam y byddai rhai sy'n ceisio dymchwel cyfundrefn yn saethu torf yn gudd.

Yng ngeiriau onest, ymffrostgar Karl Rove a gâi ei gyfri fel 'ymennydd' George W. Bush, mae'n bur sicr y gwelwn ddarlun o'r hyn sy'n digwydd heddiw yn Syria:

*We're an empire now, and when we act, we create our own reality. And while you're studying that reality – judiciously, as you will – we'll act again, creating other new realities, which you can study too, and that's how things will sort out. We're history's actors and you, all of you, will be left to just study what we do.*

Yn Syria, wedi tair blynedd o fynnu mai'r person gwaethaf dan haul oedd yr arweiniwr Bashar al-Assad, rydym i fod i gredu fod gelyn newydd hyd yn oed gwaeth wedi ymddangos mwyaf sydyn sy'n mynnu ymroddiad honedig byddinoedd NATO yn y wlad – sef ISIS.

Ar eu gorau nid ydynt fymryn gwaeth na'r ciwedau oedd yn ceisio goresgyn y wlad ers 2011 gyda chymorth gwledydd NATO. Ar eu gwaethaf maent yr un bobl yn union dan logo newydd, yn defnyddio yr un arfau a cherbydau yn union ag a roddwyd i'w rhagflaenwyr gan NATO. Yr unig beth sydd wedi newid yw eu henw a'u baner ddu, a'r ffaith eu bod ar y newyddion yn gwneud sioe o dorri pennau Americanwyr a Phrydeinwyr er mwyn dychryn eu cynulleidfa. Flwyddyn ar ôl i David Cameron a William Hague fethu â denu pleidlais i fomio Syria i gefnogi'r 'rebels' fel y'u gelwid, dynodwyd rhan helaeth o gyllideb filwrol Prydain i fomio yr un terfysgaeth yn union ag y mae llywodraeth Syria a newyddiadurwyr dros y byd (namyn y cyfryngau Eingl-Americanaidd) wedi ei ddatgelu ers blynyddoedd.

Yr hyn nad yw'n briodol i'r cyfryngau ei grybwyll yw bod y dinistr yno heddiw yr un fath yn union â'r dinistr a gynlluniwyd gan Brydain yn 1957.

Bu gohebiaeth rhwng llywodraethau yr Unol Daleithiau a Phrydain yn amlinellu tactegau brwnt i'w defnyddio yn Syria er mwyn disodli'r gyfundrefn yno yr adeg honno. Roedd yn awgrymu cyflogi byddin breifat i greu 'digwyddiadau' (hynny yw, dinistr) er mwyn medru pwyntio bys at yr arweinyddiaeth a chreu esgus i oresgyn y wlad. Un elfen hollbwysig oedd y dylid cynnwys rhywfaint o Syriaid er mwyn iddo edrych yn 'organic', fod y bobl wedi codi yn naturiol yn erbyn eu 'gormeswyr'. Dyma frawddeg o gynllun llywodraethau Harold Macmillan a Dwight Eisenhower. Mae SIS yn golygu *Secret Intelligence Service*, sef ymbarel MI6 ac MI5:

> *Once a political decision is reached to proceed with internal disturbances in Syria, CIA is prepared, and SIS will attempt, to mount minor sabotage and coup de main incidents within Syria... CIA and SIS should use their capabilities in both the psychological and action fields to augment tension, taking the form of sabotage, national conspiracies and various strong-arm activities to be blamed on Damascus.*

Galwyd am sefydlu ac ariannu '*Free Syria Committee*' i arfogi '*political factions with paramilitary or other actionist capabilities. The CIA and MI6 would instigate internal uprisings*'. Rhaid edmygu tebygrwydd digywilydd '*Free Syria Commitee*' yn 1957 i enw'r 'rebels' a arfogwyd yn 2011 i greu helynt yno, sef y '*Free Syrian Army*', gyda'i enw Saesneg cyfleus i'r cyfryngau rhyngwladol.

Llwgrwobrwywyd ffigyrau blaenllaw mewn newyddiaduraeth, diwydiant a'r fyddin yno i baratoi am yr adeg lle byddai pawb yn neidio gyda'i gilydd. Dyna obaith dogfen fewnol MI6: '*Turkey would create border incidents, the Iraqis would stir up the desert tribes and the Parti Populaire Syrien in Lebanon would infiltrate the borders until mass confusion justified the use of Iraqi invading troops*'.

Methwyd â gwireddu eu cynllwyn yn 1957 oherwydd dau reswm. Trodd nifer o'r rhai oedd wedi'u llwgrwobrwyo, fel Cyrnol Sarraj, i fod yn rhan o gynllwyn i fradychu'r Eingl-Americaniaid gan gyflwyno eu harian a'u dogfennau fel prawf. Yr ail reswm oedd diffyg diddordeb y gwledydd cyfagos i gyfrannu i'r celwydd a'r dinistr. Y gwahaniaeth heddiw yw y gwelir bod Saudi Arabia, Qatar, Twrci ac Israel yn eiddgar i ymuno.

Cyhoeddodd y *Guardian* adroddiad am gynllwyn 1957 ar 27 Medi, 2003 yn dilyn gwaith rhagorol y newyddiadurwr annibynnol William Blum. Tan hynny roedd y cyfan yn gyfrinach. Yn arwyddocaol, nid ydynt hwy, na'r un arall o bapurau Lloegr, wedi crybwyll yr hen gynllwyn ers y goresgyniad newydd yn 2011.

Mae egin yr ail ymgyrch i osod rhywun mwy cyfeillgar i ofynion busnes y Gorllewin yn mynd yn ôl i fis Mai 2003 a chyfarfod rhwng y Syriaid a Colin Powell (hwnnw chwifiodd yr anthrax yn y CU i geisio darbwyllo'r byd fod angen delio â Saddam Hussein). Wedi goresgyn Irac, doedd Colin ddim mewn tymer swil, a buan y deallodd y Syriaid nad trafod a chloriannu oedd diben y cyfarfod.

Galwodd gweinidog tramor Syria, Farouq al-Sharaa '*llywodraeth Bush yn un arbennig. Efallai fod rhai tebyg wedi bod o'r blaen ond mae'r llywodraeth Americanaidd hon yn curo pob un o ran twpdra a threisgarwch'.* Nid oedd yr Americanwyr yn gwerthfawrogi hyn na chwaith wrthwynebiad Syria, unig aelod Arabaidd Cyngor Diogelwch y Cenhedloedd Unedig, i'w hymdrech i ennyn cefnogaeth rhyngwladol i oresgyn Irac. Daeth hynny'n amlwg wrth i Colin Powell restru bygythiadau a gorchmynion. Wedi'r cyfan, gallai'r Syriaid edrych drws nesaf i weld yr hyn allai ddigwydd pe na baent yn gwrando.

Gorchmynnodd Colin iddynt adeiladu wal ar y ffin ag Irac, creu perthynas â'r 'llywodraeth' yr oedd yr Americanwyr wedi'i osod yno, cyfrannu arian sylweddol i'r *Iraq Development Fund* (oedd yn dynodi cytundebau mawr i gwmnïau Americanaidd megis Halliburton fel roedd hi'n digwydd bod), gosod adeiladau yn Syria i'r Americanwyr eu defnyddio ar gyfer trosglwyddo pobl.

Lle'r oedd America yn arwain, roedd Blair a'i gyfeillion busnes, capteiniaid traddodiadol yr ymerodraeth, yn sefyll ysgwydd wrth ysgwydd. Roedd Prydain wedi datgan yn glir ar ba ochr yr oeddent cyn i George W. Bush ddatgan '*either you're with us or your with the terrorists'* a chefnogodd Jack Straw a Tony Blair y bygythiadau hyn gant y cant. Roedd unrhyw wlad nad oedd yn plygu glin yn llwyr felly yn 'derfysgwyr'. Ac er i Syria gytuno i rai o'r amodau, gan hefyd basio gwybodaeth am gelloedd Al-Qaeda oedd y tu hwnt i'w ffiniau, nid oedd yn ddigon i'w tynnu oddi ar restr y gwledydd oedd yn darged i Brydain ac America.

Yn 2004, dan bwysau nad oedd yr Arfau o Ddinistr Anferthol honedig, y WMDs, wedi ymddangos yn Irac, mi esboniwyd i'r byd gan Dr David Kay, pennaeth yr *Iraq Survey Group* oedd i gyflwyno'r arfau gorffwyll i fyd diolchgar, mai'r rheswm am eu diflaniad oedd fod Syria wedi eu cymryd yn llechwraidd gan Saddam cyn i'r *Coalition of the Willing* gyrraedd. Ailadroddwyd hyn gan bapurau Lloegr wrth gwrs, gyda'r *Daily Telegraph* yn ei gyfweld gan nodi '*Dr Kay's comments will intensify pressure on President Bashar Assad to clarify the extent of his co-operation with Saddam's regime*'. Atebodd Syria: '*Mae'r honiadau yma wedi'u codi sawl gwaith yn y gorffennol gan swyddogion Israel, sy'n dangos eu bod yn ffug*'.

Yn anffodus i'r Telegraph ymddiswyddodd Dr Kay ddeuddydd cyn iddynt argraffu ei gyfweliad ar 25 Ionawr, 2004. '*I don't think they existed*', dywedodd Kay am yr Arfau o Ddinistr Anferthol. '*It turns out that we were all wrong probably in my judgment, and that is most disturbing*'. Roedd cyfarwyddwr y CIA, George Tenet, wedi ceisio atal Dr Kay rhag gadael. '*If you resign now, it will appear that we don't know what we're doing*' ymbiliodd. Roedd Dr Kay wedi gwegian dan bwysau ei gelwydd, gan adlewyrchu achos doctor arall, David Kelly yn Lloegr.

Yn 2005 wrth i gyn-brif weinidog Lebanon, Rafic Hariri, yrru o amgylch Beirut, ffrwydrwyd bom a'i lladdodd yntau a 21 arall. Taflodd George W. Bush a Jack Straw y bai ar Syria yn syth.

Er trallod mawr i Brydain, America a'r ci bach newydd, Ffrainc, briwsionodd yr achos mai Syria oedd tu ôl i'r bom yn ddarnau wrth i dystion gyfaddef eu bod wedi'u llwgrwobrwyo neu eu bygwth. Nid ataliodd hynny Jack Straw rhag datgan fod yn rhaid i Syria ddeall na fedran nhw lofruddio gwrthwynebwyr gwleidyddol. Ategodd y byddai'r Cenhedloedd Unedig yn ystyried sancsiynau yn erbyn Syria i fyd oedd wedi stopio gwrando ers misoedd. Ni chawsant eu hesgus i ymosod, a mi fethwyd yn lân â darbwyllo'r gymuned rhyngwladol fod angen gweithredu milwrol i achub Syria rhag eu Saddam hwy.

Yn ddadlennol iawn, dechreuwyd cwrs tair blynedd yn Syria yn 2008 ar dechnegau newyddiadura a chreu fideos gan neb llai na'r BBC. *'Socially Responsible Media Platforms in the Arab World'* oedd yr enw a roddwyd ar y cwrs a gafodd ei gydariannu gan Swyddfa Dramor Llywodraeth Prydain. David Miliband o'r blaid Lafur oedd y Gweinidog Tramor pan gychwynnodd y cwrs, a William Hague o'r blaid Geidwadol oedd y Gweinidog Tramor pan ddaeth i ben yn Chwefror 2011, sef – drwy ryw wyrth a ffawd – yr union fis pan ddechreuodd yr holl adroddiadau am y gyfundrefn ormesol yn dinistrio fflam rhyddid y 'Gwanwyn Arabaidd'. Daeth adroddiadau dyddiol am y protestiadau honedig oedd yn cael eu malu. Prin oedd unrhyw luniau na fideos o hynny ychwaith, ond buan y daeth y technegau i amlygrwydd.

Oherwydd y ffliwc eithriadol a thaclus yma, ceisiais ofyn dan fantell y Ddeddf Rhyddid Gwybodaeth am fanylion y cyrsiau a derbyn yr ateb hwn:

*15th January 2014*

*Dear Mr Jones,*
*Freedom of Information Act 2000 – RFI20140033*
  *Thank you for your request under the Freedom of Information Act ('the Act') of 7 January 2104, seeking details of the full course modules from all courses offered on media training, journalism and reporting within Syria from 2008 to 2011.*
  *Any such courses offered in Syria would have been carried out by BBC Media Action which is not subject to the FOI Act. As set out in section 6(1)(b)(ii) of the FOI Act, the BBC's charities, including BBC Media Action, are not subject to the Act. This means the BBC is not obliged to supply you with the information.*
  *Yours sincerely,*
*Annabel Blair, Head of Business Affairs, BBC Global News*

Yn 2009, ddwy flynedd cyn dechrau'r dinistr, tra oedd y BBC wrthi'n hyfforddi adroddwyr straeon y dyfodol, daeth Llundain yn bencadlys i orsaf deledu newydd fyddai'n darlledu yn Syria a'r cyffiniau o'r enw BaradaTV, oedd wedi ei greu ar y cyd â'r CIA ar gyfer y dydd pan fyddai angen i bobl glywed y negeseuon cywir. Y *Syrian National Council* oedd yn derbyn a dynodi ei gyllid.

Aethpwyd ati i wella ar eu hymdrech aflwyddiannus yn 1957 a darbwyllo'r cyhoedd ym Mhrydain ac America. Yn nechrau'r gwrthdaro yn 2011, roedd adroddiadau wythnosol gan Syriad yn ei ugeiniau yn cael eu darlledu ar CNN – 'Syria Danny' fel y cafodd ei alw, eu *'voice from Homs'.* Bu hefyd ar newyddion y BBC, ITN a Newsnight. Roedd pob un o'i adroddiadau yn ffuglen lwyr. Daeth ei dwyll i ben wrth i fideo gael ei ryddhau cyn un adroddiad ar CNN. Roedd honno'n ei ddangos yn trefnu'n union pryd oedd ei gyfeillion i saethu'r gynnau i gyd-fynd â'i adroddiad am warth Assad. Syrthiodd ei fisoedd o gelwydd yn sydyn. Diosgwyd Syria Danny fel Daniel Abdul Dayem, brodor o Gaergrawnt, Lloegr oedd wedi cyrraedd Syria fis Rhagfyr 2010 o Lundain, a diflannodd oddi ar ein sgriniau. Mae'n dal yn bosib darganfod Danny wrth ei waith gwreiddiol ar y we, er ei bod yn dipyn o drafferth erbyn hyn gan fod angen mynd heibio cannoedd o fideos sy'n ei ddatgelu fel yr actor cyflog yr oedd.

Ar Al-Jazeera hefyd cafwyd adroddiadau gan Khaled Abou Saleh. Wedi rhai misoedd daeth fideo ohono yntau yn trefnu effeithiau sain ffug, yn smalio ei fod mewn lleoliad nad ydoedd. Ymddiswyddodd nifer o staff y sianel, 23 yn ystod un wythnos, oherwydd nifer o adroddiadau celwyddog gan gondemnio dylanwad newydd cyfundrefn Qatar ar y sianel. Khaled oedd gwestai gwadd Arlywydd Ffrainc François Hollande yn nhrydedd cynhadledd y *Friends of Syria.*

Yn Chwefror 2012, datgelodd Wikileaks ebost Cyfarwyddwr y Cwmni Stratfor o gyfarfod rhwng y fyddin breifat ac aelodau o fyddin Prydain ac Amercia yn y Pentagon gan nodi *'Special forces are already on the ground... the idea hypothetically is to commit guerrilla attacks, assasination campaigns, try to break the back of the Allawite forces, ellicit collapse from within*' gan adio na fyddai'n ddoeth i '*execute air strikes on Assad's regime unless there was enough media attention on a massacre*'.

Dangoswyd diddordeb mwyaf sydyn mewn blogiau fel '*A Gay Girl in Damascus*'. Roedd hon yn manylu ar y gormes yr oedd pobl gyffredin yn ogystal â lleiafrifoedd fel hi yn ei ddioddef dan law'r unben gormesol wrth i'w law haearn ddisgyn yng ngwanwyn 2011. Daeth y blog yn boblogaidd wrth i'r *Daily Mail* a'r *Guardian* ei frolio fel ei gilydd. Cyhoeddodd CNN gyfweliad ebost â'r arwres. Cymaint oedd edmygedd y *Guardian* fel iddynt drefnu ei chyfarfod mewn caffi yn Damascus er mwyn ei chyfweld. Pan fethodd hi â dangos ei hwyneb, fe ymddiheurodd Amina Arraf gan gynnig yr esgus bod yr heddlu cudd wedi'i hatal. Methodd y papur ag arogli'r drwg yn y caws. Ar 7 Mehefin, 2012 daeth sioc – cafodd Amina Arraf, y bysedd tu ôl i'r geiriau, ei herwgipio gan filwyr y gyfundrefn ddrwg ac ni chlywyd dim amdani ar ôl hynny. Datgelwyd hyn ar y blog gan ei 'chefnder'.

Gwaeddodd y papurau eu llid. Aeth newyddiadurwyr i ymchwilio. Y broblem oedd doedd neb, erioed, wedi clywed am Amina. Dangoswyd ei llun yn stryd ei chyfeiriad ond doedd neb callach. A oedd pawb yn fud oherwydd y gyfundrefn ormesol oedd yn clywed popeth?

Cafodd y *Guardian* alwad ffôn gan ferch o Croatia, Jelena Lecic, yn mynnu bod y llun yn y papur yn anghywir gan mai hi oedd y person yn eu stori am yr herwgipio. Wrth weld nad oeddent yn brysio i'w dynnu oddi ar y safle, cysylltodd Jelena â'r *Press Complaints Commission* a gadarnhaodd ei stori a chysylltu â'r *Guardian* i ofyn eto iddynt ei dynnu oddi yno. Y tro hwn, gwrandawyd ond yn anhygoel gosododd y Guardian lun arall o Jelena o'r un blog ffug yn ei le.

Roedd y gath allan o'r cwd. Ar ôl helfa hynod, daeth i'r fei fod y geiriau i gyd yn perthyn i Tom MacMaster, Americanwr 40 oed oedd yn astudio yng Nghaeredin. Roedd wedi defnyddio llun Jelena o'r cychwyn un. Mae wedi defnyddio'r hawl newydd i ddileu pob cofnod ohono sy'n bodoli ar Google, gan ryddhau dwy nofel ers hynny. Un elfen ddadlennol arall yw fod gwraig Mr MacMaster, Britta Froelich, yn gweithio i adran Astudiaethau Syria ym Mhrifysgol St Andrew's, Caeredin.

Dyma ran y *Guardian* yn yr holl sioe, yn adlewyrchiad o ran pob un wan jac o gyfryngau mawr Lloegr. Daeth y rhan helaeth o'u straeon o un ffynhonell, sef y *Syrian Observatory for Human Rights*. Mae mwy sy'n Seisnig i'r *Syrian Observatory for Human Rights* na'r enw'n unig. Datgelwyd fisoedd wedi ei greu mai un dyn oedd yr *Observatory*, sef Rami Abdel Rahman o Coventry. Dyna'r holl sefydliad yn ei grynswth. Pan nad oedd yn ateb y ffôn i'r papurau, roedd i'w ganfod yn gweithio'n siop ddillad ei wraig lawr y lôn.

Datgelodd y papur Almaeneg *Der Spiegel*, fis Mawrth 2013, fod 200 o ddynion yn cael eu hyfforddi yn yr Iorddonen gan luoedd Ffrainc, Prydain a'r Unol Daleithiau i ymosod ar wladwriaeth Syria, gyda 1,000 arall yn y ciw. Cawsom ein sicrhau gan y *Guardian*, drwy eiriau'r Weinidogaeth Amddiffyn, ar 8 Mawrth fod popeth yn iawn, mai hyfforddi ymladdwyr 'secular' yr oedd Prydain yno, i ymladd 'eithafwyr' pan byddai Assad yn cael ei ddisodli. Mynnwyd:

*The aim of sending western-trained rebels over the border would be to create a safe area for refugees on the Syrian side of the border, to prevent chaos and to provide a counterweight to al-Qaida-linked extremists who have become a powerful force in the north.*

Ym Mehefin 2012 adroddodd nifer o bapurau, yn cynnwys y *Guardian* yn Lloegr, fod Saudi Arabia yn cynnig llawer mwy o gyflog i unrhyw filwr yn Syria fyddai'n neidio i ochr y *Free Syrian Army*. Datgelwyd fod Saudi Arabia wedi rhyddhau ac arfogi 1,239 o droseddwyr oedd yn disgwyl y gosb eithaf o'u carchardai ar yr amod eu bod yn creu helynt yn Syria. Mae'n debyg nad oedd rhai o'r rhain y bobl hyfrytaf ar wyneb daear, a dyna oedd eu dewis: ewch i saethu yn Syria neu farw. Roedd cyflog misol yn y fargen hefyd i'w helpu i benderfynu.

Criw arall y datgelwyd eu presenoldeb oedd yr ymladdwyr oedd newydd ddymchwel Libya, er nad oedd y rhan helaeth ohonynt hwythau ychwaith ddim yn Libiaid o dras. Gyda hwy daeth llwyth o arfau a gyflenwyd iddynt gan NATO. Daeth yr 'ymladdwyr dros ryddid' hyn i mewn i Syria i danseilio gwlad Arabaidd lle'r oedd dogn helaeth o ryddid a chyfiawnder yn bodoli eisoes. Nid yw Syria yn yr un cae â gwledydd fel Bahrain, Qatar a Saudi Arabia. Nid oes un grefydd swyddogol. Mae merched yn mwynhau hawliau cyfartal. Mae lleiafrifoedd yn cael eu cynrychioli, y Cwrdiaid yn cael eu trin yn llawer gwell yno nag yn Nhwrci. Roedd yr Arlywydd Assad ei hun o blith lleiafrif Alawi'r wlad, lle mae (neu yr oedd) 2.6 miliwn ohonynt, yn 12% o'r boblogaeth o'u cymharu â'r mwyafrifoedd Swni oedd yn 74% o'r boblogaeth, sef 16 miliwn. Swni yw gwraig Assad. Roedd 5 math o Fwslemiaeth yn cyd-fyw â dros ddau gant enwad Cristnogol yn Syria, oedd yn oddeutu 10% o'r boblogaeth.

Y pwynt yw nad oedd y gwahaniaethau hyn yn bwysig ym mywyd Syria cyn y dinistr. Mae rhai o'r cyfryngau Seisnig o hyd yn llwyddo i bortreadu'r rhyfel fel un grefyddol, gydag unben gormesol a'i fyddin sectaraidd yn dinistrio pawb nad oedd yr un fath â hwy. Mae byddin Syria'n ganrannau tebyg i'r boblogaeth, ei mwyafrif yn Swni. Crëwyd stori fod ardaloedd penodol yn gwrthwynebu cyfundrefn Syria ac yn dreisgar. Nid oedd hyn yn digwydd tan i'r gwrthyfelwyr dan adain Al-Nusra neu y *Free Syrian Army* neu Al-Qaeda neu IS feddiannu'r ardaloedd hynny ac i'r trigolion ffoi.

Yn Syria, cyn 2011, roedd 1.8 miliwn o Gristnogion wedi byw'n ddidrafferth, a'u cyndeidiau wedi bod yno ers canrifoedd. Roedd dinas Aleppo'n gartref i lawer ohonynt nes i'r 'gwrthryfel' hon wagio'r ddinas. Cyhoeddodd yr *International Christian Concern*, sefydliad dros hawliau Cristnogion wedi'i sefydlu'n Washington, ddatganiad ym Mai 2011 yn condemnio'r gefnogaeth i'r rebeliaid oedd yn difa cymunedau Cristnogol Syria, ond fe'i hanwybyddwyd.

Un o'r rhai mwyaf blaenllaw yn Syria yw'r Fam Agnes Mariam de la Croix, arweinydd mynachlog Sant Iago ger Qara ers 22 o flynyddoedd. O'r *Guardian* i'r *Spectator*, mae papurau Lloegr wedi dilorni'r Fam yn ddi-baid. Mae eu llid, boed yn ddiffuant neu'n ffals, yn deillio o drosedd anfaddeuol y Fam o godi cwestiynau am hygrededd sylfaenol cyfryngau Lloegr.

Ganwyd y Fam Agnes yn 1952 yn Lebanon, tir ei mam, i dad a yrrwyd o'i gartref ym Mhalestinia gan Israel yn 1948. Cafodd ei haddysgu gan leianod Ffrengig, gan fynd yn lleian ei hun yn 1971 i helpu teuluoedd a effeithiwyd gan y rhyfeloedd yn Lebanon, cyn cytuno â'r Eglwys Gatholig Groegaidd i ailsefydlu Mynachlog Sant Iago yn Syria yn 1992. Yn 2010, blwyddyn olaf o heddwch yno, ymwelodd 25,000 o bobl â'i mynachlog. Mae'n dda cofio cefndir y Fam wrth ddarllen triniaeth papurau'r Saeson ohoni, er enghraifft hwn o'r *Spectator*:

*Mother Agnes is at best a crackpot and at worst an apologist for one of Assad's worst atrocities... the Syrian equivalent of one of Hitler's brown priests.*

Yr hyn oedd wedi cythruddo'r sylwebydd oedd tystiolaeth y Fam ynghylch yr ymosodiad cemegol ar un o ardaloedd Damascus, Ghouta, pan awgrymwyd am y tro cyntaf nad llywodraeth Syria oedd yn gyfrifol am bob dim, a bod arweinwyr y Gorllewin yn camarwain y cyhoedd.

Gan fod y papurau oll wedi methu â'i dyfynnu, dyma gynnwys anerchiad y Fam Agnes Mariam ar ran Menter Mussalaha wrth gyfarfod yr Uwch Gomisiynydd ar Hawliau Dynol y Cenhedloedd Unedig yn Genefa, 15 Mawrth, 2014:

*Foneddigion a Boneddigesau:*
*Rydym newydd ddod o Syria lle mae marwolaeth, dinistr a llofruddiaeth drwy'r dinasoedd, y rhanbarthau a'r pentrefi. Mae pawb yn galaru oherwydd y dioddefaint dyddiol. Ond mae'r Cenhedloedd Unedig yn dyfnhau'r drychineb yr ydym yn ei phrofi wrth i'r rhyfeloedd hurt gael eu portreadu fel gwrthdaro rhwng y wladwriaeth a lluoedd cynhenid sy'n ei gwrthwynebu.*

*Nid yw hyn yn wir. Mae'r rhyfel abswrd sy'n troi yn fy ngwlad heddiw yn rhyfel rhwng cymdeithas sifil Syria a grwpiau terfysgol Islamaidd a arweinir gan ddieithriaid o wahanol wledydd, a gaiff ei ariannu gan wahanol wledydd, yn enwedig*

327

*Saudi Arabia. Yn fwy na neb, Saudi Arabia yw'r wlad a anfonodd derfysgaeth er mwyn dinistrio Syria. Yr FSA yw'r stori a glywir gan eich gwledydd yma ond grwpiau terfysgol Islamaidd sydd ar faes y gad.*

*Rydym wedi clywed ddoe fod Yabrood yn ddinas arall sydd wedi'i dinistrio. Mae Al-Raqqa yn cael ei rheoli gan Daash, gan haearn a thân. Cafodd merch ei lladd yno oherwydd fod ganddi gyfrif Facebook. Mae pobl yn cael eu gorfodi i weddïo bum gwaith y dydd, a merched sy'n dangos eu wynebau'n cael eu chwipio ar y strydoedd.*

*Rheolir Deir ez-Zor gan y grŵp terfysgol Al-Jabhat Nousrah. Caiff arweinwyr crefyddol eu lladd am beidio â gwahardd pob crefydd namyn y Wahabi. Dinistriwyd yr Eglwys Ladin yn union fel y digwyddodd yn Al-Raqqah.*

*Pwy yw arweinwyr Daash ac Al-Jabhat? Maent o Qatar, Saudi Arabia, Chechnya, Afghanistan, a hyd yn oed Tsieina! Ai dod i ledaenu democratiaeth a hawliau dynol yn Syria y maent? Na. Y broblem fwyaf yw'r 'gymuned ryngwladol' honedig. Nid ydynt eisiau gwybod am y gwir, gan ddal i gredu'r twyll a elwir y Free Syrian Army.*

*Yn gryno, nid oes sôn am chwyldro democrataidd yn Syria. Dim ond sgwrs am sefydlu cyfundrefn ddiwyro Islamaidd yn yr unig wlad seciwlar bellach yn y Dwyrain Canol, a mynd a hi'n ôl i'r oesoedd canol a thywyllwch.*

*Y derfysgaeth Islamaidd yma sydd wedi lladd ffrind seciwlar i mi yn Girod, dinas sy'n cael ei rheoli gan rymoedd y tywyllwch, Yamen Bjbj. Maent yn anfon llun o'i gorff heb ben, a hwnnw ar y tywod ger y corff. Pam? Oherwydd ei fod yn dosbarthu fy llyfrau yn y dref honno. Herwgipiwyd ffrind arall, y deintydd Ramez Uraby, gan fy ffonio i mi eu clywed hwy'n ei arteithio.*

*Nid yw eich cynrychiolwyr eisiau gwybod y gwir. Ydych chi'n ymwybodol o gyflafan yn Adra, tref i'r gogledd o Ddamascus? Mae'n ddinas newydd wedi'i hadeiladu ar gyfer gweithwyr ac mae'n cynnwys pob sbectrwm o gymdeithas Syria – dinas heddychlon yr ymosodwyd arni gan luoedd terfysgaeth Islamaidd ar 11 Rhagfyr y llynedd. Cafodd cannoedd o Syriaid eu lladd oherwydd eu bod yn Shia, Alawi, Ismaili, Druze neu'n Gristnogion. Ond hefyd cafodd cannoedd o Swni eu lladd oherwydd eu bod yn gweithio i'r wlad. Cafodd llawer o fenywod eu llusgo'n noeth yn yr eira. Cafodd llawer o benaethiaid eu crogi ar y coed. Taflwyd llawer o bobl yn fyw i ffwrnais becws y ddinas, fel pe bae'n adeg yr Holocost a'r bwystfil Natsïaidd wrthi unwaith eto.*

*A beth wnaethoch chi i ryddhau menywod a phlant a gafodd eu herwgipio o bentrefi i'r gogledd o Latakia ar ôl lladd y dynion? Dim byd, oherwydd eu bod yn Alawi, ac nid oes ganddynt unrhyw beth i'w wneud ag olew a nwy, felly nid yw'r gymuned ryngwladol yn poeni am eu cyflwr. Ismaili fel arfer oedd yn cwmpasu y prif wrthblaid yn Syria, sy'n dioddef o hil-laddiad heddiw – fel yn Alcavat dan ymosodiad terfysgol enfawr – dim ond oherwydd eu bod yn Ismaili. Mae hyn hefyd wedi digwydd yn Tal Aldoura a Salamieh.*

*Nid yw bywyd Cristnogion ddim gwell. Er enghraifft, tref Gristnogol yw Sadad yr ymosodwyd arni'r haf diwethaf gan grwpiau o derfysgaeth Islamaidd fu'n lladd, treisio a dinistrio cyn gadael...*

*Yr ateb yw democratiaeth. Mae'r etholiadau arlywyddol yn agosáu. Gadewch i'r bobl gael dweud eu dweud dan oruchwyliaeth ryngwladol sy'n sicrhau niwtraliaeth y bleidlais.*

*Y Fam Agnes Mariam*

Bu'r etholiadau hynny ym Mai 2014. Ar ôl i 21 plaid gynnig eu henwau, aeth yr ail rownd a'r etholiad olaf i dri, sef Bashar al-Assad, Maher Hajjar a Hassan al-Mouri. Derbyniodd Assad 88.7% o'r bleidlais gyda 73.42% o'r rhai oedd yn gymwys i bleidleisio yn gwneud hynny, er fod yr ardaloedd oedd dan reolaeth y 'rebels' wedi methu eu cynnal a hwythau'n bygwth ymosod ar bob gorsaf pleidleisio. Mae'r ffigyrau hyn yn cyd-fynd â'r holl dystiolaeth mai tramorwyr yw'r rhan helaeth o'r ymladdwyr yn erbyn llywodraeth Syria, ar y cyd â throseddwyr lleol sy'n cael eu denu gan dâl sydd saith gwaith yn fwy na'r cyfartaledd cyflog. Mae'r canlyniad hefyd yn dangos fod y cyhoedd yno'n deall hyn yn iawn.

Roedd dros gant o arolygwyr rhyngwladol o 32 gwlad yn Syria adeg yr etholiad, a nododd pob un ohonynt fod popeth yn 'deg, tryloyw a chlir'.

Condemnio'r etholiadau hyn wnaeth Prydain ac America wrth gwrs, ar y cyd â naw gwlad arall sy'n ffurfio'r *'Friends of Syria'* – eu hanner nhw heb unrhyw etholiadau eu hunain fel Qatar, Saudi Arabia a'r Emiredau Unedig. *'Assad lacked legitimacy before this election, and he lacks it afterwards. This election bore no relation to genuine democracy,'* dywedodd William Hague. Gan daflu amheuaeth os oedd Hague yn credu'i eiriau ei hun, datgelodd dogfen fewnol NATO ar 6 Mehefin, 2013 fod eu hymchwil yn dangos fod 70% o bobl Syria yn cefnogi Assad, a 10% yn cefnogi'r gwrthryfel.

Mae'n bwysig yma i ddeall strwythur gwleidyddiaeth Syria. Cawn ein harwain i gredu fod Assad yn eistedd ar ei gadair fawreddog yn gweiddi gorchmynion i dwyllo'r bobl o'u henillion prin a gormesu. Mae senedd yn Syria ers degawdau, gyda 250 aelod o bob rhan o'r wlad yn cael eu hethol iddi. Mewn refferendwm cyn yr etholiadau yn 2012, pasiwyd cyfansoddiad newydd yn nodi na allai Arlywydd arwain am fwy na dau dymor o saith mlynedd, gan dderbyn tair plaid newydd sbon fel ymateb i gyhuddiadau'r Gorllewin o 'unbennaeth', er fod pleidiau eraill yn ogystal ag annibynwyr. Er mai Baath oedd yr unig blaid swyddogol pan olynodd Assad ei dad, newidiodd Syria hynny cyn diwedd ei dymor cyntaf, flynyddoedd cyn y 'gwrthryfel'. Mae'r cyfansoddiad yn sicrhau triniaeth gyfartal i ferched o ran cyflog, gyda thâl mamolaeth llawn. Yn 2012 enillodd y blaid sosialaidd Baath 60% o'r bleidlais, gan gipio 134 sedd. Un aelod o'r pleidiau newydd lwyddodd i ennill sedd. Fel yn yr etholiadau arlywyddol, roedd arolygwyr o ddegau o wledydd yno yn monitro.

Un o'r aelodau annibynnol yw Maria Saadeh, Cristion fel y Fam Agnes, a mae'r cyfryngau Saesneg wedi'i hanwybyddu'n llwyr, sy'n gwneud synnwyr gan y byddent yn gorfod cydnabod fod yna senedd, a bod merched yn y senedd hwnnw. Fis Tachwedd 2013 aeth i Rufain i siarad â'r Pab ynglŷn a'r sefyllfa gan nodi '*Nid yw'n wrthryfel yn erbyn yr arweiniwr, fel mae'r cyfryngau rhyngwladol yn bortreadu, ond yn ryfel i ddinistrio Gwladwriaeth Syria gan grŵp o eithafwyr a throseddwyr a reolir gan bwerau tramo*r'.

Pan ddigwyddodd tair cyflafan Houla, Tremesh a Qubair, un ar ôl y llall, adroddodd y BBC a phawb arall ar unwaith mai gwaith aflan cemegol lluoedd Assad oeddynt. Ond wedi cyrraedd Tremesh a Qubair, cadarnhaodd tîm y CU – yn amlwg yn groes i gynllun y rhai oedd yn talu eu cyflogau – nad byddin Syria oedd yn gyfrifol. Dylid ystyried fod hanes gan dimau y CU o ochri ag agenda NATO, gan eu bod yn tueddu i ddarganfod eu hunain yn ddi-waith yn eithaf sydyn os na wnawn nhw hynny. Felly roedd hwn yn ddatganiad dewr.

Ar 25 Mai, 2012, drwy ryfeddod arall ddiwrnod cyn ymweliad llysgennad y CU a'r Gynghrair Arabaidd Kofi Annan â Syria, cyflawnwyd cyflafan Houla. Dyma'r digwyddiad fyddai'n troi'r drol, yn drosedd na ellid ei hanwybyddu. Cyflwynodd y BBC y stori gan feio byddin Assad yn syth. A dyna pryd yr amlygwyd y crac cyntaf. Y llun ar y stori oedd llun o Iraciaid marw a laddwyd gan yr Americanaid yn 2003, a dynnwyd gan y ffotograffydd Marco di Lauro a 'ddisgynnodd o'i gadair' wrth ei weld. Rhoddodd Marco neges yn dweud fod 'rhywun yn defnyddio fy llun er mwyn pardduo Syria a'u harweinydd', cyn cysylltu â'r BBC yn llawn anghrediniaeth. Ymddiheurwyd, gan nodi mai 'activists' a yrrodd y llun a'r stori, cyn ei newid am lun arall gan yr union un '*activists*' a pharhau i drin y stori fel efengyl. '*Activists who helped investigate the massacre in Houla for example were trained by the United Kingdom,*' broliodd William Hague fis Medi'n ddiweddarach yr un flwyddyn.

Bu adroddiadau yn y papurau Almaeneg *Der Spiegel* a'r *Frankfurter Allgemeine Zeitung*, gan newyddiadurwyr fel Marat Musin ac Olga Kulygina o Houla ei hun, oedd wrth gwrs yn llawer rhy 'beryglus' i newyddiadurwyr Eingl-Americanaidd fod ynddi. Dangoswyd tystiolaeth fod y 'rebels' wedi dewis y teuluoedd a lofruddiwyd yn ofalus. Daeth Houla yn faner a chwifwyd dros ymyrraeth filwrol gan wleidyddion o Hillary Clinton i Elfyn Llwyd, a ddwedodd fod 'pawb wedi colli amynedd gyda'i gyfundrefn ormesol'. Profodd y faner yn un dyllog.

Ni ofynnwyd pam y byddai Assad yn ddigon gwirion i ladd 108 o'i bobl ei hun ar drothwy ymweliad Kofi Annan. Digwyddodd cyflafan Qubair hefyd, yn rhyfedd ddigon, ar drothwy'r drafodaeth ar Syria ym mhencadlys y Cenhedloedd Unedig. Bu digwyddiad Ghouta dri diwrnod wedi i dîm cemegol o'r Cenhedloedd Unedig gyrraedd, bum milltir i ffwrdd o'u gwesty. Mae'n anodd credu mai hap a damwain oedd hyn. Os cawsant eu cynllunio'n fwriadol i gydamseru, fel sy'n amlwg, mae dau bosibilrwydd: un ai llywodraeth Syria oedd yn gyfrifol, sy'n golygu eu bod yn ceisio annog y Cenhedloedd Unedig i ymosod ar eu gwlad, neu'r gwrthryfelwyr fu wrthi a hynny er mwyn annog a thwyllo y Cenhedloedd Unedig i ymosod ar Syria.

Aeth newyddiadurwyr y papur *Frankfurter Allgemeine Zeitung* a'r newyddiadurwyr Rwsiaidd Marat Musin ac Olga Kulygina i Houla eu hunain i hel tystiolaeth hollol wahanol i'r stori a gafwyd ar y *BBC Six O'Clock News*. Adroddwyd nad gwrthwynebwyr Assad a laddwyd yn Houla, ond ei gefnogwyr. Enwyd yn benodol y teuluoedd Alawi Al Sayyid ac Abdarrazzaq, a theulu Abdalmuti Mashlab oedd yn aelod Swni o senedd Syria. Roedd pob un o'r 84 o gyrff y gellid eu hadnabod o'r 108 yn perthyn i'r teuluoedd hyn. Roedd ymchwil y newyddiadurwyr yn cyd-fynd â chasgliad ymchwil llywodraeth Syria mai ymgais i ladd Abdalmuti Mashlab oedd hwn yn wreiddiol ond ei fod wedi'i ehangu i greu propaganda.

Ali Mashlab, 11 oed, oedd yr unig un o'i deulu a lwyddodd i ffoi, gyda dieithriaid yn ei hebrwng i fynachlog Sant Iago ger Homs am loches. Dyma pryd y gwylltiodd y Fam Mariam Agnes y Gorllewin am y tro cynta. Datgelod Ali a'i stori, oedd yn disgrifio'r ymosodwyr a aeth o dŷ i dŷ fel 'dieithriaid rhyfedd gyda barfau mawr'. Roedd adroddiad y newyddiadurwyr a aeth i Houla yn cydsynio fod y meirw wedi'u lladd gan fwledi a chyllyll, oedd yn anghydfynd yn llwyr â stori y cyfryngau Seisnig (wrth adrodd eu bwletnau o 'ddiogelwch' balconis gwestai yn Israel a Saudi Arabia) o fyddin Syria yn eu bomio o bell.

Tystiodd y bobl oedd wedi ffoi o Houla fod y 'gwrthryfelwyr' honedig hyn wedi bod yn lladd y lleiafrifoedd Cristnogol, Alawi a Shia blith-draphlith ers wythnosau, ac yn aml byddent yn ffilmio'u hunain yn gafael yn eu pennau ac yn pwyntio at y cyrff a gweiddi 'Assad, Assad!'.

O'r eiliad y datganodd Barack Obama a David Cameron y byddai defnydd Assad o arfau cemegol yn golygu y byddai'n rhaid mynd i ryfel, yna roedd hi'n hawdd ysgrifennu gweddill y sgript. Ar 21 Awst, 2013 daeth y newyddion fod Assad y tro hwn wedi gwenwyno ardal gyfan o Damascus, y ddinas lle trigai'r Arweinydd, ac roedd 1,400 wedi marw mewn ymosodiad nwy sarin. Roedd Prydain ac America wedi bod yn cyhuddo ers misoedd, ac o'r diwedd daeth y dydd lle gallent bromenadio eu tystiolaeth. Mynnodd William Hague: *'the world could not stand by and allow the Assad regime to use chemical weapons against the Syrian people with impunity. Britain, the US and their allies must show Mr Assad that to perpetrate such an atrocity is to cross a line and that the world will respond when that line is crossed'.*

I gyd-fynd â'r adroddiadau, roedd fideos a lluniau o'r plant a fu farw. Bu condemniad 'y byd' a'u sefydliadau newyddion ar y gyfundrefn wallgo yn Syria. Ar 27 Awst, cododd William Hague y ffigwr i 3,600 wrth ddatgan: *'this is the first time that chemical warfare has been used anywhere in the world in the 21st century'.* Yn amlwg roedd wedi methu gweld y lluniau o Balestina yn 2009 a 2011, ac mae'n rhaid ei fod ar ei wyliau pan oedd bomiau cemegol Prydain ac America yn disgyn ar Fallujah yn Irac.

Fis cyn yr ymosodiad, roedd Prydain, yng Ngorffennaf 2013, wedi anfon llwyth o wisgoedd diogelwch i'r 'rebels' fyddai'n eu cadw'n saff rhag nwyon niweidiol. Y fath ragwelediogaeth aruthrol! Gwerth £650,000 ohonynt fel 'anrheg', fel yr adroddodd y BBC ar 16 Gorffennaf, 2013, gan ddarlledu geiriau Mr Hague *'The gift will be offered to the Supreme Military Council of the Syrian National Coalition, which the UK recognises as the sole legitimate representatives of the Syrian people'* a'i fod yn *'matter of special urgency'* cyn nodi fod David Cameron yn ymbil ar i Ewrop godi'r gwaharddiad swyddogol ar arfogi'r 'rebels'.

Er y pwysau a fu o du America a Phrydain, roedd tîm ymchwil y Cenhedloedd Unedig wedi datgan nad oeddent wedi darganfod unrhyw dystiolaeth bod y llywodraeth yn defnyddio arfau cemegol, ond eu bod wedi darganfod fod y *Free Syrian Army* wedi gwneud hynny fwy nag unwaith. Datganodd Carla Del Ponte, arweinydd y tîm: '*Yn ôl yr hyn yr ydym wedi ei ddarganfod, ar hyn o bryd gwrthwynebwyr y gyfundrefn sy'n defnyddio nwy Sarin*.'

Daeth rhagor o dyllau yn stori Prydain ac America wrth i grŵp trawsgrefyddol o arweinwyr ac ymchwilwyr o bob cefndir yn Syria astudio'r dystiolaeth. Ymysg eu casgliadau, roeddent wedi sylwi fod y lluniau a'r fideos a ddarparwyd gan y rebels o'r dioddefwyr yn awgrymu'n ddigamsyniol fod twyll enfawr yn cael ei wneud. Roedd nifer o luniau o gyrff mewn gwahanol ystafelloedd. Ond wrth astudio gwelwyd mai'r un cyrff oedd mewn lluniau o wahanol ystafelloedd ac ardaloedd gwahanol yn Ghouta. Nid oeddent hyd yn oed wedi trafferthu newid eu dillad.

Yn ail, roeddent oll yn blant. Nid yn unig doedd dim oedolion marw yn y lluniau ond nid oedd oedolion byw yn galaru ychwaith. Lle'r oedd y rhieni? Onid oedd yn rhyfedd fod degau o blant (cannoedd, o'u cyfri droeon fel gwnaeth y 'rebels') ar eu pennau eu hunain mewn ardal lle'r oedd y fath ymladd?

Yn drydydd, gwnaeth rhieni plant oedd wedi'u cipio gan yr FSA ar 4 Awst, brin dair wythnos cyn y digwyddiad, yn ardal Latakia 200km i ffwrdd adnabod eu plant yn y lluniau. Aethant at yr heddlu'n syth. Rhestrodd ISTeams enwau'r teuluoedd a'u plant. Roedd y 'rebels' wedi helpu'r dystiolaeth hyn drwy roi ffilmiau ohonynt yn dwyn y plant ar y we. Un llygedyn o oleuni yn y ffeidd-dra hwn oedd fod ISTeams dan yr argraff ei bod hi'n debygol mai anymwybodol oedd y plant yn y lluniau, yn hytrach na'u bod yn farw. Daeth y Massachussets Institute of Technology i'r un canlyniad wedi gyrru ymchwilwyr eu hunain i Ghouta, sef nad oedd hi'n bosib mai byddin a llywodraeth Syria oedd wedi gwneud y drosedd honedig.

Naw diwrnod wedi'r digwyddiad, roedd Tŷ'r Cyffredin yn penderfynu a fyddent yn ymosod ar Syria ai peidio, gyda'r

Americanwyr yn paratoi i ymuno wedi i Lundain gyfiawnhau'r achos. Wedi'r cyfan, nhw arweiniodd ar Irac. Doedd Cameron ddim yn swil yn ei araith ymbilgar i blygu ychydig ar y gwir. '*We KNOW the oppostion have never used chemical weapons,*' gwaeddodd, gan wrth-ddweud tystiolaeth arolygwyr y Cenhedloedd Unedig yn llwyr. Ond bu sioc. Collwyd y bleidlais i ymosod ar Syria yr oedd Cameron a Hague wedi gweithio mor galed i'w hennill, a hynny o drwch blewyn – 285 i 272.

13 pleidliais yn unig oedd wedi achub Syria rhag profi tynged Irac. Roedd y gwewyr yn amlwg ar fainc flaen y Torïaid. Datganodd y Canghellor George Osborne ar Radio 4 y byddai'r drychineb ddemocrataidd yma yn arwain yn anochel at '*national soul searching about our role in the world. I hope this doesn't become a moment when we turn our back on all of the world's problems*'. Daeth y Gweinidog Amddiffyn Philip Hammond ar Newsnight i ddweud ei fod o a'i Brif Weinidog yn '*disappointed*', ac y byddai'r camgymeriad ofnadwy yma'n '*harm our special relationship with Washington*'.

Yn fuan wedi hynny, daeth Islamic State i faes y gad. Os nad oedd stumog i ymosod ar Syria ar sail yr honiadau yn erbyn Assad, efallai y byddai gelyn newydd gwaeth yn gwneud y tro. Roedd hi'n amser i ychydig o bennau glân, gloyw, gwyn uniaith Saesneg ddisgyn ar ein sgriniau.

Parhaodd y 'newyddion' i'n cyrraedd. Gwelwyd fideo o hogyn bach yn rhedeg dan sŵn gynnau gan ei ddangos yn smalio cael ei daro gan y bwledi, cyn codi ac achub ei chwaer fach. Wrth gwrs, sneipars drwg Assad oedd yn gyfrifol fel arfer, ond y tro hwn trechwyd y dihirod gan glyfrwch a dewrder anhygoel yr hogyn ifanc. Aeth y fideo'n syth ar newyddion y BBC ac ITN. Mewn mis gwelwyd lluniau o'r hogyn a'i 'chwaer fach' yn gwenu ar y camera gyda chriw teledu swmpus o Norwy, gwlad NATO, a ffilmiodd yr holl beth am £30,000. Roedd rhai wedi cofnodi'r holl brosiect ar eu ffonau. Roedd lluniau o'r criw wrth eu gwaith, gydag un dyn yn dal meicroffon mawr o flaen yr olygfa dddramatig.

Ond llwyddodd haciwr i ddatgelu ebyst gan y cwmni Seisnig

Britam, yn trafod cynigion i greu helynt, er enghraifft hwn rhwng dau o'u cyfarwyddwyr:

> *We've got a new offer. It's about Syria again. Qataris propose an attractive deal and swear that the idea is approved by Washington. We'll have to deliver a CW (Arf Cemegol) to Homs, a Soviet origin g-shell from Libya similar to those that Assad should have. They want us to deploy our Ukrainian personnel that should speak Russian and make a video record. Frankly, I don't think it's a good idea but the sums proposed are enormous. Your opinion?*

Rhoddodd y *Daily Mail* yr ebost ar eu gwefan am dair awr ar 29 Ionawr, 2013 cyn i rywun pwysig esbonio wrth y golygydd naif sut oedd pethau'n gweithio ac fe'i tynnwyd oddi yno – ond nid cyn i rywrai gadw copïau. Teitl hirwyntog y darn oedd 'U.S. *'backed plan to launch chemical weapon attack on Syria and blame it on Assad's regime': Leaked emails from defense contractor refers to chemical weapons saying 'the idea is approved by Washington'.*

Ond fel adroddodd y *Guardian*, pan aeth Britam â'r *Daily Mail* i'r llys ac ennill £110,000 o iawndal, mi fedrwn gymryd yn ganiataol, yn hollol hyderus mai ebyst ffug oeddent, er fod y cyfeiriad IP yn olrhain yn ôl i swyddfeydd Britam fel profwyd.

Ar eu gwefan eu hunain mae Britam yn esbonio'u gwasanaethau:

> *Our management team has a background in UK Special Forces. This ethos defines our culture... Operationally, we combine our experience and expertise in counter-terrorism, insurgency and other public security situations with keen commercial awareness and discretion... With offices in London, Dubai, Singapore, Iraq and Libya, and associated companies in Abu Dhabi and China, we are on hand wherever our clients need us.*

Yr hyn mae'r cwmnïau preifat yn ei gynnig yw ffordd o gael y maen i'r wal heb unrhyw broblem gyfreithiol a gwleidyddol a allai godi o ddynodi milwyr y wladwriaeth. Maent hefyd yn ffordd i wleidyddion sydd ar fyrddau'r cwmnïau hyn, fel Halliburton ac Academi (Blackwater gynt), i wneud ceiniog sylweddol ar gefn y rhyfel y maent yn brysur yn ei hyrwyddo. Gwelir yn ogystal fod yr 17 aelod sydd yn y *Senate Foreign Relations Committee*, a bleidleisiodd i ganiatáu ymosodiad milwrol gan yr Unol Daleithau ar Syria ym Medi 2013, i gyd wedi derbyn arian gan y cwmnïau hyn yn swyddogol i'w swyddfeydd, gyda John McCain ar y blaen gyda $176,300. Mae'r ffaith i John gyfarfod â'r FSA droeon yn ffaith agored, a mae lluniau ohono gyda sawl grŵp arfog yn cynnwys pobl fel Abu Bakr Al Baghdadi yn awgrymu fod mwy i'r stori.

Y dasg mae IS wedi'i chyflawni yw sicrhau cydsyniad y byd i osod troed Eingl Americanaidd yn Syria gan fod eu technegau hyd yn hyn wedi methu. Nid yw'r mantra a gyhoeddwyd gyda'r *Project for the New American Century* gan bobl George W. Bush wedi newid dim yng nghyfnod Barack Obama. '*Multiple wars in multiple theatres*' er mwyn disodli llywodraethau nad oedd yn plygu glin i anghenion corfforaethol byd busnes yr Unol Daleithiau oedd eu cri. Penderfyniad Prydain a Ffrainc yw i gydredeg â hwy am ddarn o'r gacen.

Wrth geisio darbwyllo ei senedd eto i ymosod ar Syria, dywedodd Cameron fod 70,000 o '*moderate fighters*' yn barod i ymladd IS a llywodraeth Syria i gyd-fynd â bomiau Prydain o'r awyr. Datganodd aelodau o bob plaid, yn cynnwys ei blaid ei hun, fod hynny'n ffantasi llwyr. Gollyngodd Barack Obama y gath o'r cwd lai na deufis yn unig ar ôl datgan fod yn rhaid i'r Unol Daleithiau fomio IS yn Syria. Datganodd ar 13 Tachwedd, 2014 fod yn rhaid cael gwared ag Assad yn gyntaf os am unrhyw obaith o drechu'r bwystfil IS. Wel, dyna sioc a syndod. Wrth i argyfwng ffoaduriaid o'r wlad daro sgriniau teledu ym Medi 2015 a chodi ymwybyddiaeth eang, ar ôl gwrthod cyson, mi ddatganodd Cameron ei fod am dderbyn 20,000 o ffoaduriaid i'r wlad. '*We will show the world we are a compassionate nation*'. Mae miliwn ohonynt yn Lebanon, gwlad o 3 miliwn.

Ar 1 Awst, 2015 cafwyd prawf fod milwyr yr SAS yn teithio o amgylch gyda chatrodau IS. Roedd y *Daily Express* yn ofalus i bwysleisio mai gwneud hyn er mwyn ymosod ar IS o'r tu mewn yr oeddent, er eu bod yn cyfaddef ei fod yn *'unorthodox tactic'.* Nid oedd posibiliadau eraill i'w hystyried. Nodwyd fod 120 o'r SAS yn Syria, yn ogystal â datguddio: *'Last week an additional 20 SAS soldiers flew into Saudi Arabia to prepare a training system in which the UK will instruct hundreds of members of the Syrian Moderate Opposition'.*

Yn Ionawr 2016 y stori fawr oedd fod byddin Syria'n rhoi tref Madaya dan warchae. Yn sicr roedd sylw ar y dref gan fod IS/Al-Nusra/FSA wedi meddiannu'r dref, ond y naratif gadarn oedd fod Assad yn llwgu'r trigolion. Ond mewn cyfweliad â phedair oedd wedi llwyddo i ddianc o'r dref, mynnent mai'r 'rebels' oedd wedi meddiannu'r bwyd gan ei werthu i'r trigolion am brisiau hurt megis £125 am fag o reis. Mae'n anodd dweud os mai'r cynhyrchydd a benderfynodd ollwng ychydig o'r gwir i'r stori yn fwriadol ynteu ei fod wedi chwalu naratif yr eitem drwy gamgymeriad. Roedd y bwyd yn cyrraedd ond roedd y 'rebels' wedi meddiannu'r siopau a'r farchnad. Ar yr un bwletin dangoswyd hen ddyn llwglyd a dyn ifanc yn gwylltio. Profwyd fod yr hen ddyn o gamp Palestiniaid a bod y bachgen o Yarmouk, a bod y ddau wedi'u ffilmio'n 2014. Unwaith eto roedd bwletin y BBC yn gwbl gelwyddog, ond nid oedd neb o'u cystadleuwyr na'r papurau yn fodlon datgelu hynny.

Ym Medi 2016, roedd newyddion Lloegr yn llawn fideos bron yn ddyddiol gan y White Helmets, heb nodi mai ond yn yr ardaloedd sydd wedi'u goresgyn gan y 'rebels' y mae'r rhain yn gweithio. Pam? Cawsant i gyd eu hyfforddi yn Nhwrci gan gwmni preifat Mayday Rescue a gafodd ei sefydlu i'r pwrpas gan gyn-filwr o'r Fyddin Brydeinig, James Le Mesurier. Mae fideos ohonynt yn cyd-weiddi gydag IS, er enghraifft, a gellid gofyn y cwestiwn os mai mater o dynnu'r mwgwd a gosod helmed gwyn ar eu pennau pan mae ffilm 'ddyngarol' yw'r dymuniad. Datganodd Boris Johnson, Gweinidog Tramor Prydain, ei fod yn rhoi £32 miliwn i'r *White Helmets.*

Yn yr un wythnos ac y gwnaeth yr Eingl-Americanaid sioe o arwyddo 'cadoediad' bomiodd awyrennau Prydain ac America fyddin Syria gan ladd 62. Yn syth, llifodd IS i fewn i'w lleoliad ac aeth yr awyrennau i ffwrdd heb ymosod ar eu gelyn honedig. Byddai hynny wedi peryglu aelodau o'r SAS efallai. Yna daeth bomio'r lorïau dyngarol ar y ffordd i Aleppo a chyhuddiadau mai awyrennau Rwsia oedd yn gyfrifol. Daeth yn gyfleus i symud y stori. Yr unig dystiolaeth i gefnogi hynny gafwyd oedd gan y White Helmets, oedd yn 'digwydd' bod yno. Roedd ailadrodd di-baid yn ddigon wedyn.'

Fel yn Libya, cafodd un o gyfundrefnau mwyaf agored, heddychlon, llewyrchus a rhydd y byd Arabaidd ei dinistrio dan fonllef o anogaeth gan gyfryngau a gwleidyddion y gorllewin gwâr, gan fanteisio ar yr anwybodaeth a'r hiliaeth sydd yn y 'byd datblygedig'.

Nid celwydd Irac yn unig oedd yn gyfrifol am y bleidlais yn San Steffan i wrthod ymosod ar Syria yn 2013, er mai dyna yw'r stori a gawn. Yma roedd y frwydr rhwng twyll sefydliadol a thystiolaeth sylwebwyr llawr gwlad am feddyliau'r cyhoedd. Nid yw'r ddwy ochr erioed wedi bod yn gryfach. Fel mae technoleg yn gwella, mae angen i unrhyw dwyll fod yn llawer mwy soffistigedig gan fod digwyddiadau yn cael ei lledaenu ar amrantiad y dyddiau hyn. Gellir gweld beth mae trigolyn o Aleppo'n ei ffilmio a'i ddweud fel maent yn ei yngan. Ar ochr arall y geiniog, mae gweision y pwerau yn medru creu llwyth o gelwydd a'i becynnu'n hynod gelfydd, gan fedru dibynnu ar eu cyfeillion yn y cyfryngau i adrodd eu storïau'n ufudd. Eto, mae llid y cyhoedd wrth ganfod y twyll i'w weld yn y sylwadau oddi tan erthyglau'r we'r *Daily Mail*, y *Telegraph* a'r *Guardian*, a'u hymchwil a'u sylwebu yn dinistrio'r hyn mae'r newyddiadurwyr a'r colofnwyr proffesiynol wedi ei gyboli. Mae'r stori'n parhau.

# Grym Meddal

Nododd ail Gyfarwyddwr Cyffredinol y BBC, Frederick Ogilvie, (a ddaeth i'w swydd yn 1938) oedd mai ei nod oedd troi'r BBC yn '*a fully effective instrument of war*'. Yr hyn yr oedd ei ddarllenwyr yn ei hoffi go iawn, medd yr Arglwydd Harmsworth a redai'r *Daily Mail*, oedd '*a good hate*'. Nid oedd hi'n syndod iddynt gefnogi Hitler cyn y rhyfel. Mi fyddai wedi bod yn od, yn rhagrith, petaent heb ei gefnogi, gan ei fod yn cydfynd â'u hagweddau yn llwyr.

Yn Chwefror 2015, arweiniodd y Farwnes Eluned Morgan drafodaeth hirwyntog a hunanfoddhaol ar Rym Meddal. Daeth clod mawr i'r BBC am lwyddo i orfodi safbwynt Lloegr, neu Brydain fel roedd yn rhaid iddynt ei galw, ar y byd drwy'i sianeli arferol a bwmpir i'r gwledydd a'r rhaglenni a werthwyd, ond yn fwy na dim ei *World Service*.

A dyna oedd pwrpas swyddogol creu y *World Service*. Ei enw gwreiddiol oedd yr *Empire Service* a'i ddatganiad oedd '*preserve and strengthen the Commonwealth and Empire... increase our trade and protect our investments abroad*'. Swyddfa Dramor llywodraeth Prydain sy'n ariannu'r *World Service* o hyd, nid cyllideb y BBC.

Ar ben brolio'r BBC, cafodd y *Premier League* (nid oes angen rhoi enw'r wlad o flaen y gynghrair benodol yma gan ei bod yn gynghrair i bawb yn y byd, mae'n debyg) ei glodfori fel arf ardderchog i ddylanwadu ar y tramorwr yn ogystal â dwyn ei geiniog, gan fod biliynau o bunnau yn llifo i Loegr. Yn ogystal â phellafoedd byd, ystyriwn hanes clwb Abertawe ar draul amlwg clybiau Cynghrair Cymru o'i gwmpas fel Castell-nedd, Port Talbot, Llanelli a Chaerfyrddin a welodd gwymp sylweddol yn eu tocynnau tymor. Pan oedd Abertawe yn y gwaelodion, roedd Llanelli'n cael dros fil o dorf yn aml. Erbyn i Abertawe gyrraedd yr adran uchaf, aeth Llanelli'n fethdalwyr, gyda'u cefnogwyr wedi ymadael lawr y lôn a'u cyngor yn gwrthod gostwng rhent eu stadiwm, tra bu i Abertawe dderbyn stadiwm newydd anferth am ddim gan eu cyngor nhw.

Wrth i ffoaduriaid lifo ar y sgrin ym Mai 2015, roedd crys Manchester United yn cerdded heibio'r camerâu. Efallai nad oedd bwyd a lloches, ond o leiaf yr oedd y bachgen yma wedi meddu darn o obaith a bri, *glory* i'w gario drwy'r cyfnod tywyll. Gwelir yr un fath ym Mhalesteina, lle mae Israel yn atal gwlân (ymysg rhestr faith) rhag dod i fewn i Gaza a'r Banc Gorllewinol ond caiff crysau Arsenal a Lerpwl rwydd hynt i gyrraedd yno rywsut.

Safbwynt a glywir yn aml yw nad yw chwaraeon a gwleidyddiaeth yn cymysgu. Am ddegawdau ar ôl i Iwerddon gael ei hannibyniaeth, roedd Cymdeithas Bêl-droed Cymru (a gâi ei rhedeg ar y pryd gan Saeson, fwy neu lai) yn gwrthod pob cais am gêm gyfeillgar gan Iwerddon. Pwdu ar ran yr Ymerodraeth oedd y rheswm dros hynny. Gan mai Cymru yw'r cymydog agosaf, gadawodd hynny Iwerddon yn brin iawn o gemau. Roedd hyd yn oed Lloegr yn fodlon eu chwarae cyn i Gymru gytuno i gael gêm. Chwaraewyd honno yn 1960, bron 40 mlynedd ar ôl sefydlu Iwerddon Rydd. Heddiw mae Cymdeithas Bêl-droed Cymru wedi'i gweddnewid yn llwyr ond ni ellir dweud hynny am Undeb Rygbi Cymru sydd mor seisnig, brenhinol a militaraidd ag erioed.

Tan 1985 roedd pob ymgeisydd am bob swydd yn y BBC yn cael ei roi dan lygaid barcud MI5, oedd yn rhan gudd o banel cyfweld amryw swydd, yn enwedig y swyddi golygyddol. Yr unig reswm y daeth hyn i ben (os yw wedi dod i ben) oedd i bapur yr *Observer* ddatguddio'r arfer. Roedd MI5 hefyd yn darparu eu hymgeiswyr eu hunain ar gyfer swyddi dylanwadol yn y gorfforaeth.

Mae honiadau cyffelyb ynglŷn â rai o'r gohebwyr tramor welir ar eu rhaglenni newyddion, gohebwyr a welid yn syfrdanol o anaml. Mae o leiaf un o'r wynebau cyfarwydd, fodd bynnag, yn cael ei gysylltu'n amlach na pheidio gyda'r gwasanaethau diogelwch, sef yr *award-winning* Ian Pannell. I'r rhai sy'n gyfarwydd a'i adroddiadau ni ddylai hyn ddod fel sioc eithriadol.

Dim ond y diweddaraf yw Ian. Yr 'ochr arall' ar ITN yn yr 1980au roedd newyddiadurwr o'r enw Sandy Gall. Yn ei hunangofiant roedd yn sôn am ofyn i unben Pacistan am daflegrau ysgwydd cyn mynd i ohebu i Affganistan gan y byddai ffilm o awyren Rwsia yn disgyn yn deledu da. Roedd yn cydfynd yn daclus gyda'r holl giniawa yr oedd yn ei wneud yn MI6, er yn gwrthdaro'n llwyr â phwrpas newyddiadurwyr o adrodd y newyddion, nid ei greu. Ysgrifennodd cyn-aelod MI6, Richard Norton-Taylor, yn y *Guardian* ar ddechrau'r nawdegau fod y CIA yn talu 90 o reolwyr a newyddiadurwyr y cyfryngau yn Lloegr yn uniongyrchol i gadw'r newyddion 'ar y trywydd cywir'.

Ysgrifennwyd hyn gan y Weinyddiaeth Amddiffyn Prydain ar eu strategaeth '*The Future Strategic Context for Defense*' cyn goresgyn Irac.

> *Increasing emotional attachment to the outside world, fuelled by immediate and graphic media coverage, and a public desire to see the UK act as a force for good, is likely to lead to public support, and possibly public demand, for operations prompted by humanitarian motives.*

Hynny yw, o'i roi mewn ffordd arall, mae'n allweddol creu delwedd o sefyllfa, os dymunir ymosod ar wlad arall, i gyfleu fod Prydain yn ymyrryd i achub pobl.

Datganwyd bodolaeth catrawd newydd yn falch gan y fyddin Brydeinig yn 2014. Unig swyddogaeth *Battalion 77* yw i ymladd ar-lein, ar Twitter, Facebook, fforymau a sylwadau erthyglau yn dadlau ochr polisi tramor Prydain gan smalio bod yn aelodau o'r cyhoedd. Mae 2000 yn cael eu cyflogi'n y frigâd. Maent yn derbyn hyfforddiant mewn '*means of shaping behaviour through the use of dynamic narratives*'.

Cyfrwyd y nifer o raglenni teledu oedd yn cynnwys y gair *Britain* yn eu teitl. Yn 2006 roedd 15, ond erbyn 2013, gyda'r Alban yn bygwth annibyniaeth, roedd 308. Fel gyda gweddill y cyfryngau, yn cynnwys newyddion Radio Cymru a S4C, y tric yw mynnu eu bod yn gwbl ddi-duedd, a'r tric gorau sydd gan y sefydliadau yw cyflyrru eu gweithwyr i gredu'r peth eu hunain, gan mai'r pregethwr diffuant yw'r pregethwr gorau.

# Diwedd y Gân

Yn 1833, gwaharddwyd caethwasiaeth dan bwysau cyhoeddus. Trodd perchnogion y caethweision yn gapteiniaid diwydiant ar yr iawndal anferth a gawsant a llwyddodd Lloegr i ddiwydiannu ei hun, gan arwain at drefn o ddwyn mwy effeithlon yn Asia. Ni chafodd dioddefwyr caethwasiaeth geiniog wrth gwrs.

Mewn geiriau fyddai wedi plesio Hitler ddegawdau yn ddiweddarach esboniodd Charles Dilke *'The gradual extinction of the inferior races is not only a law of nature, but a blessing to mankind'*. Ei *'mankind'* oedd ei hil ei hun yn amlwg. Broliodd Joseph Chamberlain yr un adeg yn 1883 bod y *'spirit of adventure and enterprise distinguishing the Anglo-Saxon race has made us peculiarly fit to carry out the work of colonisation'*.

Y gair *peculiarly* sy'n dda, yn dynodi ryw ffliwc a hap a damwain nad oes a wnelo ddim â'r ffaith eu bod yn dewis gwneud hynny, gan mai natur oedd wrth waith. Ac am *adventure* ac *enterprise* darllener 'diffyg cywilydd o ddwyn' a'r 'parodrwydd i golbio, malu, carcharu a lladd i weinyddu'r dwyn hynny'.

Mae'r eirfa Saesneg ambell dro yn gwneud drysu a chamgysylltu ffactorau i siwtio eu pwrpas yn haws. Er enghraifft, nid oes geiriau gwahanol yn y Saesneg am genedl a iaith. *Welsh* yw'r ddau, fel French, Italian ayyb. Mae hil yn gyfystyr ag iaith a mynnu hawliau iaith o'r herwydd yn fater hiliol. Ac am rhywun sy'n cefnogi hunanreolaeth i genedl heb y fath beth, mae'n *Nationalist* – yr un term a maent yn ddefnyddio ar gyfer pobl o wledydd mawr sy'n dymuno diddymu eu gwlad o dramorwyr. Yn well byth, os bydd y bobl sy'n dymuno hunanreolaeth hefyd yn gwrthwynebu preifateiddio eu hadnoddau cyhoeddus a'u cyfoeth yn hytrach na'u bod yn llifo i bocedi busnesi tramor, maent yn *Socialist*. Ac wrth gyfuno *Nationalist* a *Socialist* medrid crybwyll tarddiad yr enw Nazi. Nid yw twpdra'r hafaliad yn atal amddiffynwyr yr Ymerodraeth rhag ei ddefnyddio. Prin y mae *Nationalist* yn cael ei labelu'n wrthwyneb i *Imperialist*.

Dathlodd cyfalafiaeth ei fuddugoliaeth dros gomiwnyddiaeth wrth i'r Undeb Sofietaidd gwympo. Ond nid oedd marwolaeth honno'n golygu nad oeddent am symud ymlaen. *'No alternative'* i fyd lle roedd corfforaethau'n cael rhwydd hynt i ddilyn eu helw lle bynnag y mynnent oedd mantra Thatcher, ac roedd hynny'n golygu i bob gwlad agor eu marchnad i'r corfforaethau Seisnig ac Americanaidd. Byddai pob gwlad a wrthodai 'fuddsoddiad' y corfforaethau i'w hadnoddau a'u marchnadoedd yn destun rhyfel bropaganda yn eu herbyn, fyddai'n medru arwain at ryfel go iawn o fewn dim. Fel profwyd yn yr Unol Daleithau a Phrydain, nid oes newid yn y weledigaeth hon waeth pa blaid wleidyddol sy'n rheoli, boed yn Llafur neu Geidwadol, neu'n Ddemocratiaid neu'n Weriniaethwyr yn yr UD. Caiff y partïon eu hariannu gan yr un corfforaethau yn union. Dyma binacl a phen-draw 'democratiaeth' y Gorllewin heddiw. Diwedd, a dechrau, pob cân yw'r geiniog. Y *World Trade Organisation* a'r *International Monetary Fund* yw'r wedd barchus ar y lladrata hyn.

Ym mhob agwedd ar bolisi tramor, does ond un ystyriaeth – elw. Caiff gwledydd eu dinistrio ar un llaw, cyfundrefnau hynod annifyr eu cefnogi ar y llaw arall, a'r unig nod yw bod y daenlen yn y diwedd yn dangos yr elw gorau i *Great Britain PLC*. Wrth frolio eu cymorth rhyngwladol i Ghana i lanhau eu cyflenwad dŵr, yr hyn na chrybwyllwyd oedd fod yr arian yn ddibynnol ar breifateiddio'r diwydiant a gosod cwmni o Loegr i'w redeg, fyddai'n penderfynu ar y pris y byddai'n rhaid i'r trigolion ei dalu.

Yr hyn y mae goresgyn yn ei gyflawni yw ei gwneud hi'n haws i gyfeirio'r cyfoeth. Os oes posibl sicrhau ei fod yn llifo i'r cyfeiriad cywir p'run bynnag, yna popeth yn iawn. Mae'r fformiwla yn syml. Mae'r gwledydd mwyaf gormesol, sef Saudi Arabia, Kuwait, Barhain, Qatar, Oman, i gyd yn parhau â'r berthynas gyfleus lle daeth eu harweinwyr i rym dan adain Prydain, gan gadw'u lle os yw'r arian yn llifo. Caiff y gwledydd a lwyddodd i ddianc neu osgoi hynny eu pardduo i'r entrychion er eu bod yn llefydd llawer llai gormesol.

Daeth her i ddyfodol y Deyrnas Unedig yn ogystal ag i

weinyddiaeth y mudiad globaleiddio drwy i drigolion Lloegr a Chymru bleidleisio i adael yr Undeb Ewropeaidd, a'r Alban a Gogledd Iwerddon yn pleidleisio i aros ynddi.

Mae gan Brydain a Rwmania gytundeb tebyg eisoes. Nid oes angen athrylith i ddarogan pwy oedd am golli'n y fargen. Er mai corfforaeth o Ganada yw Gabriel Resources, maent wedi agor swyddfa yn Jersey, yn nhiriogaeth Prydain, felly'n medru mynd â llywodraeth Rwmania i'r llys am `iawndal` o $4 biliwn gan nad ydynt yn cael cloddio am aur a diddymu dau bentref wrth ffrwydro pedwar mynydd yn ardal Rosia Montana. Mae Monsanto yn mynd â ffermwyr Guatemala i'r llys am feiddio cadw hadau o un flwyddyn i'r nesaf fel y maent wedi'i wneud am ganrifoedd, yn hytrach na gorfod eu prynu o'r newydd yn flynyddol gan eu cwmni. 'Eiddo deallusol' Monsanto yw hadau bellach a phedair mlynedd dan glo fydd y gosb. Mae'r cwmni tybaco Phillip Morris yn mynd â llywodraeth Uruguay i'r llys am ymgyrchu i annog pobl i beidio ysmygu; y cwmni egni Vattenfall yn mynd â'r Almaen i'r llys am newid i egni adnewyddol, ac yn y blaen. Dyna ben draw'r cytundebau 'masnach rydd' honedig yma.

Roedd y ddadl dros aros yn yr Undeb Ewropeaidd yn cyfleu'r dynfa rhwng ymerodrwyr traddodiadol Rŵl Britannia a'r ymerodrwyr neo-ryddfrydol mwy modern a chyfrwys. Mae'r Undeb Ewropeaidd yn 2016 wedi gwrthod cytundeb TTIP – y *Transatlantic Trade and Investment Partnership*. Byddai hwnnw'n rhoi hawl i gorfforaethau preifat fynd â llywodraethau gwledydd i'r llys os ydynt yn effeithio ar eu gallu i wneud elw. Mae perygl iddo ddigwydd ym Mhrydain o hyd yn dilyn y bleidlais i adael. Er ei fod yn swnio'n beth hurt, mae nifer o gytundebau tebyg wedi digwydd yn barod o amgylch y byd.

Achos y rhwyg yng nghenedlaetholdeb Seisnig y Ceidwadwyr yw fod Boris Johnston, Michael Gove ac Iain Duncan-Smith, fel UKIP, yn gweld Prydain yn colli ei hawl neilltuol i reoli a gwneud fel y mynn adref a thramor. Eisoes mae'r rhain wedi bagio ar eu haddewidion o wario'r arian ar ddigolledu ffermwyr Cymru a'r Gwasanaeth Iechyd.

Mae'u gwrthwynebwyr o'r un blaid, David Cameron, Phillip Hammond, George Osborne, William Hague a'u cymdeithion, yn deall fod eu corfforaethau – cerbyd modern y dosbarth rheoli i barhau eu goruchafiaeth – yn manteisio'n well ar gydgynllwynio yn Ewrop i feddiannu marchnadoedd newydd ac adnoddau y tu allan yn ogystal â thu fewn i'r bloc. Mae'n haws cydgordio'r ymgyrchoedd i newid arweinyddiaeth gwledydd y byd sy'n gyndyn o agor eu marchnadoedd a'u hadnoddau i'r corfforaethau. Dyma'r stori y tu ôl i'r llanast yn Syria, Wcrain a Libya yn y ddegawd hon, ac ochr arall hyll y geiniog i'r arian prosiect maent yn ei ddosbarthu i ardaloedd tlotaf Ewrop.

Y drychineb yw mai prin mai dyna'r rheswm y tu ôl y bleidlais i adael. Hiliaeth plaen oedd llawer ohono, ac roedd hynny'n fwy amlwg yng Nghymru gan ein bod yn fodlon aberthu'r arian mawr a ddaw i'r wlad o Ewrop.

Elfen sy'n cyfleu dryswch y sefyllfa i'r dim yw fod areithiau yr arch-Brydeiniwr Nigel Farage yn y Senedd Ewropeaidd yn condemnio'r dichelldra a'r rheibio ar wlad Groeg, y celwydd ar Rwsia'n yr Wcrain a'r sancsiynau ffals o'i herwydd, ac ar warth yr ymosod ar Libya yn deilwng i'w cymharu â rhai o areithiau mwyaf dyngarol, sosialaidd, treiddgar a welwyd erioed, ac yn gwbl groes i fuddiannau economaidd Prydain fel y'u gwelir gan San Steffan.

Mewn dadl cyn etholiad 2015 ar *Daily Politics* y BBC rhwng llefarwyr tramor y bedair blaid fawr yn Lloegr roedd y tair plaid Seisnig fwyaf yn gwbl unfryd fod bomio Libya wedi bod y peth cwbl gywir i'w wneud. Ni wnaeth y drydedd drafferthu ategu dim, dim ond dweud ei fod yn cytuno 100%. Gadawyd i lefarydd UKIP, plaid sydd wedi codi hiliaeth a chwifio'r Jac yn gryfach na'r un, i gondemnio'r neo-ryddfrydiaeth a'r rheibio a'r dinistr yn y wlad fwyaf llewyrchus a hapus yn Affrica. Nhw oedd y lleiaf brwd dros yr ymerodraeth ryngwladol a'i chelwydd. Roedd yn gyferbyniad syfrdanol, ac yn adlewyrchu'r ffaith fod yr hen bleidiau wedi'u hen draflyncu i'r peiriant sydd wedi rhygnu ymlaen ers canrifoedd.

Ac nid oedd neb yn cyfleu hynny'n well na Tony Blair. Un peth yn unig mae Tony Blair yn cyfaddef ei fod yn edifar ganddo: sef, nid goresgyn Irac ar sail celwydd, ond gadael i'r Alban a Chymru gael refferendwm ar ddatganoli, fel dywedodd cyn refferendwm 2014 yr Alban.

Wrth ymateb i strategaeth y Cadfridog Wellesley yn India, crynhodd yr *Edinburgh Review* yn 1805 dechnegau'r ymerodraeth Brydeinig:

> *To take part in every quarrel; to claim the lands of one party for assisting him, and seize the lands of the other after beating him; to get allies by force, and care nobody shall rob them but ourselves; to quarter troops upon our neighbours, and pay them with our neighbour's goods.*

Er ei fod wedi'i ysgrifennu dros ddwy ganrif yn ôl, mae'n creu darlun o'r hyn mae'r dosbarth rheoli'n ei ddeall a'r hyn mae'n ei gadw o olwg y cyhoedd. I gadw'r peiriant i rygnu ymlaen, nid oes wir ots pwy sy'n rheoli Lloegr neu Brydain, dim ond iddynt ddeall nad oes dewis ond chwarae'r gêm.

Gwahoddwyd Charles Darwin i weld y gorila byw cyntaf i'w gipio i Loegr, Mr Pongo fel y'i henwid gan ei garcharwyr. Diflasodd a gadael gan i'r gorila – wrth ei weld – godi, troi ei gefn ac eistedd yn gwbl llonydd heb edrych yn ei ôl unwaith.

## *Llyfryddiaeth*

*The Decline and Fall of the British Empire 1781–1997*, Piers Brendon
*The Rise and Fall of the British Empire*, Lawrence James
*The Great War for Civilization: The Conquest of the Middle East*, Robert Fisk
*The Blood Never Dried*, John Newsinger
*Hidden Agendas*, John Pilger
*Freedom Next Time*, John Pilger
*The New Rulers of The World*, John Pilger
*Labour: A Party Fit For Imperialism*, Robert Clough
*Understanding Power*, Noam Chomsky
*Necessary Illusions*, Noam Chomsky
*Profit Over People*, Noam Chomsky
*The People Speak*, Colin Firth a Anthony Arnove
*Web of Deceit*, Mark Curtis
*Secret Affairs: Britain's Collusion with Radical Islam*, Mark Curtis
*Killing Hope*, William Blum
*All the Countries We've Ever Invaded*, Stuart Laycock
*Hanes Prydain 1914–1964*, Geraint Lewis Jones
*Hanes Cymru*, John Davies
*Hanes Cymru yn y Cyfnod Modern Cynnar 1530–1760*, Geraint H. Jenkins
*Gwynfor: Rhag Pob Brad*, Rhys Evans
*Cymru a'r Rhyfel Byd Cyntaf*, Gwyn Jenkins, Gareth William Jones
*Pilgrim of Peace: A life of George M. LL. Davies*, Jen Llewelyn
*Stori Cymru*, Myrddin ap Dafydd
*Yn ôl i'r Dref Wen*, Myrddin ap Dafydd
*Mae Rhywun yn Gwybod*, Alwyn Gruffydd
*The History of Wales*, J.Graham Jones
*Twenty-one Welsh Princes*, Roger Turvey
*Red Dragon – The Story of Welsh Football*, Phil Stead
*The Dissidence of Despair: Rebellion and Identity in Modern Cornwall*, Mark Stoyle
*The History of Scotland*, Neil Oliver
*Stories of the Highland Clearances: The Brutal Betrayal of the Scots*, Alexander Mackenzie
*Ireland: A History*, Robert Kee
*The Anglo-Irish Agreement: The First Three Years*, Arwel Elis Owen
*The Union-Jacking of Ireland*, Jack O'Brien
*Northern Protestants: An Unsettled People*, Susan McKay
*Michael Collins*, Tim Pat Coogan
*The Troubles*, Tim Pat Coogan
*Bandit Country*, Toby Harnden
*Jailtacht*, Diarmait Mac Giolla chriost

*A Rebel Voice: A History of Belfast Republicanism*, Raymond J Quinn

*The Dirty War*, Martin Dillon

*Guerilla Days in Ireland*, Tom Barry

*Theobald Wolfe Tone and the Irish Nation*, C. Desmond Greaves

*Writings From Prison*, Bobby Sands

*1916,1966,2016*, Bethan Kilfoil, *Barn*, Ebrill 2016

*NATO's Secret Armies: Operation Gladio and Terrorism in Western Europe*, Daniele Ganser

*Operation Gladio, The Observer*, Tachwedd 18,1990

*Troseddau Rhyfel Kitchener*, Myrddin ap Dafydd, *Llafar Gwlad* rhifyn 124, Mai 2014

*Beyond the Myth: The Story of Joan of Arc*, Polly Shoyer Brooks

*American Holocaust*, Stannard

*A People's History of the United States*, Howard Zinn

*British Intervention in Greece: Form Varzika to Civil War*, Heinz Richter

*ELAS: Greek Resistance Army*, Stefanos Sarafis

*The Parthenon marbles are the world's most beautiful art – and that's why we should give them back*, Jonathan Jones, G2, *The Guardian*, 24/03/2015

*Empire's Footprint: Expulsion and the United States Military Base on Diego Garcia*, David Vine

*Churchill's Secret War*, Madhusree Mukerjee

*Late Victorian Holocausts*, Mike Davis

*Heroes of the Indian Mutiny*, Edward Gilliat

*Annals of the Honorable East India Company*, John Bruce

*'Moral Effect' – Sudan Days and Ways*, HC Jackson 1954

*How Britain's Armaments Fuels War and Poverty*, John Pilger, *The Mirror* Mai 29 2002

*Araith Edmund Burke yn Nhŷ'r Cyffredin: Mr. Fox's East India Bill*, Rhagfyr 1, 1783

*British Policy-Making And Our Leyland In Havana (1963–1964)*, Maria Carla Chicuén

*British Diplomacy and US Hegemony in Cuba, 1898–1964*, Christopher Hull

*Cuba: New developments in Anglo-Cuban relations*, Phil Katz

*The British in Hawaii*, Chris Cook

*Voices From the Other Side: An Oral History of terrorism Against Cuba*, Keith Bolender

*Miners Against Fascism: Wales And The Spanish Civil War*, Dr Hywel Frances

*Homage to Catalonia*, George Orwell

*Capitalism: A Ghost Story*, Arundhati Roy

*No Logo*, Naomi Klein

*The Corporation*, Joel Bakan

*Al Qaeda and What it Means to be Modern*, John Gray

# *Dolenni*

Casgliad y Werin – *https://www.casgliadywerin.cymru/*

Adnoddau Digidol ar Hanes yr Oesoedd Canol –
*https://llyfrgell.porth.ac.uk/library/adnoddau-digidol-ar-hanes-yr-oesoedd-canol*

Wales to be energy self sufficient by 2025 –
*http://www.hazardexonthenet.net/article/17950/Wales-to-be-energy-self-sufficient-by-2025.aspx*

Y Rhyfel Mawr: Hanes recriwtio milwyr o ogledd Cymru – Aled Hughes –
*http://www.bbc.co.uk/cymrufyw/29916732?SThisFB*

Towards a comprehensive land reform agenda for Scotland: A briefing paper for the House of Commons Scottish Affairs Committee – James Hunter, Peter Peacock, Andy Wightman, Michael Foxley – *http://www.parliament.uk/documents/commons-committees/scottish-affairs/432-Land-Reform-Paper.pdf*

No wonder landowners are scared. We are starting to learn who owns Britain – George Monbiot – *http://www.theguardian.com/commentisfree/2014/dec/03/landowners-scotland-britain-feudal-highland-spring*

Massive increase in British-themed tv shows on BBC since SNP came to power –
*http://newsnetscotland.com/index.php/scottish-news/8744-massive-increase-in-british-themed-tv-shows-on-bbc-since-snp-came-to-power*

SOTT Change.org – Petition for the re-holding of the 2014 Scottish Independence Referendum – *https://www.change.org/p/nicola-sturgeon-we-the-undersigned-demand-a-revote-of-the-scottish-referendum-counted-by-impartial-international-parties*

Scottish referendum vote-rigging claims spark calls for recount – Esther Addley –
*http://www.theguardian.com/politics/2014/sep/22/scottish-referendum-vote-rigging-claims-recount-petitions*

The Death of William McRae – Seán Mac Mathúna –
*http://www.fantompowa.net/Flame/william_mcrae.htm*

The Anglo Cornish war of June/August 1549 – Craig Weatherhill – *http://www.cornwallinformation.co.uk/news/the-anglo-cornish-war-of-june-august-1549/*

Ministry of Defence: UK Land Holdings 2015 –
*https://www.gov.uk/government/uploads/system/uploads/attachment_data/file/454664/20150820-UK_Land_Holdings_2015.pdf*

'Please bury deep': the hidden memo urging Thatcher to denounce apartheid – Alan Travis – *http://www.theguardian.com/politics/2016/feb/19/please-bury-deep-the-hidden-memo-urging-thatcher-to-denounce-apartheid?CMP=Share_AndroidApp_Fenix*

The Assault on Stop the War is really aimed at Jeremy Corbyn – Tariq Ali –
*http://www.independent.co.uk/voices/comment/the-assault-on-stop-the-war-is-really-aimed-at-jeremy-corbyn-a6768651.html*

Who first owned the Falkland Islands? Michael White –
*https://www.theguardian.com/uk/blog/2012/feb/02/who-first-owned-falkland-islands*

Hague Demands Inquiry into War – Nicholas Watt –
*http://www.theguardian.com/world/1999/may/19/nicholaswatt*
The Emperor has Spoken – Neil Clark, The Guardian Mehefin 13 2007 –
*http://www.theguardian.com/commentisfree/2007/jun/13/usa.balkans*
Reminders of Kosovo –John Pilger – *http://johnpilger.com/articles/reminders-of-kosovo*
Don't Forget Yugoslavia – John Pilger – *http://johnpilger.com/articles/don-t-forget-yugoslavia*
Early Day Motion 392 – *http://www.parliament.uk/edm/print/2004-05/392*
The Crisis in Kosovo – Human Rights Watch –
*https://www.hrw.org/reports/2000/nato/Natbm200-01.htm*
Annex to indictment submitted by Michael Mandel and others, May 1999 –
Civilian deaths and destruction in Yugoslavia –
*http://www.fantompowa.net/Flame/yugoslav_gov_indict.htm*
History of Tanzania –
*http://www.historyworld.net/wrldhis/PlainTextHistories.asp?historyid=ad23*
Attempted Genocide of the Arcadian and Mi'Kmaq nations – Daniel N. Paul –
*http://museeacadien.org/lapetitesouvenance/?p=1459*
Gas, chemicals, bombs: Britain has used them all before in Iraq – Jonathan Glancey –
*http://www.theguardian.com/world/2003/apr/19/iraq.arts*
British Imperialism And Bombing Civilians: Mass Murder From The Air –
*http://www.worldfuturefund.org/wffmaster/Reading/war.crimes/World.war.2/Air.Control.htm*
Yes, They Did Lie To Us – Jonathan
Freedland –*http://www.theguardian.com/politics/2005/jun/22/iraq.iraq*
The propaganda used to 'justify' war against Saddam aims only to distract from the real
prize: Iraq's rich reserves of oil – John Pilger – *http://johnpilger.com/articles/the-propaganda-used-to-justify-war-against-saddam-aims-only-to-distract-from-the-real-prize-iraq-s-rich-reserves-of-oil*
Petrol bombs fly as 'tanks' free SAS men – Sydney Morning Herald 20/09/2005 –
*http://www.smh.com.au/news/world/troops-petrol-bombed-in-spy-op/2005/09/20/1126982027612.html*
Troops free SAS men from jail – Adrian Blomfield, Thomas Harding –
*http://www.telegraph.co.uk/news/worldnews/middleeast/iraq/1498802/Troops-free-SAS-men-from-jail.html*
British tanks storm Basra jail to free undercover soldiers – Richard Norton-Taylor, Ewen
MacAkill – *http://www.theguardian.com/world/2005/sep/20/iraq.military*
British special forces caught dressed as Arab 'terrorists' –
*http://www.theinsider.org/news/article.asp?id=1556*
Iraqis lose right to sue troops over war crimes – Kamal Achmed –
*http://www.theguardian.com/world/2004/may/23/iraq.military*
Cameron receives a major last minute blow to his plans for war, from his own party –

Kerry-Anne Mendoza – *http://www.thecanary.co/2015/12/01/cameron-facing-rebellion-as-powerful-foreign-affairs-select-committee-votes-against-bombing-syria/*

The War on Libya: There Was No Evidence – Rick Sterling –
*http://wrongkindofgreen.org/category/the-war-on-libya-there-was-no-evidence/page/2/*

UN official "deplores" NATO attack on Libyan TV – Reuters –
*http://af.reuters.com/article/commoditiesNews/idAFN1E7771WD20110808*

Benghazi committee to review secret tapes on Clinton's role in Libya war – Fox News
Politics – *http://www.foxnews.com/politics/2015/02/03/benghazi-committee-to-review-secret-tapes-on-clintons-role-in-libya-war/*

Hillary Clinton's 'WMD' moment: US Intelligence saw false narrative in Libya – *The Washington Times*, Ionawr 29 2015

Libyan Oil Sector Recovery Suffers Output Setback – Benoît Faucon – *http://www.wall-streetjournal.com/articles/libyan-oil-sector-recovery-suffers-output-setback-1410971307*

Libyan Oil Sector: Between the Hammer and the Nail – Ahmed Maameri –
*http://www.rigzone.com/news/oil_gas/a/128129/Libyan_Oil_Sector_Between_the_Hammer_and_the_Nail*

The Battle for Libya's Oil: On the frontlines of a forgotten war – Frederic Wehrey –
*http://www.theatlantic.com/international/archive/2015/02/the-battle-for-libyas-oil/385285/*

Total Petroleum and Other Liquids Production 2015 –
*http://www.eia.gov/countries/country-data.cfm?fips=LY*

British delegation will visit Libya in effort to kick-start arms deals – Jerome Taylor –
*http://www.independent.co.uk/news/world/politics/british-delegation-will-visit-libya-in-effort-to-kickstart-arms-deals-6257561.html*

David Cameron's gift of war and racism, to them and us – John Pilger –
*http://johnpilger.com/articles/david-cameron-s-gift-of-war-and-racism-to-them-and-us*

Gadhafi's Gold-money Plan Would Have Devastated Dollar – Alex Newman –
*http://www.thenewamerican.com/economy/markets/item/4630-gadhafi-s-gold-money-plan-would-have-devastated-dollar*

Gold, Oil, Africa and Why the West Wants Gadhafi Dead – Brian E. Muhammad –
*http://www.finalcall.com/artman/publish/World_News_3/article_7886.shtml*

WikiLeaks Reveals Marine Reserve's Role in Denying Chagossian Right of Return – Dan
Bacher – *https://www.indybay.org/newsitems/2010/12/08/18666039.php*

Chagos Islands dispute: court to rule on UK sovereignty claim – Owen Bowcott –
*http://www.theguardian.com/world/2014/apr/21/chagos-islands-diego-garcia-base-court-ruling*

Diego Garcia: The facts, the history, and the mystery – Peter Foster –
*http://www.telegraph.co.uk/news/worldnews/northamerica/usa/11030099/Diego-Garcia-The-facts-the-history-and-the-mystery.html*

Paradise Cleaned – John Pilger –
*http://www.theguardian.com/politics/2004/oct/02/foreignpolicy.comment*

The World War on Democracy – John Pilger – *http://www.globalresearch.ca/the-world-war-on-democracy/28753*

Foreign travel advice: British Indian Ocean Territory – *https://www.gov.uk/foreign-travel-advice/british-indian-ocean-territory*

This House would return the Chagos Islands to Mauritius – International Debate Education Association – *http://www.ru.idebate.org/debatabase/debates/international/africa/house-would-return-chagos-islands-mauritius*

Mauritius – Stephen Luscombe – *http://www.britishempire.co.uk/maproom/mauritius.htm*

WikiLeaks, a forgotten people, and the record-breaking marine reserve – Sean Carey, The New Statesman – *http://www.newstatesman.com/blogs/the-staggers/2010/12/british-government-mauritius*

British navy detains 14 Indian fishermen near Diego Garcia – J Arockiaraj – *http://timesofindia.indiatimes.com/city/madurai/British-navy-detains-14-Indian-fishermen-near-Diego-Garcia/articleshow/45499520.cms*

Exiles Lose Appeal over Benefits: http://news.bbc.co.uk/1/hi/england/7075361.stm

Chagos Conservation Trust – *http://chagos-trust.org/*

Cameron has every reason to back Chagos Islands sovereignty – Sean Carey – *http://www.theguardian.com/commentisfree/2012/jun/09/cameron-chagos-islands-sovereignty*

World's most pristine waters are polluted by US Navy human waste – Cahal Milmo – *http://www.independent.co.uk/news/uk/home-news/exclusive-worlds-most-pristine-waters-are-polluted-by-us-navy-human-waste-9193596.html*

Remembering India's Forgotten Holocaust – Rakesh Krishnan Simha – *http://www.tehelka.com/remembering-indias-forgotten-holocaust/*

The Bengal Famine: How the British engineered the worst genocide in human history for profit – Rakhi Chakraborty – *http://yourstory.com/2014/08/bengal-famine-genocide/*

British East India Company and the Great Bengal Famine – *https://strassers.wordpress.com/2010/02/01/british-east-india-company-and-the-great-bengal-famine/*

The Destruction of the Indian System of Education – Kum. B. Nivedita (araith) – *http://ifihhome.tripod.com/articles/kbn001.html*

The East India Company: The Original Corporate Raiders –William Dalrymple – *http://www.theguardian.com/world/2015/mar/04/east-india-company-original-corporate-raiders*

30 June 1857: The Indian Mutiny – *http://www.theguardian.com/theguardian/from-the-archive-blog/2011/may/10/guardian190-india-mutiny*

The Clive Museum at Powis – *http://www.nationaltrust.org.uk/powis-castle/visitor-information/article-1355798899906/*

How Britain Denies its Holocausts – George Monbiot – *http://www.theguardian.com/commentisfree/2012/apr/23/british-empire-crimes-ignore-atrocities*

'Indian treasures loaned to Castle' – *http://news.bbc.co.uk/1/hi/wales/mid/6619601.stm*

The British Press: The Indian Mutiny – Kevin Hobson – *http://www.britishempire.co.uk/article/mutinypress.htm*

Fanning the Flames – How UK Arms sales fuel conflict – *https://www.caat.org.uk/campaigns/fanning-the-flames/ftf-6-page-briefing.pdf*

UK Conservatives would step up Pakistan aid effort – Adrian Croft – *http://in.reuters.com/article/2010/03/03/idINIndia-46628420100303*

Government accused of allowing arms manufacturers to export in secret – Cahal Milmo – *http://www.independent.co.uk/news/uk/politics/government-accused-of-allowing-arms-manufacturers-to-export-in-secret-10120718.html*

Revealed: the extent of Britain's arms trade WEAPONS: SALES UK ships military know-how to 19 of 20 countries on Foreign Office human rights blacklist – *http://www.heraldscotland.com/sport/spl/aberdeen/revealed-the-extent-of-britain-s-arms-trade-weapons-sales-uk-ships-military-know-how-to-19-of-20-countries-on-foreign-office-human-rights-blacklist-1.13420*

'There is no moral conflict over this.' Hague defends pushing sales to India while citing inspiration of pacifist icon Gandhi – Andrew Buncombe – *http://www.independent.co.uk/incoming/there-is-no-moral-conflict-over-this-hague-defends-pushing-sales-to-india-while-citing-inspiration-of-pacifist-icon-gandhi-9592819.html*

Mutiny at the Margins – The Indian Uprising of 1857 (Prifysgol Caeredin) – *http://www.csas.ed.ac.uk/mutiny/Part1Texts.html*

Farmer suicides in India: What is Causing them – Asia-Pacific News – *http://www.asia-pacificnews.org/farmers-suicides-in-india-what-is-causing-them-and-what-can-be-done-to-stop-the-tragedy/5446283*

How a Nation is Exploited: The British Empire in Burma – E.A.Blair / George Orwell – *http://theorwellprize.co.uk/george-orwell/by-orwell/essays-and-other-works/how-a-nation-is-exploited-the-british-empire-in-burma/*

British State Terrorism from Northern Ireland to Syria – Finian Cunningham – *http://bsnews.info/british-state-terrorism-from-northern-ireland-to-syria/*

The CIA's Destabilization Program: Undermining and "Nazifying" Ukraine Since 1953. Covert Support of Neo-Nazi Entities – Wayne Madsen – *http://www.globalresearch.ca/the-cias-destabilization-program-undermining-and-nazifying-ukraine-since-1953-covert-support-of-neo-nazi-entities/5502473*

Britain's Disastrous Retreat From Kabul 1842 – Robert McNamara – *http://history1800s.about.com/od/colonialwars/a/kabul1842.htm*

The Battle of Kabul 1879 – *http://www.britishbattles.com/second-afghan-war/kabul-1879.htm*

How the BBC Whitewashed Britain's Disastrous 13 Years of War in Afghanistan – *http://stopwar.org.uk/news/how-the-bbc-whitewashed-britain-s-disastrous-13-years-of-war-in-afghanistan*

$1 Trillion Trove of Rare Minerals Revealed Under Afghanistan – Charles Q. Choi –

*http://www.livescience.com/47682-rare-earth-minerals-found-under-afghanistan.html*
Afghanistan's vast Reserves of Natural Minerals and Gas –
*http://www.globalresearch.ca/the-war-is-worth-waging-afghanistan-s-vast-reserves-of-minerals-and-natural-gas/19769*
Casualty Figures after Ten Years of the 'War on Terror' – Physicians For Social Responsibility – *http://www.psr.org/assets/pdfs/body-count.pdf*
Second Anglo-Afghan War 1878-1880: Afghanistan Britain War 1878–1880 – OnWar.com
'1mn died' from Afghan heroin, drug production '40 times higher' since NATO op – Russia Today – *http://rt.com/news/afghanistan-heroin-production-increased-266/*
UK warns Afghanistan of delaying security deal – *http://bsnews.info/uk-warns-afghanistan-delaying-security-deal/*
Afghanistan sees rise in poppy cultivation – Al-Jazeera –
*http://www.aljazeera.com/news/asia/2014/11/afghanistan-sees-rise-poppy-cultivation-20141112115426363345.html*
Drug War? American Troops Are Protecting Afghan Opium. U.S. Occupation Leads to All-Time High Heroin Production – *http://bsnews.info/drug-war-american-troops-protecting-afghan-opium-u-s-occupation-leads-time-high-heroin-production/*
Lost in time; Groovy Afghanistan – *http://www.messynessychic.com/2013/06/10/lost-in-time-groovy-afghanistan/*
The Kremlin's secret Margaret Thatcher files – Pavel Stroilov, The Spectator –
*http://www.spectator.co.uk/features/8891611/the-iron-lady-and-the-iron-curtain/*
The Taliban's War Against Women, Adroddiad Llywodraeth yr UD –
*http://www.state.gov/j/drl/rls/6185.htm*
Margaret Thatcher's Foreign Policy: Was the Iron Lady on the Wrong Side of History? –
Ishaan Tharoor – *http://world.time.com/2013/04/08/margaret-thatchers-foreign-policy-was-the-iron-lady-on-the-wrong-side-of-history/*
Margaret Thatcher Speech at banquet given by Pakistan President – *http://www.margaret-thatcher.org/document/104716*
Isis Makes Billions From Opium Production in Afghanistan – Anonymous –
*http://anonhq.com/?p=13408*
Iraqi Commander Wiretaps ISIS Communications with US Military (Fars News Agency) –
*http://www.globalresearch.ca/delivery-of-us-weapons-and-ammunition-to-isis-iraqi-commander-wiretaps-isis-communications-with-us-military/5437627*
Iraqi Army Downs 2 UK Planes Carrying Weapons for ISIL – Fars News Agency –
*http://english.farsnews.com/newstext.aspx?nn=13931204001534*
Britain destroyed records of colonial crimes – Ian Cobain,Owen Bowcott, Richard Norton-Taylor, Guardian – *http://www.theguardian.com/uk/2012/apr/18/britain-destroyed-records-colonial-crimes?newsfeed=true*
Colonial Office files detail 'eliminations' to choke Malayan insurgency – Owen Bowcott, Guardian – *http://www.theguardian.com/world/2012/apr/18/colonial-office-eliminations-malayan-insurgency*

The colonial papers: FCO transparency is a carefully cultivated myth – Caroline Elkins, Guardian – *http://www.theguardian.com/politics/2012/apr/18/colonial-papers-fco-transparency-myth*

Athens 1944: Britain's Dirty Secret – Ed Vulliamy, Helena Smith, Guardian – *http://www.theguardian.com/world/2014/nov/30/athens-1944-britains-dirty-secret*

Winston Churchill's shocking use of chemical weapons – Giles Milton, Guardian – *http://www.theguardian.com/world/shortcuts/2013/sep/01/winston-churchill-shocking-use-chemical-weapons*

British arms company enjoys impunity – Paul Barber – *http://tapol.org/news-and-reports/news/british-arms-company-enjoys-impunity*

History of Ghana – History World – *http://www.historyworld.net/wrldhis/PlainTextHistories.asp?historyid=ad43*

Ghana Timeline: The Gold Coast – Jacob Crawfurd – *http://www.crawfurd.dk/africa/ghana_timeline.htm*

Elmina Castle – Stanley C. Lartey – *http://www.blackhistorysociety.ca/news.php/news/27*

Don't Mention the Opium Wars – Julian Kossoff, Telegraph – *http://blogs.telegraph.co.uk/news/juliankossoff/100063040/david-cameron-in-china-dont-mention-the-opium-wars/*

The Opium Wars: From Both Sides Now – Julia Lovell, History Today – *http://www.historytoday.com/julia-lovell/opium-wars-both-sides-now*

Who said Gaddafi had to go? – Hugh Roberts, London Review of Books – *http://www.lrb.co.uk/v33/n22/hugh-roberts/who-said-gaddafi-had-to-go*

The Great Powers and the End of the Ottoman Empire – Philip Mansel, History Today – *http://www.historytoday.com/philip-mansel/great-powers-and-end-ottoman-empire*

US-NATO "Humanitarian Wars": The Lessons of Libya – Dan Glazebrook – *http://www.globalresearch.ca/us-nato-humanitarian-wars-the-lessons-of-libya/5413703*

Ten Things You Didn't Know About Libya Under Gaddafi's So-called Dictatorship – Stephen Meltzer, Urban TImes – *https://urbantimes.co/2014/05/libya-under-gaddafi/*

Destroying a Country's Standard of Living: What Libya Had Achieved, What has been Destroyed – Michael Chossudovsky – *http://www.globalresearch.ca/index.php?context=va&aid=26686*

Libya: All About Oil, or All About Banking? – Ellen Brown, Al-Jazeerah – *http://www.aljazeerah.info/Opinion%20Editorials/2011/April/18%20b/Libya%20All%20About%20Oil,%20or%20All%20About%20Banking%20By%20Ellen%20Brown.htm*

Gaddafi's Libya Was Africa 's Most Prosperous Democracy – Garikai Chengu – *http://www.countercurrents.org/chengu120113.htm*

16 Things Libya Will Never See Again – *http://disinfo.com/2011/10/16-things-libya-will-never-see-again/*

UK: FCO holed below the water line – Felicity Arbuthnot – *http://english.pravda.ru/opinion/columnists/03-12-2013/126289-fco_holed-0/*

The U.S. Has Already Completed Regime Change In Syria (1949), Iran (1953), Iraq (Twice),

Afghanistan (Twice), Turkey, Libya and Other Oil-Rich Countries –
*http://www.darkpolitricks.com/2014/09/the-u-s-has-already-completed-regime-change-in-syria-1949-iran-1953-iraq-twice-afghanistan-twice-turkey-libya-and-other-oil-rich-countries/*

Saudi Arabia Sent Death Row Inmates to Fight in Syria in Lieu of Execution –Aina News –
*http://www.aina.org/news/20130120160624.htm*

UK, William Hague, confirms connections with 'Free Army' –
*http://breakingnews.sy/en/article/6354.html*

Syrian soldiers are fighting for their lives as well as their country – Robert Fisk mewn sgwrs
gyda Emma Alberici – *http://www.abc.net.au/lateline/content/2014/s4125600.htm*

Military Intervention in Syria Post Withrdrawal – Wikileaks –
*https://wikileaks.org/gifiles/docs/1671459_insight-military-intervention-in-syria-post-withdrawal.html*

Congress Gives Final Approval to Aid Rebels in Fight With ISIS – New York Times –
*http://www.nytimes.com/2014/09/19/world/middleeast/senate-approves-isis-bill-avoiding-bigger-war-debate.html?_r=0*

Senate approves Obama request to arm, train Syrian rebels – Rebecca Shabad, Ramsey
Cox – *http://thehill.com/policy/finance/218248-senate-approves-obama-request-to-arm-train-syrian-rebels*

Despite his lifestyle, Tony Blair still has political wisdom to impart –Marina Hyde,
Guardian – *http://www.theguardian.com/politics/2015/apr/07/despite-his-lifestyle-tony-blair-still-has-political-wisdom-to-impart*

The Battle of Baghdad, April 2003: Killing the Independent Media, Killing the
"Unembedded Truth" – Michael Chossudovsky – *http://www.globalresearch.ca/the-battle-of-baghdad-april-2003-killing-the-independent-media-killing-the-unembedded-truth/5441905*

Report Shows US Invasion, Occupation of Iraq Left 1 Million Dead –Dahr Jamail –
*http://www.truth-out.org/news/item/30164-report-shows-us-invasion-occupation-of-iraq-left-1-million-dead*

Should Britain apologise to Basra? – BBC –
*http://news.bbc.co.uk/1/hi/talking_point/4263092.stm*

Blackwater USA – Pratap Chatterjee – *http://www.corpwatch.org/section.php?id=210*

George W. Bush's Oft-Referenced Secret Intelligence Report Released, Proves There Was
No Case For War – Anonymous – *http://anonhq.com/george-w-bushs-oft-referenced-secret-intelligence-report-released-proves-no-case-war/*

Why 1-3 million killed in the US-UK war on Iraq are not worth mentioning – Stop The
War – *http://stopwar.org.uk/news/why-1-3-million-killed-in-the-us-uk-war-on-iraq-are-not-worth-mentioning*

What's Wrong With Channel 4 News? Part Three: Why Doesn't Alex Thomson Have the
Guts to Resign? – Alison Banville – *http://bsnews.info/whats-wrong-channel-4-news-part-three/*

We Are All ... Fill in the Blank – Noam Chomsky –
*http://chomsky.info/articles/20150110.htm*
Framing the Iraq War: A Critical analysis – Daniel Burrows, University of Kent –
*http://ethos.bl.uk/OrderDetails.do?uin=uk.bl.ethos.596085*
War by media and the triumph of propaganda – John Pilger –
*http://johnpilger.com/articles/war-by-media-and-the-triumph-of-propaganda*
The BBC & The War on Iraq: An Analysis – Trevor Asserson, Lee Kern –
*https://bbcwatch.org/the-bbc-the-war-on-iraq-an-analysis/*
Young Iraqis see Suicide as an Escape – Haifa Zangana –
*http://www.globalresearch.ca/young-iraqis-see-suicide-as-an-escape/5423058*
UK arms exports: which countries do British firms sell to, and who buys what? – John
Burn-Murdoch, Guardian – *http://www.theguardian.com/news/datablog/interactive/2012/*
*jul/13/defence-military-uk-arms-exports-middle-east-interactive*
Camp Bucca, ISIS and US Army Concealment – Anonymous – *http://anonhq.com/camp-*
*bucca-isis-us-army-concealment/*
Some thoughts on language, loss and identity – Elizabeth Corbett – *http://elizabeth-*
*janecorbett.com/2014/05/21/some-thoughts-on-language-loss-and-identity/*
Britain's Secret History: The Irish Holocaust – Sean Adl-Tabatabai –
*http://yournewswire.com/britains-secret-history-the-irish-holocaust/*
Limerick Mayors murdered by Black and Tans – Remembering the Past – Michael
O'Callaghan and George Clancy – *http://www.anphoblacht.com/contents/24828*
Adolygiad Forever Lost, Forever Gone – Paddy Joe Hill a Gerard Hunt gan Hans Sherrer,
Bloomsbury – *http://forejustice.org/wc/bh6/forever_lost.htm*
CIA Confirms Role in 1953 Iran Coup
Documents Provide New Details on Mosaddeq Overthrow and Its Aftermath – National
Security Archive – *http://nsarchive.gwu.edu/NSAEBB/NSAEBB435/*
British ambassador to Iran hits back after 'thick' jibe – Alastair Jamieson, Telegraph –
*http://www.telegraph.co.uk/news/worldnews/middleeast/iran/7940292/British-ambassador-*
*to-Iran-hits-back-after-thick-jibe.html*
US efforts against ISIL not real: Ayatollah Khamenei – Carol Adl –
*http://yournewswire.com/us-efforts-against-isil-not-real-ayatollah-*
*khamenei/#sthash.GkgQ4TbH.dpuf*
The Iran Nuclear Energy Agreement: Force Again Prevails Over Law — Paul Craig
Roberts – *http://www.paulcraigroberts.org/2015/04/07/iran-nuclear-energy-agreement-*
*force-prevails-law-paul-craig-roberts/*
NYT retracts claims of presence of Russian forces in Eastern Ukraine – Daily Kos –
*http://www.dailykos.com/story/2014/04/23/1294053/-NYT-retracts-claims-of-presence-of-*
*Russian-forces-in-Eastern-Ukraine*
Distortions, lies and omissions: The New York Times won't tell you the real story behind
Ukraine, Russian economic collapse – Patrick L. Smith –
*http://www.salon.com/2015/01/21/distortions_lies_and_omissions_the_new_york_times_wo*

nt_tell_you_the_real_story_behind_ukraine_russian_economic_collapse/

Nelson Mandela: From 'terrorist' to tea with the Queen – Anthony Bevins, Independent – *http://www.independent.co.uk/news/world/from-terrorist-to-tea-with-the-queen-1327902.html*

The Conservative party's uncomfortable relationship with Nelson Mandela – Julian Borger, Guardian – *http://www.theguardian.com/politics/2013/dec/06/conservative-party-uncomfortable-nelson-mandela*

South Africans give mixed response to Margaret Thatcher death – David Smith, Guardian – *http://www.theguardian.com/politics/2013/apr/08/south-africa-margaret-thatcher-death*

An Outline Of American History – The US Embassy – *http://usa.usembassy.de/etexts/history/ch3.htm*

The Role of British Imperialism in the Atlantic Slave Trade – Abayomi Azikiwe – *http://www.globalresearch.ca/the-role-of-british-imperialism-in-the-atlantic-slave-trade/5431700*

5 Lies Your School Taught You About Native Americans – Anonymous – *http://anonhq.com/5-lies-schooltaught-native-americans/*

UK Govt. covert vote fraud denying Scotland Independence is a quantum worse than 2000 U.S. Supreme Court fraud in Bush v. Gore – Alfred Lambremont Webre – *http://exopolitics.blogs.com/breaking_news/2014/09/uk-govt-covert-vote-fraud-denying-scotland-independence-is-a-quantum-worse-than-2000-us-supreme-court-fraud-in-bush-v-gor.html*

Cameron met with Sony Pictures about release date of Outlander – Christian Wright – *http://www.weourselves.com/cameron-met-with-sony-pictures-about-release-date-of-outlander/*

Price , neu Prys , Syr John – Evan David Jones, Aberystwyth (Blwyddyn Cyhoeddi: 1953-54) – *http://yba.llgc.org.uk/cy/c-PRIC-JOH-1502.html*

BBC backs report that omitted killings of Palestinians during Gaza truce – Amena Saleem, Media Watch – *http://electronicintifada.net/blogs/amena-saleem/bbc-backs-report-omitted-killings-palestinians-during-gaza-truce*

Tony Blair Branded a Disgrace for PR Advice to Kazakh Dictator – Daily Mail – *http://www.dailymail.co.uk/news/article-2733463/Blair-branded-disgrace-giving-Kazakh-dictator-PR-advice-massacre-civilians-regime.html*

Selling Scots As Slaves Is Funny To The Tories – *http://atrueindependentscotland.com/selling-scots-as-slaves-is-funny-to-the-tories/*

Keep arms companies out of the BBC – Campaign Against Arms Trade – *https://www.caat.org.uk/get-involved/act-now/petition/bbc*

Llythyr i Human Rights Watch am eu celwydd gan restr faith – *http://www.politicsforum.org/forum/viewtopic.php?f=5&t=156741*

The UK is Going to Send Billions in Arms Exports to Countries on the Human Rights Blacklist – Katie Englehart – *https://news.vice.com/article/the-uk-is-going-to-send-billions-*

*in-arms-exports-to-countries-on-the-human-rights-blacklist*
The Houla Massacre Revisited: "Official Truth" in the Dirty War on Syria – Tim
Anderson – *http://www.globalresearch.ca/houla-revisited-official-truth-in-the-dirty-war-on-syria/5438441*
Western Intervention and The Colonial Mindset – Tim Anderson –
*http://www.globalresearch.ca/western-intervention-and-the-colonial-mindset/5425633*
Israel moves to cover-up its alliance with al-Qaeda in Syria – Asa Winstanley –
*https://www.middleeastmonitor.com/20150411-israel-moves-to-cover-up-its-alliance-with-al-qaeda-in-syria/*
US, Israeli Military Advisers Arrested While Aiding IS Terrorists in Iraq: IS Whose
Army? – *http://www.4thmedia.org/2015/03/us-israeli-military-advisers-arrested-while-aiding-is-terrorists-in-iraq/*
The ISIS-US Empire – Their Unholy Alliance Fully Exposed – Joachim Hagopian –
*http://www.globalresearch.ca/the-isis-us-empire-their-unholy-alliance-fully-exposed/5436019*
Syrian Christian leader tells West: 'Stop arming terror groups who are massacring our
people' – Ruth Gledhill, Christian Today –
*http://www.christiantoday.com/article/syrian.christian.leader.tells.west.stop.arming.terror.groups.who.are.massacring.our.people/57747.htm*
Daily Mail in £100,000-plus payout over Syrian chemical weapons story – Josh Halliday –
*http://www.theguardian.com/media/2013/jun/26/daily-mail-syrian-chemical-weapons-libel*
Britam Defence Hack reveals Halliburton wanted the "red-line" crossed –
*http://www.exposingtruth.com/britam-defence-hack/*
'Police betrayed me,' says mother of imprisoned British jihadi – Tracy McVeigh, Guardian –
*http://www.theguardian.com/world/2014/dec/06/yusuf-sarwar-mother-british-jihadist-police-betray-syria*
Who is Fighting in Syria? – Thierry Meyssan –
*http://www.voltairenet.org/article175111.html*
3 New Findings On ISIS Weapons That You Should Know About – Akbar Shahid Ahmed –
*http://www.huffingtonpost.com/2014/10/06/isis-weapons-report_n_5942334.html?cps=gravity*
U.S. Embassy in Ankara Headquarter for ISIS War on Iraq – Christof Lehmann –
*http://nsnbc.me/2014/06/22/u-s-embassy-in-ankara-headquarter-for-isis-war-on-iraq-hariri-insider/*
ISIS Unveiled: The Identity of The Insurgency in Syria and Iraq – Christof Lehmann –
*http://nsnbc.me/2014/06/15/isis-unveiled-identity-insurgency-syria-iraq/*
Foreign delegation in Syria slams West, endorses elections – Anahita Mukherji, Times of
India – *http://timesofindia.indiatimes.com/world/middle-east/Foreign-delegation-in-Syria-slams-West-endorses-elections/articleshow/36069541.cms*
"London 11" countries statement on Syrian Elections –
*http://susris.com/2014/04/03/london-11-countries-statement-on-syrian-elections/*

Syria has Changed – Thierry Meyssan – *http://www.voltairenet.org/article180803.html*

Now the truth emerges: how the US fuelled the rise of Isis in Syria and Iraq – Seamus Milne – *http://www.theguardian.com/commentisfree/2015/jun/03/us-isis-syria-iraq*

Syria: an Imperialist Military Target – Paul Labarique – *http://www.voltairenet.org/article30055.html*

BBC News uses 'Iraq photo to illustrate Syrian massacre' – Hannah Furness – *http://www.telegraph.co.uk/culture/tvandradio/bbc/9293620/BBC-News-uses-Iraq-photo-to-illustrate-S1yrian-massacre.html*

BBC uses Iraq Photo for Houla Massacre – *http://www.presstv.com/detail/2012/05/29/243579/bbc-uses-iraq-photo-for-houla-massacre/*

SAS dress as ISIS fighters in undercover war on jihadis – Marco Giannangeli, Josh Taylor – *http://www.express.co.uk/news/uk/595439/SAS-ISIS-fighter-Jihadis*

Serious Questions about the Integrity of the UN Report – Subrata Goshroy, MIT – *http://web.mit.edu/sts/Analysis%20of%20the%20UN%20Report%20on%20Syria%20CW.pdf*

The Status of Women in Syria: A debate – Joshua Landis – *http://www.joshualandis.com/blog/the-status-of-women-in-syria-a-debate/*

Devil's Deal: US-Backed Syrian Rebels Already Signed Pact with ISIS Prior to Haines 'Beheading' – Shawn Hewton – *http://21stcenturywire.com/2014/09/16/a-devils-deal-us-armed-syrian-rebels-signed-pact-with-isis-prior-to-haines-beheading/*

The Arab World's Stockholm Syndrome – Ahmad Barqawi – *http://www.counterpunch.org/2014/10/10/the-arab-worlds-stockholm-syndrome/*

New York Times fail: 'McCain No Connections To ISIS?' – Brandon Turbeville – *http://www.globalresearch.ca/new-york-times-fail-mccain-no-connections-to-isis/5409160*

Former Marine Ken O'Keefe Dares To Say What Others Do Not – *http://educateinspirechange.org/inspirational/former-marine-ken-okeefe-dares-say-others/*

Syria 'Friends' agree urgent support for rebels – *http://www.bbc.co.uk/news/world-middle-east-23012637*

Britain could be dragged into Syria conflict to prevent bloodshed spreading to neighbouring countries, says former Army commander – Ian Drury – *http://www.dailymail.co.uk/news/article-2178526/Britain-dragged-Syria-conflict-prevent-bloodshed-spreading-neighbouring-countries-says-Army-commander.html#ixzz21bFBygAw*

The role of the BBC in the Syrian conflict – *http://apophenia.altervista.org/the-role-of-the-bbc-in-the-syrian-conflict/*

Former French Foreign Minister: The War against Syria was Planned Two years before "The Arab Spring" – Gearóid Ó Colmáin – *http://www.globalresearch.ca/former-french-foreign-minister-the-war-against-syria-was-planned-two-years-before-the-arab-spring/5339112*

UK gives Syrian rebels protection against chemical weapons – *ttp://www.bbc.co.uk/news/uk-politics-23328767*

The Houla affair highlights Western intelligence gap in Syria – Thierry Meyssan – *http://www.voltairenet.org/article174488.html*

The Syrian opposition: who's doing the talking? – Charlie Skelton, Guardian – *http://www.theguardian.com/commentisfree/2012/jul/12/syrian-opposition-doing-the-talking*

Syria rebels 'may have used chemical weapons' – *http://www.belfasttelegraph.co.uk/news/world-news/syria-rebels-may-have-used-chemical-weapons-29246963.html*

Syria: massacre reports emerge from Assad's Alawite heartland – Jonathan Steele – *http://www.theguardian.com/world/2013/oct/02/syria-massacre-reports-alawites-assad*

Washington-backed "rebels" surrender US arms to Al Qaeda in Syria – Bill Van Auken – *http://www.wsws.org/en/articles/2014/11/04/isis-n04.html*

US Defense Contractors Training Syrian Rebels to Handle Chemical Weapons – John Glaser – *http://www.globalresearch.ca/us-defense-contractors-training-syrian-rebels-to-handle-chemical-weapons/5315180*

U.S. 'backed plan to launch chemical weapon attack on Syria and blame it on Assad's regime' – Louise Boyle – *http://web.archive.org/web/20130129213824/http://www.dailymail.co.uk/news/article-2270219/U-S-planned-launch-chemical-weapon-attack-Syria-blame-Assad.html*

The Red Line and the Rat Line – Seymor Hersh, london Review of Books – *http://www.lrb.co.uk/v36/n08/seymour-m-hersh/the-red-line-and-the-rat-line*

New analysis of rocket used in Syria chemical attack undercuts U.S. claims – Mathew Schofield – *http://www.mcclatchydc.com/2014/01/15/214656/new-analysis-of-rocket-used-in.html*

Military intervention in Syria, post withdrawal status of forces – Wikileaks – *http://www.wikileaks.org/gifiles/docs/16/1671459_insight-military-intervention-in-syria-post-withdrawal.html*

Questions Plague UN Report on Syria – Sharmine Narwani, Radwan Mortada – *http://english.al-akhbar.com/node/17107*

'A Gay Girl in Damascus': how the hoax unfolded – *http://www.telegraph.co.uk/news/worldnews/middleeast/syria/8572884/A-Gay-Girl-in-Damascus-how-the-hoax-unfolded.html*

Mother Agnes has pulled out of the Stop the War conference. And yet she would have fitted in so well – James Bloodworth – *http://blogs.spectator.co.uk/coffeehouse/2013/11/mother-agnes-has-pulled-out-of-the-stop-the-war-conference-and-yet-she-would-have-fitted-in-so-well/*

MI6, the CIA and Turkey's rogue game in Syria – Patrick Cockburn – *http://www.independent.co.uk/voices/comment/mi6-the-cia-and-turkeys-rogue-game-in-syria-9256551.html*

William Hague today welcomed the European Union's decision to bring the arms embargo on the Syrian opposition to an end – *https://www.gov.uk/government/news/foreign-*

*secretarys-statement-on-syria-arms-embargo*

Fake Journalism: The Role of the BBC in the Syrian Conflict –
*http://syrianfreepress.wordpress.com/2013/11/20/fake-journalism-the-role-of-the-bbc-in-the-syrian-conflict/*

BBC News Panorama – The Dodgy School Napalm Attack –
*http://doyouwearblack.blogspot.co.uk/2013/09/bbc-news-panorama-dodgy-school-napalm.html*

Set up to be shot in Syria's no man's land? – Alex Thompson –
*http://blogs.channel4.com/alex-thomsons-view/hostile-territory/1863#sthash.o7ox6UFC.dpuf*

Channel 4 journalist Alex Thomson says Syria rebels led me into death trap –
*http://www.telegraph.co.uk/news/worldnews/middleeast/syria/9321068/Channel-4-journalist-Alex-Thomson-says-Syria-rebels-led-me-into-death-trap.html*

'Suicide' assures Syria's isolation – Simon Tinsdall –
*http://www.theguardian.com/world/2005/oct/12/syria.tisdallbriefing?INTCMP=ILCNETTX T3487*

The Syrian Crisis of 1957: A Lesson for the 21st Century – Kevin Brown –
*http://uscpublicdiplomacy.org/sites/uscpublicdiplomacy.org/files/legacy/publications/perspectives/CPDPerspectives_Paper42013_Syria.pdf*

Mother Agnes Mariam: Americans Misled by False Mainstream Media Reports on Syria –
Saman Mohammadi – *http://www.darkpolitricks.com/2013/12/mother-agnes-mariam-americans-misled-by-false-mainstream-media-reports-on-syria/*

U.S. Goal is to Make Syrian Rebels Viable – Ben Hubbard, New York Times –
*http://www.nytimes.com/2014/09/19/world/middleeast/us-and-allies-turn-to-rebels-with-a-cause-fighting-isis.html&assetType=nyt_now&_r=1*

Amnesty run by US State Department representatives, funded by convicted financial criminals, and threatens real human rights advocacy worldwide – Tony Cartalucci –
*http://landdestroyer.blogspot.co.uk/2012/08/amnesty-international-is-us-state.html*

Amnesty's Shilling for US Wars – Ann Wright, Coleen Rowley –
*https://consortiumnews.com/2012/06/18/amnestys-shilling-for-us-wars/*

The Arab World And The Supernatural Power of the United States – Noam Chomsky,
Information Clearing House – *http://www.informationclearinghouse.info/article35527.htm*

Afghan Women's Project, George W, Bush Centre – *http://www.bushcenter.org/womens-initiative/afghan-womens-project*

Syrians In Ghouta Claim Saudi-Supplied Rebels Behind Chemical Attack- Dale Gavlak,
Yahya Ababneh – *http://www.mintpressnews.com/witnesses-of-gas-attack-say-saudis-supplied-rebels-with-chemical-weapons/168135/*

Abermals Massaker in Syrien – Rainer Hermann, Frankfurter Allgemeine Zeitung –
*http://www.faz.net/aktuell/politik/neue-erkenntnisse-zu-getoeteten-von-hula-abermals-massaker-in-syrien-11776496.html*

Insurgents Named Responsible for Syrian Massacres – Stephen Lendman –

*http://www.informationclearinghouse.info/article31544.htm*
Possible Implications of Faulty US Technical Intelligence in the Damascus Nerve Agent Attack of August 21, 2013 – Richard Lloyd,Theodore A. Postol – *https://www.documentcloud.org/documents/1006045-possible-implications-of-bad-intelligence.html#storylink=relast*
Official Truth, Real Truth, and Impunity for the Syrian Houla Massacre of May 2012 – Marinella Correggia, Alfredo Embid, Ronda Hauben, Adam Larson – *http://ciwclibya.org/reports/realtruthhoula.html*
Independent Investigation of Syria Chemical Attack Videos and Child Abductions – *http://www.globalresearch.ca/STUDY_THE_VIDEOS_THAT_SPEAKS_ABOUT_CHEMIC ALS_BETA_VERSION.pdf*
Seymour Hersh 'Whose Sarin? – *http://www.lrb.co.uk/v35/n24/seymour-m-hersh/whose-sarin*
The terrorists fighting us now? We just finished training them – Souad Mekhennet, Washington Post – *http://www.washingtonpost.com/posteverything/wp/2014/08/18/the-terrorists-fighting-us-now-we-just-finished-training-them/*
The Houla Massacre: Opposition Terrorists "Killed Families Loyal to the Government' Marat Musin – *http://www.globalresearch.ca/the-houla-massacre-opposition-terrorists-killed-families-loyal-to-the-government/31184?print=1*
Syria: the hidden massacre – Sharmine Narwani – *http://rt.com/op-edge/157412-syria-hidden-massacre-2011/*
Joe Biden's latest foot in mouth – Sharmine Narwani – *http://www.veteransnewsnow.com/2014/10/03/510328joe-bidens-latest-foot-in-mouth/*
Revealed: victims of UK's cold war torture camp – Ian Cobain – *http://www.theguardian.com/uk/2006/apr/03/germany.topstories3*
The interrogation camp that turned prisoners into living skeletons – Ian Cobain – *http://www.theguardian.com/uk/2005/dec/17/secondworldwar.topstories3*
Proclamation 20 July 1816 By His Excellency Lachlan Macquarie – Sydney Gazette – *http://www.mq.edu.au/macquarie-archive/lema/1816/proclamation20july1816.*html
The British-American coup that ended Australian independence – John Pilger – *http://www.theguardian.com/commentisfree/2014/oct/23/gough-whitlam-1975-coup-ended-australian-independence*
Rhyfel Cartref Sbaen –Llyfrgell Genedlaethol Cymru – *http://www.llgc.org.uk/ymgyrchu/Heddwch/RhyfelSbaen/index-e.htm*
From Ammanford to Albacete – Graham Watkins – *http://www.grahamwatkins.info/#!From-Ammanford-to-Albacete/c1q8z/D9FF402C-6FC3-48A7-8296-10DB7517C309*
British Military Defeats – Dean Wright – *http://www.friedgold.co.uk/battles.html*
Cyprus 1954–1959 – Herbert A. Friedman, Ioannis Paschalidis – *http://www.psywarrior.com/cyprus.html*
Araith William Hague yn The Lord Mayor's Banquet – The future of British foreign policy

*– https://www.gov.uk/government/speeches/the-future-of-british-foreign-policy--2*
New British Army unit 'Brigade 77' to use Facebook and Twitter in psychological warfare –
*http://www.independent.co.uk/news/uk/home-news/return-of-the-chindits-mod-reveals-cunning-defence-plan-10014608.html*
How British Empire's dirty secrets went up in smoke in the colonies –
*http://www.independent.co.uk/news/uk/home-news/revealed-how-british-empire-s-dirty-secrets-went-up-in-smoke-in-the-colonies-8971217.html*

## Fideo

Stealing a Nation – John Pilger – *http://johnpilger.com/videos/stealing-a-nation*
The Last Dream: Other People's Wars – John Pilger – *http://johnpilger.com/videos/the-last-dream-other-peoples-wars*
Syria Daraa revolution was armed to the teeth from the very beginning – Anwar Al-Eshki
– *https://www.youtube.com/watch?v=FoGmrWWJ77w*
Caught: Staged CNN Syria Interviews Faked By Activist Danny –
*http://www.youtube.com/watch?v=3lWB5ssifTg*
Nato using fake viral Syrian hero boy video to invade Syria – Luke Rudkowski –
*https://www.youtube.com/watch?v=1czHE90QvwI*
Greece – The Hidden War (BBC, 1986) – *http://www.youtube.com/watch?v=-tXb5YkQeDM*
Truth about Gaddafi's Libya that NATO, CNN, BBC, Al Jazeera & CO Keep Hidden –
*http://www.youtube.com/watch?v=vRQ6uqhLvz8*
Lies Behind Lies Behind the "Humanitarian War" in Libya –
*https://www.youtube.com/watch?v=7gJz45K4Q50*
How New Media Sparked The Scottish Independence Movement –
*https://www.youtube.com/watch?v=zWTBOH7hZow#t=14*